国家出版基金项目
NATIONAL PUBLICATION FOUNDATION

心理学与社会治理丛书
Series on Psychology and
Social Governance

丛书主编：杨玉芳　郭永玉

许　燕　张建新

Violent Crime:

Origins, Interpretation,

and Correction

暴力犯罪
根源、解析与矫治

杨波　著

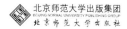

北京师范大学出版集团
BEIJING NORMAL UNIVERSITY PUBLISHING GROUP
北京师范大学出版社

丛书编委会

丛书总序

经过多年的构思、策划、组织和编撰，由中国心理学会出版工作委员会组织撰写的书系"心理学与社会治理丛书"即将和读者见面。这是继"当代中国心理科学文库""认知神经科学前沿译丛"两大书系之后，中国心理学会出版工作委员会组织编撰的第三套学术著作书系。它的问世将是中国心理学界的一个具有重要理论和现实意义的里程碑式事件。

之前的两套书系在社会上产生了广泛的影响，也赢得了同行普遍的好评。但是这些工作主要基于由科学问题本身所形成的内容架构，对于现实问题的关切还不够系统和全面，因而不足以展现中国心理学界研究的全貌。这就涉及我们常讲的"自下而上"与"自上而下"的问题形成逻辑。我们感到，面对当前中国社会的变革，基于当下现实生活的复杂性和矛盾性，中国心理学界应该尽力做出回应，要有所贡献。而社会治理正是心理学探讨时代需求、关注现实社会的重要突破口，同时也是很多中国心理学者近年来一直努力探索并且已有丰富积累的一个创新性交叉学科领域。

社会治理是由作为治理主体的人或组织对以人为中心的社会公共事务进行的治理。因此，社会治理的核心是"人"的问题，社会治理的理论和实践都离不开"人"这一核心要素，自然也就离不开对人性和人心的理解。这既源自心理学的学科性质，也是由社会治理的本质要素所决定的。一方面，就学科性质而言，心理学是研究人的心理和行为的学科，它兼具自然科学与社会科学的双重属性。2016年5月17日，习近平总书记在哲学社会科学工作座谈会上指出"要加快完善对哲学社会科学具有支撑作用的学科"，这其中就包括心理学。早在现代心理学诞生之初，它就被认为在整个社会科学中具有基础学科的地位。但是在漫长的学科发展历史上，由于心理学本身发展还不够成熟，因此它作为社会科学基础学科的作用并未得到充分体现。尽管如此，近年来由于理论、方法的不断发展与创新，心理学在解决现实问题方面的建树已经日益丰富而深刻，已经在相当程度上开始承担起支撑社会科学、解决社会问题的责任。

另一方面，从社会治理自身的学理逻辑出发，当前中国社会治理现代化的过程也离不开心理学的支持。社会治理作为一种现代化的理念，与社会统治和社会管理在基本内涵上有很大差异。首先，它强调治理主体的多元性，除了执政党和政府，还包括各级社会组织、社区、企业以及公民个人。其次，社会治理的客体是以人为中心的社会公共事务，目标是消解不同主体之间的冲突与矛盾。最后，社会治理的过程也不同于传统意义的社会管理，它包括统筹协调、良性互动、民主协商、共同决策等现代化治理策略与手段。因此，不管从主体、客体或过程的哪个方面讲，社会治理都必须关注社会中一个个具体的人，关注这些个体与群体的心理与行为、矛盾与共生、状态与动态、表象与机制等心理学层面的问题。也只有依托心理学的理论与方法，这些问题才能得到更深入的探索和更彻底的解决。因此可以说，在学科性质、学理关联、问题关切、实践技术等多个层面，心理学均与社会治理的现实需求有着本质上的契合性。

正因为如此，近年来国家对于心理学在社会治理中的作用给予了高度重视。中共十九大报告在"打造共建共治共享的社会治理格局"这一部分提出，加强社会心理服务体系建设，培育自尊自信、理性平和、积极向上的社会心态。中共十九届四中全会审议通过的《中共中央关于坚持和完善中国特色社会主义制度 推进国家治理体系和治理能力现代化若干重大问题的决定》再次强调健全社会心理服务体系。可以看出，心理学已经被定位为社会治理现代化进程中不可或缺的一部分。这是时代对中国心理学界提出的要求和呼唤。而本书系的推出，既是对时代需求的回应，也是心理学研究者肩负使命、敢于创新的一次集中探索和集体呈现。

明确了这一定位之后，我们开始积极策划推动书系的编撰工作。这一工作立即得到了中国心理学会和众多心理学界同人的大力支持与积极响应。我们在充分调研的基础上，成立了书系编委会，以求能在书目选题、作者遴选、写作质量、风格体例等方面严格把关，确保编撰工作的开展和收效达到预期。2015 年，编委会先后三次召开会议，深入研讨书系编撰工作中的一系列基础问题，最终明确提出了"问题导向、学术前沿、项目基础、智库参考"的十六字编撰方针，即要求书系中的每一本书都必须关注当下中国社会的某一现实问题，有明确的问题导向；同时，这一问题必须有明确的学术定位，要站在学术前沿的视角用科学解决问题的思路来对其加以探讨；此外，为了保证研究质量，要求每一本专著都依托作者所完成的高层次项目的成果来撰写。最后，希望每一本书都能够切实为中国社会治理提供智力支持和实践启示。

基于这样的方针和定位，编委会通过谨慎的遴选和多方面的沟通，确立了一个优秀的作者群体。这些作者均为近年来持续关注社会治理相关心理学问题的资深专家，其中也不乏一些虽然相对年轻但已有较深积淀的青年才俊。通过反复的会谈与沟通，结合每一位作者所主持的项目课题和研究领域，编委会共同商讨了每一本专著的选题。我们总体上将本书系划分为四个部分，分别为"现代化过程中的社会心态""群体心理与危机管理""社区与组织管理""社会规范与价值观"。每一部分邀请6～8位代表性专家执笔，将其多年研究成果通过专著来展现，从而形成本书系整体的内容架构。

在这些工作的基础上，2016年1月，中国心理学会出版工作委员会召开了第一次包括编委会成员和几乎全体作者参加的书系编撰工作会议，这标志着编撰工作的正式开启。会上除了由每一位作者汇报其具体的写作思路和书目大纲之外，编委会还同作者一道讨论、确定了书系的基本定位与风格。我们认为本书系的定位不是教材，不是研究报告，不是专业性综述，不是通俗读物。它应该比教材更专门和深入，更有个人观点；比研究报告更概略，有更多的叙述，更少的研究过程和专业性的交代；比专业性综述更展开，更具体，更有可读性，要让外行的人能看懂；比通俗读物更有深度，通而不俗，既让读者能看进去，又关注严肃的科学问题，而且有自己独到的看法。同时，在写作风格上，我们还提出，本书系的读者范围要尽可能广，既包括党政干部、专业学者和研究人员，也包括对这一领域感兴趣的普通读者。所以在保证学术性的前提下，文笔必须尽可能考究，要兼顾理论性、科学性、人文性、可读性、严谨性。同时，针对字数、书名、大纲体例等方面，会上也统一提出了倡议和要求。这些总体上的定位和要求，既保证了书系风格的统一，也是对书系整体质量的把控。

在此后的几年中，书系的编撰工作顺利地开展。我们的"编撰工作会议"制度也一直保持了下来，每过半年到一年的时间即召开一次。在每一次会议上，由作者报告其写作进度，大家一起交流建议，分享体会。在一次次的研讨中，不仅每一本书的内容都更为扎实凝练，而且书系整体的立意与风格也更加明确和统一。特别是，我们历次的编撰工作会议都会邀请一到两位来自社会学、法学或公共管理学的专家参会，向我们讲述他们在社会治理领域的不同理论视角和研究发现，这种跨学科的对话极大地拓展了我们心理学者的思维广度。当然，随着编撰工作的深入，有一些最初有意愿参与撰写的作者，出于种种原因退出了书系的编撰工作，这不能不说是一种遗憾。但同时，也有一些新的同样资深的学者带着他们的多年研究成果补充进来，使得书系的内容更加充实，作者团队也更加发展壮大。在这些年的共同工作中，我们逐渐意识到，我们正在做的事情不仅是推出一套书，而且还基于这一平台构建一个学术共同体，一起为共同的学术愿景而努力，为中国的社会治理现代化进程承担心理学研究者应尽的责任。这是最令人感到骄傲和欣慰的地方。

我们还要感谢北京师范大学出版集团的领导和编辑们！他们对于本书系的出版工作给予了大力的支持。在他们的努力下，本书系于2020年年初获批国家出版基金项目资助，这让我们的工作站到了更高的起点上。同时，还要感谢中国心理学会"学会创新和服务能力提升工程"项目在组织上、经费上提供的重要帮助。

在作者、编委、出版社以及各界同人的共同努力下，书系的编撰工作已经接近完成。从2021年开始，书系中的著作将分批刊印，与读者见面。每一本专著，既是作者及其团队多年研究成果的结晶，也凝结着历次编撰工作会议研讨中汇聚的集体智慧，更是多方面工作人员一起投入的结果。我们期待本书系能够受到读者的喜爱，进而成为中国心理学和社会治理的科研与实践前进历程中的一个重要里程碑。

主编

杨玉芳　郭永玉　许燕　张建新

2021年7月22日

目　录

第1章
暴力犯罪的观点与方略

案例一

据媒体报道，2015 年 8 月 10 日晚，某校 2014 级电影专业女研究生周某突然失联，该校的另一名已毕业男生李某也同时失踪，两人手机均关机，无法联系。李某因工作、生活不顺，为寻求刺激并经预谋后，以拍摄微电影为名，于 2015 年 8 月 9 日 13 时许将周某诱骗至其暂住地，持事先准备的尖刀切、划周某的颈部，造成周某颈部左侧颈内静脉破裂。在周某拨打电话求救期间，李某向施救人员谎报地址，致周某因失血性休克死亡。8 月 11 日凌晨，警方将嫌疑人李某抓获。李某供述，他于 2015 年 6 月产生了想要发泄的念头，随后，他联系到曾经的大学同学周某，谎称要找周某拍戏，且告诉周某需要试戏。周某按照李某的要求来到李某的居住地，在房间内，李某企图强奸周某，但遭到反抗，之后李某将周某杀害。在讯问中，李某交代就是想找个无辜的人发泄。2016 年 12 月，北京市第三中级人民法院一审认定李某的行为构成故意杀人罪，判处其死刑(中国法院网，2015)。

案例二

牛某，男，1969 年 10 月生人，汉族，初中文化，因故意杀人罪被判处无期徒刑，剥夺政治权利终身。牛某于 2004 年 8 月 23 日 21

时许，在其伯父家门口，同他人发生争执，后发生殴斗，牛某持单刃尖刀将被害人捅伤，被害人被送医院后抢救无效死亡。牛某于2005年8月22日开始在山东某监狱服刑。在监狱内改造的过程中，牛某又因生活琐事、不满改造岗位等问题同他犯、管教民警多次发生争执至打斗。牛某在2014年一年间就因情绪失控多次与他人发生冲突：3月，牛某因琐事（狱友关门声音大）与其所在监舍舍长发生冲突、殴斗，事后装病拒不出工；7月5日中午，牛某因饭菜问题同食堂管理人员发生争斗；7月17日，牛某在出工劳动过程中与管理人员发生冲突；7月20日，牛某在拨打电话过程中得知其父亲身体不好，情绪失控，再次装病拒绝出工；11月，牛某又出于各种原因与他犯发生正面冲突多次，并表示自己在某某监狱受到了"迫害"，但在监区调查过程中，牛某又说不出具体情况，多次出现情绪失控的情况；同月，牛某由于考试作弊与监考民警发生严重冲突，企图袭击民警，情节恶劣，经合议给予牛某严管处罚。严管初期牛某采取绝食等方式来回避自身错误，直至严管后期经教育转化才有所悔改（张苏军，2016）。

上述两个案例都是典型的暴力犯罪，有相同点也有不同点。相同点是两名罪犯都实施了极端的身体攻击，置人于死地，手段凶残，影响恶劣。但从神经心理学的角度，二者又有很大的不同，前一个案例中的凶手李某是已毕业的大学生，作案前有计划、有预谋，编造了招募演员拍微电影的圈套，诱骗被害人到其居住地，强奸未遂并将被害人杀害。李某在作案前萌生了"想要找一个女孩寻求刺激"的念头，作案过程中谎报地址，作案后毫无悔意和内疚，冷漠无情。而后一个案例中的罪犯是在与人发生争执的过程中，情绪失控，把人捅死，其在服刑期间也经常因为琐事而与他犯、管教民警发生冲突，并多次伤害他人。对其进行心理健康及人格方面的评估发现，牛某易焦虑、发怒，对别人抱有敌意，性格偏执，缺乏自控能力，因一点点挫折就会产生强烈的情绪，并做出极端的行为。

两个案例中的两名罪犯，在监狱里以案由划分，都被归为暴力犯。在当下的罪犯矫正中，很可能会用同一套矫正方案去改造他们。但就其心理与行为特征来看，两名罪犯有很大的不同，用同一套方案去实施矫正就会犯矫正靶点不明确的错误，导致矫正效果不佳。本书从神经心理学的角度对暴力犯进行两种亚型的划分，这是我们倡导的分类评估与循证矫正的主线。可将案例一中的罪犯划归为预谋性暴力犯，将案例二中的罪犯划归为冲动性暴力犯，二者在认知、情绪、生理生化特征上都有明显的不同。

预谋性暴力犯在认知上精于谋划、深思熟虑，其目的是谋财害命；在情绪上，他们冷酷无情、毫无悔意；在生理生化特征上，预谋性暴力犯的前额叶功能完好，他们在实施犯罪过程中多巴胺浓度上升，会体验到亢奋甚至得手后的"成就感"。预谋性暴力犯由于对被害人恐惧、悲伤的情绪不关心，心率、血压等自主神经活动反应不大，因此也被称为"冷血"暴力犯。

冲动性暴力犯在认知上资源匮乏，具有敌意归因偏差；在情绪上容易被激怒；在生理生化特征上，其前额叶功能受损，在实施犯罪过程中 5-羟色胺调节不足，导致其情绪与行为失控。冲动性暴力犯由于对愤怒和恐惧等情绪的反应强烈，自主神经活动剧增，因此也被称为"热血"暴力犯。

暴力犯罪是一个源远流长的问题，一直以来都是人类面对的社会问题，政府、学界及监管系统对此都非常重视，在预防、诊断、干预、控制等方面取得了许多有意义的成果。我们写这本书主要基于以下三个原因。

首先，暴力犯罪是多种学科聚焦的重要主题，是从不同的分析层面揭示人性恶的一面的最好范本。在哲学层面，美国哲学家伯恩斯坦(R. Bernstein)在其代表作《暴力：思无所限》中厘析了施密特(C. Schmitt)、本雅明(W. Benjamin)、阿伦特(H. Arendt)、法农(F. O. Fanon)以及阿斯曼(J. Assmann)五位学者对暴力的真知灼见，深入讨论了暴力这一社会问题。当今世界最有影响力的思想家之一平克(S. Pinker)则从历史学的视野，整合心理学、神经科学、政治学和经济学等多个学科的研究证据，在其著作《人性中的善良天使》中佐以大量的数据资料深入、细致地考量了暴力呈下降趋势这一人类的重要命题。社会学取向的精神分析大师弗洛姆(E. Fromm)在其《人类的破坏性剖析》中从心理学的意义出发深度解析了人类的攻击与暴力。而犯罪学家雷恩(A. Raine)在其《暴力解剖：犯罪的生物学根源》中则以客观、翔实的神经生物学证据论证了暴力的生物学基础。这些不同学科在不同分析层面对暴力的阐释都引人入胜，也给我们的写作拓宽了思路。

其次，暴力犯罪的危害很大，对这一主题全面、系统的考量意义非凡。暴力犯罪，其残忍和变态程度令人发指，造成严重的社会危害。美国犯罪学家沃尔夫冈(M. E. Wolfgang)提出所谓犯罪的"二八原则"观点，即"少数人犯更多的罪"。尤其在暴力犯罪案件中，就有少部分罪犯属于犯罪学家墨菲特(T. E. Moffitt)所指出的终身持续犯罪人(life-course-persistence offenders)，他们的犯罪生涯持续终身，累次犯罪的概率很高，历史上不乏一些臭名昭著的连环杀手和杀人惯犯。因此，对暴力犯罪的分类评估与矫正，以及对恶性暴力犯罪的识别与控制就显得尤为重要。

最后，暴力犯罪相关的学术研究很多。近年来，暴力犯罪相关的神经心理学证据越来越多。事实上，深入、全面地理解犯罪很困难，尤其是像暴力犯罪这一古老的主题，其涉及生理、心理、社会等多方面的原因，问题复杂且令人迷思。在我国，关于暴力犯罪社会心理原因的研讨有一些理论见解与研究成果，但关于暴力犯罪的神经心理学、神经生物学证据的研究很匮乏。从神经心理学的角度深入、细致地考察暴力犯罪正是本书最重要的研究取向，也是近年来我们的团队潜心研究的学术路径，积累了一些经验并取得了一些成果，是时候给读者做一个系统的介绍了。

1　暴力犯罪：破坏性的恶性攻击

1.1　亘古久远的暴力

在人类漫长的历史中，有充分的证据表明人类的生活充满着攻击与暴力。人类的历史充斥着一连串的血腥事件，部落之间的抢劫和寻仇几乎杀光对方的男性；在对新生儿的处置中杀死大量的女婴；人们为了复仇和娱乐实施酷刑；等等。杀戮多到了可以分门别类，凶杀（homicide）、种族灭绝（genocide）、政治凶杀（politicide）、弑君（regicide）、手足相残（siblicide）及自杀性恐怖主义（terrorism by suicide）等（平克，2015）。

遥远的过去是一个陌生的世界，也是一个极端残暴的世界。人类的祖先生存下来历经千辛万苦、危机四伏，每时每刻、方方面面都充斥着残暴的野蛮。

沃什伯恩（S. L. Washburn，1968）的观点是，自有人类以来，人们大多数时间都是"狩猎者"，其心理与行为是"猎人的心理学"，或被称为"食肉动物的心理学"。

1991 年，在阿尔卑斯山脉上一融化的冰川处，两个登山者发现了一具尸体。本以为是一名滑雪遇难者，但当考古学家瞥见尸体旁边一把新石器时代的铜斧时，才意识到这具尸体已经有一段古老的历史。这具尸体被称为"冰人奥茨"，他生活在人类从采集和狩猎向农耕过渡的关键历史时期。在铜斧和背包之外，他还带着一筒羽箭、木柄匕首以及一套精心制作的打火装置。

在"冰人奥茨"被发现 10 年以后，放射专家宣布了一个惊人的发现，奥茨的肩膀上埋着一个箭头。他并不像科学家原来推测的那样，在山崖上失足跌落后被冻死，他是被谋杀的。调查组对奥茨进行了尸检，勾勒出了当时的犯罪场景。奥茨的手上、头部和胸部都有尚未愈合的创伤。DNA 测试从奥茨的羽箭头上发现了另外两人的血迹，从他的匕首上发现了第三个人的血迹，而他的斗篷上还有第四个人的血迹。据场景复原，奥茨参与了一次抢劫，与毗邻的部落发生了冲突。他用羽箭射杀了一人，然后取回了羽箭，射杀了另外一人，再次取回羽箭；他背着一名受伤的同伙，在受袭后进行抵抗，最终中箭倒地身亡（平克，2015）。

史前人类，我们的祖先，其生命结束的方式有些是非常可怕的。大英博物馆的很多参观者都会被"林多人"吸引。这是一具保存完好、有两千年历史的古尸，1984 年在英国的泥炭沼泽地被发现。成千上万的人来探望这个成为科学明星的千年古人，但大多数人都不知道他是怎么死的。他的头骨被钝器击裂，他的胫骨被扭紧的绳子勒断，不仅如此，他的喉咙还被割开了。

有了国家形态以后，政治的权威、制度的约束、司法的震慑致使暴力呈下降趋势，但在人类历史上，战争、种族屠杀、酷刑等各种形态的暴力依然存在。20 世纪就被称为"历史上最黑暗的世纪"。20 世纪死于战火的绝对人数是历史上最高的，波斯尼亚、卢旺达、达尔富尔的种族屠杀也令人触目惊心。

人性恶的一面驱使人类迷信杀戮，殚精竭虑地设计各种酷刑与刑具，各种以人献祭的习俗、猎杀女巫、残杀宗教异端等，曾经盛行长达几个世纪。其中，酷刑一直是惩罚世俗罪行和过失的一种手段。古代、中世纪和近代的人们认为酷刑有充分的合理性。福柯（M. Foucault）在《规训与惩罚：监狱的诞生》中细微生动地描述了酷刑的场面。酷刑包括许多种类：对有些犯人可直接处以绞刑，对有些犯人则先断手或割舌，再送上绞刑架；对重刑犯则可以用各种方法折磨至死。酷刑还需要具体的规则：鞭笞的次数，打烙印的位置，在火刑柱或刑轮上制造死亡痛苦的时间，戕害身体的方法是断手、割舌还是割嘴；这些酷刑的规则和方式可根据所犯罪行的严重程度加以组合（福柯，1999）。英国在 1783 年启用坠落式绞刑，法国在 1972 年启用断头台，这样的处死方式让受刑人立即丧失意识，比拉长行刑时间显得痛苦更少。

纵观人类漫长的历史，暴力源远流长而且形式多样，尽管随着文明的进程，攻击与暴力总体上呈下降的趋势，但依然严重危害着社会的安全与稳定。

1.2 暴力犯罪：极端的身体攻击

要很好地界定和理解暴力犯罪，就得从攻击（aggression）与暴力（violence）这两个相关概念入手。攻击与暴力是两个古老又紧密关联的主题，在心理学、精神病学、法学、社会学等多个学科中，研究者从不同的分析层面和理论取向去解读这两个概念。

1.2.1 攻击

要给攻击下一个定义很不容易，因为人类的心理和行为具有难以清楚辨析的复杂性与模糊性。例如，对他人拳打脚踢是很明确的攻击行为，但开玩笑式地轻击某人腹部又怎么判定？故意坐在通道上阻挡你通行，能算是一种攻击行为吗？恶意传播谣言，这又是攻击行为吗？

在不同学科的研究中，关于攻击的概念尚未统一。在心理学中，攻击行为被定义为给其他个体造成心理上或生理上伤害的行为（格里格，津巴多，2016）。美国犯罪心理学家巴特尔（Bartol，1999）将攻击定义为加害于人的行为，以及企图伤害他人心理或身体的未遂行为，还包括破坏物体的行为。在精神病学中，攻击行为被分为广义和狭义两种，广义的攻击行为包括有目的、有意图地试图对人（自身和他人）、动物或其他目标实施伤害的言语或行为；狭义的攻击行为是指对自身以外目标的伤害或破坏行为（郝伟，2008）。有的人格与社会心理学家把攻击的概念界定得很宽泛，认为攻击包括心理与行为两个角度，它既是一种稳定的人格特质，又是一种伤害行为；攻击的对象既包括人也包括物体，人又分自身和他人，自伤自残也是一种特殊形式的攻击行为；而攻击的方式包括言语攻击、关系攻击和身体攻击，言语和身体的伤害是攻击定义的核心内涵，而关系攻击是一种损害人际关系的社会性攻击。

总结上述对攻击的界定，较为全面的理解是，攻击的内容包括心理与行为，攻击的对象包括自己、他人和物体，攻击的方式包括言语攻击、关系攻击和身体攻击。在我们的这本书中，主要聚焦讨论的是对他人的身体攻击。

1.2.2　暴力

在不同的研究领域，暴力同样缺乏统一的界定。在心理学中，美国心理学会（American Psychological Association）把暴力视作攻击行为的极端形式，如伤害、强奸或杀人。世界卫生组织（World Health Organization，WHO）从公共卫生的角度提出，暴力是指蓄意地运用躯体的力量或权利，对自身、他人、群体或社会进行威胁或伤害，造成或极有可能造成的损伤、死亡、精神伤害、发育障碍或权益的剥夺（Krug et al.，2002）。在犯罪学中，有研究者提出，暴力是指那些过程或结局能够造成人或财产伤害或损失的一系列事件（Newman，1998）。犯罪生物学取向的代表人物雷恩把暴力定义为一种"谋财害命"的欺诈行为。他认为，利益是人类诉诸暴力的根本原因，杀人、伤害、强奸，哪怕是小偷小摸，都是个体通过暴力行径为己牟利的有效手段，是对他人资源巧取豪夺的一种方式（雷恩，2016）。这种观点也是进化心理学的看法，暴力行为的目的就是抢夺资源，而资源是人类进化博弈中的重要主题。小到小霸王从小伙伴手中抢夺糖果，大到蒙面大盗洗劫银行、酒吧，群殴，杀人越货，其都是以获取资源、博取名声、建立秩序为根本的目的。

暴力的概念还有哲学层面的解读，伯恩斯坦在《暴力：思无所限》中提到，暴力多种多样，从肉体毁灭到性虐待再到各种虽不一定明显但依然具有毁灭性的结构性暴力。在大众的心目中，肉体毁灭是暴力的最主要范例，然而，暴力可以是合法暴力、结构暴力、语言暴力、符号暴力和宗教暴力，这些暴力不直接涉及肉体毁灭，但最终会转化为身体暴力——身体伤害，以至于肉体毁灭。

从上述的各种界定中可以看出，任何一个定义都难以涵盖攻击或暴力的复杂性。尽管这两个概念各有侧重，但也具有一些共性。在多数定义中，攻击与暴力的内涵都被描述为伤害性的；特别是暴力，几乎总是破坏性的，即使暴力的目的是国家机器匡扶正义，如警察在平定暴乱时实施的武装暴力，但暴力行为本身也仍会造成损害。

攻击与暴力之间的差异，主要表现在伤害的程度上。在伤害的程度上，攻击相对较弱，而暴力是攻击的极端形式。有人会把造成心理、情感和人际方面的伤害称为攻击，似乎程度较弱，如言语攻击和关系攻击；而把造成躯体伤害的行为称为暴力。但事实上，攻击与暴力在其伤害性的内涵上是相似的，即二者都包括心理层面、精神层面、身体层面的伤害。一般而言，在生物学和心理学领域，研究者更多地使用攻击，行为的主体包括动物和人；而在法学、犯罪学和社会学领域，研究者更多地使用暴力，用于描述个人或国家实施的伤害或强制行为。

在本书中，攻击和暴力均会交替出现，二者的含义相近，都主要聚焦于对他人的身体伤害，将具体根据行为的严重程度做一定的区分。

1.2.3 暴力犯罪

在对攻击与暴力的概念做了辨析的基础上，还需对暴力犯罪的概念进行界定。暴力犯罪（violent crime）通常是指使用暴力、暴力胁迫或其他具有暴力性质的手段侵害他人生命健康和财产的犯罪行为（吴宗宪，1994）。从我国现行刑法来看，常见的暴力犯罪主要是对个人及财产法益的侵害，恐怖活动犯罪中使用的暴力则是对不特定或者多数人的生命、健康或重大公私财产安全等公共安全法益的侵害（张明楷，2011）。暴力犯罪是最古老的犯罪形态，最早提出暴力犯罪这一概念的，是意大利犯罪学家加罗法洛（B. R. Garofalo），他在1885 年出版的《犯罪学》（*Criminologia*）一书中，将犯罪从性质上分为两类：自然犯罪和法定犯罪。他认为暴力犯罪是自然犯罪的一种类型。在我国的法律体系中，暴力犯罪也并非特定的刑法术语或具体罪名，而是犯罪学上对犯罪进行分类使用的概念，是对以暴力方式实施的犯罪行为的统称（康树华，张小虎，2004）。意大利犯罪学家贝卡里亚在其著作《论犯罪与刑罚》中把暴力犯罪界定为侵犯公民安全和自由的行为，包括伤害人身、损害名誉、侵占财物，是最严重的犯罪类型之一（贝卡里亚，2023）。在犯罪学的犯罪分类中，暴力犯罪主要包括杀人、伤害、抢劫、强奸四种，在少数情况下还可能包括绑架、纵火、劫机等类型。

在本书中，承接前述对攻击与暴力的心理学界定，采纳心理学家弗洛姆对人类攻击的见解，我们认为，从心理学的视角来看，暴力犯罪就是破坏性的恶性攻击；而从法律的角度来看，可把暴力犯罪定义为行为人以暴力手段或具有暴力性质的手段，非法侵害他人人身或财物的犯罪（杨波，张卓，2012），即所谓犯罪性暴力（criminal violence），包括杀人、伤害、抢劫和强奸（布莱克本，2000）。

1.3 攻击与暴力的分类

攻击与暴力的种类有很多，有怒气冲冲的一记耳光，有计划周详的一场战斗；有情绪失控的打架斗殴，有冷漠无情的暴力相加。有些鬼鬼祟祟，如强奸与谋杀；有些光明正大，如公开的处决。不同的维度、不同的标准就有不同的分类。

对于攻击与暴力的神经心理学分类，目前使用最为广泛、证据最为充分的是二分法，即根据行为的计划性、伴随的情感强度和行为目的等将攻击或暴力进一步分为两种亚型。

1.3.1 冲动性攻击/暴力与预谋性攻击/暴力

被普遍认可的攻击分类是将攻击/暴力分为冲动性攻击/暴力（impulsive aggression/violence）与预谋性攻击/暴力（premeditated aggression/violence）。这样的二分法是由巴勒特（Barratt，1991）最早提出的，巴勒特认为冲动性攻击/暴力是指当个体受到挑衅或被激怒时，愤怒的情绪使个体处于一种激动状态，个体无法与他人进行有效的沟通，失去了有效组织和加工语言内容的能力，不加考虑地实施攻击的行为。由于冲动性攻击/暴力伴随着强烈的情绪唤起和过度的自主神经反应，因此被认为是"热血"（hot-blooded）的。预谋性攻击/暴力主要表现为有目的、有计划的攻击行为，既不是自发产生的，也不是由情绪失控所致，此类攻击行为通常只是一种手段，其主要目的是获取某个目标（如他人的财物）或优势地位，而不是伤害受害者，如精心策划的抢劫等，因此被认为是"冷血"（cold-blooded）的。冲动性攻击又被称为反应性攻击（reactive aggression）、情绪性攻击（affective aggression）或敌意性攻击（hostile aggression），预谋性攻击又被称为工具性攻击（instrumental aggression）、掠夺性攻击（predatory aggression）或主动性攻击（proactive aggression）。攻击的两种亚型在诱发因素、行为特征、认知特征、情绪特征、神经生理机制、生化指标等方面均有不同，但它们最主要的差异在于事发过程中表现出的行为控制能力的强弱（见表 1-1）。冲动性攻击者对自身的攻击行为缺乏控制，不计后果（Raine et al.，1998）；而预谋性攻击者为了达到想要的目的，常以一种系统的、深思熟虑的方式进行攻击，他们比冲动性攻击者更能有效地控制自己的行为。

表 1-1　冲动性攻击/暴力与预谋性攻击/暴力的差异

	冲动性攻击/暴力	预谋性攻击/暴力
其他名称	反应性、情绪性、敌意性攻击/暴力	工具性、掠夺性、主动性攻击/暴力
诱发因素	痛苦、威胁、挫折	对预谋性行为结果的期待
行为特征	不计后果、缺乏控制	反社会行为、有计划、有目标
认知特征	缺乏认知资源及线索探查、敌意归因	行动前收集信息、系统思考后行动
情绪特征	愤怒、恐惧、不稳定	缺乏罪恶感、低共情
神经生理机制	负性情绪激活的阈限低、交感神经系统过度唤醒、前额叶功能受损	交感神经系统唤醒不足、前额叶功能正常、皮层下结构过度活跃
生化指标	5-羟色胺功能衰退、雄性激素水平高	多巴胺浓度高

　　需要指出的是，攻击的两种亚型并非完全互斥的。许多个体不同程度地表现出两种攻击行为，但通常以其中一种亚型为主。因此，对攻击亚型的分类，并非把个体划分为两种完全独立的子类型，而是在连续维度上对个体的攻击性程度进行区分(张卓，2014)。

　　把攻击分为冲动性攻击和预谋性攻击两种亚型，这是本书讨论的攻击与暴力的主要分类依据，也是暴力犯循证矫正实践中涉及的两类罪犯。不过，在监狱的实际情况中，冲动性暴力犯在暴力犯中占比很高，其心理与行为特征容易被识别，也是暴力犯循证矫正聚焦的重要人群。此外，监狱还存在少部分隐匿性强、危险性高、矫治难度大的顽危犯，其中检出率较高的就是与预谋性攻击高度相关，但其行为过程也含有冲动性特征的精神病态暴力犯。患有这类人格障碍的暴力犯，其狱内危险性和再犯风险都很高，对他们的评估与干预，是罪犯矫正理论研究和监管实践都绕不开的重要主题。

　　精神病态(psychopathy)通常用于描述一组与犯罪密切相关的情

感、人际缺陷及行为异常(Blair,1995),被著名犯罪生物学家雷恩(2016)描绘为人类当中最为自私、最具欺诈性的群体。精神病态倾向的罪犯表现出更高的再犯率,尤其是暴力犯罪的再犯率很高。精神病态在一般人群中的发生率约为 1%,然而在矫正机构的成年服刑人员中,这一比例为 15%～25%(Hare,1998)。

精神病态个体的攻击行为,通常表现为高水平的预谋性攻击,即为达到某个特定目标而实施攻击行为。预谋性攻击的目标可能是获取他人财产或者提升自己的社会地位,而大多数反社会行为,如盗窃、诈骗、抢劫等,都属于预谋性的目标导向行为。精神病态个体对于违反道德无动于衷,对其行为的受害者毫无同情或内疚,进而会表现出高水平的预谋性攻击。与此同时,精神病态个体也表现出一定水平的冲动性(Cornell et al.,1996;Glenn & Raine,2014)。但是,精神病态个体的冲动性攻击可能并非源于威胁性刺激或高焦虑等情绪唤起,而是源于未达到目标导致的挫败感(Blair,2012)。

1.3.2 外显攻击与内隐攻击

有研究者提出了攻击的另外两种类型:外显攻击(overt aggression)与内隐攻击(covert aggression),这两种类型的差异表现在行为模式、情绪、认知和发展四个方面(Loeber & Stouthamer-Loeber,1998)。

在行为模式上,外显攻击要直接面对受害者,对受害者施以威胁或身体伤害等行为。内隐攻击不需要直接面对受害者,而是用隐匿卑劣、阴谋诡计的手段伤害他人。一般情况下,外显攻击会随着年龄的增长而减少,而内隐攻击则会随着年龄的增长而增多。

在情绪上,外显攻击常常因生气发怒而发生,而做出内隐攻击的个体的情绪比较平稳;极端的外显攻击大多属于伤害、杀人等暴力犯罪,而诈骗、盗窃等财产犯罪则属于内隐攻击这类行为。

在认知上,外显攻击的暴力犯罪者的认知加工有缺陷,做事不过脑子，且容易有敌意归因的偏差，不会用复杂度高的、认知加工难度大的非攻击行为来解决冲突。而内隐攻击的个体通常没有认知加工障碍，他们善于谋划、习惯说谎、逃避侦查。

在发展上，外显攻击通常始于童年早期，尤其是男孩。而内隐攻击的发端有早有迟，有的人在童年期就会从父母身上学习、沾染到一些不良品行，如逃避责任、说谎欺骗等。

1.3.3　巴斯的攻击三分法

阿诺德·巴斯针对不同的攻击行为提出了自己的分类维度（见表1-2），其分类有三个维度：第一个是主动的与被动的，第二个是直接的与间接的，第三个是身体的或言语的。一共有八个细目（Buss，1971）。

表 1-2　人类攻击行为的种类

	主动的、直接的	主动的、间接的	被动的、直接的	被动的、间接的
身体的	殴打受害者	恶作剧陷阱	阻塞通道 静坐抗议	拒绝完成一个 必要的任务
言语的	侮辱受害者	恶毒的谣言	拒绝发言	在口头上或者 书面上都拒绝

1.3.4　传统型暴力犯罪与非传统型暴力犯罪

犯罪学家布朗（S. E. Brown）等人将暴力犯罪区分为传统型暴力犯罪与非传统型暴力犯罪两大类型（杨士隆，2002）。传统型暴力犯罪包括杀人、强奸、抢劫、故意伤害。古今中外，杀人是一种最令民众感到恐惧的严重暴力犯罪。依据加害人与被害人的关系将杀人分为三种形式：家庭间杀人、熟人杀人和陌生人间杀人。家庭间杀人，是指被害人与加害人有亲属关系或家庭中的成员发生的杀人犯罪行为；熟人杀人，是指朋友或彼此认识的人之间发生的杀人犯罪行为；陌生人间杀人，是指彼此不认识的人之间发生的杀人犯罪行为。美国联邦调查局发布的《统一犯罪报告》显示，2002 年的杀人案中几乎有一半的被害人与罪犯是亲戚关系(12.7％)或认识犯罪人(30.5％)，14.0％的案件中的被害人是被陌生人谋杀的，在剩余的42.8％的案件中被害人与罪犯的关系未知(Bartol ＆ Bartol，2016)。

非传统型暴力犯罪的一种形式是由企业、政府等各领域衍生出来的暴力犯罪，这种暴力犯罪也可能造成较多的人员伤亡，但是在其他各项因素的掩护下，经常被制造成过失或疏忽收场，因而未受到重视。例如，各国食品安全问题影响消费者的身体健康，甚至危害生命的事件屡见不鲜；因防护设施不到位，进而威胁工人安全的案例也时有发生。非传统型暴力犯罪的另外一种形式是恐怖主义，它是当今政治犯罪中最具威胁性的一种类型。

1.3.5　校园暴力、街头暴力、职场暴力、家庭暴力

依据暴力行为发生的地域，可以将暴力犯罪划分为校园暴力、街头暴力、职场暴力、家庭暴力(杨士隆，2002)。

校园暴力

校园暴力也可被称为校园欺凌(school bullying)，主要发生在中小学，我国《加强中小学生欺凌综合治理方案》将中小学生欺凌界定为"是发生在校园(包括中小学校和中等职业学校)内外、学生之间，一方(个体或群体)单次或多次蓄意或恶意通过肢体、语言及网络等手段实施欺负、侮辱，造成另一方(个体或群体)身体伤害、财产损失或精神损害等的事件"。美国教育部、美国疾病控制和预防中心规定，校园欺凌行为包括如下几类。(1)身体欺凌：一个人或一群人使用肢体行为对他人造成痛苦或伤害。(2)语言欺凌：一个人或一群人使用口头语言对他人进行压迫并造成伤害。(3)关系欺凌：一群人孤立一个人或另一小群人。(4)网络欺凌：借助电子工具(如手机、电脑等)在社交媒体网站、短信平台等网络平台上伤害他人(Volk，Veenstra，＆ Espelage，2017)。近年来，校园欺凌高发，在一些示

范学校中虽然身体欺凌较少，但语言、关系、网络方面的冷暴力却时有发生，而像职业中学这种类型的学校，身体欺凌的发生率就普遍偏高。

街头暴力

街头暴力常常是对陌生人的攻击，包括伤害和杀人。人们容易因莫名的小事而发生口角、争执，继而演化为攻击和暴力。例如，争停车位、抢占座位或者争风吃醋都可能会衍生各种伤害甚至杀人行为出现。此外，由于青少年半大人半小孩，具有"狂风骤雨"式的身心特征，在街头暴力中，青少年暴力占有主要部分。近年来，社会环境的急剧变化、不良生活方式与价值观对青少年的侵蚀，导致青少年的暴力犯罪趋于低龄化、凶残化、多样化，青少年的街头暴力也有蔓延之势，已成为一个广受关注的社会问题。

职场暴力

美国职场暴力研究所（Work Violence Research Institute）将职场暴力（work violence）定义为使职员的工作环境充满敌意，并对其身体或者心理上造成负面影响的行为。2002 年，美国劳工部统计发现，发生在工作场所的暴力事件占据了恶性职业伤害事件的 15%，导致职场暴力的因素有以下几类：首先是个人因素，如同事人际关系冲突、酒精和药物滥用、道德偏见、种族歧视等；其次是组织因素，如工作负担过重、解雇、职务说明不明确、为晋升而激烈竞争等；最后是社会因素，如社会氛围（如失业、贫穷等），人口高峰期，家庭分裂，以及非法药物流行等。保罗和汤森（Paul & Townsend，1998）认为，职场暴力比较容易在出租车司机、警察、便利店员工、加油站员工及保安人员等这样的人群中发生。近年来，职场冷暴力得到了国内外学者的关注。职场冷暴力是人际冷暴力的一种，是指在职场中人与人之间用非武力的方式进行攻击和伤害，如同事之间的漠视和冷言、领导的重压或架空、绯闻和谣言等，造成被攻击者精神痛苦或者处境窘迫。职场冷暴力在一定程度上危害集体事业，并严重伤害个人的身心健康（晏培玉，2009）。

家庭暴力

我国《最高人民法院关于适用〈中华人民共和国婚姻法〉若干问题的解释（一）》的第一条明确规定了婚姻法中所提到的"家庭暴力"是指行为人以殴打、捆绑、残害、强行限制人身自由或者其他手段，给其家庭成员的身体、精神等方面造成一定伤害后果的行为。联合国家庭暴力问题专家委员会也将家庭暴力界定为发生在有扶养关系的家庭单位内，表现为重复发生的人身虐待，并伴随精神折磨、忽视基本需要和性骚扰等使受害者遭到严重伤害的行为。

1.3.6　哲学层面的暴力分类

哲学家阿斯曼（Assmann）区分了五种暴力类型，即原始暴力、法定暴力、政治暴力、仪式暴力和宗教暴力。

第一种是原始暴力，是受愤怒、恐惧、贪婪所驱使的暴力，在报复中证明自己；被激惹而奋起反抗；有预谋的谋财害命。这些都属于原始暴力。第二种是法定暴力，又被本雅明称为"神话暴力"，涉及国家和法律。第三种是政治暴力，其目标指向权力的维护，依赖爱国热情的激发和对敌人的仇视。第四种是仪式暴力，是指以宗教之名来实施的暴力。第五种是宗教暴力，关涉上帝的意志，它只会发生在某一神教中，其矛头指向异教徒、无信仰者和离经叛道者。

2　攻击与暴力的理论观

天性与教养（nature vs nurture）哪个更重要，这个争论一直是心理学领域延续至今的重要主题，具体到攻击与暴力，讨论的焦点即人类的攻击是本能的、与生俱来的，还是后天习得的。持先天论的学者认为攻击是人的天性使然，是人类进化的本能，人类先天就有自私的基因，其攻击行为是为了保卫自己、守护家园、占有领地、抵御外敌的必然行为。相反，持后天论的学者则认为人类的攻击是在社会环境中习得的行为模式。此外，还有第三种观点就是折中理论，认为攻击与暴力既有先天的遗传基础，也有后天不良教养的原因，是基因与环境的交互作用。

2.1　生物观：暴力的进化

哲学家关于人性的争论由来已久，传统的儒家思想倡导人性本善，我国的孔子和法国哲学家卢梭等人认为人性在根本上是仁慈、知足而善良的；而另一些思想家，如我国的荀子和英国哲学家霍布斯（T. Hobbes）则提倡性恶论，认为人性的本质是残忍的、凶恶的。20 世纪，攻击与暴力是与生俱来的本能的观点，得到了弗洛伊德（S. Freud）和劳伦兹（K. Lorenz）的赞同。时至今日，由于与攻击或暴力相关的高危基因 *MAOA*（单胺氧化酶 A）得到广泛确认，并且有研究表明像催产素这样的生化物质与人类的共情存在高相关，意味着性恶论与性善论都有着确实的生物学基础，这使得善恶相混论的人性观显得更为理性而客观。

生物学观点最具代表性的学者当属犯罪生物学的鼻祖龙勃罗梭（C. Lombroso），他的"天生犯罪人"的观点影响深远但也颇受质疑。他在解剖臭名昭著的、意大利南部悍匪维莱拉（Vilela）的头颅后，不禁感叹道："不仅仅是一个想法，而是神的启示。看到那块颅骨的一瞬，突然间，如同燃烧的天空下被点亮的广袤平原，我似乎明白了犯罪人的本性问题——一个在自身再生了原始人类和低等动物之残忍本能的返祖者。"

2.1.1　本能论

本能论以达尔文的进化论思想为基础，认为人类的天性和本能大都是在物竞天择的生存斗争中进化而来的。詹姆斯（W. James）和麦独孤（W. McDougall）就罗列出一长串人类的本能。比如，詹姆斯就总结了模仿、对抗、好斗、同情、狩猎、恐惧、贪婪、攻击、盗窃、嫉妒、玩乐、好奇、社交、爱等十八种人类的本能，每一种本能都可以推动人类的行为。

把攻击与暴力看成本能的代表人物是弗洛伊德与劳伦兹。弗洛伊德提出两种本能，即生的本能和死的本能。其中，死的本能又被称为破坏本能。死的本能指向外部则会导致暴力、虐待、破坏行为，甚至战争的发生。攻击是人的一种本能，是死亡本能外显的行为反应。人的死的本能向外部发展时，表现为向他人发动攻击，这种攻击既可能是言语上的，也可能是身体上的；而死的本能向外部发展受到阻碍或遭遇挫折时，极有可能将攻击指向内部，表现为自伤、自残甚至自杀行为。

死的本能是一种攻击力量，是在人类的进化过程中习得的，在现代社会中，它以攻击行为、破坏行为表达出来，包括越轨行为、犯罪行为，以及群体冲突与战争。人类的这种破坏性攻击本能的肆意满足必然会导致犯罪。暴力犯罪所表现的残暴性、疯狂性，以及贪污、诈骗等非暴力犯罪中的欺诈性成分则是其隐蔽的表达方式（杨波，2015）。

劳伦兹在其论著《论攻击》(On Aggression)中也提出攻击是一种遗传而非本能，由"固有的""自发的""源源不断的"能量源泉供给力量，而不是对外界刺激的反应。"攻击本能之所以这么危险是由于其自发性"，这一概念内涵与弗洛伊德所持的观点有共同之处，可以被称为"机械液压模型"。

机械液压模型

机械液压模型(model in mechanistic-hydraulic)是麦独孤、弗洛伊德、劳伦兹等本能主义者所共识的对攻击的界说，认为攻击是动物与人的本能，本能就像一种流体，储存在容器中，这样的储存是机械性的、自发性的，欲望和压力扩充到一定时候，就会自行冲破

"闸门"或"活塞"，液体得以释放，攻击能量得以宣泄。

习性说

1976 年，道金斯(R. Dawkins)的著作《自私的基因》(*The Selfish Gene*)问世，其中心论点是，那些在生存竞争中"成功"存活下来的基因，都有着冷酷无情的自私本性，催生了人类的利己行为及攻击行为。沃什伯恩也把人类看成"狩猎者"，他们为了生存而"渴望屠杀，以屠杀为乐"。

劳伦兹论攻击学说的另一个理论支柱是动物习性学的观点，认为攻击有助于个体和种族的生存。劳伦兹是动物习性学的代表，他认为攻击行为具有防御领土的功能，扩大领地就能扩充资源，并赖以繁衍子孙。如果其生活的领地遭人入侵，他们就会为了捍卫领地而不断警告或攻击入侵者，即所谓领域性(territoriality)。它是经由长期且复杂的演化而传递下来的先天倾向。

进化心理学家巴斯也发现，攻击行为对于获得资源、抵御攻击、威慑等都是有效的策略。在战争年代，一名优秀的战士可以得到更高的社会地位和更多的繁衍机会。巴斯相信，暴力与攻击的适应性意义有助于解释这样的行为在人类历史上更多出现在男性之中。这并非因为男人有一种攻击本能，其压抑的能量必须得以释放；而是男人从他们成功的祖先那里继承而来的一种心理机制，帮助他们提高自己的基因在下一代得到保留的概率(迈尔斯，2016)。

兴奋—迁移理论

兴奋—迁移理论(excitation-transfer theory)由齐尔曼(D. Zillmann)于 1988 年提出。他认为，攻击是由个体的情绪唤醒水平引起的。在这一过程中，个体的生理唤醒会慢慢地消失，但不会立刻停止。如果在很短的时间内有两个独立的唤醒事件，前者引起的唤醒可能被错误地归因于后者，而后者又与愤怒相关，那么这个唤醒将使个体更加愤怒甚至导致攻击行为。观看媒体暴力会使个体心率加快、皮肤电阻降低，引起其他生理指标的变化，这一过程会强化个体对暴力刺激的情绪反应，而这种兴奋和唤醒又具有迁移性（杨光辉，2010）。例如，一个人在上班时受到老板的批评，下班回到家还会带有郁闷的情绪，此时如果又看到孩子较差的成绩单，这个不顺心的事情就会激起他恼怒的情绪。攻击性驾驶（aggressive driving）最能够说明兴奋的迁移与攻击行为的关系，意指驾驶员原本带着激越、愤怒的情绪，致使其在驾驶过程中就会把不良情绪迁移到他人或物体上，进而驾车做出伤害他人、毁坏物体的行为。

2.1.2　两类攻击的神经心理机制

关于冲动性暴力和预谋性暴力，生物学观点也有具体的理论解释模型，如巴勒特的暴力抑制控制模型和布莱尔（J. Blair）的暴力抑制机制模型。

暴力抑制控制模型

暴力抑制控制模型意指冲动性暴力个体缺乏抑制控制能力。有研究者认为前额功能缺陷导致冲动性暴力个体缺乏控制冲动行为的能力，这也在一定程度上增加了暴力行为发生的可能性（Patton，Stanford，& Barratt，1995）。未成年人的违法犯罪行为在很大程度上也可以归因为前额叶功能发育不足，即所谓"身份犯罪"，它不是道德问题，而是控制不住自己的身不由己行为。格雷等人提出了情绪加工的两个系统，即行为激活系统（Behavior Activate System，BAS）和行为抑制系统（Behavior Inhibit System，BIS）（Gray et al.，1983）。BAS 被奖赏性和非惩罚性刺激激活从而产生趋近反应；BIS 的激活促进个体抑制不适宜的行为，抑制刺激分析和反应选择的简单化倾向。格雷认为 BAS 过度激活或者 BIS 激活不足都可能引发冲动性暴力。BAS 过度激活是由于个体不关心潜在的惩罚而产生频繁的趋近反应；BIS 激活不足是由于个体对惩罚的感受性偏低而发生更多的趋近反应，反过来又导致对趋近反应的抑制减弱。纽曼等人

(Newman，Schmitt，& Voss，1997)认为 BAS 过度激活与冲动性相关，而 BIS 激活不足与抑制控制缺陷有关，对行为缺乏控制的原因可能是对行为的抑制太慢。

暴力抑制机制模型

暴力抑制机制(violence inhibition mechanism，VIM)模型试图从生理机制上去解释预谋性暴力行为，由布莱尔(1995)提出。布莱尔认为个体存在一个由恐惧或者悲伤的表情所激活的暴力抑制系统，当个体看到恐惧或悲伤的表情时，就会激活该暴力抑制系统，进而使自主神经活动、注意和脑干威胁—反应系统的激活增加，从而制止暴力行为的发生。用 VIM 模型解释预谋性暴力行为源于布莱尔对精神病态人格的研究，布莱尔认为精神病态者由于杏仁核受损，无法激活其暴力抑制系统，从而无法识别恐惧或者悲伤的情绪，没有了像正常人那样对负性情绪进行认知加工的能力。对精神病态者来说，情绪性刺激特别是悲伤、恐惧作为干扰刺激所产生的干扰效果相对较小。而当情绪刺激特别是悲伤、恐惧刺激作为目标刺激出现时，精神病态者也不会出现像正常被试那样的加工易化(局部阈下兴奋状态使神经元兴奋性升高的现象)，而是表现出更多的预谋性暴力行为。

2.2 环境主义：米尔格拉姆的电击实验与津巴多的斯坦福监狱实验

环境主义与本能论的立场刚好相反，依照研究者的思想，攻击与暴力完全受环境塑造。也就是说，左右人的攻击行为的不是"与生俱来"的生物学因素，而是后天习得的。与环境主义相关的理论有很多，如环境犯罪学视野下的情境触发理论，行为主义范型下的社会学习理论、挫折—攻击理论，社会学范畴下的社会控制理论、差异交往理论等。这里重点介绍触发攻击与暴力最为相关的两个情境实验：米尔格拉姆(S. Milgram)的电击实验和津巴多(P. Zimbardo)的斯坦福监狱实验。

2.2.1　米尔格拉姆的电击实验

社会心理学家为了考察权威服从这一现象进行了大量的实验证明，其中最经典的当属米尔格拉姆进行的一系列服从权威的实验：他通过广告和信件征选了 40 名不同年龄、不同职业的男性参加耶鲁大学的一次有偿学习实验。这些人被告知说，他们将参加一些研究惩罚与学习效果的实验，需要两个人组成一个小组，并用抽签的办法决定一个人当教师，另一个人当学生。教师的任务是朗读配对的关联词，学生则要记住这些词，然后，教师提出一个词，让学生从给出的 4 个词中选择一个正确的，如果学生选错了，就要给予电击惩罚。教师坐到一台巨大的控制台前，上面有 30 个电钮，每个电钮上都标有它所控制的电压强度，从 15 伏到 450 伏。学生被带到另一间房子里，为了防止他中途逃走，实验者还用带子把他绑在椅子上，并在他胳膊上绑上电极。教师和学生之间通过有线电保持联系。在实验过程中，学生多次出错，教师在指出他的错误前，随即给予电击。开始电击时，学生发出呻吟声，随着电压增高，学生哭泣、叫喊、怒骂，而后哀讨求饶，再后又猛击桌子，踢打墙壁，最后停止了叫喊，似乎昏厥过去了。在整个实验过程中，实验者不断地督促教师说：“你必须继续下去，必须予以电击。”实验者还说，一切责任由他自己承担，与教师无关。在这种情况下，有 26 名被试（占 65%）服从了实验者的命令，虽然他们听到学生叫喊、哀求，表现出极大的痛苦，但还是按照实验者的命令，不断加大电压等级，直到 450伏。实际上，这些“学生”并不是真被试，而是实验者的助手，他们在实验中并没有因为受到任何电击而发出呻吟、喊叫或拳打脚踢等，都是先前排练好了的，并且录了音，实验时只需放录音而已。“教师”对这一切一无所知。

通过这次实验，米尔格拉姆发现被试对权威的服从比率远远超出一般人的预想。事实上，当米尔格拉姆请权威专家对实验结果进行预测时，多数专家都认为只有少数人格异常者才会服从实验者的命令，显然，连专家都低估了服从权威的力量。这种实验结果是令人震惊的。

在之后的实验中，米尔格拉姆对实验条件进行了部分修改。在之前实验中，发出命令的权威人物是耶鲁大学一位很有名望的科学家，并且他宣称该实验研究是一个重要的科学问题，所以人们往往不会相信这样有科学头脑的、仁慈的和有责任心的人会发出伤害他人的命令。米尔格拉姆把实验室搬至市中心商业区的一座办公楼里，并声称该实验的发起者是一个私人商品研究公司，除此之外，一切条件与耶鲁大学的条件相同。在这种情况下，服从比率由原来的65%降低到48%。

随后，米尔格拉姆让三名被试(其中有两名假被试，他们是实验者的助手)一起进行这个实验，依次安排两名假被试在不同电压的时候拒绝继续施加电击，在电压为150伏时第一名假被试拒绝服从，并且坐在旁边观看其他人，当电压达到210伏时第二名假被试也拒绝服从。实验结果表明，他人的支持极大地降低了权威者的命令效力，大大提高了被试的反抗程度。当有他人的反抗支持时，90%的被试都变成对抗实验者，拒绝服从。

再如，米尔格拉姆在实验条件中改变教师与学生的心理距离(如取消学生在实验中哭泣这一环节)和物理距离(让学生坐在教师旁边)，其他条件不变。实验结果发现，当学生与教师在身体上、视觉上、听觉上更远时，教师的服从行为会随之减少。

2.2.2　津巴多的斯坦福监狱实验

1971年，津巴多和同事进行了一项斯坦福监狱实验。24名大学生被随机分派到斯坦福大学地下室的模拟监狱中，分别扮演监狱警察和囚犯的角色。这个实验本计划开展两周，但由于参与者的行为变得越来越变态，被迫在6天后终止。才几天时间，监狱警察的扮演者变得越来越专制和残暴，对囚犯进行严酷的惩罚，如强制剥夺囚犯的睡眠等。而扮演囚犯的参与者却变得越来越弱势和卑躬屈膝，其中一名被试在 36 小时后因情绪崩溃而退出实验。

津巴多认为，在实验过程中，警察和囚犯的扮演者在实验中因监狱情境的营造而过于专注于自己的角色，丧失了自己的个性特征，即所谓去个性化。津巴多把斯坦福监狱实验的结果与 2003 年伊拉克战争期间阿布格莱布监狱的虐囚事件做了对比，并提出了"路西法效应"(Lucifer effect)，用以描述情境影响过于强大的时候，如服从权威和去个性化，好人也会做坏事，天使也会变魔鬼。

上述两个实验都证明了在引起攻击与暴力发生的过程中，环境因素起到的直接作用，尤其是具体情境的触发，这也是环境犯罪学的核心思想。

2.3　暴力犯罪的生理—心理—社会模型

犯罪行为是一种非常复杂的社会现象，存在犯罪类型的差异、犯罪人的差异、犯罪情境的差异、犯罪文化背景的差异等。因此，解读犯罪不能简单地下结论，应该采用多元整合的生理—心理—社会模型(biopsychosocial model，BPS 模型)。BPS 模型从多种角度阐释了影响犯罪行为发生的复杂因素，而这些因素又共同作用于犯罪行为。

生物学层面包括基因、激素、化学递质、脑结构与功能受损等。*MAOA* 就被认为是与攻击与暴力最为相关的基因，故而被称为"战斗基因"；激素有睾酮和催产素；化学递质有 5-羟色胺和多巴胺；脑结构有前额叶与杏仁核等，这些因素都被证明与攻击与暴力存在不同程度的关联。心理学层面主要是人格与认知，人格中含有反社会人格障碍、精神病态人格障碍、自恋型人格障碍，以及冷酷无情、冲动性、羞耻、内疚等与攻击与暴力高相关的人格特质等。社会学层面则包括家庭、学校、社区等多种因素。例如，青少年的攻击与暴力，就时常是受到同伴的影响和压力而导致的。

刑事科学中实证学派的代表人物菲利（E. Ferri）提出了犯罪原因三要素相互作用论，这一理论观点涵括了 BPS 模型的见解。菲利把犯罪的原因归纳为人类学、自然和社会三类因素（菲利，2004a）。(1)人类学因素，由三个方面构成。一是罪犯的生理状况，包括颅骨异常、脑异常、器官异常、文身等生理特征，这种分类秉承了龙勃罗梭所持的犯罪生物学观点。二是罪犯的心理状况，包括智力和情绪情感缺陷，尤其是道德情感与道德决策异常。菲利（2004b）把罪犯心理概括为"由于那些带有孩童和野蛮人特征的不平衡冲动的作用，罪犯在抵御犯罪倾向和诱惑方面有缺陷"。三是罪犯的个人状况，包括种族、年龄、性别、社会阶层、教育水平等，这相当于我们现在常说的人口统计学变量。(2)自然因素，是指与犯罪相关的自然环境，包括气候、季节、温度等。例如，恶劣的自然环境会导致贫穷，而贫穷是一切不人道及反社会行为产生的根源。再如，季节对犯罪也会有明显的影响，冬天发生的性犯罪要比春天和夏天少，而冬天的财产犯罪会增加。(3)社会因素，菲利将社会因素概括为"任何足以使人类社会生活不诚实、不完美的社会条件"，包括家庭环境、教育制度、公共舆论、人口密度等。在社会因素中，菲利特别强调贫穷对犯罪的影响，如果一个工人被解雇，失业后空手回家，那么妻子的抱怨、母亲的责备就可能会把他推向犯罪的边缘。

在分析这三类因素之间的关系时，菲利指出，无论哪种犯罪，从最轻微的到最残忍的，都不外乎是犯罪者的生理心理特征、所处的自然条件及社会环境三类因素相互作用的结果。但这三类因素在不同类型的犯罪中所发挥的影响不同。例如，在盗窃案件中，社会环境因素的影响远比生理心理特征因素的影响要大；而在谋杀案件中，生理心理特征因素的影响则比社会环境因素的影响要大得多。所以，在不同的犯罪案件中，我们要根据犯罪人的具体情况来进行判断。

3　暴力犯罪的态势与对策

3.1　暴力的下降：人性的善良天使

　　尽管暴力及暴力犯罪亘古久远，但依据平克的观点和论证，伴随着人类的历史进程，人类历史可以看成"暴力在降低"的历史。五千年来，人类历史进程呈现了六大趋势，这六大趋势都显示了暴力在下降。平克在其著作《人性中的善良天使：暴力为什么会减少》中阐释了这六种趋势。

　　第一个趋势被称为"平靖进程"，发现在国家组织尚未出现的远古时代，因暴力冲突而导致死亡的比例约为 15%，可是到了烽火连天的 20 世纪，战争造成的死亡只达全世界人口的 3%。这就归功于中央政治集权"国家"的建立。第二个趋势是"文明的进程"，即人与人之间暴力相向的情况在减少。从中世纪的欧洲到今天的西欧社会，凶杀案的比例从每 10 万人每年超过 100 件，降到了 20 世纪 50 年代的每 10 万人 0.8 件。其归功于政府治安的稳定、司法力量的提升等。第三个趋势，平克称之为"人道主义革命"，是指在早先，酷刑和死刑非常频繁，而且公开执行，人们不讳不忍，以看热闹的心情在断头台前围观议论。但到了 18 世纪以后，这样的景象就很少见到。福柯在其《规训与惩罚：监狱的诞生》中也有类似的论述，酷刑转化为惩罚的温和形式，把惩罚视为一种政治策略。平克把"人道主义革命"的主要动力归功于人类文明的进步，特别是通过阅读提升了人们的知识经验和对他人的共情能力。第四个趋势始于第二次世界大战结束后的"长期和平"。战争、种族屠杀的发生都急剧减少，这归因于康德在《永久和平论》一书中所言及的民主制度、贸易和国际组织。第五个趋势被称为"新和平"，是指武装冲突越来越少。自1989年冷战结束，各种武力冲突，包括内战、种族灭绝、恐怖袭击等，在世界范围内都在下降。第六个趋势是"权力革命"，1948年《世界人权宣言》标志着这个阶段的到来，人们对伤害人权的暴力行为越来越反感，这些行为包括对少数族裔、妇女、儿童等人群的侵害，还包括虐待动物。少数民族权利、女权、儿童权利、动物权利等方面都有重大推进。

暴力下降的原因是多方面的，既有人性的向善、道德的提升、自我的控制和理性的考量这样的个体动因，也有制度的约束、司法的威慑、文化的钳制等外在因素的推动，是内因与外因交互作用的结果。

事实上，近年来，暴力犯罪减少的趋势依然在持续。在我国，根据公安机关的统计，2017年全国刑事案件立案数同比有所下降，尤其是严重暴力犯罪案件减少幅度较大，刑事案件破案率有明显提高，人民群众安全感和满意度大幅度提升(靳高风，朱双洋，林晞楠，2018)。2021年，社会治安持续向好。2021年全国检察机关批准逮捕各类犯罪嫌疑人868 445人，提起公诉1 748 962人，同比分别上升12.7%和11.2%；同时，在扫黑除恶常态化背景下，起诉涉黑涉恶犯罪同比下降70.5%，杀人、抢劫、绑架犯罪同比下降6.6%，聚众斗殴、寻衅滋事犯罪同比下降20.9%，毒品犯罪同比下降18%。2021年，全国人民法院审结一审刑事案件125.6万件，同比上升12.5%；判处罪犯171.5万人，同比上升12.3%；故意杀人等八类主要刑事犯罪案件持续处于低位，占全部刑事案件比重稳步下降。严重暴力犯罪案件持续保持低位，2021年1月至10月，全国涉爆案件同比下降19.1%。在反恐维稳法治化常态化背景下，全国已连续超5年没有暴恐案事件发生。根据最高人民法院工作报告，2021年分别审结涉枪涉爆犯罪、毒品犯罪、袭警犯罪、涉疫犯罪案件 9 984 件、56 000 件、4 586 件、9 653 件；审结杀人、放火、抢劫等严重暴力犯罪案件 4.9 万件，持续处于低位，同比略有增加，与 2019 年基本持平，但占刑事案件比重稳步下降（靳高风，张雍锭，郭兆轩，2022）。

诸多证据表明，暴力犯罪随着历史的进程逐渐减少。但人性恶的一面不可能随之消失。极端的暴力犯罪依然时有发生，而且由于其社会影响恶劣，再加上新闻媒体的报道足够吸引眼球，会给人一种印象——暴力犯罪依旧猖獗，无处不在。

美国犯罪学家沃尔夫冈等人的观点是，少数人犯更多的罪，暴力犯罪尤为如此。针对美国费城的犯罪记录就有一项经典的调查，研究发现，青年男性人口中的 6% 要对半数以上的犯罪负责（Wolfgang，Figlio，& Sellin，1972）。暴力犯中不乏手段极其残忍、伤害极其巨大的批量杀人狂魔和变态连环杀人犯，细部考量这些罪犯特异性的生理、心理与行为特征，是揭示人性本质的最佳范本。

3.2　暴力犯罪研究的多元取向

由于犯罪心理学研究基本上都是犯罪行为实施之后的回溯研究，再加上被试样本大多被关押在监狱，参与实验的罪犯常常都具有掩饰性、隐蔽性等特点，致使犯罪心理学的研究难度很大，暴力犯罪的研究同样如此。为了提高暴力犯罪研究的信效度，需要整合多种研究取向，把问卷调查为主的相关取向、行为学实验为主的实验取向、深度访谈为主的临床取向结合起来。

例如，对精神病态罪犯的冷酷无情特质（callous-unemotional traits，CU 特质）的研究，可以找几例典型的精神病态暴力犯去做深度访谈，像系列杀人犯邱兴华生活史的质性研究（李昕琳，2011），就是对这一典型个案做系统深入的调查；也可以采用具有良好信效度的冷酷无情特质量表（inventory of callous-unemotional traits，ICU）来测量精神病态罪犯的冷酷无情特质；还可以通过实验设计，用神经影像的方法来探讨精神病态罪犯的杏仁核与前额叶等相关脑区相互作用的神经心理机制。这样一来，三种研究取向都得以整合，有助于全面而系统地了解冷酷无情这一暴力犯罪的核心人格特质。

3.2.1　相关取向：探讨变量之间的复杂关系

相关取向(correlational approach)是使用统计测量来考察并建立个体间已存在差异的度量集之间的联系或相关。

例如，采用相关法来研究电视暴力片与儿童攻击行为的关系时，可以通过观察记录一组儿童在一周内平均每天看暴力性电视的时间与平均每天攻击行为的次数，这样可得到两组数据。再通过统计的方法，计算出两组数据之间的相关系数。如果相关系数通过检验存在显著性，就可以确定观看电视暴力片与儿童攻击行为之间存在高相关。虽然确定它们之间存在相关，但不知道究竟谁是原因，谁是结果，不知道是观看电视暴力片导致攻击行为增加，还是儿童本身具有较强的攻击性才会看更多的电视暴力片，因为在统计学上不能根据相关系数的显著与否直接推论出是否存在因果关系，这是相关研究存在的主要局限性。

在对暴力犯罪的研究中，相关取向的具体研究方法主要是问卷调查，统计方法上会用到变量关系更为清晰的中介相应分析。在一项探讨"童年期受虐待经历对青少年攻击行为的影响路径"的研究中，研究者通过对 545 名违法犯罪青少年施测相关问卷，发现"虐待—冷酷无情—不良同伴—道德推脱—自控—攻击"这样的链式中介模型（谢琴红，2021）。

纵向设计可以在一定程度上探讨变量之间可能的因果关系，常用的方法有经验取样法或日记法。我们在探讨"人格与攻击和暴力"的系列研究中，拟通过一年当中每隔 3 个月做一次问卷的 4 次取样，对 1 000 余名监狱罪犯的人格变化及与攻击和暴力的关系做追踪研究，通过交叉滞后分析等统计方法，来深入考量相关人格特质与两类攻击之间的复杂关系。

3.2.2 实验取向：探讨变量之间的因果关系

实验取向（experimental approach）是指实验者操纵变量以建立因果关系的一种研究取向。实验研究传统源于冯特（W. M. Wundt）、艾宾浩斯（H. Ebbinghaus）与巴甫洛夫（I. P. Pavlov）的研究工作。

关于电视暴力片对儿童攻击行为影响的问题，班杜拉（A. Bandura）做过经典的实验研究。他让 A、B 两组幼儿分别观看两个示范者的表演（现场的或卡通的情境）。A 组幼儿看到一个示范者正在玩工艺玩具，对旁边的一个橡皮玩偶无动于衷；而 B 组幼儿看见示范者不断地殴打橡皮玩偶的面部，用球棍打它的头，怒气冲冲地骂它、打它。稍后，让这些幼儿遭受一定的挫折，并与橡皮玩偶同处一室，再观察这两组幼儿的行为反应有何不同。与 A 组幼儿相比，B 组幼儿对挫折产生了非常多的攻击反应，他们也像示范者一样，对玩偶又打又骂。可见，幼儿通过对榜样的观察，可以习得攻击性行为模式。

在对暴力犯罪的研究中，实验取向常用的具体方法是行为学实验，主要在监狱或社区矫正中心等现场开展，用电脑呈现刺激、用鼠标按键作答，不仅简单易行，还能避免问卷调查所致的社会赞许性。例如，在考察暴力犯风险决策缺陷的研究中，使用打气球或者爱荷华赌博这样的实验范式，实验效果就比较好。

3.2.3 临床取向：对个案的深度考量

临床取向（clinical approach）是通过自然出现的行为表现或自然情境中产生的言语报告对个体进行系统深入考察的一种研究取向。

临床取向所包含的具体方法最重要的是个案研究（case study），而当代的叙事心理学（narrative psychology）和人生故事（life story）研究的兴起也是这种研究取向的新发展。

系列杀人犯邱兴华生活史的质性研究（李昕琳，2011）以个案邱兴华的生活史的真实描述为切入点，通过深度访谈和文献分析的方式，对邱兴华生活史方面的第一手资料进行了深入分析，梳理了邱兴华犯罪生涯的一条较为清晰的叙事线索，揭示了邱兴华的生活故事和日常行为背后所隐含的心路历程，指明其贫乏的社会支持、低下的经济状况和创伤性的负性事件是影响邱兴华形成犯罪心理的关键性因素。

在暴力犯罪的研究中，相较于问卷调查和行为学实验，临床取向的结构式访谈是评估效果更好的方法。我们修订的暴力风险评估量表（violence risk scale，VRS）就是一个由 20 个访谈提纲组成的评估工具，有成人版和青少年版，评估时间在半小时到一小时，具有良好的信效度。

3.3 循证矫正：暴力犯干预的方法论

3.3.1 概念

"循证"一词翻译于英文 evidence-based，"循"意为遵循、根据或依据，"证"意为证据，循证即遵循证据或根据证据的意思（王平，安文霞，2013）。

循证矫正（evidence-based correction）是指矫正工作者在矫正罪犯时，针对罪犯的具体问题，寻找并按照现有的最佳证据（方法、措施等），结合罪犯的特点和意愿来实施矫正活动的总称。根据循证的理念，循证矫正的证据应是证明"什么对罪犯矫正有效"的证据，包括罪犯矫正的理论依据、干预内容、方式方法、介入时间、评估反馈等方面，其中犯因性需求（criminogenic needs）是循证矫正关注的核心，风险评估（risk assessment）是循证矫正开展的基础。犯因性需求是那些可改变的与犯罪行为，尤其是与再犯紧密相关的动态风险因素（Andrews & Bonta，2010b），主要包括反社会行为史（history of antisocial behavior）、反社会人格模式（antisocial personality pattern)、反社会认知(antisocial cognition)、反社会同伴(antisocial associates)、家庭/婚姻环境(family/marital)、学校/工作(school/work)、娱乐/空闲(leisure/recreation)和物质滥用(substance abuse)八个核心因素(肖玉琴,杨波,2014)。风险评估是对罪犯未来重新犯罪的危险性进行的预测(Andrews & Bonta,2010b),风险水平分为高风险、中等风险和低风险三个等级。矫正工作者要根据罪犯不同的犯因性问题制定不同的有针对性的矫正方案,根据罪犯不同的风险水平确定对其采用的矫正项目和矫正强度。

循证矫正具有针对性、精确性、有效性、规范性、统一性、创新性和发展性等特点。针对性是指循证矫正根据犯因性需求对罪犯实施有差别的、个性化的矫正。精确性是指循证矫正需对应罪犯特点对矫正对象进行精确的诊断和评估,采用具有良好鉴别力的测量工具。有效性是指循证矫正能够提高矫正效果,有效降低再犯。规范性是指循证矫正要遵循科学研究的步骤和方法,把理论研究和实践探索结合起来。统一性是指循证矫正是研究者、实践者、矫正对象、矫正管理者以及决策者的互动与统一,也是客观证据与主观经验的整合。创新性是指循证矫正要在实践中发现新问题,创造性地遵循已有证据探索新的理论和方法的过程。发展性是指循证矫正不仅是遵循证据开展矫正的过程,也是利用矫正效果验证已有证据或生成新证据的过程,在此循环过程中推动罪犯矫正向更加科学严谨的方向发展。

在西方发达国家,如加拿大、英国、美国、澳大利亚、新西兰、挪威、瑞典、丹麦等,循证矫正整合了心理学、犯罪学、社会学、神经科学等多种学科,经历了近30年的探索和实践,形成了一整套成熟的理论、方法和技术,在提高矫正效果、降低重新犯罪率方面发挥了重要作用。循证矫正的理念和方法在提高矫正实效性、降低矫正成本、促进罪犯积极参与、架起矫正研究与实践的桥梁等方面具有鲜明的受人瞩目的优势，这些优点都非常值得我国罪犯矫正领域加以借鉴。因此，循证矫正的引入是目前我国罪犯改造的一种新思路（周勇，2010）。

3.3.2　循证矫正的首要原则——风险—需求—反应性模型

对循证矫正解读最全面和应用最广泛的是风险—需求—反应性（risk-need-responsivity，RNR）模型，被称为循证矫正的首要原则。RNR 模型产生于 1990 年，由加拿大卡尔顿大学教授安德鲁斯（D. A. Andrews）和加拿大公共安全中心主任邦塔（J. Bonta）提出（Andrews et al.，1990），该模型经过二十多年的发展，在西方国家罪犯矫正工作中起指导性作用。

RNR 模型以一般人格和认知社会学习观点为理论基础。该观点认为：在人的毕生发展中，生物学因素、心理因素和社会因素共同作用于人的外显行为。因此，在分析、理解人的行为时既要考虑到个体的态度、价值、信念等内容，也要考虑到个体的人格倾向性、家族遗传史、不良行为史，以及个体的社会支持系统等多种因素。一般人格和认知社会学习观点能够更全面地理解人为什么会犯罪这一主题，更精确地识别风险/需求因子，更有效地建立矫正人员与矫正对象之间的关系。

RNR 模型的理论假设如下。（1）风险水平是可以被评估和预测的。与犯罪行为相关的风险因子包括个体内部的生理心理因素及外部的社会环境因素，这些因素都是可以被量化和评估的。（2）导致犯罪的因素是多样的，矫正方法也应该全面评估并找出具体的风险和犯罪路径。（3）矫正的目的是减少犯因性需求，从而降低再犯率。（4）应该通过实证的、价值中立的方法来确定罪犯的犯因性需求，并采取严格和恰当的研究设计。（5）循证矫正的最终目标是降低再犯率以减少社会危害性。

3.3.3　循证矫正的设计：随机对照组实验

实验研究通常用于研究变量间的因果联系，在研究中引入干预或处理，并测量干预或处理对变量的影响。对于不同的实验设计，按照最佳证据的等级，随机对照组实验（randomized control trial，RCT）研究获得的证据最佳，通常是评估干预效果的最佳研究设计，所以在循证矫正的实证研究中，应首选 RCT 设计。

RCT 设计首先需要从总体中随机挑选被试，并将被试随机分配到实验组和对照组，两组被试都接受前测和后测，但仅有实验组的被试接受干预，假设实验组和对照组所取的样本同质，那么两组被试后测时出现的差异就可以被认为是接受干预带来的差异。这种实验设计也被称为经典实验设计（classical experimental design），如图1-1 所示。

图 1-1　经典实验设计的流程图

（RS 代表随机选择；RA 代表随机分配；O_1 代表前测，E 代表干预；O_2 代表后测。）

3.3.4　动机式晤谈法在暴力降低项目中的渗透

对罪犯群体进行矫正时，经常会面临矫正对象动机模糊、对抗治疗的问题，导致矫正工作难以有效推进。特别是暴力犯群体中具有反社会人格障碍或精神病态的矫正个体，通常矫正动机很低且抗拒治疗；此外，这类人群具有较高的再犯风险以及中途退出的倾向（Ogloff，Wong，& Greenwood，1990）。所以，评估矫正对象的准备状态、提升矫正参与意愿、降低退出率对矫正功效的良好发挥、清除矫正障碍具有重要的意义。

有研究者在暴力风险评估量表（violence risk scale，VRS）中对改变轮做了修改，使个体的治疗改变概念化且可测量（Wong & Gordon，1999—2003）。他们在加拿大监狱系统内将 VRS 工具用于相关矫正项目之中，对整个矫正项目实施动态监测评估。基于改变轮模式，个体问题行为的转变将通过一系列阶段：前意识期、意识期、准备期、行为期和维持期。VRS 以行为、态度及情感转变的量化指标来反映治疗效果。

改变的阶段变化模型可用于检查和评估矫正对象的准备状态、治疗变化以及改变意愿需求等。随着转变阶段的不断推进，会带来更稳定、内化和持续的积极变化。然而，在某一阶段有效的治疗干预，对于其他阶段来说可能会适得其反。例如，处于前意识期的矫正对象适合接受像动机式晤谈这样的治疗激励活动；而过早使用那些适合准备期和行为期的技能培训，可能会增大矫正治疗的阻力和中途退出的概率。所以，评估矫正对象所处的转变阶段是十分有必要的。

暴力降低项目（violence reduction programme，VRP）是加拿大监狱系统针对具有暴力倾向的罪犯开设的，降低其暴力风险等级的矫正治疗项目（Wong，Gordon，& Gu，2007）。VRP 的设计基于犯罪行为理论、RNR 模型以及经过改进的改变的阶段变化模型。而 VRS 则是该项目中一个必不可少的部分。

VRP 通过以下阶段，达成降低暴力行为发生的强度和频率的目标。（1）挑战对暴力有支持作用的反社会信念、态度和行为模式；（2）协助项目成员掌握能降低暴力风险的适当技能，以及使用这些技能提升自信与自我效能感。

VRP 的设计是为了满足高暴力倾向人群的治疗需求，特别是针对那些治疗依附性差、没有动力和抵抗治疗的对象。这个项目虽然具有结构化和目标导向，但也具有足够的灵活性，可以满足该治疗群体独特的犯因性需求和反应性。项目使用以认知行为治疗方法和社会学习理论为核心的复发预防框架，协助项目参与者做出改变和学习新的行为。学习过程是循序渐进的，不断积累的小改变是发生质变的关键。

　　VRP 的实施依赖三个阶段为每一个参与者提供治疗，并且每个阶段都有不同的任务和目标。第一阶段的重点是帮助参与者检视过去的暴力模式，确定治疗目标，形成治疗或工作同盟。动机式晤谈技巧应该贯穿整个项目的始终，特别是在第一阶段的运用。对有阻抗的参与者使用该技巧尤为重要。第二阶段主要是聚焦于行动或技能的习得，重点是帮助参与者获得相关技能，从而对暴力和具有破坏性的负性思维、感觉、行为模式进行重建。第三阶段侧重复发预防策略和跨情境下的一般性技能。第三阶段的工作主要包括对第二阶段成果的整合、归纳和巩固。

　　改变轮模式与 VRP 实施的三个阶段相互结合、渗透，即在前意识期与意识期实施第一阶段工作，激发矫正意愿、提升矫正动机，形成良好的治疗关系；在准备期和行为期实施第二阶段工作，进行认知重构，获得相关技能；第三阶段与维持期相呼应，巩固前一阶段的效果，预防复发。改变轮模式既能对矫正状态和矫正变化进行评估；也可以反映参与者位于改变的阶段，为下一阶段的矫正实施提供有效的指导。

　　许多建立在 VRP 框架基础上的高风险暴力犯矫正项目在英国的各试点监狱陆续展开。其中一个位于伍德希尔（Woodhill）的一个高戒备监狱的 VRP 试点项目已经完成，并由一个独立评估小组完成评估（Fylan & Clarke，2006）。持续 7 个月的 VRP 试点项目的目标是降低具有高风险或高暴力倾向罪犯的暴力行为发生的频率和强度。预期结果是希望罪犯通过参与 VRP 项目，在一定程度上改善行为，回归一般监狱或监管机构的监管范围。最后评估的结果表明，VRP 项目能够有效减少高风险等级罪犯的暴力行为，提升他们的人际交往技能，使他们更加配合监狱方的管理，与预期结果相符。

3.3.5　认知行为疗法在暴力犯矫正中的应用

　　认知行为疗法已经成为矫正某些犯罪群体的首选方法，如性犯罪者、暴力犯和各种持续的财产罪犯（Bartol，1999）。多个元分析的研究结果表明，基于认知行为理论的治疗方法在罪犯矫正方面是最有前途的，其中利普顿（Lipton）及其同事对900余名罪犯的矫正项目进行元分析得出结论：认知行为疗法比其他疗法更有效。

既往的研究结果发现多种认知行为疗法项目都能降低成人暴力犯的再犯率。这些项目具有两个共同的因素：（1）锁定暴力犯的特殊需求；（2）多元理论基础。简言之，多元理论基础的项目能锁定更多的犯因性需求，也因此具有更好的矫正效果。

几个具体的认知行为疗法在暴力犯矫正中的应用很有成效。

认知技能训练（cognitive skills training，CST）的训练内容包括平衡人际关系、决策、设定目标和提升一般思维能力（Robinson，1995）。训练时间共36次、每次2小时，10人为一组。元分析结果表明，CST对减少暴力犯的再犯有效。加拿大联邦监狱系统已经对超过5 500名罪犯使用该项目，CST也被越来越多的国家所接受。

暴力预防项目（violence prevention project，VPP）始于1987年，由新西兰司法部和新西兰囚犯援助与康复团体（New Zealand Prisoners' Aid and Rehabilitation Society，NZPARS）共同促成。该项目将社区服刑或假释中的暴力犯集中于一个社区内实施矫正。项目模块包括愤怒管理、暴力态度的重构、人际沟通、亲职教育、社交问题解决，以及反酒精与毒品教育和文化语言教育（Polaschek et al.，2005）。随后的追踪研究证实该项目能够有效降低暴力再犯的频率和严重性，与对照组相比显示该项目对暴力再犯降低有明显效果，同时对一般罪犯的再犯率也具有中等程度的减弱作用。

认知自我改变（cognitive self change，CSC）是聚焦认知为主的干预项目，发端于1988年，项目设计之初将目标人群锁定为男性和女性暴力犯罪者。CSC的主要目标在于改变支持暴力行为的态度、信念和思维模式。团体的带领者由经过特别培训的监狱工作人员和假释人员担任。为期 3 年的追踪随访结果显示，参与该项目时长 6 个月以上罪犯的再犯率显著低于未参加该项目的罪犯（Bush，2006）。

新西兰的林姆塔卡（Rimutaka）监狱针对高风险的暴力犯罪设计的暴力预防小组（violence prevention unit，VPU）创立于 1998 年，是一个集中进行的认知行为治疗项目。每个项目小组大约由 10 人构成，由一名心理专家和康复工作者作为团队的带领者。项目内容及操作均符合认知行为取向的原则和循证矫正的程序设计。在进行为期 2 周的入门训练后，项目内容包括：（1）识别犯罪链；（2）犯罪思维重构；（3）情绪管理，主要通过认知行为策略的学习来更好地管理愤怒、痛苦、挫折、悲哀等情绪；（4）对被害人的同情心；（5）道德推理，使用结构化的道德困境讨论；（6）解决问题，学习使用一个包含问题识别、头脑风暴策略、最佳决策的模型以解决实际生活中的问题等；（7）再犯预防计划。项目结束之后大部分成员经由假释裁决委员判定，直接从项目小组被释放到社区。波拉斯切克（Polaschek et al.，2005）等人发表的追踪随访结果显示，接受该项目治疗的罪犯比那些没有参加该项目治疗的罪犯有更少的暴力犯罪再犯记录，更能保持较长时间的操守。

这些项目的开展与后续追踪随访的结果说明了 CBT 是一种应用广泛、行之有效的暴力犯罪矫正方法。

第2章
暴力犯罪的神经编码

案例一：得州大学校园枪击案

1966 年，惠特曼（C. Whitman）在美国得州大学的塔楼上持枪狙击行人，造成 31 人受伤，包括惠特曼自己在内的 17 人死亡，是美国历史上最惨痛的校园枪击案之一。惠特曼在 17 岁高中毕业后加入海军陆战队，并成为一名出色的射手，退伍后进入得州大学学习工程学。1966 年 8 月 1 日，在打印了一篇告别信后，25 岁的惠特曼来到得州大学的标志性建筑——塔楼，并携带 6 支枪、弹药、几把刀、食物和水。他将大楼里接待室的工作人员击昏致死，并在到达顶层观光台的途中开枪打死 4 人。到达观光台后，他向校园和附近街道上的人群扫射，甚至 300 米以外也有人被射杀。在枪击案发生约 2 小时后，警方终于靠近观光台并击毙了惠特曼。在惨案发生的前一天，惠特曼杀死了自己的妻子和母亲，他在告别信中表示，自己有很多不受控制的暴力冲动和许多奇怪的想法，精神科治疗也没有帮助，他希望在自己死后大脑被尸检。惠特曼的尸检结果显示，其右脑内一个胡桃大小的恶性肿瘤压迫其下丘脑与杏仁核（Valeo，2012）。

案例二：温斯坦杀妻案

温斯坦（H. Weinstein）是一名 65 岁的广告公司经理。1991 年圣诞节假期的一天晚上，温斯坦和第二任妻子大吵一架。在这次吵架过程中，妻子很是咄咄逼人，一直在言语上攻击温斯坦和他的前妻所生的几个子女。温斯坦采取了回避的方式来结束争吵。但是这种方式让妻子更加生气，于是动嘴升级成了动手，她扑向温斯坦并开始抓挠他的脸庞。温斯坦被激怒，他一把掐住妻子的脖子，死死地掐住，直到她没有了气息。然后温斯坦打开窗户，把妻子的尸体从12楼的窗户扔了下去。他觉得这样的话妻子的死看起来像是一场意外事故，应该不会引起人们的怀疑。但是他又觉得人行道上妻子的尸体姿势不太妥当，所以他下楼去准备再搬动一下妻子的尸体。不走运的是，警察来了，温斯坦遭到逮捕，被指控二级谋杀罪。温斯坦在此前没有任何犯罪或暴力前科，因此，他的律师提出疑问，要求对自己当事人的大脑功能进行检查，并且安排了一次正电子发射断层成像扫描。结果发现，温斯坦的大脑里长了一个蛛网膜囊肿，这个囊肿取代了他左侧额叶皮层和颞叶皮层的大部分脑组织。扫描结果作为证据提交法庭，辩护团队主张温斯坦是因为大脑受损而失去了控制情绪和做出理智决策的能力，最终经过控辩双方激烈的辩论，控方同意以过失杀人罪起诉温斯坦（过失杀人罪会被判7年监禁，而原来指控的二级谋杀罪很可能被判25年）。这是美国刑事审判历史上，脑成像证据作为量刑依据最具代表性的案例（雷恩，2016）。

"得州大学校园枪击案"和"温斯坦杀妻案"这两个案例都暗示着脑损伤与暴力行为之间可能存在关联，正是这些临床案例引发了研究者们对暴力犯罪的神经编码的思考。随着认知神经科学技术的发展，如脑电图（electroencephalogram，EEG）、事件相关电位（event related potential，ERP）、脑磁图（magnetoencephalography，MEG）、单光子发射计算机断层成像技术（single-photon emission computerized tomography，SPECT）、正电子发射断层成像技术（positron emission tomography，PET）和功能磁共振成像技术（functional magnetic resonance imaging，fMRI）等，攻击行为和暴力犯罪的相关研究开拓了新的视角，从理论上对暴力犯罪的解读又向前迈进了一步，上升到对其背后的神经心理机制的探索。

近年来，有大量的研究都致力于明确攻击与暴力行为的神经基础，开始定位哪些脑区的结构或功能障碍和攻击与暴力行为有关，这些工作也构成了关于暴力犯罪的神经生物学研究的重要内容。目前国外关于攻击与暴力行为的脑成像研究多选取具有攻击或暴力行为表现的精神障碍人群作为研究对象，如反社会人格障碍、间歇性暴发障碍、精神分裂症、品行障碍、注意缺陷多动障碍、对立违抗障碍等精神障碍人群。其中，品行障碍、注意缺陷多动障碍、对立违抗障碍是在青少年样本中展开的。在成人罪犯样本中，与反社会人格障碍相关的研究最多。除此之外，具有精神病态特质的罪犯群体也是暴力犯罪脑成像研究的焦点人群。精神病态是与反社会人格障碍高度相关的一种人格特质（详见第 7 章），具有这类特质的罪犯多表现出暴力伤害他人和严重危害社会的行为。

但是需要注意的是，究竟是大脑的结构和功能损伤导致了暴力犯罪，还是暴力造成了脑部受损后再进入暴力犯罪的循环？这一问题还有待厘清，目前对于二者之间的因果关系尚未有定论。一方面，暴力犯罪有可能是神经发育障碍等病理性原因带来的问题行为，是个体的脑结构或功能异常导致个体出现攻击或暴力行为；另一方面，也有可能是个体的反社会生活方式使其容易暴露在对大脑产生伤害的情境当中，暴力分子经常卷入斗殴事件，因此更可能遭受脑部创伤。

1　攻击与暴力的神经基础

攻击与暴力行为有其神经生物学基础，这一观点得到了研究证据的支持，攻击与暴力行为很可能与某些脑区的结构及功能异常密切相关，这些脑区包括前额叶皮层、杏仁核、纹状体和海马等，分别对应攻击与暴力行为人群的控制与执行功能障碍、情绪功能障碍、决策中的奖赏偏差以及规则学习困难（刘宇平等，2019）。但是对于攻击与暴力的神经基础的认识，不应只是局限于个别脑区，还应关注神经网络和全脑层面的影响。

1.1　前额叶皮层：控制与执行

1.1.1　前额叶皮层的结构与功能

前额叶皮层（prefrontal cortex，PFC）是大脑皮层额叶的一部分，位于前额的正后方。根据表面的形态标志，前额叶皮层可以分为眶额皮层（orbitofrontal cortex，OFC）、背外侧前额叶皮层（dorsolateral prefrontal cortex，dlPFC）、内侧前额叶皮层（medial frontal cortex，MFC）三部分（见图 2-1）。其中，位于眼眶上方的眶额皮层与腹内侧前额叶皮层（ventromedial prefrontal cortex，vmPFC）经常被视为同一个位置，但二者并不完全重合，不同研究者对腹内侧前额叶皮层的解剖学范围的定义也不相同，一般主要包括内侧的眶额皮层和内侧前额叶皮层的腹侧部分（Berntson & Cacioppo，2009）。背外侧前额叶皮层位于前额叶的顶部外侧，与眶额皮层和其他联合皮层具有广泛的连接。内侧前额叶皮层位于前额叶的内表面，主要包括前扣带回皮层（anterior cingulate cortex，ACC），前扣带回皮层与运动皮层和脊髓之间存在大量连接。

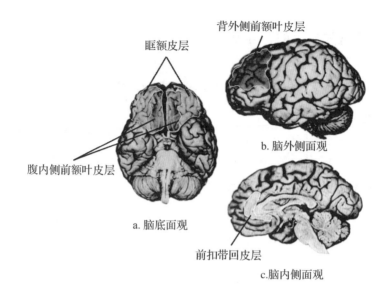

图 2-1　前额叶皮层分区示意图
(Davidson，Putnam，& Larson，2000)

　　具体来说，前额叶皮层的三个分区在功能上各有侧重。眶额皮层主要负责评估和加工社会情绪刺激，腹内侧前额叶皮层重在参与情绪反应和道德决策，背外侧前额叶皮层主要与工作记忆、问题解决、推理和计划有关，而前扣带回皮层在错误监控过程中起关键作用(Gillespie，Brzozowski，& Mitchell，2017)。尽管相关研究众多，但是研究者们仍然很难将执行功能具体定位于前额叶皮层的某一个特定脑区，而是倾向于认为上述三个分区共同参与构成了执行功能的神经环路(Sheilagh，Viding，& Plodowski，2009)。

　　前额叶皮层与个体的自我控制、冲动性和执行功能密切相关(Macdonald et al.，2000)。前额叶皮层受损会导致自我控制与执行功能下降的经典案例当属铁路建筑工人盖奇(P. Gage)的离奇经历。1848 年，在一次爆破工作中，盖奇不幸被一根填塞炸药用的铁棒击中，铁棒穿透了他的面部和颅骨(见图 2-2)。所有的工友都认为盖奇死定了，但是经过救治他奇迹般地活了下来。只不过，治愈后的盖奇好像变了一个人。在事故发生前，他是一个文弱书生的样子，受伤后却像个粗蛮汉子。他时不时地表现得很失礼，常常口出脏话；对工友缺乏尊重，他们一旦违背他的意愿，他就显得非常不耐烦。以前大家都觉得他精明能干、精力充沛、富有执行力，出事后他固执得要命，而且优柔寡断、反复无常，经常提出一些毫无可行性的主意。尽管他的智商和记忆都没有受损，言语和运动功能也完好，但出现了性情的显著改变，他变得没有礼貌、愤怒、易激惹，对社会规则不屑一顾而且不负责任。因为在这起事故前后并没有其他可以诱发其行为改变的重大事件，所以，盖奇从一个性格自律的铁路工人，变成了一个疯疯癫癫的怪人，这些变化跟他在这起工作事故中大脑受到严重损害是有关系的（雷恩，2016）。由于这个案例过于典型，盖奇去世以后，有研究者在征得他家人的同意之后，将他的头骨和那根铁棒保留了下来，作为珍贵的医学病历资料一直保存在哈佛大学沃伦解剖医学博物馆（Warren Anatomical Medical Museum）。美国著名的认知神经科学家达马西奥（A. Damasio）带领团队对盖奇头骨的受伤位置进行了定位，明确了事故导致盖奇受影响的脑区为前额叶皮层，尤其是眶额皮层和内侧额叶皮层（Damasio et al.，1994）。所以，前额叶皮层是影响个体行为表现的重要脑区。

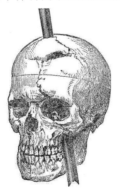

图 2-2 被铁棒刺穿头颅的盖奇

1.1.2 前额叶皮层异常与攻击和暴力的关系

通过盖奇的案例，我们发现了前额叶皮层受损可能导致的后果，但是这种案例是偶发的，这样的经历是否只是不可复制的小概率事件呢？达马西奥教授在其临床研究中找到了更多的证据，证实因头部创伤而导致前额叶皮层受损的成年人的确会出现冲动的反社会倾向，表现出在现实生活中的决策缺陷、对自己的行为后果无感、只受当前期望的引导、不能对预期的消极后果产生自动的反应（Bechara et al.，1994）。很多大脑额叶遭受创伤的患者，都有着与盖奇类似的反应，他们的自我控制能力会下降，会变得冲动、不负责任、生活糜烂和沉溺于酒精（雷恩，2016）。例如，眶额皮层受损的患者会表现出攻击行为暴发、言语污秽以及缺乏人际敏感性的特点，从而增加激情犯罪的可能性（Duffy & Campbell，1994）。

但是从研究伦理上来讲，研究者不可能人为地破坏人类的某一个脑区来探究该脑区的具体功能。所以，除了收集相关病例之外，在探索攻击与暴力的神经基础的相关脑成像研究中，还存在另一种研究路径，那就是以具有攻击与暴力行为表现的人群为研究对象，通过认知神经科学技术考察这些人与正常人的大脑结构和功能的差异。在这类研究中，研究者同样也发现了前额叶皮层异常与攻击与暴力之间的潜在关联。

美国宾夕法尼亚大学的雷恩教授是研究反社会和暴力行为的神经生物学取向的著名学者。雷恩教授及其同事曾经对 21 名被诊断为反社会人格障碍的个体进行了结构性磁共振成像（structural magnetic resonance imaging，sMRI）扫描，结果发现反社会人格障碍个体的前额叶皮层灰质体积比对照组足足减小了 11%（Raine，2002）。在2005 年，雷恩教授指导他的学生，对非成功型精神病态、成功型精神病态及非精神病态对照组的前额叶体积进行了比较，结果发现前者与后两者相比，前额叶体积有所减小（Yang et al.，2005）。后来，二人对反社会人格障碍个体的大脑结构和功能研究进行了元分析，结果表明，该人群的眶额皮层、前扣带回和背外侧前额叶皮层在结构与功能上均存在异常（Yang & Raine，2009）。

　　除了雷恩教授的团队比较关注攻击与暴力行为的神经生物学基础以外，美国新墨西哥大学的基尔（K. Kiehl）教授所带领的团队也致力于研究相同的主题。基尔教授拥有一辆移动核磁车，所以在针对被监禁人群开展脑成像研究工作上具备非常大的优势，而且也能够解决同领域研究者非常头疼的样本量的问题。基尔教授的一项研究同样提供了前额叶皮层的结构异常和攻击与暴力之间存在关联的证据。在这项大样本的研究中，基尔教授扫描了 808 名被监禁的罪犯，其中谋杀犯 203 人，非谋杀犯 605 人，结果发现谋杀犯在负责行为控制、情绪加工和社会认知的部分脑区中都存在灰质密度显著低于非谋杀犯的现象，其中就涉及前额叶皮层，尤其是眶额皮层、腹内侧前额叶皮层和内侧额叶皮层（Sajous-Turner et al.，2020）。根据这一研究结果，基尔教授也明确提出可以尝试将相关脑区的结构异常作为区分谋杀犯和其他类型罪犯的神经生物学指标。

　　另外，有一项研究在皮层厚度、灰质体积的基础上，增加了对攻击与暴力人群的脑白质的考察，发现高水平精神病态个体的眶额皮层的白质完整性比较差（Vermeij et al.，2018）。以上这些研究都表明，攻击与暴力行为个体的额叶均呈现出结构上的缺陷，说明反社会个体的攻击与暴力行为很有可能和这些脑区的萎缩或发育不全有关。

　　除了结构上的异常之外，暴力与攻击人群的前额叶皮层在功能上也存在障碍。雷恩教授借助律师的帮助招募到了 41 名谋杀犯，然后又从社会上招募了 41 名在年龄和性别上与之相匹配的普通人作为对照组，要求他们完成一个简单的任务：注视屏幕上随机呈现的 0～

9 共 10 个数字，在看到"0"的时候按键做反应，对其他数字不需要做反应。这一任务在前期研究中已经证实是可以激活前额叶皮层的认知任务。研究者在任务前后分别对两组研究对象进行正电子发射断层成像扫描，考察大脑不同区域的代谢活动。如果在完成任务的时候，某一个脑区的葡萄糖代谢水平比较高，就说明这个脑区在这个过程中发挥了作用。结果发现，谋杀犯和普通人大脑后部的枕叶皮层区域都非常活跃，而枕叶是视觉系统的主要组成部分，这说明两组研究对象的视觉系统没有任何问题。但是在大脑的前部，谋杀犯的前额叶皮层的葡萄糖代谢水平显著低于普通人。通过这一研究，雷恩教授发现了谋杀犯在完成认知任务时的大脑活动状态与普通人的不同之处，主要体现为前额叶皮层的活动较为迟钝(Raine，Buchsbaum，& Lacasse，1997)。

前额叶皮层的结构缺陷和功能障碍可能是导致个体出现冲动、不负责任、决策能力差、情绪信息加工存在障碍等特点的神经生物学层面的原因。雷恩教授甚至提出，前额叶皮层受损可能是一个人走向暴力行为的前奏(雷恩，2016)。一方面，这是因为前额叶皮层主要与个体的控制与执行功能有关系；另一方面，前额叶皮层与其他脑区(包括皮层区域，如颞叶、顶叶和枕叶的联合皮层，以及皮层下结构，如海马、杏仁核、丘脑、下丘脑、脑桥、中脑等)存在广泛的连接。前额叶皮层通过与几乎所有其他脑结构之间的相互投射，构成了一个广泛分布的连接网络，涵盖大部分的感觉系统，皮层与皮层下运动系统，负责情感、记忆和奖赏的边缘系统，以及中脑结构。因此，前额叶皮层在多方面的行为控制中均起到核心作用。

1.2 杏仁核：情绪与惩罚

杏仁核(amygdala)，又称杏仁核样复合体(amygdaloid complex)，属于边缘系统的皮层下中枢，附着在海马的末端，位于颞叶

的内侧面，是情绪反应的关键脑区，因外形酷似杏仁而得名。杏仁
核是一对对称的双生器官，在左右大脑半球各一个。杏仁核由大约
12 个核团构成，每个核团都具有不同的传入和传出纤维，功能也各
不相同。其中，我们主要关注的两个核团是外侧核(lateral nucleus)
和中央核(central nucleus)。

1.2.1　杏仁核结构异常

杏仁核是在犯罪人群的相关研究中备受重视的脑区，并且也得
到了该人群的杏仁核结构存在异常的证据支持。基尔教授对近 300
名在押男性罪犯进行了精神病态评分和 MRI 扫描，在控制了年龄、
大脑体积等影响因素以后，发现精神病态与杏仁核等边缘系统的脑
区灰质体积的减小密切相关(Ermer et al.，2012)。另外，反社会个
体杏仁核体积较小的问题在其成长发育过程中的各个阶段都有体现，
雷恩教授在具有精神病态倾向的儿童(Pardini et al.，2014)以及成年
精神病态人群(Yang et al.，2009)中都观察到了这个问题。除了杏
仁核总体积较小以外，反社会人群的杏仁核结构异常还体现在亚结
构上。雷恩教授的学生对精神病态个体的杏仁核结构进行了细致的
研究，发现精神病态个体的左侧和右侧杏仁核都出现了结构上的损
伤，尤其是右侧杏仁核。总体来说，精神病态个体的杏仁核体积减
小程度可以达到 18%(雷恩，2016)。细化到杏仁核的亚结构上，有
三个核团出现了极为严重的结构异常，分别是中央核、基底核和皮
质核(Yang et al.，2009)。雷恩教授的团队还通过纵向设计研究了
杏仁核结构异常和攻击与暴力行为之间的预测关系。结果发现，左
侧杏仁核体积偏小的男性被试从童年期到成年期都表现出明显的攻
击行为历史和精神病态特质倾向，并且与 3 年后的暴力行为密切相
关，因此他们提出杏仁核的结构异常可以作为严重的、持续的攻击
行为的有效生物学预测指标(Pardini et al.，2014)。

1.2.2   杏仁核功能障碍

在功能方面，杏仁核参与重要的情绪信息加工，如面部表情特别是恐惧表情的情绪识别加工过程。大多数人能够根据他人的表情，如被攻击时的恐惧或愤怒，对自己的行为做出相应调整（Blair，2008）。杏仁核在刺激—强化学习（stimulus-reinforcement learning），特别是在惩罚或奖赏事件相关刺激的学习中起到关键作用。因此，杏仁核能够使个体在社会化的过程中，学会避免出现伤害他人的行为，如攻击性的言语或举动。这一学习过程会影响个体的道德社会化进程。另外，既往研究还发现，攻击与暴力行为和边缘系统的过度激活密切相关，特别是杏仁核在负性情绪或挑衅性刺激的处理中起到重要作用。所以，总的来说，杏仁核的功能障碍有两种具体表现。一种是杏仁核的冷处理，即杏仁核激活不足，从而影响个体对他人情绪的感知加工，进而影响其共情能力和厌恶性条件学习，减少对暴力行为的抑制作用；并且阻碍个体的恐惧性条件学习，不畏惧惩罚性后果，促进暴力行为的发生。另一种是杏仁核的热反应，即杏仁核过度激活，导致个体在处理负性情绪或威胁性刺激时反应升级，出现攻击与暴力行为。

杏仁核的冷处理

杏仁核一直是反社会行为研究重点关注的脑区，它与情绪加工过程关系密切（Phelps & Ledoux，2005），在道德决策的过程中也发挥着重要的作用（Glenn，Raine，& Schug，2009）。

美国国立精神卫生研究所原首席科学家布莱尔教授非常关注杏仁核在情绪加工中的作用。在加工情绪信息的时候，部分反社会人格障碍患者确实也表现出杏仁核的激活程度比较低，尤其在以恐惧为代表的负性情绪加工过程中表现得格外突出（Hyde et al.，2014）。杏仁核的异常活动可能导致个体识别不出他人的恐惧和悲伤等痛苦反应，从而不能引发共情，不能抑制其暴力行为。

杏仁核激活不足所伴随的情绪识别障碍,一方面造成了反社会人格障碍患者无法体验到他人的负性情绪,缺乏共情,不知悔恨;另一方面也阻碍了反社会人格障碍患者通过厌恶、恐惧等负性情绪刺激完成刺激—强化学习,使其无法产生对惩罚的规避。布莱尔教授认为痛苦线索可以作为厌恶性社交强化物(Blair,2003)。与这些痛苦线索相关的物体或行为表征会获得消极的效价,并被判断为"不好的"。因此,恐惧、痛苦或其他类似情绪的表达在道德的发展中至关重要,只有个体倾向于认为他人的恐惧或痛苦是厌恶性的,才有可能避免导致他人恐惧或痛苦的行为。为了让他人的恐惧或痛苦线索具有厌恶属性,这些线索不但要被识别,而且必须将它们纳入决策过程中来。杏仁核在这一过程中起到了至关重要的作用。认为伤害他人并非厌恶行为的个体更可能通过反社会行为(包括攻击行为)来达到目的。精神病态就是与杏仁核对痛苦线索的反应迟钝/减弱有关的原型临床状态,尤其是大量的 fMRI 研究表明,具有精神病态倾向的青少年对恐惧表情的杏仁核反应减弱(Jones et al.,2009;Viding et al.,2012)。另外,他们对恐惧或痛苦面部表情的认知存在障碍,提示我们由于杏仁核的功能障碍,这些个体不能将他人的痛苦表征为厌恶性的,从而导致道德发展方面的问题。需要注意的是,这些个体表现出显著的工具性攻击的高风险,与其他具有反社会倾向的青少年相比,他们并不关心工具性攻击的被害人,对攻击更多地期待出现积极后果。

除了不能识别恐惧等面部表情之外,杏仁核功能衰退的另一个显著标志是缺乏条件性恐惧能力。也就是说,杏仁核的激活不足,除了会影响个体对他人恐惧情绪的识别,他们自身因外界刺激而感到恐惧的水平也是非常低下的,并且这种条件性恐惧能力的缺乏可以有效地预测个体未来的犯罪倾向。这一结论是雷恩教授的另一位学生高瑜博士通过设计精巧的纵向研究得出来的。该项研究最初的研究样本是 1 795 名 3 岁儿童，在家长的陪伴下完成条件反射实验。在实验的过程中，儿童的指尖上放有电极以测试皮肤电反应，并通过耳机接收声音刺激信号。声音刺激信号有两种。一种作为强化的条件刺激 CS＋（reinforced conditioned stimulus），是一个 1000 赫兹、60 分贝、持续 12.5 秒的声音信号。在这个声音信号出现 10 秒之后，将会出现一个巨大的噪声。另一种作为非强化的条件刺激 CS－，是一个 500 赫兹、60 分贝、持续 12.5 秒的声音信号。和 CS＋的区别在于，在这个音调呈现之后不会出现噪声。这个实验过程能够引发条件性恐惧的假设是：儿童会害怕噪声，在接受多次实验之后会形成声音信号和尖锐噪声之间的联结，从而出现恐惧性的条件反射，并体现在皮肤电反应上，就是儿童在接收到 CS＋声音刺激之后，会出现较大的皮肤电反应。如果 CS＋的皮肤电反应强于 CS－的皮肤电反应，则说明这名儿童具备形成条件性恐惧的能力。所以，这个研究会初步得到该大样本的研究对象在 3 岁时的条件性恐惧能力的评估结果。20 年后，高瑜博士等人通过官方法庭记录对原样本中的被试的违法犯罪情况进行查询，主要关注财产犯罪、毒品犯罪、暴力犯罪和严重的交通肇事，轻微的违法行为（如违停被罚）被排除在外。其中，有 137 人因至少有一次法庭定罪记录而被筛选出来作为罪犯组，并且将能够重新追踪到的、没有犯罪记录的 274 人作为对照组，两组被试在性别、年龄、种族和社会处境方面是匹配的，通过比较两组被试在 3 岁时条件性恐惧的能力来考察其对暴力行为的预测作用，结果如图 2-3 所示。对照组对 CS＋的皮肤电反应强于 CS－的皮肤电反应，说明对照组形成了 CS＋信号和噪声之间的联结，在噪声出现之前就出现了明显的生理反应，表现出显著的条件性恐惧。而罪犯组在 3 岁时还没有出现恐惧性条件反射这个功能（Gao et al.，2010）。这项研究第一次证明了个体在幼年时的自主条件性恐惧能力的受损和成年后的犯罪行为之间的关系。那么，大脑的哪个部位是条件性恐惧的中心呢？答案正是杏仁核（雷恩，2016）。

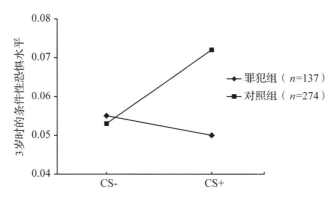

图 2-3 罪犯组和对照组在 3 岁时的条件性恐惧水平

(Gao et al.，2010)

综上所述，杏仁核对于外界情绪信息的冷处理"封印"了个体对他人正常的情绪感知和共情反应，并且阻断了厌恶性条件作用和恐惧性条件作用的形成，无法将攻击行为与他人的痛苦反应之间形成厌恶性的联结，也不能将暴力行为与自己可能面临的严重后果形成恐惧性的联结，从而导致个体表现出冷酷无情、没有懊悔心、不畏惧惩罚等特点。

杏仁核的热反应

心理创伤治疗大师范德考克（B. van der Kolk）曾在他的《身体从未忘记：心理创伤疗愈中的大脑、心智和身体》（*The Body Keeps the Score：Brain，Mind，and Body in the Healing of Trauma*）一书中将杏仁核称为大脑的"烟雾报警器"。杏仁核可以检测到威胁性的信息，并且让身体做好做出应急反应的准备，这也是在威胁情境下"战斗—逃跑"反应的神经基础。戈尔曼（D. Goleman）用"杏仁核劫持"（amygdala hijack）来生动地描述杏仁核的这一功能。当个体被杏仁核"绑架"以后，个体会处在一种被触发的状态，出现一系列的生理反应，如心跳加快、屏住呼吸、声音颤抖、身体战栗、喉咙发紧、脖颈僵硬等，并且杏仁核还会切断与前额叶皮层的神经通路，导致个体对行为的控制能力下降，从而在情绪的支配下做出反应。在这种状态下，个体通常会出现认知狭窄的现象，容易出现过激行为。

除了对他人的恐惧情绪不敏感以外，其自身过度的情绪反应以及在此过程中表现出的杏仁核过度活跃也是部分反社会人格障碍患者，尤其是非精神病态的反社会人格障碍患者情绪功能障碍的重要表现（Hyde et al.，2014；Verona，Sprague，& Sadeh，2012）。研究者通常采用情绪识别任务的范式来考察个体对外界情绪线索的加工。已经有研究发现了杏仁核反应与反社会行为之间的另一种关联模式，即杏仁核在加工愤怒面孔的时候激活增强，这一反应特点可以预测个体的反社会行为（Dotterer et al.，2017）或者与个体的反社会行为之间是一种正相关的关系（Swartz，Carranza，& Knodt，2019）。毫无疑问，他人的愤怒面孔对于个体来讲是一种威胁线索，因为他人的愤怒意味着敌意以及可能出现的攻击倾向，在检测到威胁线索之后便会迅速上演"杏仁核劫持"的戏码。在面对愤怒或其他挑衅性情绪信息的时候，杏仁核的过度激活会引发防御性的、过度的情绪反应，从而增加了个体出现反应性攻击和反社会行为的可能性。

杏仁核的功能分离并不矛盾

近年来，越来越多的研究发现了反社会人群的杏仁核在加工外界情绪信息时的功能分离现象，即对恐惧等痛苦情绪线索表现出激活减弱，对愤怒等威胁情绪线索表现出激活增强的反应。从作用机制来看，杏仁核的冷处理从神经反应的层面削弱了对攻击与暴力行为的抑制作用，而杏仁核的热反应则促进了攻击与暴力行为的发生。事实上，杏仁核的这种功能分离现象并不矛盾，反而更加凸显了它的重要性。

杏仁核虽然很小，但可以细分为很多不同的核团。功能上的分离很可能与不同核团的分工有关，主要是外侧核和中央核。其中，外侧核负责接收信息，与情绪信息的感知和记忆有关系；而中央核则属于杏仁核的输出核团，负责向下丘脑、小脑、脑干传递与情绪有关的生理和行为方面的信号（Ledoux，2007）。

当具有威胁性的行为线索（如瞪视的双眼、恐吓的声音或攻击的姿势）出现时，外侧核首先接收来自感觉皮层的传入信息，并进一步激活杏仁核的其他亚区和中央核；中央核将信息传递至下丘脑和脑干，并引发情绪反应的三种成分：行为反应、自主神经反应和激素反应，个体进而表现为血压升高、心率加快等交感神经活动增强，肾上腺激素分泌增多，使血液流向肌肉，为战斗或逃跑反应做准备。同时，杏仁核的传出纤维投射至前额叶皮层，后者负责做出接近或回避行为的决策。反社会人群的认知情感障碍很可能是由外侧核的活动不足和中央核的过度活跃造成的（Moul，Killcross，& Dadds，2012）。

外侧核和中央核的功能障碍并不仅仅是杏仁核本身出现问题，还和杏仁核与其他脑区的连接异常有关。在一项针对青少年犯的研究中，青少年犯被区分为带有冷酷无情特质的品行障碍青少年和不带有冷酷无情特质的品行障碍青少年，并且选择普通青少年作为对照组，对三组被试进行静息态磁共振扫描，通过用内在功能连接（intrinsic functional connectivity）技术考察各脑区之间的功能连接。结果发现，和对照组相比，带有冷酷无情特质的品行障碍青少年犯的外侧核与额顶叶皮层及感觉联合皮层的连接过度活跃，而中央核则与腹内侧前额叶皮层/眶额皮层的连接不足（Aghajani et al.，2017）。这从脑功能连接的角度解释了反社会人群在情绪加工上的异常：前额叶皮层对负责接收信息的外侧核存在过度的自上而下的控制，导致外侧核的活跃度不足，无法正常地完成对情绪信息，尤其是对负面刺激的加工；同时前额叶皮层对负责输出的中央核存在较弱的自上而下的控制，导致中央核过度活跃，并向脑干、下丘脑等自主神经系统输出更多的负面情绪信息，进而表现出不适当的生理反应，出现攻击与暴力行为。

综上所述，与攻击行为有关的情绪信息加工神经机制可能有两条路径：一是对他人痛苦情绪线索（如恐惧或悲伤）的杏仁核反应减弱；二是对外界威胁性情绪信息（如愤怒）的杏仁核反应增强。杏仁核是情绪信息加工的关键脑区，对于恐惧或悲伤等情绪线索的反应减弱是攻击人群共情能力低下的神经反应基础，在具有精神病态倾向的青少年以及带有高水平冷酷无情特质的品行障碍或反社会人格障碍人群中，都发现了个体对他人痛苦的杏仁核反应减弱的证据。这是一种"冷"的神经反应机制。相比较而言，外界威胁信息对杏仁核的过度激活是一种"热"的神经反应机制，激活程度会随着威胁水平的增加而增加。这种功能上的分离现象有其生理基础，与杏仁核的分区有关，二者并不矛盾。

1.3　纹状体：奖赏与决策

除了对惩罚不敏感之外，反社会人群的另一个重要的认知加工特点是对奖赏的非理性偏好（Blair，2013）。这可能与纹状体，尤其是腹侧纹状体中的伏隔核（nucleus accumbens，NA）的异常有关。从进化的角度来看，纹状体是一个旧脑的结构，跟寻求奖赏和索要回报的生物本能行为密切相关。

在反社会人群中，我们经常可以观察到他们对奖励和回报的过分敏感现象。雷恩教授通过实际接触也证实了这一点。在雷恩教授的科研生涯中，他曾经有机会进入洛杉矶的鹰岩（Eagle Rock）小镇附近的一个感化中心。感化中心属于监狱的替代监管场所，少年犯来这里接受治疗和指导后可以免去监狱服刑。在得到加州高等法院的许可之后，雷恩教授得以进入感化中心研究这些少年犯。在这里，有一些少年犯喜欢打牌赌钱，经常玩一种纸牌游戏。游戏规则是这样的：一共有 64 张纸牌，每张纸牌上都有一个数字，收集数字可以得到相应的筹码。在这些纸牌里面，有一半以上的纸牌不仅不会带来收益，还会让人输钱，所以这些纸牌被叫作"惩罚纸牌"。参与者通过"摸牌"做出选择，可以选择收下，也可以选择放弃。最终目的当然是得到更多的筹码用来换取金钱。雷恩教授跟这些少年犯一起打牌，打牌的同时也在认真地观察他们在牌桌上的举动，并且区分他们是否具有精神病态的倾向。结果发现，那些带有精神病态倾向的少年犯对筹码的热情显著高于不带有精神病态倾向的少年犯，而且赢钱的概率也更高。所以，精神病态个体是具备学习能力的，只要有适当的奖励机制，他们的学习能力就可以被激发出来。并且，他们也倾向于不放弃任何可能得到的奖励或好处（雷恩，2016）。

负责这种奖励寻求倾向的一个重要脑区便是纹状体。基尔教授在具有精神病态倾向的青少年、精神病态成人以及成人反社会人格障碍患者中都发现，这些人群的纹状体的体积均大于同龄正常人（Hosking et al.，2017）。雷恩（2016）的研究更是对精神病态人群中纹状体体积上的异常进行了精确评估，发现精神病态个体的纹状体比一般人要大 10％。

在面对奖赏刺激的时候，左侧纹状体的激活程度与精神病态的严重程度呈现出一种正相关的关系（Pujara et al.，2014）；在金钱或者苯丙胺类药物等奖赏刺激的作用下，精神病态的冲动—反社会维度得分与伏隔核的多巴胺释放量均呈显著的正相关（Buckholtz et al.，2010）。多巴胺是一种能够使个体产生愉悦感的神经递质，反社会人群可以从奖赏中获得更多的刺激和快感，增加对奖赏的偏好，从而倾向于为了奖赏而做出非理性的决策。在人类的大脑中存在一个奖赏加工环路，主要是中脑边缘系统（mesolimbic system）。该环路起源于中脑的腹侧被盖区（ventral tegmental area，VTA），投射到边缘系统的海马、杏仁核和伏隔核，在奖赏和强化反应中起到重要作用。该环路的过度活跃在一定程度上可以解释反社会人群在奖赏加工和决策过程中的异常。

除此之外，反社会人群的奖赏偏好与纹状体和其他脑区的连接异常也有关系。例如，精神病态群体在执行跨期决策任务的过程中，伏隔核的激活水平提升，与腹内侧前额叶的连接强度减弱，且二者之间是一种负相关的关系（Hosking et al.，2017）。在执行与奖赏有关的任务时，内侧前额叶对纹状体具有抑制作用。反社会人群在面对奖赏信息时，腹内侧前额叶对纹状体的控制不足，导致纹状体过度活跃，从而表现出对奖赏信息的非理性关注和追求，只看重眼前利益，不关注长远收益。

1.4 海马：规则学习

海马是边缘系统的重要脑区，因形似动物海马而得名，参与很多重要的功能，除了记忆和空间能力之外，它的异常还与反社会人格障碍的形成有着紧密的联系。雷恩教授发现，罪犯的海马的结构性异常主要体现在双侧海马的不对称上，精神病态罪犯的右侧海马体积要显著大于左侧（Raine et al.，2004）。并且还有研究者在反社会人格障碍个体身上发现了海马的结构性凹陷或者体积萎缩的现象。例如，对间歇性暴发障碍（intermittent explosive disorder，IED）（一种因无法控制自己攻击性冲动的反复暴发而出现失控行为的精神障碍）患者的形态学测量分析发现，他们和对照组的海马在体积方面没有显著差异，但是间歇性暴发障碍患者的海马存在明显的变形，主要表现为细胞和神经元的缺失（Coccaro et al.，2015），因此，研究者推测海马的结构异常可能是个体丧失自我控制能力的生物学原因。

同杏仁核一样，海马在形成条件性恐惧作用的过程中扮演着重要的角色，这种基于惩罚的规则学习可以帮助个体纠正和控制自己的行为，而这可能与海马的记忆学习功能有关（Baeuchl et al.，2015）。海马除了可以让我们记住家人的生日、去往学校的路线，还可以帮助我们敏感地记住那些危险的信号、那些会让我们受到惩罚的情境，以及之前受到惩罚的感觉，从而激发条件性恐惧反应。海马的结构异常和功能障碍会阻碍反社会人群条件性恐惧反应的习得，让他们无法从惩罚中学会规则，不能按照社会可接受的规则规范自己的行为。

1.5　神经网络和全脑研究

通过对前额叶皮层、杏仁核、纹状体、海马的结构异常和功能缺陷与反社会行为之间关系的阐述，我们了解到反社会个体所表现出来的认知和情感上的诸多缺陷，背后都有相应的关键脑区作为基础。过去大多数研究都倾向于把认知和情感功能分开进行研究，这样的做法忽略了它们之间的相互作用和相互关联，让我们不能完整地把握反社会人群的神经基础的全貌。因此，研究者提出，对反社会个体的关注，不能仅仅局限于特定的认知情感功能和与之对应的个别脑区，还应该开展神经网络和大脑整体层面的研究。

在情绪管理的过程中，前额叶皮层和边缘系统的连接起到了一定的作用。前额叶皮层与边缘系统之间存在大量的相互连接，其中钩束（uncinate fasciculus，UF）是一条连接颞叶和额叶皮层的主要白质纤维束，是人类大脑中较晚成熟的结构，甚至在个体 30 岁的时候仍然在持续发育（Lebel et al.，2008）。钩束之所以需要得到关注，是因为它连接了与情绪认知管理有关的三个脑区：杏仁核、外侧前额叶和内侧前额叶（Petrides & Pandya，1988；Petrides & Pandya，2002）。眶额皮层、杏仁核、前扣带回、海马、下丘脑和岛叶等相互连接的结构共同构成了一个负责情绪调节的回路。额叶皮层—边缘系统回路的结构和功能受到损伤时，很可能会引发愤怒等负面情绪以及攻击与暴力行为。

在道德决策的过程中，反社会个体会表现出杏仁核与腹内侧前额叶的连接不足（Harenski et al.，2010）；在恐惧情绪条件下，前扣带回、眶额皮层及脑岛同样存在与杏仁核连接不足的问题（Birbaumer et al，2005）。反社会人群之所以会出现道德决策异常、情绪加工迟钝等障碍可能是杏仁核与其他脑区，尤其是与前额叶皮层共同作用的结果。

除了上述脑区之间的连接异常之外，未来应上升到神经网络的层面继续探究攻击与暴力行为背后的神经反应机制。

2 暴力犯罪的大脑

暴力犯罪是指使用暴力、暴力胁迫或其他具有暴力性质的手段侵害他人生命健康和财产的犯罪行为。暴力是攻击的极端形式。根据第 1 章中提及的攻击/暴力分类，目前被普遍认可的是巴勒特提出来的冲动性攻击和预谋性攻击的二分法。

2.1 冲动性暴力犯：我控制不住我自己

布斯塔曼特（A. Bustamente）是一个因杀人入狱的罪犯。他出生在墨西哥，14 岁的时候来到美国。他有一个团结的大家庭，虽然家境不富裕，但是他从小到大一向都遵纪守法。后来他染上了毒瘾，以偷养吸，这个少年开始出现一系列的越轨行为。他变得暴躁易怒，容易冲动，经常卷入斗殴事件。犯罪记录显示，他的初犯年龄是 22 岁。在接下来 20 年的时间里，监狱的大门对他来说似乎是一个旋转门，他总是出了又进，进了又出。在这次杀人之前，他已经 29 次遭到检方的起诉，罪名涉及偷窃、私闯民宅、吸毒贩毒、抢劫等（雷恩，2016）。布斯塔曼特的行为就属于我们所要探讨的冲动性暴力犯罪。下面我们重点介绍两个用于解释冲动性暴力犯罪的神经生物学模型：威胁反应回路模型和冲动性攻击模型。

2.1.1　威胁反应回路模型

冲动性攻击可以看作个体在受到外界威胁的情况下做出的防御性反应。坎农（W. Cannon）等人提出"战斗—逃跑"反应这一术语来描述人类在遇到威胁时候的外在表现（Walter & George, 1953），"战斗—逃跑"可以看作个体在对威胁刺激进行情绪和认知评估后所做出的反应。通过对动物的观察发现，动物对外界的威胁存在升级反应，远距离威胁会引发寒战（害怕），再靠近一些的威胁会引起逃跑反应，近在眼前的威胁会导致反应性攻击（Blanchard et al. , 1977）。例如，老鼠看到猫在院子里会害怕到发抖，看到猫跟自己在同一个房子里会逃跑，被逼到角落里时会抓猫或者咬猫。当威胁越来越接近时，动物的反应从僵住不动到逃跑再到出现反应性攻击，是一个反应强度逐渐升级的过程。这种对威胁的升级反应是由一个基本威胁回路控制的（见图 2-4），从杏仁核中部开始，通过纹状体终端到达下丘脑中部，再到脑干背侧的导水管周围灰质（Lin et al. , 2011）。这一神经回路被激活的程度越高，在面对威胁时出现反应性攻击的可能性越大。人类具有相同的基本威胁回路。在对社交挑衅做出反应时，基本威胁反应系统会被激活，导致出现反应性攻击的风险增加。并且即便挑衅不是真实的，而是个体将模糊刺激知觉为挑衅或威胁的情况，也会引发该回路的反应，引发反应性攻击。

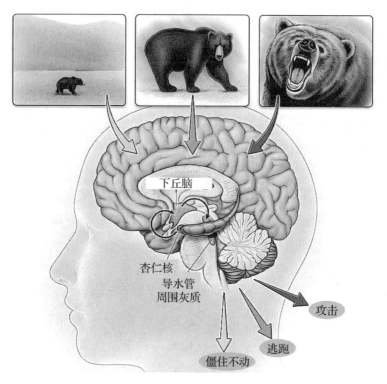

图 2-4　威胁反应回路

（Blair，Leibenluft，& Pine，2014）

2.1.2　冲动性攻击模型

还有研究者提出了另外一个认知神经模型——冲动性攻击模型来解释冲动性攻击行为。冲动性攻击行为经常发生在不同类型的犯罪人群或精神障碍患者身上，往往是由于个体对外界刺激产生攻击反应的阈限很低，并且从不考虑攻击行为的不良后果。反应性攻击可以看作由"自上而下"的控制和"自下而上"的驱动之间的不平衡所引起。"自上而下"的控制由眶额皮层和前扣带回实现，涉及对社会线索行为反应的调整、对奖励或惩罚的期待，以及对攻击行为的抑制；"自下而上"的驱动由边缘脑区引发，如杏仁核和脑岛。如图 2-5

所示，能够引发攻击行为的挑衅刺激最初是由视觉、听觉以及其他感觉中枢进行加工的。在这个阶段，感觉缺陷（如听力或视觉丧失）以及由药物、酒精或代谢紊乱导致的感觉扭曲可能会引起不完全或者歪曲的感觉，从而增加外界刺激被感知为威胁或挑衅的可能性。在感觉加工之后，视听整合区域以及其他高级整合脑区（包括前额叶、颞叶和顶叶）会对刺激信息进行评估。这些早期信息加工阶段会受到可以调控刺激感知的文化和社会因素的影响，个体对刺激的知觉可能受到文化和社会因素的影响，可能因知觉受损而出现歪曲（如妄想），还可能因负性经历、发育阶段的应激或创伤而出现偏差。由杏仁核等边缘系统脑区编码的信息加工会驱动攻击行为，眶额皮层和前扣带回会对情绪反应和行为起到"自上而下"的控制作用，并且抑制可能产生不良后果的行为。因此，杏仁核产生的情绪或冲动，如愤怒、嫉妒等，可能通过前额叶皮层易化某暴力行为的实施。如果边缘系统过度活跃，而前额叶皮层功能失常，无法平息从边缘系统涌入的负性情绪，则可能导致个体的反社会行为（Siever，2008）。根据冲动性攻击模型，边缘系统的驱动和前额区域的控制功能之间的不平衡是冲动性攻击背后的神经反应机制。

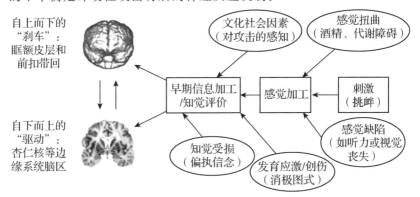

图 2-5　冲动性攻击模型

（Siever，2008；张卓，2014）

2.2 预谋性暴力犯：我的目的就是伤害你

跟布斯塔曼特不一样，克拉夫特（R. Kraft）是一个连环杀手。他是一个电脑顾问，智商高达 129。他在南加州长大，是家中最小的孩子，有三个姐姐和受人尊敬的父母。他的早年经历没有任何异常之处。但是克拉夫特是从 1971 年到 1983 年的 12 年间发生的 64 起谋杀案的凶手。他通常都是在派对上寻找猎物，被害人都是男性，有成年人，也有十几岁的青少年。派对过后，被害人毫无防备地坐上他的汽车，克拉夫特会折磨并杀死被害人，最后再把尸体丢出车外。人们把这一系列恐怖凶杀案的凶手称为"高速公路杀手"。克拉夫特的被捕也相当具有戏剧性。1983 年 5 月的一天晚上，克拉夫特在高速公路上因为违反交通规则被警察拦了下来。停车之后，警察发现克拉夫特是酒后驾车，所以必须扣留他的车辆，并且将他暂时羁押起来。警察走向克拉夫特的车子，发现后座上还有个趴着的人，以为是他同行的朋友。这名警官本是好心，想按照以往的处理惯例，不扣留车辆，让没有喝酒的朋友把车开回去，这样克拉夫特就不需要支付扣押金了。所以，警察尝试叫醒这个后座上的人，但是他一直没有反应，直到警察打开门去摇他的身体，掀起盖在他大腿上的外套，才发现他身上有被折磨的痕迹，人已经死了。就这样，因为一次意外，克拉夫特这个作恶 12 年的凶手落网了。警察之所以能够确认克拉夫特杀人的数量，是因为克拉夫特的一个特殊习惯，他会给自己杀掉的每个人起一个代号，如"2 对 1 搭便车"是给两个搭便车的被害人起的代号，并且记在一个清单上。这份清单上显示，他一共谋杀了 64 名年轻男子。克拉夫特就是一个典型的预谋性暴力犯。跟前面所举例的冲动性暴力犯布斯塔曼特不同的是，克拉夫特的杀人行为冷静而缜密。他在杀人之前精心策划。他逻辑严密，精于算计，在杀人的时候冷酷无情。对于他来说，暴力只是手段，收获才是目的，会通过外在的物质奖赏或者内在的心理愉悦来获得行为的驱动力(雷恩，2016)。对于克拉夫特来说，杀人会让他有一种快感，所以他的暴力行为的目的就是伤害他人。很多连环杀手都具备这样的特点。比如，邦迪(T. Bundy)，官方数据显示他精心设计杀害了大概 35 名女性，而实际的被害人可能有百名以上。再比如，英国"老妇杀手"希普曼(H. Shipman)，据估计他一共残杀了 284 人，其中大多数是老年妇女。

　　精神病态是与严重暴力犯罪关系密切的一种人格障碍。以精神病态人群为例，预谋性暴力和冲动性暴力在该人群的犯罪行为中都有出现，但通常是以预谋性暴力为主。如果对上述连环杀手进行诊断的话，绝大多数都会满足精神病态的诊断标准。布莱尔教授提出暴力抑制机制模型来解释暴力行为的抑制机制。他认为个体存在一个由恐惧或悲伤表情所激活的暴力抑制系统，强调共情对道德社会化的作用，并且指出这一机制在幼儿期就已经有所发展(Blair, 1995)。预谋性暴力犯所表现出来的冷酷无情，正是因为他们的共情能力没有被激发出来。VIM 模型是基于生态学家劳伦兹等人的研究成果提出来的，他们指出大多数动物具有控制自身攻击行为的机制，即屈服或投降的信号和线索可以停止攻击者的攻击行为。暴力抑制机制在大多数社会性动物身上都存在。对于人类来说，悲伤或恐惧的面部表情(痛苦线索)通常会被认为是一种屈服反应，此时暴力抑制机制会被激活，从而引发自主唤醒和行为抑制，这一机制的功能缺陷会导致共情困难，并进一步向精神病态发展。布莱尔教授结合以往对精神病态的研究提出了这个模型，抑制机制发挥作用的关键在于产生共情，而共情产生的前提是个体能够感知到他人的情绪状态，进而站在他人的角度去感知或体验对方的情绪感受。

　　儿童在发育的过程中，能够通过条件反射形成厌恶性条件作用，那些来自外界的痛苦性线索(如他人的悲伤或恐惧情绪)会让儿童发现越轨行为或者违反道德的行为是令人厌恶的，从而避免出现伤害他人的反社会行为。在这个厌恶性条件作用学习的过程中，杏仁核发挥着关键的作用。杏仁核的功能缺陷使得精神病态个体无法形成情绪性非条件刺激（痛苦性线索）与条件刺激（越轨行为）之间的联结，进而在实施反社会行为的时候，感受不到该行为导致被害人痛苦的厌恶性情绪。厌恶性条件作用的学习失败也会导致暴力抑制机制的启动失灵，从而不能对攻击行为起到抑制作用。

预谋性暴力犯为什么会在伤害他人的时候如此镇定？脑成像研究似乎可以提供一些可以解释的理由。幸运的是，研究者有机会对前面所举例的两类暴力犯的典型案例——布斯塔曼特和克拉夫特的大脑进行 PET 扫描。布斯塔曼特是在律师的提议下，由雷恩教授和其同事一起为他进行的大脑扫描。布斯塔曼特在 20 岁那年曾经被一根铁棍击中过头部，受伤严重，跟盖奇的经历类似，身边的人都说自那以后他好像变了一个人。PET 扫描的结果也发现，布斯塔曼特的前额叶皮层有功能性障碍，他的眶额皮层代谢活动非常弱。最终，陪审团采纳了脑成像的证据，认定布斯塔曼特具有大脑损伤，影响了行为控制能力，不同意对其判处死刑，最终宣判终身监禁。不过，克拉夫特的大脑扫描结果与布斯塔曼特的恰恰相反，他的前额叶皮层反应非常活跃，完全没有任何功能减退的迹象。从克拉夫特犯罪的细节中可以看出，他行事谨慎，擅长计划，完全知道自己在做什么，知道如何才能保证行动万无一失。边缘系统，尤其是杏仁核的功能缺陷，影响了克拉夫特的共情能力；而前额叶皮层的功能完好，则掌控着他在行动时的冷静和行事的计划性。

布莱尔教授对精神病态的研究却有着不一样的发现。他主张，精神病态个体存在杏仁核功能障碍，当杏仁核的激活出现异常的时候，很可能引发腹内侧前额叶皮层的活动异常。而杏仁核—腹内侧前额叶皮层这一回路的功能障碍，很可能会使得精神病态个体在追求目标时无法做出合理决策，从而表现出生活方式混乱、药物滥用

的风险升高等异常状态(Blair，2008)。因此，关于预谋性暴力犯的
杏仁核功能受损，雷恩教授和布莱尔教授的发现是一致的；但是，
对于该人群的前额叶皮层的功能是否正常，二者是持不同观点的。
当然这可能是因为精神病态多表现为预谋性攻击，但两个概念并不
能等同。另外，雷恩教授研究的这两个典型案例虽然能够显示出两
类暴力犯大脑活动的一些差异，但是由于样本量太小，仍然需要更
多的数据来重复验证。

　　需要注意的是，虽然很多神经科学家一直在探索犯罪的神经生
理机制，但是迄今为止，我们并不能利用脑成像扫描等技术明确判
定一个人到底是冲动性暴力犯还是预谋性暴力犯。其背后的机理远
没有这么简单。我们的目标是通过越来越多的发现，逐渐梳理大脑
各区域的功能和暴力行为之间的关联。

3　神经法学：法学和认知神经科学的联姻

3.1　神经法学的概念

　　随着认知神经科学技术的迅速发展，人类的心理和行为背后的
神经机制正在逐步揭示。在司法领域，研究者也开始探讨反社会行
为、攻击与暴力行为、欺骗行为等异常行为的神经生理基础。认知
神经科学研究的成果在司法实践中的应用逐渐成为热点话题。随着
认知神经科学和法学之间的对话日益增多，两者交叉形成的学
科——神经法学(neurolaw)应运而生。神经法学是通过认知神经科
学的理论、方法和手段来研究与法律有关的问题的学科。本章开篇
的温斯坦杀妻案中，因 PET 扫描发现蛛网膜囊肿而将二级谋杀罪改
为过失杀人罪，就是神经法学领域的生动案例。神经法学不仅关注
脑成像证据能否作为有效参考在审判阶段发挥作用，而且关注刑事
责任能力评定和测谎相关的认知神经科学研究在侦查阶段的辅助作

用，以及在罪犯改造阶段（如罪犯矫正和风险评估等方面）的应用。

3.2　神经法学的应用

3.2.1　精神病患者可以被扫描出来吗？

精神病患者的刑事责任能力判定是各国司法实践过程中经常会遇到的问题，也是一个非常棘手的问题。精神病有广义和狭义之分。广义的精神病包括人格障碍、神经症、精神发育迟缓等；狭义的精神病指的是以精神分裂症为代表的严重的精神病。在我国的刑事案件中，主要评定的是狭义的精神病患者的刑事责任能力。而刑事责任能力，是指个体对刑法所禁止的危害社会的行为有辨认和控制的能力（林准，1996）。所以，刑事责任能力判定的重点在于确认个体对自己的行为是否具备辨认和控制能力。而精神病患者会出现社会功能障碍、心理机能紊乱、现实检验能力下降等症状，不能客观地区分幻觉和真实的外部世界，从而丧失正常的理智和行为反应，不具备对自己行为的辨认和控制能力。

但是，我国的司法精神病鉴定工作面临着一定的窘境。在1999年曾经有这样一个案例：被鉴定人王某（女性，1971年出生）买来一瓶硫酸，然后打电话给母亲倪某、妹妹、妹夫黄某和姨侄黄小某一起到她的住处吃晚饭。晚饭过后，她和母亲一起送妹妹、妹夫下楼回家。出门的时候，她手里端着里面装有硫酸的茶杯。当时母亲还问王某端茶杯干什么，她谎称是开水，口渴要喝。然后在走到比较黑暗的地方时，王某说了一句"对不起你们了"后，突然把硫酸泼向母亲倪某、妹妹和黄小某。妹妹和黄小某被泼硫酸后因为疼痛发出尖叫，被鉴定人王某随即把自己的外套脱给妹妹，并到楼上端水给妹妹冲洗。经鉴定，三名被害人均构成重伤。案发以后，被鉴定人王某的父母（包括被害人倪某）向司法机关反映，王某平时的精神状态不正常。所以，当地的公安机关先后两次分别委托当地的精神疾病司法鉴定机构和省精神疾病司法鉴定委员会对王某进行了司法精神病鉴定，得到的鉴定意见是相同的，均为"王某作案时患有精神分裂症，属于无刑事责任能力人"。所以，公安机关两度将王某释放。但是王某的妹妹作为被害人难以接受这个鉴定意见，于是通过各种方式提出异议，要求重新鉴定。所以，当地公安机关委托某司法鉴定机构对王某进行了第三次鉴定，鉴定结论与之前两次完全相反，结果显示"王某在作案时无精神病，作案系情绪反应所致，王某对本案具有完全刑事责任能力"。这次鉴定也影响了对王某的刑事处罚结果。经法院审查，前两次司法精神病鉴定的依据只是王某本人的供述、母亲倪某以及王某男友的陈述，了解实际情况的信息来源不够，且王某本人的供述与他人陈述材料之间不能相互印证，鉴定人员也未到案发地进行实地调查，鉴定结果具有片面性，故不予采信；而第三次鉴定补足了前两次的不足，鉴定意见较为客观、公正，予以采信。法院审理后认为，王某的伤害行为出于个人偏狭心理，手段特别残忍，后果特别严重，应依法从严处罚。一审判决被告人王某犯故意伤害罪，判处死刑。一审宣判后，被告人王某和公诉机关未上诉、抗诉。在死刑复核期间，省高级人民法院因前三次鉴定意见相互矛盾，于是组织司法精神学专家对被告人王某进行了第四次鉴定，鉴定结果为"被告人王某患有精神分裂症，无刑事责任能力"。四份鉴定结果差异较大，为慎重起见，省高院委托最高人民法院司法鉴定中心组织全国的精神病学专家对王某进行了第五次复核鉴定，给出鉴定意见：一是被鉴定人王某患重度抑郁发作（伴有精神病性症状）；二是被鉴定人王某在实施危害行为时主要受到抑郁情绪及妄想的影响，辨认和控制能力受到严重损害，评定为限制刑事责任能力。最终法院采信了第五次鉴定意见，判处被告人王某死刑，缓期二年执行（孙大明，2012）。这个案例体现了司法精神病鉴定对审判结果的重大影响。

　　目前，对精神病患者刑事责任能力的判定工作是由司法精神病鉴定中心的精神科医生负责完成的。在审理案件时，法院对司法精神病鉴定结果的采信率高达 90％。但之所以出现上述案例中鉴定结果不一致的现象，部分是因为目前的精神病鉴定仍以主观判定为主，主要根据个体的行为表现进行诊断。目前我国的司法精神病鉴定通常使用《中国精神疾病分类与诊断标准》(Chinese Classification and Diagnostic Criteria of Mental Disorders，CCMD)作为诊断标准。我们通过观察国外精神疾病诊断工具的发展趋势，发现认知神经科学的证据在心理学研究中越来越受到关注，用于寻找行为背后潜在的脑神经机制，并试图将其纳入诊断的框架中来。美国《精神障碍诊断与统计手册》(Diagnostic and statistical manual of mental disorders，DSM)是美国精神病学会(American Psychiatric Association，APA)推出的国际上普遍认可的精神疾病分类与诊断标准，目前已经更新到了第 5 版。美国国立精神卫生研究院(National Institutes of Mental Health，NIMH)已经开始了一项名为"研究领域标准"(Research Domain Criteria，RDoC)的相关研究，与传统精神障碍诊断标准不同的是，RDoC 是在行为表现和神经生物学测量的基础上发展出来的新的精神障碍分类标准，以有效的生物学基础为框架来理解精神障碍，在 DSM-5 的基础上将会增加认知神经功能的诊断标准，未来有望代替 DSM-5 成为新的精神障碍诊断手册(Insel et al.，2010)。如果这一工具开发成功的话，精神病患者的诊断是有望借助脑成像扫描等技术加以确认的。认知神经科学证据的支持者认为，引入脑成像研究等最新成果的目的，并非试图说服法庭，也绝非关键性的唯一证据，而是为法庭提供更全面、系统的信息，为判断个体是否具备刑事责任能力提供佐证，以保障被告人的权益，全面解读犯罪行为的成因。相比于司法精神病鉴定和心理测评，脑成像的数据更客观，特别是脑内的器质性损伤是无法隐藏或伪装的，所以脑成像证据可能为司法实践特别是死刑诉讼带来革命性的影响。但在我国，认知神经科学的相关研究尚未进入法学的视野，目前仅仅停留在理论层面的探讨。

3.2.2 测谎结果是否可以作为法律证据？

测谎一直是大多数人都非常感兴趣的话题，因为大众存在一个误区：测谎似乎可以看透人心。那么，现在的测谎技术到底能不能够达到精准读心的程度？测谎结果可以作为呈堂证供吗？

在刑事侦查阶段，测谎技术主要应用于两个方面：考察证人证言和嫌疑人供述的可信度。犯罪心理测谎有一个假设：说谎是对事实的篡改，在说谎的过程中，说谎者会经历某种情绪的唤起，必然就会出现跟说真话不一样的地方，这些不一样的地方就是说谎线索。

目前，常用的说谎线索有三种：言语线索、非言语线索和心理生理线索。言语线索主要是证人提供的证言以及嫌疑人的供述内容。通过分析言语材料的细节，来判定逻辑上是否说得通，情节是否合理，是根据最原始的测谎线索进行的，所以对言语线索的测谎主要是一个寻找破绽的过程。非言语线索的典型代表是微表情。微表情通常是个体在试图压抑、隐藏或伪装真实情绪时，流露出来的短暂的、不能自主控制的面部表情。微表情被认为反映了被压抑的真实情绪，可以作为谎言识别的重要线索。相比之下，心理生理线索相对客观，对应的测谎手段也更加可靠。并且，利用心理生理线索来进行测谎也是神经法学的一个重要应用。

在司法实践中，利用心理生理线索来进行测谎主要是通过一些神经生理技术来实现的，涉及生理指标检测、事件相关电位和功能磁共振成像技术。

测谎仪是生理指标检测的常用工具，涉及的指标主要包括呼吸、血压和皮肤电等。一般人在说谎时，伴随的生理反应通常是呼吸加速、血压升高，以及因为紧张出汗而导致皮肤电阻升高。测谎仪的作用是时刻监测证人或嫌疑人在回答问题时各种生理指标的变化，根据个体对关键问题的生理反应做出判断。测谎仪在实际的侦查实务当中也有很多成功的案例。1992—2004 年，山西省阳泉市发生了系列扎刀案，作案人以女性为侵害目标，疯狂故意杀人 12 起，致 9 人死亡 3 人受伤。其中 2001 年的一起案件让警方找到了凶手的一些蛛丝马迹。警方在现场勘查中发现被抛弃的内脏中有很多蛆虫，而几小时后抛出的人脸面皮却只有一只蛆虫。警方据此判断凶手有冰箱之类的冷藏工具，并且极有可能自己居住。从抛尸的前后时间来看，凶手极有可能住在现场附近。因此，"有冰箱、独居"成为排查凶手的重要标准，圈定了 19 人作为重点排查对象。因为缺乏有力证据，所以警方求助了中国人民公安大学的心理测试专家丁同春，借助测谎仪来进行精准排查。根据该案的全部案卷，丁同春出了 76 道题对嫌疑人进行测试。其中，第一个走进测试间的嫌疑人就是后来被证实的凶手杨树明。因为他的家离案发现场最近，而且他下岗以后自己搞电焊，有一间专门干活的房子，房子里面有冰箱，所以被列为重点怀疑对象。在测试的过程中，杨树明频繁吸鼻子，测谎仪上显示他的呼吸图谱很不稳定，在重要测试点上有明显反应，并且他还对虐尸的细节有相应的反应。第一次测试结束后，杨树明被重点怀疑，但他拒绝参加后续测试，最终在警方的审讯攻势下，杨树明招认了所有罪行。

除了借助生理指标来测谎之外，还可以借助事件相关电位来测谎。ERP 是一种特殊的大脑诱发电位，是通过施加刺激诱发出来的电位，反映的是认知过程中大脑的神经电生理的变化，是个体在进行认知加工时，从头颅表面记录到的脑电位。说谎是一个需要占用认知资源的过程，所以说谎可能会因为需要消耗认知资源从而诱发出一些脑电波成分，而 ERP 技术刚好可以实现对诱发电位的测量。目前测谎实践主要使用 oddball 范式，即在大概率呈现的刺激序列（如 80％的非靶刺激）中呈现小概率的刺激（20％的靶刺激），这些小概率的刺激通常会作为新异刺激引发脑电反应。案件相关的关键信息点(如现场照片、被害人照片等)通常作为靶刺激,与靶刺激属性相同的非案件信息作为非靶刺激,要求被测试的个体对靶刺激做按键或计数反应。常通过比较靶刺激和非靶刺激引起的 P300 成分的差异来判断被测试的人是否在说谎。如果相对于非靶刺激,个体对靶刺激反应的 P300 波幅更大的话,则说明该个体在说谎(赵宏洁,刘洪广,2019)。

同样地,消耗认知资源也可以通过 fMRI 技术来记录大脑活动的变化,但是目前的 fMRI 研究更多的是发现跟说谎有关的脑区,主要涉及前额叶和前扣带回等负责执行功能的脑区(Spence et al.,2004)。因为设备不易移动、成本相对昂贵等局限性,所以该技术在刑事侦查领域的应用仍处于探索阶段,尚未见大规模应用。需要指出的是,这并不意味着 fMRI 技术在刑事侦查领域毫无用武之地,大脑的神经活动能够更客观地反映个体在说谎时难以作假的异常反应,因此未来仍需继续关注。

总的来说,心理生理线索对应的测谎手段相对客观,而且测谎结果也相对可靠。例如,中国人民公安大学武伯欣教授曾指出,目前测谎仪的准确率已经可以达到 98%。不过需要注意的是,虽然测谎技术是在理论支撑和经验积累的基础上逐渐发展起来的,而且准确率也比较高,但是目前仍然只能作为辅助手段,而不能作为法律意义上的证据(武伯欣,张泽民,2008)。

3.2.3　人格障碍暴力犯应该减轻刑罚吗?

人格障碍(personality disorder),也叫作人格异常。按照 CCMD 的定义,人格障碍是人格特征显著偏离正常,使得患者形成特有的行为模式,对环境适应不良,明显地影响个体的社交和职业功能,或者患者自己感到痛苦。

其中,反社会人格障碍最容易引发违法犯罪,目前最受关注。

其主要行为表现是：行为极端地不符合社会规范；思想信念和行为经常与社会发生冲突；情感麻木、对他人冷酷无情、刻薄残忍（有很多人格障碍暴力犯在童年或青少年的时候都出现过虐待动物的行为）；非常自私，以自我为中心；对人不真诚、不坦率，没有基本的社会责任感；挫折耐受力差，容易被激惹，容易冲动；在实施违法犯罪活动前通常会有预谋，计划比较周密，反侦查意识强。在第7章中，我们将重点介绍精神病态，这是一种不同于精神分裂症等精神病性疾病的人格障碍，除了行为具有反社会性之外，更加突出情感上的冷酷无情。他们更容易出现极端暴力行为，很多系列杀人犯都带有精神病态的特征，如邦迪、绿河杀手、小丑盖西（J. W. Gacy）等。

对于反社会人格障碍和精神病态人群，研究者们进行了大量的认知神经科学研究。正如本章中所阐述的相关证据，反社会人格障碍个体的攻击与暴力行为具有一定的神经生物学基础，与某些脑区的结构异常或功能障碍有关。考虑到这些生理上的不可抗力因素，在审判量刑时是否应该酌情地减轻惩罚？依据人格障碍个体大脑异常的认知神经科学证据，可以免除其刑事责任吗？

目前对于这些问题一直都存在分歧。支持者认为，即便反社会人格障碍不属于狭义的精神疾病，但它也不是精神健全的状态。有些反社会人格障碍患者的暴力行为是由他们先天的大脑发育不足或者由后天遭受脑损伤导致的，并非他们主观能够控制的，所以可酌情减轻刑罚。反对的学者则提出一系列疑问。首先，人格障碍是否属于司法精神病学范畴内定义的精神疾病？如很多可以被诊断为精神病态的杀人凶手被抓以后，周围人都会感到不可思议，因为他们平时的表现跟常人无异。其次，认知神经科学研究确实提供了一些人格障碍患者的大脑结构和功能异常与其反社会行为之间存在关联的证据，但是这种相关关系不能被解读为因果关系。最后，从社会影响来看，反社会人格障碍患者的犯罪行为往往手段残忍，性质恶劣，通常属于会引发民众高度关注的热点事件。如果在没有明确人格障碍患者会丧失行为辨认能力和控制能力的前提下，就将人格障碍纳入减轻刑事处罚的范围的话，社会公众可能会质疑这种处理是借人格障碍试图脱罪，造成严重的社会影响。

从世界各国的情况来看，对于人格障碍个体的犯罪行为，一般都采取比较严厉的处罚措施，但也逐渐开始有一些案例采信了犯罪人人格异常的证据，从而减轻处罚。在我国，因为具有人格障碍的个体表现出来的，通常都不存在辨认能力和控制能力的明显障碍，所以在司法实践中，通常主张人格障碍患者具备刑事责任能力。

3.2.4　认知神经科学能够助力罪犯改造吗？

随着循证理念在罪犯改造领域的引入，循证矫正成为罪犯改造工作的主要指导思想。循证矫正的首要环节便是根据风险原则对罪犯的再犯风险进行评估，而风险评估的关键在于开发出科学的评估工具，这样才能准确地锁定"靶目标"人群，对其实施相应强度的矫正项目，从而提高矫正效率，改善矫正效果，有效降低再犯率。

目前国外的风险评估工具已经发展到了第四代，从第一代非结构化的临床判断，到第二代引入静态风险因子评估，到第三代增加动态风险因子的评定，再到第四代在静态和动态风险因子评估的基础上提供矫正计划。随着脑科学的发展，加拿大心理学家努斯鲍姆指出，第五代风险评估工具还应纳入认知神经科学方面的评估依据，考虑加入罪犯个人的神经生物学信息，从而更加准确地预测再犯风险并对矫正效果进行监测和反馈(Bass & Nussbaum，2010)。

除了在风险评估阶段，认知神经科学技术可以提供帮助之外，在矫正阶段也是能够发挥作用的。莱赛尔(D. Reisel)是伦敦大学的一名研究人员，他曾经参与了一个项目，主要研究精神病态罪犯的大脑。2013 年，他在演讲中将项目的研究结果和他对研究结果的思考分享了出来。这些精神病态罪犯不仅仅是糟糕童年的受害者，他们的杏仁核也是功能受损的，所以他们缺乏感同身受的能力，从而表现出违反道德的行为。那么，既然有一些神经性的原因，并且 20 世纪 90 年代的研究也发现大脑是可以改变的，所以莱赛尔就提出：与其将这些罪犯关起来，难道我们不应该运用我们所知道的关于大脑的知识来帮助他们康复吗？换而言之，如果大脑在受损之后可以发展出新的神经连接，难道我们不应该帮助大脑重新培养道德行为吗？大脑需要对个体的行为负责，同样，也需要为个体的康复做出努力。莱赛尔指出恢复性司法的方案就可以起到锻炼杏仁核的目的。如果被害人同意，可以和罪犯在一个安全的环境中进行面对面的交流，让罪犯意识到被害人是一个有想法和有情感的真实个体，激发罪犯为自己过去的行为负责任的信念。这种对杏仁核的刺激远比单纯的监禁要有效。

　　莱赛尔提出的方案是通过外部的行为刺激来改变大脑的神经连接，进而影响个体行为表现的路径。除此之外，一种新型技术——经颅磁刺激技术（transcranial magnetic stimulation，TMS）提供了另外一种认知神经科学助力罪犯改造的潜在路径。作为一种无痛、无创的绿色治疗方法，经颅磁刺激仪的磁信号可以无衰减地通过颅骨刺激到大脑神经，可以实现对相应脑区的激活或抑制，从而通过改变大脑功能实现对行为的矫正。但是因为罪犯属于特殊群体，出于伦理的考虑，将 TMS 等类似的技术应用于罪犯改造可能还需要很长的路要走。

3.3　成长中的神经法学

　　当然，直到今天，人们对认知神经科学的研究发现能否用于司法实践仍然存在争议。近年来，脑成像技术应用于美国司法实践中的案例逐渐增多。一名研究者曾对 2004—2009 年法庭审判的 700 余件案例进行了统计，其中有 16％的案例都提供了脑成像的结果作为证据（Hamzelou，2011）。但是对于脑成像证据在司法实践中的作用，研究者的观点也大相径庭。鉴于这些分歧和顾虑，未来的神经法学仍然需要厘清一些问题：精神病患者的神经生物学诊断标准是否适用未来的司法精神病鉴定？测谎技术与审讯实务的结合如何更加高效？人格障碍患者的大脑异常是否会影响其辨认能力和控制能力？认知神经科学技术适用罪犯改造的可靠性和可行性？我们期待，随着认知神经科学技术的兴起和发展，神经法学研究能够在司法精神病鉴定、测谎、定罪量刑以及罪犯改造领域得到更广泛的应用。

第 3 章

孽根：基因与暴力犯罪

案例一：一门三代同为罪犯

兰德里根（J. Landrigan）自出生起就没有见过他的亲生父亲，他的亲生母亲也在他 8 个月的时候将他遗弃在一个托儿所。但比较幸运的是，他很快就被一个好人家收养了。这是一个文明有礼、受人尊敬的家庭，养父母对他也视如己出，为他营造了一个温暖和睦的成长环境，但兰德里根在成长过程中的表现出乎所有人的意料。他从小脾气就很差，10 岁开始喝酒，11 岁因闯进别人家里搞破坏，并且试图撬开保险柜而第一次被抓进警察局，后来他逃课、偷车、吸毒，经常出入拘留所，20 岁那年因为二级谋杀罪被判 20 年监禁。服刑几年之后，兰德里根成功越狱，但他越狱后再一次因为谋杀被逮捕，最终被判处死刑。在等待死刑期间，他认识了一个狱友。这个狱友觉得他很眼熟，特别像自己之前服刑时的一个旧识。这个旧识是个诈骗犯，名叫希尔（D. Hill），后来证实他正是兰德里根的亲生父亲。两人除了长相相似外，犯罪生涯也惊人地相似，希尔也吸毒、杀人、越狱。另外，希尔的父亲老希尔也是个惯犯，因为抢劫被警察当场击毙（雷恩，2016）。

案例二：基因检测对审判结果的潜在影响

2006 年 10 月，美国田纳西州发生了一起刑事案件。沃德罗普

(B. Waldroup)杀死了妻子的一个好友，并企图连同妻子一起杀死。当时，他们夫妻二人已分居，沃德罗普在等待妻子把四个孩子送到他这里过周末。他一边喝酒一边等待。当妻子和女性好友一起把孩子送来后想要离开时，他阻止了两人，连开 8 枪射杀了妻子的好友，还用利器残忍地切开了被害人的颅骨。他用砍刀反复袭击妻子，砍断了妻子的左手小手指。沃德罗普被捕以后，在辩护律师的要求下，他接受了司法精神病鉴定和基因检测。结果显示，他携带有 MAOA 基因(与攻击或暴力相关的高危基因)，并且他在童年期曾经遭受过严重的虐待。该案在审判过程中，法官允许司法精神病学专家出庭做证，阐述 MAOA 基因缺陷和童年受虐经历对个体成年期暴力行为表现的共同作用。尽管沃德罗普的杀人行为是有预谋的，他对自己所做的一切也供认不讳，但最终陪审团将该案定性为一般杀人罪，免除沃德罗普的死刑。判决一出，检方强烈反对，沃德罗普最终被判处监禁 32 年(Gillham，2011)。这也是引发巨大争议和广泛讨论的一个典型案例。

早期的犯罪生物学理论，诸如颅相学、天生犯罪人理论和体型说，都是利用单一的生理特征来解读犯罪行为的生物学因素。随着遗传学和细胞染色技术等的发展，研究者开始关注遗传对个体犯罪行为的影响。从兰德里根的经历来看，良好的家庭环境和父母的悉心教养并没有改变他成为罪犯的人生结局。是否存在"暴力基因"？暴力是否真的是由基因等先天因素决定的？沃德罗普案中用到的基因检测真的会成为罪犯的"免死金牌"吗？本章将结合以往相关研究，对基因与暴力之间的关系进行阐述。

1 行为遗传学研究：暴力起源的初步探索

1.1 暴力犯罪可以遗传吗？

龙勃罗梭的天生犯罪人理论指出，在犯罪人中有一类是真正的返祖者，属于天生犯罪人，他们都带有某种异常体征。这一观点虽然后期进行了修正，承认生物与环境对犯罪的交互作用，但是龙勃罗梭的研究仍然遭到了众多研究者的质疑。对于犯罪是否受到先天因素的影响，犯罪遗传学研究做出了巨大的贡献。早期的犯罪遗传学研究属于行为遗传学的范畴，主要集中在行为特征的评估上。常用的研究方法包括双生子研究（twin study）和寄养子研究（adoption study），通过观察双胞胎或者寄养子的行为表现来探讨遗传和犯罪的关系。

1.1.1 双生子研究

双生子分为同卵双生子（monozygotic twins）和异卵双生子（dizygotic twins）。同卵双生子是指单卵双胞胎，是由一个受精卵分裂发育而来的，具有完全相同的遗传基础。异卵双生子是由两个受精卵同时发育而成的，享有一半的共同基因，与普通的兄弟姐妹无异。双生子研究的关键指标之一是犯罪行为的一致率（concordance），即双生子中的两个个体均表现出犯罪行为的百分比。其研究假设是：如果同卵双生子出现犯罪行为的一致率显著高于异卵双胞胎，那么说明犯罪行为很可能具有遗传基础。

最早的犯罪遗传学双生子研究来自德国，是德国医生兰赫（J. Lange）于 1929 年完成的。研究对象是 30 对双生子，其中同卵双生子 13 对，异卵双生子 17 对。通过观察发现，同卵双生子犯罪行为模式的一致率高达 77％，而异卵双生子的一致率只有 12％。因此，兰赫认为犯罪行为是由遗传决定的，并根据该研究完成了著作

《犯罪宿命：一项犯罪双生子研究》(*Crime as Destiny：A Study of Criminal Twins*)(Lange，Haldane，& Charlotte，1931)。

　　兰赫的研究具有开创性，但是样本量比较小。后来相继出现较大样本的双生子研究，其中最著名的是克里斯汀森(K. Christiansen)在 1977 年于丹麦完成的研究。该研究一共收集到了 3 586 对双生子的犯罪记录，结果发现：男性同卵双生子犯罪行为的一致率为 35%，男性异卵双生子犯罪行为的一致率为 13%；女性同卵双生子犯罪行为的一致率为 21%，女性异卵双生子犯罪行为的一致率为 8%(Christiansen，1977)。不论是男性还是女性，同卵双生子犯罪行为的一致率均显著高于异卵双生子，说明犯罪行为具有一定程度的遗传性。而且需要注意的是，男性双生子犯罪行为的一致率高于女性双生子，这一结果提示我们，在解读遗传对犯罪行为的影响时还应考虑到性别差异。

　　雷恩教授对 1993 年以前开展的 13 项双生子研究进行了综述，尽管研究涉及的年龄、性别、国家、样本量和定罪等的差异很大，但研究结果都显示，犯罪行为在同卵双生子中的平均一致率高于异卵双生子，同卵双生子为 51.5%，异卵双生子为 20.6%(Raine，2002)。由此可见，遗传很可能在犯罪行为的产生过程中发挥了一定的作用。

　　双生子研究的另一个关键指标是遗传度(heritability)。遗传度研究考察基因对个体的影响，通常也会同时考察环境对个体的影响。遗传度是指个体某种特质或特点的变异在多大程度上能够被基因的效应所解释。环境分为共享环境和非共享环境两种。共享环境是指在同一成长环境中长大的双生子所共有的环境，如社会经济水平、家庭结构、共同同伴、学校或邻居的影响等；非共享环境是指任何让双生子中的个体不同于对方的环境因素，测量误差通常包含其中(Burt，2009)。

2007 年，雷恩教授联合南加州大学的前同事贝克（L. Baker）做了一次遗传度研究的尝试。他们招募了 605 对 9～10 岁的双胞胎（其中有 9 对三胞胎），通过儿童自评、教师他评以及监护人他评三种途径完成反社会行为评估。该评估涉及四个方面：品行障碍的症状筛查、攻击评分、违法行为记录、精神病态倾向测试。结果表明，反社会行为的遗传可能性大概在 0.40～0.50。也就是说，人类 40%～50%反社会行为的变异是由遗传决定的。因为反社会行为评估的信息来源有三种，教师、家长和儿童自己对同一问题的评估并不一致，因此，需要计算三者之间达成共识的可能性。经过多元分析，雷恩教授等人发现，反社会行为具有遗传可能性的共识达到了 96%。与遗传不同的是，共享环境对个体的行为毫无影响，非共享环境占据了 4%的影响力（Baker et al.，2007）。并且在这项研究中，雷恩教授等人还对攻击类型进行了细化，考察了冲动性攻击和预谋性攻击的遗传可能性。结果显示，对于男童来讲，冲动性攻击的遗传可能性达到了 38%，预谋性攻击的遗传可能性更高一些，高达 50%。共享环境对于两类攻击的影响力很小（Baker et al.，2008）。

在这项研究之后，雷恩教授和贝克教授并没有停止通过双生子研究考察犯罪行为的遗传效力的努力。到目前为止，在两人的主持下一共进行了四次双生子的数据采集：第一次即为上述研究中对 605 对 9～10 周岁双胞胎的评估；第二次是 445 对 11～13 周岁的双胞胎；第三次是 604 对 14～15 周岁的双胞胎；第四次是 504 对 16～18 周岁的双胞胎。根据第三次采集的数据，他们考察了精神病态人格特质的遗传度，结果支持精神病态具有一定遗传效力的说法，遗传可以解释青少年精神病态倾向的 69%的变异，其余 31%的变异是由非共享环境来解释的（Tuvblad et al.，2014）。

严格来讲，双生子研究在方法上也存在一定的缺陷。双生子研究并非严格的实验设计，虽然很多研究都分析了环境因素对个体行为的影响，但不论是何种双生子，通常都是在相同或相似的家庭环境中长大的，被父母或其他兄弟姐妹同等对待，这些相同的环境因素可能对于他们表现出同样的行为模式也具有一定的贡献，而不仅仅是遗传的作用，所以双生子研究并没有排除后天环境对个体行为的影响。解决办法之一是招募那些从小就被分开抚养的同卵双生子进行研究，分别对其成长过程进行追踪，并对其反社会行为表现进行记录。如果遗传起决定性作用的话，那么即便分开抚养，同卵双生子中的个体也都会表现出反社会行为。但是这样的研究是非常难以操作的，毕竟研究者不能人为地创造"人间悲剧"，把刚出生的双胞胎分开，只能尽量搜寻符合这种情况的双胞胎作为研究对象。格罗夫等人（Grove et al. , 1990）就做了这样一项非常有价值的工作，他们排除万难找到了 32 对从小就分离的同卵双胞胎，结果发现了显著的反社会行为的遗传可能性：从儿童的 41％到成人的 28％。对分开抚养的同卵双生子进行研究是犯罪遗传学的重要途径，虽然无法给出确切的结论，但是遗传与犯罪是有一定关联的，遗传可能决定了某些个体成为实施犯罪或出现反社会行为的易感人群。需要注意的是，双生子研究肯定了遗传在反社会行为产生过程中发挥的作用，但是并没有否认环境在其中扮演的角色。

1.1.2　寄养子研究

在寄养子研究中，研究者将早年被收养的人群与他们的亲生父母/亲兄弟姐妹以及养父母/养父母的子女进行比较，寄养子与亲生父母/亲兄弟姐妹之间的相似性反映了遗传因素对犯罪行为的影响，而与养父母/养父母的子女之间的相似性则反映了环境因素的影响。就像本章开篇提到的"一门三代同为罪犯"的案例，兰德里根被亲生父母遗弃后，被一户家教良好的家庭收养，但是他并没有受到养父母的影响成长为一个彬彬有礼的青年，而是跟亲生父亲和祖父一样最终沦为了罪犯，这意味着遗传大于环境的作用吗？这是极端性的个例还是普遍的规律？这些问题也正是犯罪遗传学研究想要探究的。与双生子研究相比，寄养子研究除了可以考察遗传的作用之外，还可以考察环境的影响，并且这种研究范式可以将遗传因素和环境因素分离开来，作用机制更加清晰。

最为经典的寄养子研究当属美国南加州大学著名心理学家梅德尼克（S. Mednick）以档案文件为基础所做的回溯研究。梅德尼克教授等人找到了丹麦在1927—1947年登记过的14 427个寄养家庭，通过法庭审判记录搜索到寄养子以及寄养子的亲生父母和养父母共65 516人的犯罪信息。结果发现：如果寄养子的亲生父母和养父母均没有犯罪记录的话，有13.5％的寄养子存在犯罪记录；如果亲生父母没有犯罪记录，而养父母有犯罪记录，这一比例上升至14.7％；当养父母没有犯罪记录，而亲生父母有犯罪记录时，寄养子有犯罪记录的比例提高到20％；如果亲生父母和养父母都存在犯罪记录的话，这一比例则高达24.5％。相关分析的结果表明（见图3-1）：寄养子和亲生父母的犯罪情况存在显著的相关，寄养子犯罪的比例随着亲生父母犯罪次数的增多而逐渐增加。不过需要注意的是，这种相关主要体现在财产犯罪上，暴力犯罪上并没有发现这种趋势。另外，在寄养子和养父母的犯罪情况之间没有发现显著的关联。在这项研究中，梅德尼克教授还意识到一个问题：根据研究收集到的数据，这些寄养子的亲生父母和养父母的社会经济水平是具有相关性的，这反映出当时的收养机构通常倾向于选择那些与孩子的亲生父母情况更相似的人来收养孩子，收养家庭与原生家庭的状况较为接近，即存在"选择性寄养"的潜规则。所以，基于这种客观但无法控制的操作，类似的研究事实上并未很好地区分遗传因素和环境因素。但是，不论养父母处于哪一层级的社会经济水平，寄养子和亲生父母的犯罪情况之间的相关都是存在的（Mednick，Gabrielli，& Hutchings，1984），这也证明了遗传在犯罪行为形成的过程中所发挥的作用，只是这项研究并没有发现遗传可以对暴力犯罪做出解释。

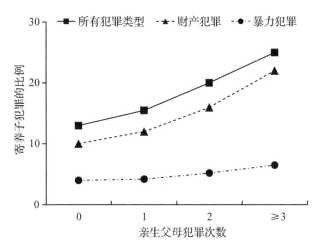

图 3-1　亲生父母与寄养子的犯罪情况

（Mednick，Gabrielli，& Hutchings，1984）

　　另一项大样本的寄养子研究来自瑞典，研究者搜集到了 862 名从小被寄养的男性，并且收养人与寄养子之间没有亲属关系。在梳理犯罪记录的时候，研究者将犯罪行为区分为严重的暴力犯罪和轻微的财产犯罪，结果同样支持梅德尼克教授的结论，财产犯罪具有一定的遗传度，而暴力犯罪没有这种特点（Bohman et al.，1982）。

　　但是，也有寄养子研究发现了不一样的结论。该研究样本包括亲兄弟姐妹组（111 对）、非亲兄弟姐妹组（221 对）和独生子女组（94 人），平均年龄为 12.4 岁。研究者同样对寄养子的行为进行了区分，结果发现遗传可以解释攻击行为 70％的变异，而可以解释一般违法行为 39％的变异（Van den Oord，Boomsma，& Verhulst，1994）。

　　在关于犯罪的行为遗传学研究里，一项研究来自瑞典，并且该研究专门针对暴力犯罪，在同类研究的研究规模上达到了顶峰。该研究基于瑞典多代人注册系统（multi-generation register）、刑事定罪注册系统（criminal conviction register）、双胞胎注册系统（twin register)和全国人口注册系统(total population register)四个数据库的信息匹配。多代人注册系统可以提供 1932 年以后出生和 1961 年以后居住在瑞典的居民及其养父母和亲生父母的信息；刑事定罪注册系统包含了 1973 年以后所有地方法院的民事和刑事审判记录；双胞胎注册系统可以提供双胞胎的卵型；全国人口注册系统提供诸如性别、出生年月等基本人口统计学信息。匹配的信息范围为所有系统中 2004 年之前的记录，经过筛选后，最终确定研究样本：双胞胎 36 877 对，5 068 对寄养子和父母，10 610 对寄养子和兄弟姐妹，1 521 066 对亲兄弟姐妹。通过双生子模型、亲兄弟姐妹模型、寄养子—非亲兄弟姐妹模型以及寄养子—父母模型来考察犯罪行为的遗传度。并且不同于以往研究对反社会行为或犯罪行为定义的模糊性，该研究明确圈定了暴力犯罪的类型，涉及谋杀、袭击、抢劫、严重侵犯个人/妇女的完整性、非法胁迫、非法威胁、绑架、非法监禁、纵火和恐吓。与前人的研究一致，结果发现暴力犯罪的遗传度约为 55%，家庭环境的影响大约占 13%；并且研究还指出，相比于双生子模型和亲兄弟姐妹模型，寄养子—非亲兄弟姐妹模型和寄养子—父母模型对遗传和共享环境影响力的估计是比较低的(Frisell et al.，2012)。

尽管寄养子研究对遗传因素和环境因素进行了区分，但是这一方法仍然存在局限性。除了前述"选择性寄养"带来的寄养子原生家庭和寄养家庭成长环境相似等问题，还有一个环境因素是寄养子研究无法控制的，那就是产前环境因素，如孕期母亲的营养状况、服药情况、是否吸烟酗酒等，都有可能影响胚胎发育，甚至造成个体在青少年期的行为问题。

1.2 XYY 染色体与暴力关系的误读

除了双生子研究和寄养子研究等通过评估亲子或兄弟姐妹的行为来考察遗传效力的研究模式之外，犯罪遗传学研究还在行为评估的基础上开始关注染色体异常，其中 XYY 染色体异常最早被认为与暴力犯罪相关。

染色体是遗传物质的载体。在正常情况下，每个健康个体都拥有 23 对染色体。其中有 22 对在男女个体之间没有差别，叫作常染色体；还有一对叫作性染色体，其作用是决定个体的性别，女性的性染色体是 XX，男性的性染色体是 XY。XYY 染色体异常出现在男性身上，也被叫作 XYY 综合征或者超雄(supermale)综合征。

1961 年，XYY 染色体异常的病例首次被发现。XYY 染色体异常被认为与暴力行为可能存在关联的这一观点始于一项研究。1965 年，英国研究者雅各布(P. Jacobs)在学术期刊《自然》(*Nature*)上发表了一篇有关 XYY 染色体的文章。该研究是在苏格兰一处专门关押和治疗智力障碍罪犯的监狱中进行的。通过血液检测发现，在有暴力行为的 197 名男性罪犯中，有 7 人携带 XYY 染色体，该性染色体异常的发生率约为 3.6%，远远超过一般人群中千分之一的患病率。研究者还随机选取了 266 名男性新生儿和 209 名成年男性作为对照组，结果在两组中都没有发现 XYY 染色体异常者(Jacobs et al.，1965)。该研究在暴力人群中发现了 XYY 染色体异常的高患病率，但 XYY 综合征是否是导致暴力行为的决定性因素仍有待进一步考量。

雅各布等人(Jacobs et al.，1965)的研究还指出，XYY 染色体异常者通常身材高大。后来也有研究者指出，除了身高，携带 XYY 染色体的男性在某些特征上也异于常人：他们普遍会有非常严重的粉刺，这甚至可以作为 XYY 染色体携带者的标志(Voorhees et al.，1972)；另外，他们通常会存在学习障碍，读写能力较为低下，智商水平也不高。

在雅各布等人的研究发表之后的几年中，XYY 染色体异常与暴力之间的关联因为三个案例的传播而广为人知。第一个案例，1966

年，美国芝加哥发生了一起血案。凶手斯派克（R. Speck）闯进一所护士学校的宿舍，手持刀具逼迫里面的 8 名护士就范，一一强奸了她们，而后又将她们全部勒死。其中有一名护士悄悄躲在床底下躲过一劫，正是因为这名幸存者的指认，斯派克才被发现，以大规模谋杀罪（mass murder）被逮捕并起诉。媒体对这起案件的报道起到了推波助澜的作用，甚至有人根据斯派克的外表就断言他是一个 XYY 染色体异常者。斯派克在此次案发之前就有多项犯罪记录，而且他的体貌特征也符合 XYY 染色体携带者的特点，他身高 1.85 米，面部皮肤粗糙，满脸都是因为粉刺而留下的疤痕。1968 年，斯派克提出上诉，媒体在报道的同时也再次提及了他的染色体类型，但在当时并没有确凿的证据。斯派克的辩护律师计划为他做无罪辩护，并且为其秘密安排了染色体检测。最终在当年 11 月，法庭判处斯派克死刑。在斯派克被执行死刑后的第三天，律师公布了斯派克的染色体检测结果：负责检测工作的是范德堡大学的一位神经内分泌学家，结果显示斯派克的性染色体为 XY，是一名正常男性。但是先前媒体的宣传使得大众对 XYY 染色体和暴力犯罪之间的关系形成了错误的认知。

　　第二个案例发生在 1968 年，《纽约时报》报道了世界上首例将 XYY 染色体异常作为辩护依据的案件。凶手胡贡（D. Hugon）杀害了一名 61 岁的巴黎妓女。检查后发现胡贡携带有 XYY 染色体，律师以此作为减轻刑罚的理由进行辩护，最终胡贡只被判处 7 年监禁。《纽约时报》的影响力加上案件本身的新奇性，引发了众多媒体的广泛关注，大大强化了公众对 XYY 染色体异常的认识。

　　第三个案例来自澳大利亚，一名携带 XYY 染色体的工人汉纳（L. E. Hannel），因谋杀一名 77 岁的老妇被起诉，最终于 1968 年 10 月因精神错乱被无罪释放。但是，该案的庭审记录表明，汉纳的 XYY 染色体异常作为证据只被提及过一次，并非最终做出无罪判决的主要依据。因为除了染色体异常，汉纳还存在其他的神经生理和心理缺陷，如精神缺陷、异常脑电与癫痫，这些也可能是陪审团做出决定的参考证据。但是因为存在 XYY 染色体被作为证据的情节，外界对于该案的理解又进一步把 XYY 染色体异常向成为暴力犯罪的代名词推进了一步，相应的有关类似案例的司法审判的争议也达到了顶峰。

鉴于上述三个案例在媒体渲染下的广泛影响，XYY 染色体异常与暴力犯罪之间的错误关联在大众的认知中相当稳固，并且一度写入中学和大学课本，还作为桥段出现在系列小说和影视作品中。

雅各布等人于 1968 年在《英国医学杂志》(*British Medical Journal*)上发表了《XYY 男性》(The XYY male)一文，文中提到了前面陈述的案例，指出 XYY 染色体异常与暴力犯罪之间的关系仍有待商榷，并且说明了为何目前还不能断定二者之间存在联系的理由。一方面，最初在苏格兰监狱所做的 XYY 染色体筛查是在有暴力行为表现的小样本囚犯中进行的，并据此推测极端暴力可能跟 XYY 染色体异常密切相关，因此，后续很多研究都聚焦于监狱等监管机构，存在较为明显的样本选择偏差。另一方面，已有的研究还缺乏对一般人群 XYY 染色体异常发生率的大样本统计，所以，将 XYY 染色体称为犯罪人染色体或者将 XYY 染色体携带者称为天生犯罪人的说法是不妥当的(Brown，Price，& Jacobs，1968)。

1976 年，来自丹麦的一项大样本研究提供了更为详尽的证据。研究团队是实施前述大样本寄养子研究的南加州大学梅德尼克教授和他的同事，他们将研究结果发表在学术期刊《科学》(*Science*)上。该研究根据丹麦的征兵记录，从出生在哥本哈根的 28 884 名男性中，选取了 4 139 人进行性染色体分析，所选研究对象的身高都超过了1.83 米，并且研究对象的智商、受教育经历、社会经历背景以及犯罪史等信息同时被采集。在该样本中共发现了 12 名携带有 XYY 染

色体的男性，发生率约为 0.29%。匹配研究对象的犯罪史之后发现，
XYY 染色体携带者中有犯罪记录的比例高达 41.7%，而在一般男性
当中这个比率仅为 9.3%。不过需要注意的是，这些犯罪记录更多地
集中在非暴力犯罪。如果单独考察暴力犯罪的话，XYY 染色体携带
者具有暴力犯罪记录的比例为 8.4%，一般男性为 1.8%。虽然整体
犯罪记录和暴力犯罪记录的两次对比看起来悬殊，但在统计学上都
没有达到差异显著的水平。跟前人的研究发现一致的是，XYY 染色
体异常者的平均智商与教育成就均显著低于对照组。在对照组中，
有犯罪记录的个体的平均智商显著低于没有犯罪记录的个体。因此，
XYY 染色体异常造成的智力缺陷及认知功能障碍，很可能是 XYY
染色体携带者犯罪行为增多，并且更容易被抓获并定罪的原因
（Witkin et al.，1976）。后来的研究也表明，在控制了社会经济地位
和受教育水平之后，XYY 染色体异常与暴力和犯罪行为不再相关
（Beaver & Walsh，2011）。总体来说，XYY 染色体异常和暴力是不
能画等号的。

　　由于对 XYY 染色体异常与暴力之间关系的误读，罪犯矫治领域
曾经一度出现针对携带 XYY 染色体的罪犯的错误干预策略，如给
XYY 染色体携带者注射雌激素来加以治疗。但是 XYY 染色体携带
者的睾酮水平与一般男性不存在差异，所以注射激素的生物学疗法
并不能发挥作用。对 XYY 染色体的误解提示我们，从遗传学的角度
解释犯罪成因时要格外慎重，避免出现在治疗或干预方面的错误引
导，引发不良后果。

2　基因：攻击与暴力的遗传密码

　　1976 年，英国进化理论学者道金斯在其著作《自私的基因》（*The
Selfish Gene*）中提出，基因的基本特性就是"自私"。那些在生存竞

争中"成功"活下来的基因，都有着冷酷无情的自私本性，催生了个
体的自私行为。很多生物的行为都可以用"自私的基因"加以说明，
竞争性、争斗性的行为也不例外。在进化心理学家看来，暴力行为
的目的在于抢夺资源，生存、繁衍、养儿育女都离不开资源。男性拥
有的资源越多，就越能吸引更多年轻又富有生殖能力的女性为自己传
递基因。所以，进化作为一场竞争的游戏，归根结底源自基因。暴力
作为进化的产物，是否也存在相应的基因呢？

2.1 是否存在"战士基因"？

双生子和寄养子等行为遗传学研究发现，遗传对于暴力和反社
会行为的产生起到了一定的作用。那么，遗传是如何发挥作用的？
在分子生物学发展的基础上，研究者开始探索遗传的作用机制，其
工作内容之一就是明确与暴力和反社会行为有关的基因。基因可以
通过控制蛋白质分子（包括酶、受体等）的合成，决定生物遗传性状
的表现，并且基因能够通过改变脑内的化学物质，如酶的含量，进
一步影响个体的行为。在暴力与反社会行为的研究中，目前研究者
关注的大部分基因都与神经递质的代谢有关，主要包括以下五类基
因。一是前体基因（precursor genes）。前体基因调控的酶，能够影响
前体氨基酸向神经递质的转化速率，如多巴胺合成过程中的酪氨酸
羟化酶、5-羟色胺合成过程中的色氨酸羟化酶对应的基因。二是受
体基因（receptor genes）。受体基因负责调控神经递质的受体蛋白，
常见的受体基因包括不同亚型的多巴胺受体基因（dopamine receptor
genes）、5-羟色胺受体基因（5-HT receptor genes）等。三是转运体基
因（transporter genes）。由于神经递质释放后会通过转运体被重新摄
取以备下次释放，因此与转运体相关的基因缺陷会影响神经递质的
重吸收，如 5-羟色胺转运体（serotonin transporter，5-HTT）、多巴
胺转运体（dopamine transporter，DAT）。四是代谢物基因（metabo-
lite genes）。参与神经递质降解或代谢相关的基因，如与多巴胺、去

甲肾上腺素等代谢相关的儿茶酚胺氧位甲基转移酶（Catechol-O-methyl transferase，*COMT*）基因，与 5-羟色胺、多巴胺、去甲肾上腺素等单胺类神经递质代谢相关的单胺氧化酶（monoamine oxidase，*MAO*）基因。五是转换基因（conversion genes）。负责与神经递质间相互转换相关的基因，如多巴胺生成去甲肾上腺素所需的多巴胺 β 羟化酶（dopamine beta hydroxylase，DBH）（Flannery，Vazsonyi，& Waldman，2007；张卓，2014）。其中，单胺氧化酶 A（monoamine oxidase A，*MAOA*）基因被称作"战士基因"（warrior gene），与攻击和暴力相关性的结果最为一致。

2.1.1　*MAOA* 基因的发现

暴力是一种复杂的遗传学性状，并非单个基因作用的结果，很可能涉及多个基因的共同作用。直到 1993 年研究者才首次发现与人类暴力行为密切相关的特定基因——*MAOA* 基因。*MAOA* 基因位于 X 染色体上，属于代谢物基因，可以编码产生单胺氧化酶 A，而单胺氧化酶 A 主要负责 5-羟色胺和去甲肾上腺素两类单胺类神经递质的降解。

MAOA 基因的发现者是荷兰奈梅亨大学医院的一名医生布伦纳（H. Brunner）。早在 1978 年，有一名女士来向布伦纳医生咨询遗传方面的问题。根据她的描述，在她的家族中，有很多男性成员都出现了一些问题行为：他们凶狠好斗，喜欢寻衅滋事，具有攻击性爆发的倾向，出现过强奸、伤害和谋杀未遂、纵火、裸露等冲动性暴力行为，并且有些还表现出轻微的智力迟滞。需要注意的是这些问题行为只出现在男性成员身上，家族中的女性成员未见异常。这名女士因为发现自己 10 岁的儿子表露出一些问题行为的先兆，担心她的孩子也会出现不端的行为，所以向布伦纳医生前来咨询男性家族成员的攻击性是否是由遗传所导致的。布伦纳医生随即展开了对其家族的系统研究，他调查了这个家族四代以内的成员，连身居避难

所的家族成员也没有漏掉，并且采集了他们的血液样本进行遗传学分析。直到 1993 年，布伦纳医生及其研究团队关于这项调查的结果才公开发表在《科学》杂志上。这名女士的家族中有 14 名男性成员都出现了暴力行为史，基因序列和连锁分析的结果表明，这 14 名成员都出现了 MAOA 基因的突变（MAOA 基因的第八个外显子提早形成终止密码），导致 MAOA 基因丧失了应有的活性，不能产生人体所需要的单胺氧化酶 A，表现出单胺类神经递质的代谢异常（Brunner et al.，1993；Brunner et al.，1993）。另外，家族中只有女性成员的男性后代也有类似的问题行为，这就是说，不论这种问题行为的来源是不是遗传，都和 Y 染色体无关，是 X 染色体携带潜在的暴力基因传递给了儿子。

布伦纳医生对于该研究结果的解读十分谨慎，出于担心研究结论被人曲解或放大的顾虑，他在发表的文章中从来没有写下"基因导致暴力"的类似表述，标题也只是说二者之间存在关联。但是在媒体的影响下，"犯罪基因"这一名词还是出现在了大众的视野中。尽管布伦纳医生再三强调，基因和环境同样都很重要，但是这一发现还是引发了很大的震动。

受布伦纳医生的研究影响，来自南加州大学的一个研究团队在老鼠身上开展实验，他们敲除老鼠体内的 Maoa 基因，然后观察它们的行为是否受到影响。结果发现，这些被敲除 Maoa 基因的老鼠常常攻击其他的同类，表现出极强的攻击性。所以在实验期间，经常会出现因为被攻击而死掉的老鼠（Cases et al.，1995）。这一成果同样发表在《科学》杂志上。

在以人类为研究对象的基因研究中，出于伦理的考虑不宜使用敲除基因的方法开展实验，因此，人类研究更多的是从基因多态性和基因表达的层面加以考量。早期的研究发现，携带有低活性 MAOA 等位基因的成年男性，表现出更多的冲动性和攻击行为，中枢神经系统 5-羟吲哚乙酸(5-hydroxyindoleacetic acid，5-HIAA)(降解后的 5-羟色胺最终生成的无活性代谢产物)的水平也相对更低(Manuck et al.，2000；Williams et al.，2003)。有一项研究从基因表达的角度关注 DNA 的甲基化水平，甲基化水平越高，说明该基因的表达越少(Moffitt & Beckley，2015)。研究者对 MAOA 基因启动子的 71 个 CpG 位点(CpG cite)的甲基化水平进行了测量，结果表明，患有反社会人格障碍的男性组有 34 个 CpG 位点的甲基化水平显著高于对照组，其中 31 个 CpG 位点表现出高甲基化(hypermethylated)的现象。当然，也有少部分研究得到了相反的结论。有研究者发现，反社会行为与 MAOA 基因之间的关联在汉族男性中不存在(Lu et al.，2003)。但是迄今为止，MAOA 基因是已有研究中与暴力行为最相关的基因，这种潜在的高相关使得媒体和部分研究者开始称之为"战士基因"。并且，MAOA 基因作为犯罪行为的基因学证据开始在法庭的刑事审判中受到关注，如本章开头所列举的美国田纳西州杀死妻子的好友并试图杀死妻子的沃德罗普因基因检测证据而被免除死刑。

2.1.2 MAOA 基因的作用机制

单胺氧化酶存在于释放单胺类神经递质的神经元内，参与多种神经递质的代谢，主要功能是降解过量的单胺类神经递质，如 5-羟色胺和去甲肾上腺素。MAOA 基因缺陷使得个体的单胺氧化酶 A 处于低水平，通过影响降解过程改变神经递质的水平，进而影响个体的行为。所以，单胺氧化酶 A 水平较低的个体，比其他个体更可能表现出冲动行为和感觉寻求，也更可能发展成酗酒和药物成瘾，如布伦纳医生在对其家族进行调查的过程中发现了 14 名 MAOA 基因突变的个体。

在 MAOA 基因影响个体行为的作用机制中，5-羟色胺也扮演了非常重要的角色，是在攻击与暴力相关研究中备受关注的神经递质之一。5-羟色胺又称血清素（serotonin），是一种单胺类神经递质，普遍存在在哺乳动物体内，目前已经发现该种神经递质参与情绪、疼痛、饮食、睡眠与觉醒等功能调节。大量的人类和动物研究均发现，低水平的 5-羟色胺与冲动性攻击行为之间存在稳定的相关。动物研究，如以野生恒河猴为研究对象的一项实验研究，该研究以恒河猴脑脊液中 5-羟色胺代谢产物 5-羟吲哚乙酸（5-HIAA）的浓度来表征 5-羟色胺的水平。结果发现，恒河猴脑脊液中 5-HIAA 的浓度与攻击行为的严重性呈负相关。在雄性恒河猴中，其脑脊液中 5-HIAA 的浓度越低，越容易出现冲动或冒险行为，如在树木的顶端之间做无谓的长程跳跃，或主动向更年长、更强壮的个体发起攻击；在雌性恒河猴中，脑脊液 5-HIAA 浓度较低的恒河猴更容易出现冒险行为（Westergaard et al.，2003）。人类研究中比较具有代表性的是伦敦国王学院社会行为与发展中心主任墨菲特教授所实施的大规模流行病学研究。该研究在新西兰完成，研究样本为 781 名 21 岁的青年，男女比例近乎匹配，根据法庭审判记录评估研究对象的暴力水平，通过血液分析测量 5-羟色胺的水平。在控制了智力、社会经济水平、吸烟、饮酒等一系列生理和社会因素后，结果发现，男性的血浆 5-羟色胺浓度与自我报告及官方记录的暴力行为存在相关，有暴力行为史的男性的血浆 5-羟色胺浓度显著高于没有暴力行为史的男性，但是这一趋势在女性中并没有发现（Moffitt et al.，1998）。从以往研究的结果来看，5-羟色胺是人类的情绪稳定剂，类似生物学层面上的刹车系统，具有抑制冲动的作用。

5-羟色胺的失活主要通过重摄取和酶解两种方式。被释放进入突触间隙的 5-羟色胺能够被 5-羟色胺转运体重新摄入神经元，还能够被单胺氧化酶降解。单胺氧化酶存在 MAOA 与 MAOB 两种形式，其中 MAOA 主要负责 5-羟色胺的降解。在正常人群中，*MAOA* 基因存在多态性。基因多态性是指基因在同一生物群体中的不同个体表现出多种基因型。*MAOA* 基因多态性的具体表现是存在高活性的基因型和低活性的基因型。在 *MAOA* 基因的启动子区域包含一个 30bp 的可变数目串联重复序列（variable number tandem repeat，VNTR），在人类中至少发现 5 种等位基因：2 次、3 次、3.5 次、4 次和 5 次重复拷贝（repeat，R），其中以 3 次和 4 次重复序列的等位基因最为常见。该重复序列的拷贝数目能够影响基因的转录效能，进而引发中枢神经系统内单胺氧化酶 A 的活性不同。根据基因转录活性的高低，*MAOA* 基因被分为两大类，3.5R 和 4R 被称为高活性的等位基因（high activity allele，*MAOA-H*），3R 和 5R 被称为低活性的等位基因（low activity allele，*MAOA-L*），2R 在人群中发现频率较低，转录活性也远低于 3R 或 4R（张卓，2014）。其中，高活性的基因型（*MAOA-H*）与细胞内 5-羟色胺的低浓度相关，而低活性的基因型（*MAOA-L*）与细胞内 5-羟色胺的高浓度有关。

　　基因研究从分子遗传学的角度尝试阐述基因—生物学标记—行为之间的关联路径，描绘潜在的作用机制，如 *MAOA* 基因通过提升 5-羟色胺的水平进一步影响攻击行为。当个体存在 *MAOA* 基因缺陷时，其 5-羟色胺水平异常提高，而在发育早期，脑内的 5-羟色胺浓度过高会导致脑结构发育受损，同时 *MAOA* 基因缺陷会造成持续的单胺代谢异常，从而引发个体攻击性增加等异常表现，形成一条 *MAOA* 基因—生物学标记（5-羟色胺水平）—暴力行为的解释路径。这一结论似乎与前述"低水平 5-羟色胺与冲动性攻击行为存在相关"相矛盾。但是根据已有的研究结果，5-羟色胺作为人类胚胎发育期最早出现的神经递质之一，其稳态的调节对中枢神经系统的正常发育至关重要。如果在胚胎期和新生儿期，个体脑内的 5-羟色胺水平高于正常水平，可能影响 5-羟色胺受体的活性，对神经元的成熟过程造成损害（Buckholtz & Meyer-Lindenberg，2008）；童年受虐经历等早期负性事件会引发单胺类递质大量释放，增加个体的神经通路发育受损的可能性，进而影响成人期的行为表现(Fowler et al. ，2007)。

　　另外，基因还可以通过影响大脑的结构和功能对个体的行为产生影响。脑成像的研究发现，*MAOA* 基因多态性可能引发杏仁核和前额叶皮层等脑区的形态与功能改变。有研究发现：在脑结构上，低活性等位基因携带者的杏仁核和扣带回皮层的体积显著小于高活性等位基因携带者(Buckholtz ﹠ Meyer-Lindenberg，2008)；在脑功能上，低活性等位基因携带者在完成 Go/No-go 抑制控制任务时，其腹外侧前额叶皮层的激活减弱，并且减弱程度与个体的冲动性水平相关(Passamonti et al. ，2006)。另外，*MAOA* 基因多态性对脑结构和功能的影响还呈现出显著的性别差异。低活性等位基因男性携带者的外侧眶额皮层体积增加了约 11%，而低活性等位基因女性携带者未发现这一现象；相比于高活性等位基因男性携带者，低活性等位基因男性携带者在抑制控制和厌恶性情绪记忆的任务中，会表现出前扣带回皮层的激活减弱以及杏仁核的反应增强(Meyer-Lin-denberg et al. ，2006)，并且在情绪识别任务中，还出现杏仁核—腹内侧前额叶皮层之间的功能连接增强，在行为测试上表现为对威胁性刺激的敏感性增加(伤害回避得分增加)、对亲社会线索的敏感性降低(奖赏依赖的得分降低)(Buckholtz et al. ，2007)。由于杏仁核—腹内侧前额叶皮层环路在共情、道德推理和社会决策等社会认知功能中起重要作用，因此携带低活性 *MAOA* 基因的男性，很可能在个体脑发育的过程中，通过影响神经回路的结构和功能连接，进而导致其对风险人格特质的易感性增加，更可能遭受早年消极环境的影响，最终发展出攻击与暴力行为。

　　需要注意的是，有一项元分析对各种基因与反社会行为的关联进行了梳理。结果表明，并不存在所谓"犯罪基因"，没有任何一种基因与犯罪的关联达到显著水平(Vassos，Collier，﹠ Fazel，2013)，*MAOA* 基因也不例外。*MAOA* 基因必须在考虑童年期受虐

等后天环境因素的交互作用后，才能显著地预测犯罪行为(Caspi &
Moffitt，2006)。因此，暴力与反社会行为虽然具有遗传学基础，但遗
传并非决定性因素，环境因素同样发挥着重要的作用。

2.2　其他与暴力有关的基因

5-羟色胺、多巴胺是和攻击与暴力关系较为密切的两种神经递
质，参与调控这两种神经递质水平的基因同样也非常重要。

2.2.1　与5-羟色胺有关的基因

在与5-羟色胺能系统相关的基因中，除了 *MAOA* 基因，还有
SLC6A4(solute carrier family 6 member 4)基因。*SLC6A4* 基因是5-羟
色胺转运体(5-HTT)基因。5-HTT 负责将突触间隙内的5-羟色胺重
摄取回突触前膜，从而决定突触信号传递的量级与时间，对5-羟色胺
功能的调节起到重要作用。人类的 *5-HTT* 基因位于第17号染色体
上，由 *5-HTT* 基因启动子连锁多态区(5-hydroxytryptamine trans-
porter gene linked polymorphic region，*5-HTTLPR*)调控其转录活
性。*5-HTTLPR* 有两组等位基因：短等位基因(short allele)和长等
位基因(long allele)。其中，短等位基因会导致5-HT 转运体蛋白的
转录过程受到抑制，所以又被叫作低表达型；相比之下，长等位基
因的纯合子对5-HT 的再摄取是低表达型的两倍，因此又被叫作高
表达型。研究发现，低表达型等位基因与神经质(neuroticism)这一
人格特质存在相关，携带低表达型等位基因的个体对应激敏感，容
易抑郁、焦虑、自杀以及出现应激相关的物质滥用等多种心理疾病
(Caspi et al.，2010)，并与冲动性和攻击行为的增加密切相关(Le-
sch & Merschdorf，2010)。所以，短等位基因更可能与那些头脑发
热、一时冲动的攻击行为有关。另外，雷恩教授的学生格伦(Glenn，
2011)比较关注长等位基因的作用，并对相关研究进行了综述，发现
长等位基因是个体发展为精神病态的潜在风险因子，主要与那些冷
酷无情、周密谨慎的暴力行为有关。

2.2.2　与多巴胺有关的基因

多巴胺是人类中枢神经系统内另一种重要的神经递质，在脑内的分布广泛，已知在动机、注意、运动等多种功能以及物质滥用等问题行为中起到重要作用。动物实验和人类研究表明，体内的多巴胺过多可能引发攻击与暴力行为。对啮齿类动物的研究发现，在攻击行为发生前、发生时、发生后，多巴胺水平均出现持续升高（Seo，Patrick，& Kennealy，2008）。在人类中，可卡因或安非他命成瘾的个体，也会出现脑内伏隔核的多巴胺浓度升高，同时伴随攻击行为的增加（Giovanni et al.，2008）。多巴胺系统中脑边缘通路的完整性，似乎对攻击行为起到"允许"的作用，参与攻击行为的发起和实施（Miczek et al.，2002）。多巴胺受体则参与编码攻击行为的奖赏属性，特别是作用于 D2 受体的多巴胺类药物能够改变个体的攻击行为。

参与调节多巴胺水平的基因种类较多，其中与反社会行为联系最紧密的是多巴胺转运体（dopamine transporter，*DAT1*）基因。现有研究发现，*DAT1* 的 10R 等位基因可能增加个体的攻击与暴力行为，甚至被看作反社会行为的"风险基因"。美国有研究者对 2 500 名以上青少年进行了大样本纵向研究，结果发现，*DAT1* 基因型为 10R/10R 与 10R/9R 的男性青少年，在三次追踪调查中，其严重越轨与暴力行为的评分均显著高于携带 9R/9R 基因型的男性青少年（Guo，Roettger，& Shih，2006）。对同一样本的另一项研究也发现，9R/9R 基因型可能是越轨行为的保护因子。与基因型为 10R/10R 或 10R/9R 的青少年相比，9R/9R 基因型的青少年出现越轨行为的比率更低、性伴侣的数量更少，更少出现吸烟、酗酒和滥用药物等行为（Guo et al.，2010）。此外，*DAT1* 风险基因很可能通过与亲子关系这一环境因素的交互作用，对青少年期和成人期的越轨行为共同产生影响（Beaver et al.，2010）。

3   天性与教养：暴力根源的永恒之辩？

3.1   神经科学家现身说法

2009 年，美国加州大学神经科学家法隆（J. Fallon）做了题为"探索杀人凶手的心理世界"的演讲，他通过对杀人犯的大脑进行扫描，结合已有的基因研究以及亲身经历，对暴力犯罪的根源进行了解读。得益于一个同行做专家证言的机会，法隆教授从同行那里获得了大约 50 份精神病态型和冲动人格型的杀人凶手的脑部扫描图，并对这批脑成像数据进行了分析。结果发现，杀人犯的眶额皮层、腹内侧前额叶皮层、脑岛、边缘系统（尤其是边缘系统里的杏仁核）等脑区的激活不足。法隆教授以为自己发现了凶杀犯大脑的通用模式，所以在把这一发现写成论文以后，转头就去做一个有关痴呆症的研究了。在这项研究里，他把自己和家人作为对照组进行大脑扫描。有一天，他意外地发现在这些对照组的扫描图中，有一张非常符合杀人犯的大脑扫描图的特征，并且经过反复确认之后发现，那张图正是他自己的。自此，他开始对之前的研究结论产生了怀疑："为什么我拥有跟杀人犯同样的大脑活动模式，却没有出现过任何犯罪行为呢？"这时候他的母亲提供了更重要的素材——一本记录法隆教授父系家族史的书。法隆教授在书中从父亲的家族里找出来了两支凶杀犯的血脉，还有一支抛妻弃子的血脉，甚至波顿（L. Borden）（19 世纪末非常有名的女性杀手，她用斧头砍死了自己的父亲和继母，因为其柔弱的形象和定罪证据缺乏，最终被无罪释放）也属于他们家族。传奇的家族故事预示着法隆教授可能携带一些暴力的遗传基因。结合已有的暴力基因的相关研究，他锁定了 MAOA 基因，并对自己做了基因检测，发现自己同样也携带 MAOA 基因。这让他更加迷惑不解，大脑活动异常加上携带暴力基因，自己拥有从目前来看与暴力犯密切相关的先天异常，但是自己没有变成一个杀人狂魔，他似乎是一个可以推翻现有研究的典型反例。结合他人的研究，他发现大多数凶杀犯在童年的时候都受到过虐待，但是他没有，他有一个幸福的童年，有一个幸福的家庭，有支持他和爱他的父母。所以他的观点又有了变化，他曾经是一个坚定的基因决定论支持者，自此他开始认为后天教养对于个体是否会发展成为罪犯同样起到了关键的作用。

结合自己的研究发现和亲身经历，法隆教授提出了一个"三角凳理论"来解释精神病态的成因。他认为，有三种因素非常重要，缺一不可，就像三角凳的三条腿一样，这三种因素分别是基因缺陷、大脑损伤、环境因素。如果个体早年受到过身体或精神虐待，再加上前额叶皮层或杏仁核等脑区的功能缺陷，以及本身携带"战斗基因"，那么该个体出现问题行为的概率就非常大了。"三角凳理论"强调遗传与环境对于个体行为的交互作用，犯罪行为是先天和后天共同作用的结果。并且借助这个理论可以解释：为什么法隆教授的大脑活动模式是异常的，自身还携带不寻常的家族遗传基因，但是最终他没有发展成为一个杀人犯。法隆教授的经历跟开篇提到的兰德里根案例的故事情节完全相反，两人的人生走向完全不同。兰德里根虽然身世悲惨，从小被人遗弃，祖父和父亲都是犯罪者，但他从 8 个月起就被一户好人家收养，养父母对他视如己出，可以说他也拥有温暖的家庭环境，可是很显然后天的良好环境并没有阻止他变成一个罪犯。这些真实的故事提醒我们，天性和教养的交互作用机制是非常复杂的，仍有待进一步探究。

3.2　交互作用之学术支撑

3.2.1　基因与环境的交互作用

针对基因与环境交互作用的研究自 2002 年开始出现，美国遗传学家哈默（D. Hamer）在《科学》上发表了一篇题目为《行为遗传学反思》(Rethinking behavior genetics)的文章，指出基因网络和环境因素共同影响了大脑的发育与功能，由此会影响个体的行为表现(Hamer，2002)。同年，来自伦敦国王学院精神病学研究所的卡斯皮(A. Caspi)教授和他的研究团队也在《科学》上发文分享了团队的研究成果。他们以 1 027 名儿童为研究对象，考察了被虐待经历和 MAOA 基因对问题行为和反社会行为倾向的影响。结果发现，MAOA 基因的主效应不显著，MAOA 基因与儿童期受虐经历的交互作用显著。儿童期受虐待经历对携带低活性 MAOA 基因和高活性 MAOA 基因的个体的影响不同，携带低活性 MAOA 基因的个体具有反社会倾向以及发生越轨和犯罪行为的概率几乎是携带高活性 MAOA 基因的个体的两倍(见图 3-2)。所以，卡斯皮教授认为，MAOA 基因多态性与环境因素之间存在交互作用，共同影响个体的冲动性和暴力行为(Caspi et al.，2012)。很快，有研究者以 514 名男性青少年为被试，考察其基因和教养环境以及二者之间的相互影响，旨在对卡斯皮教授的结论进行验证。结果同样发现了基因和环境的交互作用，不良教养环境对个体品行问题的影响受到 MAOA 基因的调节，携带低活性 MAOA 基因的个体，对不良教养环境更易感，从而导致品行问题的发生(Foley et al.，2004)。还有研究发现 MAOA 基因和早年创伤经历交互作用于男性的身体攻击行为，对于经历过早期创伤生活事件且携带低活性 MAOA 基因的男性，其身体攻击得分更高(Frazzetto et al.，2007)。元分析研究也发现，携带低活性 MAOA 基因的男性，对虐待、疏忽、创伤(如早年丧母)等童年早期的负性事件更敏感，在青少年期和成人期表现出暴力与反社会行为的风险更高(Kim-Cohen et al.，2006)。上述研究结果提示，环境风险因素对男性反社会行为的影响受到了 MAOA 基因多态性的调节，暴力行为很可能是基因和环境交互作用的结果，其中低活性 MAOA 基因使得男性在生命早期暴露于环境风险因素时更容易发展出反社会行为。

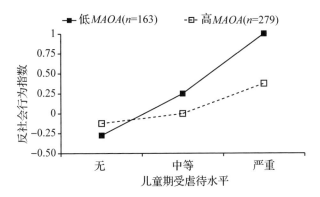

图 3-2　*MAOA* 水平与儿童期受虐待水平对反社会行为的交互作用

(Caspi et al.，2012)

另外，一项元分析研究指出了性别在基因和环境对于攻击与暴力行为的交互作用中的作用。携带低活性 *MAOA* 基因的男性在遭受童年期虐待后，更容易出现反社会行为；不同于男性的是，携带高活性 *MAOA* 基因的女性在童年有创伤经历后，更倾向于出现不良行为(Byrd & Manuck，2014)。拥有两条 X 染色体，具有两条高活性等位基因的女性，细胞易出现镶嵌性，会导致 *MAOA* 基因失活，与携带低活性等位基因的男性一样，无法完成对多巴胺等神经递质的降解，导致反社会行为增加(刘立敏等，2017)。研究结果提示我们，基因与环境对反社会行为的交互作用会受性别等其他因素的影响。

然而，也有少数研究并未发现 *MAOA* 基因的调节作用。尽管存在不同的研究结果，但目前在基因与暴力行为的研究中，关于 *MAOA* 基因的结论最为一致：*MAOA* 基因很可能在某些环境条件下影响人类的暴力行为。

3.2.2　遗传与环境的交互作用

双生子和寄养子等行为遗传学研究都提供了一定的证据，提示暴力犯罪可能具有一定的遗传基础，但是研究结论并没有抹杀后天环境的作用。迄今为止，有相当一部分研究团队在关注犯罪遗传学的研究，这些研究涵盖了儿童、青少年和成人。在大量犯罪遗传学研究的基础上，有研究者开始进行暴力犯罪遗传性研究的元分析。元分析作为证据等级比较高的研究方法，所得出的研究结论也更加具有说服力。

美国新奥尔良大学的马松和弗里克（Mason & Frick，1994）对15项研究（12个双生子研究和3个寄养子研究）的元分析结果显示，遗传因素可以解释反社会行为约50％的变异量，并且强调遗传和环境之间的交互作用。

密歇根州立大学的伯特（Burt，2009）曾经对103项相关研究进行了元分析，这些研究涉及攻击性反社会行为和非攻击性反社会行为遗传可能性的比较。结果发现：两种反社会行为都具有一定程度的遗传可能性，其中攻击性反社会行为的遗传可能性（65％）显著高于非攻击性反社会行为（48％）；共享环境对两种反社会行为的影响不大，分别占到了5％（攻击性）和18％（非攻击性）；非共享环境对两种反社会行为的影响分别为30％（攻击性）和34％（非攻击性）。更重要的是，不论性别，遗传对攻击性反社会行为的作用都显著高于非攻击性反社会行为；而环境对非攻击性反社会行为的影响高于攻击性反社会行为，尽管差异较小，但是具有统计学意义。相比于非攻击性行为，遗传对攻击行为起到的作用更大一些。

在另一项针对51名双生子及寄养子研究的元分析中，研究者将遗传因素和环境因素加以细化。其中遗传因素分为加性遗传因素（additive genetic factors）和显性遗传因素（dominant genetic factors）。加性遗传效应指的是等位基因以及非等位基因间的累加效应，属于上下代遗传中可以固定的分量；而显性遗传效应指的是各基因效应值与其加性遗传效应值的离差，其来源是等位基因之间相互作用产生的效应，属于非加性遗传效应，这部分效应可以遗传但是不能固定（刘庆昌，2015）。环境因素分为共享环境因素和非共享环境因素。前面已经对共享环境和非共享环境的概念进行了解释，故不再赘述。该元分析的结果发现，对于一般反社会行为，加性遗传效应可以解释 32% 的变异，显性遗传效应可以解释 9%，共享环境可以解释 16%，非共享环境可以解释 43%。该项研究指出，研究设计的不同导致了研究结果带有惊人的异质性，尤其是变异量的大小受到一系列因素的影响，如反社会行为的操作化定义、所使用的测量方法、评估时被试的年龄以及双生子的卵型鉴定方法。另外，双生子研究和寄养子研究的结果也大不相同，后者通常会发现非共享环境的更强效应，并且得出基因和共享环境的较低效应（Rhee & Waldman，2002）。

除了上述元分析得到的证据外，还有研究者通过实证研究考察了遗传和环境的交互作用。他们对 1 116 名同卵双生子和异卵双生子进行遗传度与受虐待经历的考察，遗传度被分为四个等级：遗传度最高的一组取同卵双生子具有品行障碍的被试；遗传度第二的一组取异卵双生子具有品行障碍的被试；遗传度第三的一组取异卵双生子不具有品行障碍的被试；遗传度最低的一组取同卵双生子不具有品行障碍的被试（Jaffee et al.，2004）。该研究结果发现，在遗传度最低的一组被试中，受虐经历并没有造成其品行问题的显著差异；而随着遗传度的增加，受虐经历对个体品行问题的影响越来越大（见图 3-3）。该研究再一次验证了遗传与环境对个体越轨行为的交互作用。

对于"暴力犯罪可以遗传吗"这一问题，目前研究者并不能做出肯定的回答。虽然大量双生子和寄养子的研究结果为遗传因素与暴力犯罪之间的相关提供了有力的证据，但是遗传因素并不能独立起决定作用，二者之间是相关关系，并非因果关系。解释暴力犯罪的成因，同时还要考虑后天环境的影响，即暴力犯罪是先天和后天共同作用的结果。

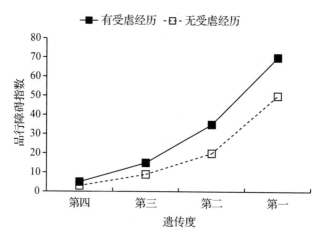

图 3-3 遗传度与儿童期受虐经历对品行问题的交互作用

（Jaffee et al. ，2004）

3.2.3 生物学特性与环境的交互作用

个体的生物学因素（如母亲孕期疾病、婴儿围产期并发症、低体重儿、母亲孕期酒精成瘾等）影响着攻击与暴力等反社会行为，如婴儿围产期并发症表征着中枢神经系统功能受损，容易导致个体的冲动控制困难、攻击与暴力犯罪等行为。生物学因素对个体犯罪行为的影响也是在教养环境的调节机制下进行的。有研究者对儿童和青少年早发性的攻击行为进行了生物学因素和教养环境的分析，生物学因素包括母亲孕期酒精成瘾、婴儿围产期并发症等多种遗传因素，教养环境包括贫穷、父母拒绝和敌意等方面。结果发现，教养环境的好坏对个体攻击行为的影响只有在高生物学风险因子条件下才能表现出来（见图 3-4）（Brennan et al. ，2003）。此外，雷恩教授对一批成年暴力犯的调查也发现，教养环境对低生物学风险因子的暴力犯影响不大，而对高生物学风险因子的暴力犯影响较大（Raine，Brennan，& Mednick，1997）。

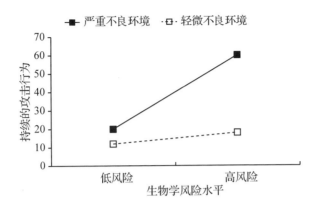

图 3-4　教养环境与生物学风险水平对攻击行为的交互作用

(Brennan et al.，2003)

　　迄今有关天性与教养的交互作用引起了很多研究者的关注，如 20世纪 80 年代发展起来的行为遗传学结合了生物科学和社会科学，从先天与后天、基因与环境等角度了解和调控人类行为。对天性与教养交互作用的探索也给研究者提出了新的挑战。首先，目前的研究主要集中在定量遗传学的层面，即从双生子研究和寄养子研究来寻找遗传与环境影响人类行为的证据。这种技术的局限性无法解决诸如导致犯罪行为的天性与教养交互作用的具体路径、存在哪些高危犯罪基因、是否有多种基因与环境的交互作用等问题，随着分子遗传学的发展，这些问题尚且需要后续研究的举证与探索。其次，明确教养和环境对犯罪行为的影响将在司法应用中激起波澜，教养环境可以转变，而天性不可以。本章开篇提到的沃德罗普因检出 MAOA 基因而被免除死刑的判决在世界范围内引发了巨大的争议：一方面，支持者认为采用神经科学证据更好地保护了人权；另一方面，反对者认为认知神经科学作为一门新生学科还存在很多不成熟的地方。尽管争议存在，但随着该类证据逐渐应用于法庭中，神经法学将继续探讨法律系统如何应对认知神经科学发展所带来的问题。因此，在司法实践中，如何看待基因与环境对犯罪行为的影响、如何衡量二者之间的关系等问题，给犯罪心理学家和法学家提出了新的挑战。

第 4 章

人格特质与暴力犯罪

案例

王某，男，现年 17 岁，因故意杀人罪被判 12 年，已服刑 3 年，剩余刑期 9 年，现在某少管所服刑。以下是我们对其访谈后了解的基本情况：

王某在八年级（13 岁）辍学，在这之前与父母生活在一起，与父母关系一般，没有转过学，辍学后租住在外。10 岁以前偶尔打过架，打架的原因是别人辱骂他，他觉得没有面子。10 岁之后经常逃学，打架的次数增多，大多情况是讲"哥们义气"或替别人出气。打架的时候很多情况是他自己挑起来的。在小学期间，他就经常考试作弊，并且他觉得有些作弊方式都不会被老师发现。上学时他经常找别人替他做作业，只需要跟别人说，别人就会替他完成。他觉得自己在这方面能力很不错，不用太费力气就可以找到别人帮忙。由于在学校经常惹事，他是学校公认的"小霸王"，在八年级时因打架斗殴被学校劝退。

王某的朋友很多，但是交心的朋友少。他觉得自己是一个合群的人，容易交到朋友，容易跟别人相处，他认为他在暴力行为方面充当的是领导者的角色。并且自己很少受到别人的影响。他现在在狱内只有一个朋友，但是也没什么交情，假如再也见不到这个朋友，他并不会伤心难过。他 13 岁开始交女朋友。总共交往过二十多个，并且有同时交往的情况。感情比较稳定的有四五个。他的女朋友们经常会因他"花心"而找他吵架，王某其中的一个女朋友在他 15 岁的时候为他生下一个儿子，现在已经两岁半，与王某的父母生活在一起。

辍学后，王某经常在社会上混，为了"收心"，他在酒吧找了一份工作，俗称"看场子"。他经常随身携带刀，他觉得带刀是为了防身，多次用刀威胁过他人。从 11 岁起，他有多次故意破坏他人财产的经历，如偷、抢、打砸他人的财物。王某还多次吸食冰毒和麻古，但是他觉得没有上瘾，吸食的原因是"哥们儿"在吸，自己是为了应酬。他没有驾照，但是有酒后驾车的经历。在之前的打架中王某 5 次进派出所，但是最终都被放出来了，对于这些行为，他觉得并不是什么大事，直到因故意杀人被捕。

案发时王某请朋友在酒吧喝酒，当时一个朋友的朋友扯他女朋友的衣服，他觉得很没有面子，因为这是"他的地盘"。所以他把被害人叫到楼下，用同伙提供的刀子砍了被害人，在行凶过程中，他觉得被害人表现出不服和蔑视的眼神，于是继续用刀子捅被害人，直到被害人死亡。在案发时他觉得很自然，因为打架太多，对这种事情已经麻木了。

上述案例是我们在某未成年犯管教所面对面访谈的一例因故意杀人罪服刑的未成年人。从案例中我们可以看到行为人诸多暴力犯罪的风险因子。比如，多次反社会行为史——有 5 次进派出所的经历，并多次重伤他人；不良的休闲娱乐方式——所谓工作就是在酒吧"看场子"，经常和朋友在酒吧喝酒，并有吸食毒品的经历；冷酷无情——不管是从王某与他人交往的情况看，还是从他严重的反社会行为事件看，他缺乏对他人遭遇感同身受的能力；高冲动性——

王某自述自己多次行凶斗殴都属于太冲动，易激惹，情绪不受控制；王某的心理量表测评结果也验证了上述结果，他的暴力风险水平高、冷酷无情特质水平和冲动性都高。

关于人格与犯罪的主题，首先让人想到的是人格障碍与犯罪，如反社会人格障碍、品行障碍等，这些人格障碍已被证明与暴力犯罪行为有着密切的关系。反社会人格障碍和品行障碍在第 7 章与第 9 章中有详细介绍，本章主要分析人格特质与犯罪的关系。冷酷无情特质和冲动性都被认为是容易导致个体发生暴力与攻击行为的人格特质，此外还有羞耻、内疚、病理性说谎等，也都与暴力犯罪行为紧密相关。

1　冷酷无情特质：一种易于暴力犯罪的人格倾向

1.1　冷酷无情特质概念与评估

1.1.1　什么是冷酷无情特质

冷酷无情特质（CU 特质）是指对他人冷漠、缺乏罪责感、低共情的一种人格倾向。正如前述案例中的王某是一个典型的冷酷无情特质的青少年，他对目前狱内唯一的好朋友冷漠、与异性交往不专一、对自己伤害过的他人缺乏罪责感。冷酷无情特质最初被认定为是鉴别精神病态的一个首要维度，被表述成"情感因子"或"情感体验缺失"。随着研究的深入，冷酷无情特质被证明是暴力行为的一个重要的风险因子，并且具有跨时间和跨情境的稳定性。CU 特质者在儿童和青少年阶段皆表现出更严重、更稳定、更具有攻击倾向的反社会行为，这类人群易演变为成人期暴力犯罪人，并发展成终身持续犯罪人（Scheepers，Buitelaar，& Matthys，2011）。《精神障碍诊断与统计手册》（第 5 版）（the Fifth Edition of the Diagnostic and Statistical Manual of Mental Disorders，DSM-5）已经将 CU 特质纳入品行障碍(conduct disorder，CD)的诊断标准。DSM-5 认为符合原有 CD 诊断标准的个体如果表现出 CU 特质则程度更严重，并且在矫治中也应区别对待。有研究者认为，在 CD 群体中区分个体是否存在 CU 特质可以作为理解攻击和反社会行为的重要依据，根据 CD 个体是否具有 CU 特质可将他们分为 CU 亚型和非 CU 亚型(Frick & White，2008)。

目前对 CU 特质的研究主要关注儿童和青少年，CU 研究的被试群体多数源于儿童和青少年阶段。CU 特质是预测问题儿童和越轨青少年是否最终演变为成人精神病态的重要依据，是暴力犯罪的核心预测因子。CU 是一种稳定的人格特质，青少年时期的 CU 特质会稳定地延续到个体的一生。

在很多手段残忍的案件中，我们都可以分析到犯罪人身上存在较高的 CU 特质。震惊全国的连环杀人案犯罪人杨新海即如此，他在 4 年时间内横跨四省作案，作案 26 起，死亡 67 人，作案时手段非常残忍，他杀人不分男女、不分老少，不留一个活口。他轻贱他人生命，认为"杀人很正常，没什么了不起的"。根据央视《法治在线》节目对该案的报道，杨新海在面对警察询问时回答："至于杀人的时候，他们该不该死，都不是我关心的问题，我不关心社会的其他人，我只关心我自己。"可以看出杨新海在情感方面是有缺陷的，他具有较低的共情能力、较明显的 CU 特质，他冷漠无情，视他人为草芥。这些在情感方面表现出来的问题直接或间接加剧了他残暴的犯罪行为。

1.1.2　冷酷无情特质量表

弗里克(Paul J. Frick)在 2004 年编制了冷酷无情特质量表(ICU)，该量表是一个包含 24 个条目的问卷，以精神病态中情感维度测量 CU 特质的 4 个负荷稳定的条目为基础发展而来(Frick et al.，2003)。ICU 采用四点计分方式，其中一半为反向计分，从 0

分(完全不属实)到 3 分(完全属实)。ICU 同样包括青少年自我报告版本、家长评估版本和教师评估版本。该量表包含三个维度：麻木(callousness)、淡漠(uncaring)和无情(unemotional)。埃索等人(Essau，Sasagawa，& Frick，2006)对 1 443 名从社区采样的 13～18 岁德国青少年(包括 774 名男孩和 669 女孩)做了 ICU 施测并进行探索性因素分析，获取了这三个维度。验证性因素分析表明，该三因素模型可以较好地拟合检测数据，并且同样适用于青少年犯群体。此外，在美国对 248 名 12～20 岁青少年犯的调查研究、在希腊对347 名 12～18 岁在校学生的调查研究以及在比利时对 455 名 14～20岁在校生的调查研究的样本数据皆概括出该量表包含三个因素，量表总分都表现出了较高的内部一致性信度(α系数为 0.77～0.89)，与其他工具相比，ICU 对攻击性、反社会行为和暴力犯罪具有较好的预测效度(Frick & White，2008)。

我国在 2013 年引入了 ICU，首次采用 ICU 对 360 名平均年龄为19.87 岁的青少年暴力犯进行了评估，因素分析也表明该量表包含三个维度，与弗里克得出的三个维度类似，分别命名为麻木、漠不关心和低情绪化。将 ICU 测试获得的数据与两类攻击问卷进行相关分析，结果发现，ICU 总分与攻击总分显著正相关，漠不关心维度与攻击总分和预谋性攻击显著正相关；麻木维度与攻击总分、冲动性攻击和预谋性攻击都显著正相关，此外，青少年暴力犯的 ICU 得分还与个体的共情水平显著负相关(杨波，黄秀，2013)。

1.2 冷酷无情特质的特点

1.2.1 对负性情绪不敏感

CU 特质者的负性情绪加工缺陷主要表现为对负性情绪的反应不敏感和识别困难(Frick et al.，2003)。这可能会使得他们在做出攻击行为后很难体会到他人的悲伤或者恐惧，从而持续表现攻击行为。洛内等人(Loney et al.，2006)对 12～18 岁的反社会青少年使用情绪词汇决策任务，让被试辨别一个字母串是否构成一个实体词，结果发现：在反社会行为筛查(antisocial process screening device，APSD)的三个维度(CU、冲动性、自恋)中，只有 CU 特质组对情绪词汇加工异常，高 CU 特质组对消极情绪词汇的反应速度比对照组慢，对积极情绪词汇的反应与对照组无差异。基莫尼斯等人(Kimonis et al.，2006)采用情绪图片的点探测范式发现，CU 特质者对悲伤图片的反应远远慢于对其他类型图片(积极图片、中性图片、危险情境图片)的反应，在其自我报告中也呈现一样的结果。CU 特质在情绪识别方面的缺陷也得到了一些研究的证实，在识别人脸表情图片、情绪声音表情、姿势表情等任务时，在负性情绪下错误率较高(Viding et al.，2008)。

上面已经提到，CU 特质与共情呈负相关。但认知共情和情感共情在 CU 特质儿童中的发展轨迹不同。随着年龄的增长 CU 特质儿童的认知共情变得与对照组无差异，情感共情则一直存在缺陷。CU 特质儿童从 3 岁到 8 岁期间的认知共情和情感共情都较低，12 岁时情感共情存在缺陷，但认知共情恢复正常。青春期时认知共情才提高到正常水平(Hawes & Dadds，2005)。认知共情表征识别他人情绪的能力，与情绪识别相关；情感共情表征对情感的体验能力，与情绪反应相关。这项研究可能意味着 CU 特质的情绪加工缺陷本质在于对情绪和情感的体验能力不足，造成缺乏共情、对他人漠不关心等表现。

1.2.2　"趋利"不"避害"的奖惩反应

CU 特质的儿童和青少年相对于其他反社会行为的同龄群体有着不同的认知特点，目前被证实最多的是其对奖赏和惩罚的反应。他们以奖赏驱动行为，对惩罚信息不敏感(Pardini，Lochman，& Frick，2003)。当某一奖赏机制被建立时，高 CU 特质的儿童和青少年会忽视惩罚线索以期获得奖励。在探究 CU 特质儿童认知决策的研究中，布莱尔等人通过赌博任务，同时给被试呈现四张卡片，其中两张与高奖励和高惩罚相联系，另两张与低奖励和低惩罚相联系，结果发现，高 CU 特质的儿童并不会像对照组儿童一样回避选择风险较高的卡片，这种差异说明 CU 特质者只懂得"趋利"，而不会"避害"（Blair，Colledge，& Mitchell，2001）。CU 特质者对惩罚反应迟钝并以目标为行为导向，这导致 CU 特质者对攻击行为有一种正性预期，并把攻击行为作为解决问题的有效途径。这使得他们可能为了达到目标不择手段。

1.2.3 言语智力相对高的"聪明孩子"

目前一般认为高水平的言语智力是青少年越轨行为的保护性因素。言语能力缺陷可能与受损的执行功能有关，而执行功能的缺陷会导致行为管理失调，因此会产生较多的反社会行为（Moffitt，1993）。反社会青少年的言语智力水平确实被证明低于正常水平。然而，高 CU 特质的未成年人虽然有着较高的反社会行为水平，但其言语智力水平却偏高，语言表达、交谈正常，甚至让人一度觉得是一个健谈的"聪明孩子"。穆尼奥斯等人（Muñoz et al.，2008）对 100 名 13～18 岁被羁押的男性青少年调查发现，低 CU 特质的青少年暴力犯言语能力较弱，而高 CU 特质的青少年暴力犯则表现出较高的言语水平。在预测暴力行为上，CU 特质水平与言语能力存在交互作用。对于低 CU 特质的青少年来说，言语能力与反社会行为成反比，但是对于高 CU 特质的青少年来说，在具有较高的攻击与暴力行为水平的同时，还有着较好的言语能力。这可能说明 CU 特质者与其他反社会行为者相比，具有较完好的认知功能，从而可能具有较高的计划能力，这为他们发动预谋性攻击提供了一定的条件。

1.2.4 滞后的道德发展

影响个体行为的道德层面包括道德认知和道德情感两方面。道德认知是指个体能够识别道德行为规则，道德情感是指个体对道德事件的内心体验和主观态度。目前大多数研究主要关注反社会行为与道德认知的关系，如反社会行为的儿童和青少年在道德认知判断、认知观点采择、道德推理等方面都表现出缺陷（Dunn & Hughes，2001）。CU 特质者的道德认知和道德情感各有特点，其中道德认知发展正常，或者虽然早期存在缺陷，但是到儿童晚期发展正常，而道德情感发展在各年龄段均存在异常。达兹等人（Dadds et al.，2009）让 3～13 岁儿童从道德情感角度评价他人的行为，与对照组相比，CU 特质组在道德情感方面发展缺失，不能被道德行为感染。法伊尔豪尔等人（Feilhauer et al.，2013）让儿童对道德事件从他人和自我的角度进行评价，并描述情绪状态，结果发现，CU 特质组的道德认知完好，但是道德情感显著差于非 CU 特质组和对照组，他们对不道德的行为并不感到厌恶，反而存在期待感，甚至感到高兴和刺激，这与成人精神病态是一致的。道德情感和道德认知发展不平衡导致他们虽然知道自己的行为违反道德，但很难体验到他们做出不道德行为和攻击行为带来的消极后果，对其发展为成人精神病态有助长作用。

1.3　冷酷无情特质易于暴力犯罪证据

上述 CU 特质的认知和情感特点都指向了它与暴力犯罪的高关联性，实证研究也证明了 CU 特质和攻击与暴力行为紧密联系，高 CU 特质者表现出破坏性更强、持续时间更长和频率更高的攻击与暴力行为。在攻击类型方面，高 CU 特质者表现出预谋性攻击和冲动性攻击，但是预谋性攻击的比率更大。高 CU 特质者的预谋性攻击和冲动性攻击都强，并且对被害人造成的伤害更严重，而低 CU 特质者只表现出冲动性攻击并且对被害人造成的伤害较小（Kruh，Frick，& Clements，2005）。对 150 名青少年性犯罪者的调查发现，相对于低 CU 特质者，高 CU 特质者犯案的次数更多，被害人的数量更多，在性侵犯过程中使用更多的暴力行为，预谋性攻击水平更高（Lawing，Frick，& Cruise，2010）。

CU 特质是预测个体反社会行为和暴力犯罪的强有力因素。弗里克等人分析了 24 项针对 CD 的研究，这些研究对象包括被拘禁的犯罪群体、临床样本、正常群体，年龄范围覆盖了从儿童早期到成人早期。其中 12 个横向研究的结果表明，高 CU 特质者具有更严重的品行障碍、更多的攻击与暴力行为、早发性的越轨和犯罪行为。另外 12 项为纵向研究，在样本选取上包括犯罪群体和普通群体，结果表明 CU 特质在预测反社会行为上作用显著，能够预测后续的反社会人格、攻击和暴力行为、越轨及犯罪情况（Frick et al. ，2005）。弗里克在一年的随访研究中发现，品行障碍儿童的 CU 特质水平与随后的攻击行为、越轨行为以及警方传唤情况呈正相关。此外，儿童的 CU 特质水平还能够预测半年后教师对其暴力攻击性的评定（Kimonis et al. ，2006）。

1.4　冷漠无情特质是否可以被矫正

1.4.1　可能成因：遗传和环境的作用

一方面，CU 特质表现出了较强的稳定性和遗传可能性。一些研究表明，CU 特质从儿童晚期到青少年早期呈稳定状态，并且遗传对 CU 特质的影响大于环境对其影响（Viding et al. ，2008）。弗里克等人发现在纵向研究中，通过父母评估得出的 CU 特质值表现稳定，如连续 4 年父母报告 CU 特质组内相关系数为 0.71（Frick et al. ，2003）。维丁等人（Viding et al. ，2005）对 3 687 对 7 岁双生子进行研究以探讨遗传对 CU 特质的影响，通过教师评估出 234 名高 CU 特质儿童和 210 名低 CU 特质儿童，结果发现 CU 特质组的遗传可能性是 0.81，比非 CU 特质组高出一倍多（非 CU 特质组为 0.30）。丰泰内等人（Fontaine et al. ，2010）通过追踪 9 462 名双生子，分别在他们 7 岁、9 岁和 12 岁时进行 CU 特质评定，对于 CU 特质较高且维持较稳定的男孩而言，CU 特质主要受遗传基因的影响，但是对于 CU 特质较高且维持较稳定的女孩而言，CU 特质主要受共同环境的影响。

此外，环境因素也是 CU 特质水平变化的一个重要成因。严厉的教养方式或者缺乏关怀的家庭环境都与 CU 特质水平高相关（Barker et al.，2011）。对高 CU 特质者的调查发现，随着父母教养方式的改善和家庭经济水平的提升，CU 特质水平表现出下降趋势，这表明 CU 特质同时也受环境的影响，具有可塑性。另外，围产期风险因素（如母亲的年龄、住房情况、受教育情况、经济情况、物质滥用情况、违法犯罪情况）也会提高儿童的低恐惧气质和 CU 特质水平。这种低恐惧气质使男孩对惩罚无畏惧，使女孩对新异事物呈现大胆和冒失的行为。

据以上研究可知，CU 特质会受到遗传和环境的影响，但关于遗传和环境对 CU 特质发展的交互作用的研究很少。在人生发展早期过程中，积极的家庭环境对 CU 特质的影响程度应该受到重视。例如，安全型的依恋关系对儿童的共情发展具有积极作用，从而可能会减弱 CU 特质的发展程度，这需要后续实证研究证实。

1.4.2　矫正：更具挑战性

CU 亚型在情绪、认知及成因等方面表现出与非 CU 亚型不同的特征，如对他人的悲伤和恐惧反应的敏感性低；对惩罚线索不敏感，以追求利益为目标，喜欢刺激和从事冒险行为、低恐惧性等。这些特点使他们对自己的越轨行为无所顾忌，对待惩罚无动于衷，因此更容易发生越轨和犯罪行为，对其干预的难度也加大。据此，理解 CU 特质的具体特征和成因对预防与矫正暴力犯罪十分必要。

在反社会行为青少年中，由于 CU 特质者具有独特的情绪、认知和行为特征，其成因也区别于其他反社会行为群体，因此大多数研究者将反社会行为青少年区分为 CU 亚型和非 CU 亚型进行分类矫正。非 CU 亚型表现为对敌意线索反应性高，易冲动，信息加工存在缺陷。对该类群体的矫正主要是以认知行为治疗方式改变非 CU 亚型者的信息加工缺陷，如提高元认知和自我控制能力、人际问题解决技术、社会观察技术、批判性推理技术等，这些项目能成功减少其越轨行为(Cauffman, Steinberg, & Piquero, 2005)。洛克曼等人提出了管理愤怒情绪的应对能力训练项目(coping power program)，包括控制受训者对挑衅的唤起程度、纠正其敌意归因偏见、练习对愤怒情绪的管理等(Lochman & Wells, 2004)。这也是针对非CU亚型反社会行为青少年的良好矫正项目。我国在未成年暴力犯的CU特质群体中也尝试进行了矫正，但是效果并不明显：在未成年暴力犯的中高暴力风险人群中区分出高CU特质者和低CU特质者进行认知行为团体治疗，采用愤怒管理、信念改变、人际沟通、问题解决等策略针对未成年暴力犯的攻击行为进行矫正。结果发现，通过矫正后，两组人群的暴力风险都显著降低了，但两组被试的ICU水平与对照组相比均无显著变化。这说明未成年暴力犯的CU特质是一种相对稳定的人格特质，一段时间的矫正也无益于CU特质的改善(肖玉琴等，2019)。

CU亚型者的干预难度比非CU亚型者的干预难度大，他们的抗干预能力强，但是目前还是存在成功干预的案例。元分析发现，对CU特质儿童和青少年的8个矫正项目中，有6项研究发现CU特质者的症状得到缓解(Salekin, Worley, & Grimes, 2010)。霍斯和达兹(Hawes & Dadds, 2005)发现4～9岁高CU特质的儿童比低CU特质的儿童对父母严厉管教方法的干预效果差，但是这种差异并没有贯穿整个干预过程，如第一阶段对儿童的亲社会行为给予正强化，这种强化对于高CU特质和低CU特质的儿童同样有效。但是当第二阶段对儿童进行常规的行为训练时，则只对低CU特质的儿童有效。瓦施布施等人(Waschbusch et al., 2007)在一项针对CD儿童进行的夏令营矫正项目中发现，一般的行为训练对CU亚型不起作用，他们的品行问题加重，违纪行为更严重，不服从规范。但是当行为训练加上药物治疗时，CU亚型矫正效果明显转好。考德威尔等人

(Caldwell et al.，2006)将包含 CU 特质的在押青少年犯随机分成两组参加两种类型的矫正项目，第一组参加门多塔青少年治疗中心(The Mendota Juvenile Treatment Center，MJTC)混合排列的 29 个密集型心理治疗项目，该项目组由专业的矫正机构负责，旨在恢复和建立矫正对象的社会关系，提升其人际交往能力和社会技能。第二组只是参加常规的矫正项目，两组项目持续时间为 45 周，结果发现第二组的再犯率是第一组的两倍，这说明 MJTC 的治疗项目对 CU 特质起到了良好的干预和治疗效果。考德威尔等人（Caldwell et al.，2007）随后的研究也表明 MJTC 的治疗项目对控制 CU 特质的攻击行为效果显著，而且矫正效果与项目持续时间呈正相关，后续 4 年的再犯率不是由项目开始时的初始分数预测，而是由项目结束时的后测分数预测，这也间接说明了该矫正项目的有效性。

2 冲动是魔鬼：冲动性与暴力犯罪

2.1 冲动性的定义及测量

2.1.1 冲动性及测量

冲动性(impulsivity)是一个多维概念，至今没有一个统一的定义，可被视为一种行为状态，也可被视为一种人格特质。冲动性人格特质者通常表现为缺乏思考、追求立即满足、不顾后果、缺乏计划性及有效自我控制。冲动性特质与许多高危行为关联，如过度饮食、冲动购物、药物滥用及暴力与攻击行为。

在暴力犯罪中，冲动性经常被提及。比如，"激情犯罪"，指的是受情境和状态影响下产生的犯罪行为，而冲动性便是"激情犯罪"的主导因素。前文所提到的两类攻击中的反应性攻击也被称为冲动性攻击，指受极端情绪驱动，不加思考或思维混乱，行为失去控制的故意伤害其他人的行为。在本章开头的案例中，王某对案发时的描述也是一种冲动性攻击行为，因为对方扯了王某女朋友的衣服，王某便视这一动作为对方的挑衅，于是约对方到楼下，乘其不备用刀捅向对方，在行凶过程中王某觉得对方的眼神里表现出不服，于是继续行凶直至对方死亡。类似于此类由冲动导致犯罪的案件时有发生，尤其是在未成年人犯罪中占据着很大的比例。从刑事责任的角度看，有人认为冲动性罪犯的主观恶性比预谋性罪犯的主观恶性轻一些，他们的行为不是计划性的，且他们的道德水平与普通人可能没有区别，他们的犯罪行为可能仅仅由情绪和行为控制较差造成。在这里，我们暂且不去讨论冲动性犯罪的罪责，而是将冲动性作为一种人格特质，进而分析其与暴力犯罪的关系。冲动性个体的暴力行为发生虽然具有情境性，但是他们的这种冲动特质是具有跨时间和情境稳定性的。当一次暴力行为发生后，再次面临同样的状况时，他们还是可能会做出攻击与暴力行为。

冲动性可分为两大类：选择冲动和运动冲动。选择冲动指的是不恰当考虑其他的选择和结果就行动，表现为不能耐受奖赏前所要等待的时间，为了获得即刻的小奖赏而放弃延迟的大奖赏；运动冲动又被称为行为去抑制，指的是不能及时中断已经开始的反应，且过早反应的发生率较高（王志燕，崔彩莲，2017）。也有研究者总结冲动性人格特质包括四个方面的表现：一是求乐冲动性，反映了个体对感官刺激的追求偏好，且不考虑事情的后果；二是情绪冲动性，表现为个体缺乏情绪控制和管理的能力，这种冲动的情绪也会引发不良后果；三是无计划性，指个体做事情草率，缺乏计划和安排；四是低恒毅性，表现为个体意志力薄弱，做事情缺乏恒心和毅力（张新立，吴晶，2013）。求乐冲动性和情绪冲动性的表现特征容易导致危险行为，与犯罪行为也高度相关，如因追求刺激产生的危险驾驶和毒品成瘾，由情绪冲动导致的激情犯罪行为等。

冲动性的测量方法较为常用的是问卷法和行为实验法。巴勒特冲动性量表(Barratt impulsiveness scale，BIS)是目前使用最多的自评问卷。该量表是巴勒特基于其人格理论提出来的，该理论认为冲动与焦虑是两个基本的人格维度。该量表经过多次修订，目前最常用的版本包括三个维度，分别是认知冲动性(不关注手头的事情)、行动冲动性(一时兴起就行动)和无计划冲动性(不认真计划和仔细思考)。量表的统计量为总分和各维度得分，分数越高，冲动性越强。其他冲动性量表还包括以下几种。(1)艾森克的冲动性量表，共 35个项目，包括冲动和冒险两个分量表，两个分量表的总分反映个体的冲动性情况。(2)迪克曼冲动性人格量表，共 31 个项目，包括功能性和非功能性两个分量表。前者是指在心理资源的最佳状况下，较少犹豫的行动倾向；后者是指在心理资源紧缺的情况下，不假思索的行动倾向。冲动性也可以通过行为实验范式测量，如最常用到的行为范式是 Go /No-go 抑制控制任务，该范式通常是呈现两类刺激，要求被试对其中一类刺激做反应(Go 刺激，大概率)，对另一类刺激不做反应(No-go 刺激、小概率)，被试对 No-go 刺激的错误反应通常被认为是被试行为抑制能力的表现，也反映了冲动性的高低，该范式主要用来测量个体的运动冲动。此外还有延迟折扣任务(delay discounting task，DDT)和爱荷华赌博任务(Iowa gambling task，IGT)等，常用来评估个体的选择冲动。

2.1.2　冲动性与感觉寻求

感觉寻求也是一种与危险行为高相关的人格特质，感觉寻求与冲动性非常类似，二者既有联系又有区别。感觉寻求指个体寻求多变、新异、复杂、强烈的感觉和体验，并且采取生理、社会、法律、经济方面的冒险行为来获取以上体验。对感觉寻求的测量包括刺激和冒险寻求、体验寻求、去抑制性和去敏感性等指标，其中去抑制性主要表征冲动性。高感觉寻求特质的个体倾向于寻求新鲜、不同寻常、高刺激的经验体验；而冲动性是指个体缺少自我控制和意志力，会做出草率的、没有计划的行为。感觉寻求和冲动性都指向危险行为，如危险驾驶、毒品成瘾、暴力攻击等。冲动性会使个体倾向于做出危险行为，而危险行为能够给个体带来感觉寻求体验。但并不是所有的冲动性行为都会给个体带来刺激性经验。有的冲动性行为会给个体带来伤害和痛苦体验，如一时冲动下的家暴行为会让个体懊恼、自责。

冲动性人格特质者的自我抑制控制能力弱，这种特征也是边缘型人格障碍（borderline personality disorder，BPD）和反社会人格障碍的核心诊断标准。边缘型人格障碍者主要表现为人际关系及情感不稳定，显著的冲动和频繁的自杀自伤行为（蒲莉蓉等，2019）。而高冲动性的反社会人格障碍者指向更多的暴力、攻击等破坏性行为。反社会人格障碍的个体往往具有较高的冲动性，高冲动性的人往往表现出较多的暴力攻击行为和非法行为等，这些行为往往是导致反社会人格障碍者犯罪的主要因素（Chamberlain et al.，2016）。

2.2　冲动性与暴力犯罪的关系

2.2.1　冲动性与暴力攻击

冲动性人格特质是反社会行为的预测因子，是一种使个体易于发展出长期的、重复的反社会行为的人格特征。在暴力风险评估量表的成人版和青少年版中，冲动性都是评估个体暴力风险的一个重要动态风险因子。布洛克将冲动性看作一种"自我控制"的缺乏，或者是控制不足。自我控制不足的个体具有迅速的反应节奏，倾向于对微小的挫折做出过度的反应，在行动之前不能做出必要的思考（Block，1995）。强化敏感度理论认为，冲动性的个体在行为抑制系统和行为趋近系统的功能之间存在不平衡，他们倾向于忽视惩罚性线索而趋近奖赏性线索。格雷（Gray）等人认为过度激活的 BAS 导致冲动性的产生，过度激活的 BAS 是一种稳定的神经生理特征，使个体在面对惩罚性和奖赏性的线索时不能有效地控制自己的行为，从而导致反社会行为的发生(Hundt et al.，2008)。

　　不少实证研究证明了冲动性人格特质者更容易产生暴力或攻击行为。比如，冲动性人格量表上得分高的个体更具有反社会性。这一结论在青少年样本中更加突出，具有攻击行为或违法行为记录的青少年在冲动性上的得分显著高于那些没有不良记录的青少年。一项关于青少年反社会行为发展的纵向研究发现，冲动性与青少年犯罪呈显著正相关(White et al.，1994)。博钱恩等人(Beauchaine et al.，2009)的研究也表明青少年的冲动性与青少年的反社会行为具有强相关。进一步的研究发现，冲动性的各维度与反社会行为之间的关系存在不一致，反社会行为与冲动性的关系可能具体表现在运动冲动性和无计划冲动性两个维度上。

　　冲动性还可能引起犯罪频率和类型的变化。累犯比初犯在冲动性量表上的得分更高，与没有违反假释规定的少年犯相比，违反假释规定的少年犯在冲动性上的得分更高。周华斌(2018)在对江苏某监狱 1 206 名男性服刑人员的冲动性进行测查时发现，财产犯罪组的冲动性显著低于暴力犯罪、性犯罪和涉毒犯罪类型，且后三组组间的差异无统计学意义。这个结果支持了暴力罪犯的冲动性高于非暴力罪犯的冲动性这一结论，也提示涉毒、性犯罪的服刑人员与暴力罪犯同样是高冲动性群体，这部分人群更易发生暴力攻击、欺压他人、自伤自杀等情况。

　　墨菲特把犯罪者分为终身持续犯罪人和青春期犯罪人，并认为终身持续犯罪人之所以有连续不断的反社会行为是因为他们的冲动性高，自我控制能力低。根据墨菲特的观点，冲动性通过直接或间接的方式增加了个体持续反社会行为的风险。比如，青少年的冲动性可直接导致他们自控能力下降从而使其产生违法行为；也可能间接地通过干扰青少年的学业成就使其产生问题行为。比较两种类型犯罪人的身心特点发现，在人格维度的抑制性这一指标上，终身持续犯罪人的得分显著高于青春期犯罪人；反过来说，青春期犯罪人的冲动性高，终身持续犯罪人的自我控制能力更强。对三组共 129 名澳大利亚青少年进行纵向比较研究，其一为终身持续犯罪人组，他们在 12 岁之前即有犯罪或受拘留记录且当前仍有犯罪或再受拘押的经历；其二为青春期犯罪人组，他们在 13 岁及以后才有犯罪或受拘留经历；其三为非犯罪者组，即无犯罪记录的青少年。在人格维度的抑制性这一项上，终身持续犯罪人的得分反而显著高于青春期犯罪人，这表明终身持续犯罪人比青春期犯罪人的自我控制性好，也可以说是青春期犯罪人的冲动性更高（Carroll，2009）。

2.2.2　冲动性与药物滥用

冲动性人格特质也是药物滥用与成瘾的风险因子，在大学生群体中，较早开始饮酒和吸烟的青少年冲动水平显著高于其他人群；在服刑人员中，毒品滥用史对暴力犯的冲动性具有正向预测作用（周华斌，2018）。这也说明了药物滥用与个体冲动性之间的密切关系。

冲动性特质高的人群更容易产生药物滥用等问题，而药物滥用也可损害个体冲动性控制的脑结构与功能，使成瘾者的大脑产生结构与功能的不可逆的转变，尤其是执行控制网络兴奋性的降低，使得滥用者无法控制自己的行为，导致后续反复滥用药物或者戒断后复吸。研究表明可卡因、吗啡、海洛因等成瘾后，人或动物的抉择冲动水平显著升高（严万森，张冉冉，刘苏姣，2016）。脑成像的研究表明，物质滥用与成瘾者的大脑额叶及基底神经节功能失调，如多种物质混合成瘾者双侧 PFC 的灰质及可卡因成瘾者 ACC、岛叶和上颞叶的灰质密度均显著低于健康对照组。此外，冲动性可以作为物质滥用者复用的预测指标，如酒精依赖患者异常的冲动性可作为酒精依赖早期复饮的预测指标。因此，降低个体的冲动性对于预防复吸及毒品戒治都有着重要的意义（王志燕，崔彩莲，2017）。

2.3　降低冲动性的方法与效果

冲动性的降低对于因冲动导致的暴力犯罪者的矫治十分重要。一方面，高冲动性人格特质者在人际关系的建立和维持上存在较大的缺陷，这会影响他们在监狱中的服刑和改造生活。比如，冲动特质的罪犯在监狱里经常与其他罪犯和干警发生冲突，而事后又感到特别后悔、自责，如果再次遇到类似的情况还是抑制不住自己的情绪和行为。这种冲动性特质无法通过日常的管教改变，给监狱的监管工作带来很大的难度。另一方面，因冲动导致的再犯风险较高，若其冲动性没有得到控制，遇到突发的诱因，仍可能再次发生控制不住的愤怒情绪和暴力行为，因此若是借助一些药物或者其他方法能够降低此类人群的冲动性，则对于预防他们再次暴力犯罪起着十分重要的作用。

2.3.1　药物治疗

药物治疗被认为是可以有效控制个体冲动性的方法之一。多巴胺活动增强是冲动性攻击的基础，因此阻断多巴胺的释放可以降低冲动性攻击。一些研究表明，抗精神病药及安定类药物可以阻断多巴胺 D2 受体，降低多巴胺的水平或其活性，进而降低冲动性攻击（Stanford et al.，2009）。一些心境稳定类的药物可以起到稳定情绪的作用，对控制个体的冲动性攻击行为也能起到一定的作用。比如，可使用氯丙嗪、氯氮平、利培酮和奥氮平等，以及镇静作用较强的氯硝西泮口服或肌内注射来降低冲动性行为。这类治疗一般起效较慢，不适用于急性期治疗，而适用于亚急性和长期治疗。此外，冲动性攻击行为与中枢神经的唤起有关，冲动性攻击者的 5-HT 系统存在功能缺陷，提高其 5-HT 的水平或者增加其活性，可以减少冲动性攻击。因此，可以通过使用 5-HT 重摄取抑制剂抑制 5-HT 的回收，或者使用碳酸锂增加 5-HT 的释放从而提高 5-HT 的水平。有研究者使用碳酸锂对冲动性攻击者进行治疗后，这些人能够考虑攻击行为的后果，而且在情绪激发后能够控制自己的行为，治疗冲动性攻击的效果较为明显(Rinne et al.，2002)。

2.3.2 心理干预

除了药物治疗以外，对冲动性暴力行为的矫治还可以使用心理学的方法进行，包括团体矫正和个体咨询。目前国内外针对由冲动导致的暴力行为所进行的心理干预和治疗还相对比较缺乏，但也不乏一些被证明颇有成效的方法，可被用于冲动性暴力犯的干预矫治。

愤怒控制训练

愤怒情绪是冲动导致暴力行为的一个非常重要的催化剂，个体的愤怒情绪通常都会通过暴力与攻击行为表现出来。愤怒情绪还可以作为攻击行为的预测指标。因此对愤怒情绪的控制是降低冲动性的一种重要手段和方法。

愤怒控制治疗通过思维、言语、行动方面的训练，增强人们对愤怒情绪的控制能力。目前对愤怒控制的治疗主要以认知行为理论为基础，强调认知因素在控制愤怒中所起的作用。首先，咨询师要帮助罪犯分析在愤怒时他们是如何错误地理解和解释别人行为的；其次，要教会他们如何识别引起愤怒情绪的外部事件和内部解释；最后，还要教罪犯降低他们的情绪唤醒水平，减少愤怒的频率。愤怒控制治疗有时和情绪控制治疗结合在一起，它的核心是帮助罪犯掌握减轻、控制愤怒情绪的技能，减少与攻击行为发生有关的情绪唤醒的频率，减弱情绪唤醒的程度。同时指导罪犯使用能解决冲突的亲社会的技能。愤怒控制治疗的基本技术包括示范、角色扮演、反馈和课后作业。示范是咨询师讲解和演示愤怒控制技术，以及使用这些技术的具体情境。在示范时要注意选择与罪犯有关的场景，并且要演示能产生积极结果的技术。角色扮演是在示范之后要求罪犯在特定情境中根据示范的技术进行练习。在角色扮演的过程中，咨询师要随时指导扮演者的行为，以免他们偏离所要练习的技术，如果他们能够正确、恰当地使用技术就要及时予以强化。在每次角色扮演之后，都应当给予成员反馈：一方面其他成员可以评论角色扮演的情况，另一方面扮演者也可以了解当时配角演员的情况。此外，在每次咨询结束后，咨询师都要给成员布置作业，让他们在咨询环境之外进行实战演练。

愤怒控制在我国暴力犯矫治中也被证明效果良好。北京市监狱天堂河监区课题组（2020）以动机晤谈疗法和认知行为疗法为主要理论模型，采用动机激发和认知行为训练为主要内容的愤怒控制训练项目，对暴力型罪犯进行为期 3 个月的系统训练，结果表明，愤怒控制训练对于改善罪犯的情绪、认知和行为都有明显的效果。赵文文和刘邦惠（2018）随机将 24 名青少年犯分成矫正组和对照组，对矫正组进行为期 8 次的愤怒控制的团体训练，主题包括初次相识、初识愤怒、走进愤怒、驳倒攻击信念、自我指导训练、三思而后行、问题解决能力训练、离别即相会。结果发现，与对照组相比，矫正组青少年犯的愤怒状况得到了显著的缓解。矫正组被试在攻击问卷上的得分也显示其攻击性水平得分有所下降。

辩证行为疗法

辩证行为疗法（dialectical behavior therapy，DBT）属于认知行为治疗的一种，最早被用于治疗社区边缘型人格障碍的女性人群，其核心治疗程序包括问题解决、技能训练、应急管理和行为治疗。辩证行为疗法尤其注重使用辩证的方法去改变行为，使被矫正者在重塑认知和改变行为的过程中接纳自我（Linehan，1993）。辩证行为治疗的一般程序是：通过教他们调节情绪、忍耐痛苦、训练核心正念以及提升个人管理技能等去改变他们适应不良的行为。辩证行为疗法最早应用于治疗边缘型人格障碍，之后也被证明在重塑不良认知和降低自我伤害行为方面非常有效。

辩证行为疗法在治疗冲动性暴力犯中也是非常有前景的。特鲁平等人(Trupin et al.，2002)采用 DBT 对未成年女犯的犯罪行为和服刑期间的不良行为进行了 10 个月的矫正。结果显示，DBT 能够显著减少实验组的冲动性攻击、姿态性自杀(para-suicide)和干扰矫正等行为，减少受惩罚次数。然而再犯风险水平无显著降低，可能因为研究所用的风险评估工具主要由静态因子组成。谢尔顿等人(Shelton et al.，2009)发展出 DBT-CM(Dialectical Behavioral Therapy-Corrections Modified)对具有冲动性攻击行为的 34 名成年女犯(暴力犯 22 人)、52 名成年男犯(暴力犯 3 人)和 26 名未成年男犯进行了为期 16 周的矫正。这些罪犯均无精神疾病且排除了精神病态者。由于多数罪犯文化水平较低，DBT-CM 增加了图片和视频等矫正方式的使用，并让罪犯通过反复练习来巩固学习内容。虽然缺少对照组，但研究结果初步表明，DBT-CM 能够显著降低冲动性、减少身体攻击、减轻精神病理症状、减少违纪处分次数、提高愤怒管理能力、增加积极应对方式，在降低再犯风险、监狱管理风险和减少管理费用等方面也具有积极作用。这些研究均表明，DBT 可有效应用于罪犯矫正领域，对缓解他们的冲动性、降低再犯率、减少监狱管理风险具有积极作用。

虽然目前使用愤怒控制和辩证行为疗法对暴力犯进行治疗的研究较多，且在减少愤怒和降低冲动性以及预防暴力攻击行为方面有显著的效果，但是这些项目存在一些局限性。比如，在实验设计方面，现有研究多缺乏同质性对照组，样本量也较小，这也许与监管机构的某些限制条件有关，但仍应尽力采用随机对照组实验并增加样本量，增强研究结果的证明力(张乐雅等，2017)。

3 恼羞成怒：羞耻诱发暴力

2016 年，中央电视台《忏悔录》节目报道了一起弑父案的回忆录，案件的主角叫王维君，羞耻正是他暴力杀害自己父亲的主要诱因。在很多杀害亲人的案件中，都能看到羞耻的影子，王维君弑父案也不例外。王维君生活在一个偏僻的贵州小村落，他在 11 岁那年，目睹了自己的母亲与父亲及另一个男人的不正当关系后，感到羞愧难当，当时便立志要在长大后杀掉他们。随着王维君逐渐长大懂事，村里的闲言闲语并没有消停，从同村人的言语和目光中，王维君更坚信母亲的行为不端给自己带来了深深的耻辱，同时他也痛恨自己父亲的无能与懦弱。王维君 17 岁那年在外地认识了一个女朋友，但把女朋友带回老家后不久，女朋友便和他同村的男人跑了。女朋友的背叛让王维君更觉得抬不起头做人，于是他便将目光对准了同村的中年妇女，采取暴力手段强奸多人，他认为用这种方式可以间接地惩罚母亲并发泄心中的怒火。而他对父亲的痛恨更使他直接将暴力行为指向了父亲，在一个平常的夜晚，因父亲常年酗酒且经常打骂王维君，王维君暴怒之下用火钳勒死了自己的父亲。

3.1　羞耻：一种与道德行为关联的负性情感

3.1.1　羞耻的概念与特点

羞耻作为一种负性情感，是个体自我关注的结果，所以也被称为一种负性的自我意识情绪。其表现是消极地指向整个自我的痛苦、难堪、耻辱的负性情感体验，往往会伴随着一些典型的行为反应：屈服、渴望逃离、躲藏和隐瞒等。羞耻是一个跨文化的概念，在不同的语言文化环境中对其理解存在不同程度的文化差异。代表东方文化的中国和日本可以说是一种"耻感文化"，这是一种注重礼、义、廉、耻的文化形态。羞耻与集体文化相联系，在集体文化中，自我意识极其依赖他人对自我的评价。例如，当受到他人的指责和批评时，个体就会出现否定自我的羞耻感。羞耻感在中国传统文化中具有醒目的重要地位，被国人所广泛认可的"礼、义、廉、耻"中的"耻"即羞耻。这个"耻"关乎个体道德水平的高低，被认为是衡量个体正直和善良的标准。我国古代注重羞耻感带来的积极意义，将其作为做人的道德底线并以此来约束个体的行为，防止不道德行为或违法行为的产生。

羞耻既可以是情境性的，也可以是特质性的。情境性的羞耻即羞耻情绪，是指个体即时体验到的情绪感受，也被称为状态羞耻或羞耻感。而特质性羞耻则是个体体验到羞耻情绪的频繁程度和总体倾向，也被称为羞耻倾向性。特质羞耻也称羞耻易感性，指的是个体的一种反应倾向或情绪特质，具有跨时间和情境的稳定性。比如，高羞耻特质的个体在负性评价环境中更容易体验到羞耻情绪。

3.1.2 羞耻与内疚

内疚也是一种重要的道德情感，是指一个人的所作所为对他人产生了伤害性的影响，认为自己对此负有个人责任时产生的一种带有痛苦、自责体验的情绪（施承孙，钱铭怡，1999）。许多研究把羞耻和内疚放在一起讨论。这两者有许多共同之处：它们都是负性情感，都涉及一定的负性自我评价，都有低头、目光回避等表现，它们与非道德行为（包括攻击行为和犯罪行为）之间存在较为密切的关系。

在早期，羞耻和内疚被视为同一种情感（钱铭怡，戚健俐，2002）。与其他"基本情绪"（如愤怒、高兴等）不同，二者是在后天环境影响下形成的且涉及更多的认知复杂性。过去人们关注的主要是二者的相似之处。比如，将两者放在一起作为负性道德情绪加以讨论。随着近年的深入研究，学者们一致认为羞耻和内疚是两种明显不同的情绪，也有越来越多的文献支持二者在多方面存在显著差别。有研究者对羞耻和内疚的区别做出了三点归纳（任俊，高肖肖，2011）。（1）公开化与私人化对羞耻和内疚的影响有显著差异。有他人在场时更可能产生羞耻，而内疚的产生则一般和有没有观众或他人在场的关系不大。（2）违背社会道德将会引发个体产生羞耻和内疚，但如果限于个人无能方面的原因则主要引起羞耻。(3)伤害了自我更主要引起羞耻，而伤害了他人则主要引起内疚。羞耻和内疚的区别还可以通过这两种情绪的指向性来区分，羞耻是直接指向自我的，个体的负性行为被认为是"坏自我"(我是一个可恶的人)，而内疚是指向行为的，内疚者会认为是"我做了可恶的事情"。内疚者很可能会用某种方式来弥补被伤害的对象，也即出现补偿行为或自我惩罚。

3.2　羞耻与暴力攻击

3.2.1　羞耻与暴力攻击的实证研究

在过去的很长一段时间里，很多研究都将羞耻和内疚看作个体良心的先导，认为二者对非道德行为或违法行为都有一定的抑制作用。但随着研究的不断深入，一些研究发现羞耻和内疚在作用与功能上存在分离趋势。比如，羞耻更多和暴力攻击及反社会行为有关，而内疚更多与亲社会行为有关。早在 20 世纪 90 年代，国外学者就开始重视研究羞耻的负面作用，对有羞耻经历的个体进行研究发现，羞耻不但会使个体产生隐藏、躲避的倾向，而且会产生惩罚他人的倾向。愤怒情绪和攻击行为被普遍认为是对羞耻情绪的反应，"恼羞成怒"这个词便很好地总结了由羞耻引发的愤怒和攻击反应。愤怒和攻击被认为是应对羞耻的一种情绪管理、解决策略和具有进化意义的适应。许多研究都探讨了羞耻与愤怒和攻击的关系。比如，有研究者认为愤怒根植于个体的羞耻经验，羞耻的外归因倾向被证明是在羞耻和攻击行为的关系中起中介作用，当个体感受到羞耻的情绪后，为了保护自我就会采用防御机制将自己的不良行为进行外归因，外归因随之产生的结果就是使得个体产生愤怒情绪并发生攻击行为(Stuewig et al.，2010)。坦格尼等人发现羞耻倾向连接着愤怒和破坏性反应，这些破坏性反应包括恶毒的意图、直接和间接的攻击以及替代性攻击，而且这些破坏性行为会持续终身(Tangney et al. ，1996）。之后，坦格尼等人拓展了先前的研究，对四种人群（包括大学生、青少年和成年人等）使用自我报告和外部行为报告两种方式来评估攻击，他们发现羞耻和攻击行为在所有被试中均呈显著正相关（Stuewig et al. ，2010）。阿斯伦德等人对校园暴力进行研究指出：当个体遭到他人的排斥、嘲笑、侮辱时，他的社会联系就面临着威胁，羞耻感就会产生警醒的信号来促进个体改变行为以增加他人眼中的社会吸引力，而改变行为的其中一种就是做出攻击行为。韦伯斯代尔针对羞耻与攻击行为的关系做了一个详细的研究。他发现在 211 例家庭凶杀案件中，强烈的羞耻感是导致悲剧发生的主要原因，韦伯斯代尔通过分析数百个媒体报道、警方的记录资料以及访问了解这些家庭的邻居，发现所有数据对羞耻与攻击行为的关系均支持一个观点：羞耻与一系列的犯罪行为有关，羞耻可以诱发攻击与暴力行为，羞耻是暴力与攻击行为的风险因子（Websdale，2010）。

如上所述，羞耻感容易引发个体对他人做出攻击行为已被众多研究证实。由羞耻感诱发的对他人的攻击与暴力行为主要发生在以下五种特定情境和人群中。一是家庭，这主要包括丈夫与妻子之间相互实施的家庭暴力、家庭杀人和性虐待等，本节开头的案例就是一起儿子因对父母的行为感到羞耻而杀害自己父亲的案件；二是校园，主要是指校园暴力，研究发现这种校园暴力多发生在青少年群体中；三是具有人格障碍的个体，主要包括反社会人格、边缘型人格和自恋型人格；四是患病群体，主要包括艾滋病、癌症以及智力障碍；五是犯罪人群，尤其是暴力犯，这也是此类罪犯难以矫治且容易发生再犯的重要原因之一。

需要注意的是，虽然羞耻和暴力与攻击行为之间有密切的关联，但并不是所有体验到羞耻感的个体都会发生攻击行为。羞耻感是产生攻击行为的必要不充分条件，羞耻感诱发暴力行为需要满足四个前提：

第一，个体体验到的羞耻感非常强烈，以至于其难以承受；第二，个体没有产生抑制暴力行为的情感，如内疚、懊恼等；第三，个体认为自己无法通过非暴力的方式来恢复自尊；第四，在社会化中形成的男性性别角色，通过暴力来保持力量感和男子气概。希尔森罗思(Hilsen-roth)等人对攻击性羞耻和本能性羞耻的功能进行了区分。其中，攻击性羞耻是一种较强烈的痛苦情感状态的集合，包括丢脸和耻辱，容易导致攻击行为的产生，而本能性羞耻则是较轻的痛苦情感状态的集合，包括害羞和尴尬等，具有健康的社会功能。这一结果表明个体体验到的羞耻感程度越强就越可能做出攻击行为(Hilsenroth et al.，1993)。

3.2.2　羞耻引发攻击的路径分析

从羞耻到攻击行为涉及的是一个复杂的认知过程，个体会根据自己的认知理解来进一步指导行为的发生。其中，连接羞耻和攻击行为的一个路径就是"羞耻—自我保护—防御机制—外归因—愤怒—攻击行为"。羞耻是一种指向消极自我的痛苦体验，易使个体因贬低或否定自我而产生无价值感、无力感和渺小感。而消极否定自我会破坏自我概念的完整性，个体为了保护自我概念免遭破坏就会采用自我防御机制将自己的不良行为进行外归因，外归因随之产生的结果就使得个体产生愤怒情绪进而发生攻击行为(Harper et al.，2005)。正如福纳吉(Fonagy)所说："暴力行为几乎不是一种盲目的暴怒，相反，它是一个极度想要保护脆弱的自我免于羞耻攻击的一种本能。"(Bateman & Fonagy，2004)沙纳汉等人(Shanahan，Jones，& McBeth，2011)在研究因愤怒产生暴力行为的精神病患者时也证明了此观点，结果指出精神病患者高水平的愤怒是一种能够保护自我对抗难以忍受的羞耻感的防御机制。在以上情况中，攻击行为成了自我免遭羞耻破坏的保护因子，这种路径和"挫折—攻击"理论解释相同，羞耻就代表个体受到的挫折，有了挫折就可能产生攻击行为。

3.3　羞耻在罪犯矫正中的应用

3.3.1　羞耻与道德教化

羞耻在道德教化中起着重要的作用，羞耻被看作一种个人自觉遵守的基本价值尺规，在古代便担当了约束个人行为以尊重社会公共道德准则的重任。我国古代先哲基于道德的立场，非常重视羞耻感的作用，并将其作为个体道德素质的基础。先人赋予了"耻"深层次的道德的属性，即"知耻"是立人之节，是人向善的前提，是一个人有教养、有道德的表现（闻素霞，乔亲才，2010）。知耻既是"道"的内容，又是"德"的要求，道德教化古人要远离"不知耻"，敦促他们以"不知耻"为耻。"知耻"可以激发人的向善追求，促使其自觉地培育德行，主动接受道德教化。古代社会非常重视羞耻对行为的约束力，正如康有为所言："人之有所不为，皆赖有耻心。若无耻心，则无事不可为矣。"这种约束力主要体现在两方面：一是羞耻体验会使个体终止违规行为，促使其对自己的行为表现进行反省和补偿；二是对羞耻的预期会在一定程度上预防个体做出违规行为，如大多数儿童都会因预期到羞耻而控制可能受到谴责的行为。

羞耻是个体违背了道德或感到个人无能时，基于是非观、善恶观、荣辱观而产生的一种自觉地指向自我的痛苦体验。当个体做了有违道德准则之事便会产生消极否定自我的羞耻感，这种否定自我的羞耻感往往是难受和非常痛苦的，个体为了避免或消除引起这种羞耻体验的情境，就会急切地做出符合道德的行为以避免再次体验羞耻。简言之，对羞耻的应对就是试图消除痛苦的过程，这种痛苦消除的过程除了通过外归因从而产生愤怒和攻击，也可能是进一步增强个体自我省察的能力和确立道德自我的过程，即羞耻是促进道德自我发展的动力，是个体品德发展的开端。但羞耻对个体道德自我发展也可能存在负面影响，这与羞耻对道德自我影响的效果与个体羞耻体验的强度、人格特点以及归因方式有着密切的关系。有研究表明，易羞耻的个体在面对羞耻情境的时候，更容易退缩、回避，这样反而会让自我受到伤害，导致失败的体验和自我评价的降低，不利于个体的身心健康(钱铭怡，戚健俐，2002)。羞耻感是一种消极的痛苦体验，过强的羞耻感体验会阻碍个体正确地面对羞耻事件、理性地分析自我与羞耻事件，如果个体没能正确处理好羞耻感，将会阻碍道德自我的健康发展。

3.3.2　羞耻与犯罪预防

回首古代中国，国人重视羞耻在法律制度中的作用的历史至少可追溯到几千年前的耻辱刑罚中，统治者通过对受刑人施以耻辱，使其名誉受损，精神遭到痛苦和折磨，从而达到教化、改造罪犯的目的(赵晓耕，马晓莉，2005)。儒家极为重视"耻"德的教化，子曰："道之以政，齐之以刑，民免而无耻；道之以德，齐之以礼，有耻且格。"孔子强调若是用道德诱导人们向善，用礼制统一人们的言行，老百姓不仅会有羞耻之心，还能恪守正道，民心归服。这里的"耻"属于道德教化的一种。法家虽然坚持"专任刑法"，但也有重视羞耻价值的思想，管子曰："何为四维？一曰礼，二曰义，三曰廉，四曰耻。"在管子看来，如果人们知耻、远耻就不会做违背道德之事，那么社会也不会道德失范、伦理失序(杨国枢，2006)。由此可见，对"耻"与"罪"关系的运用体现了中国古人的睿智和远见。

近代，在西方国家兴起了一种新的罪犯矫治方法——羞耻干预(shaming intervention)，认为羞耻能够引导罪犯向善(发生亲社会行为)，从而预防再次犯罪。英国是最早在犯罪学中引入羞耻感并提倡充分发挥羞耻感在预防、控制以及改造罪犯中的作用的国家。布雷思韦特在《犯罪、羞耻感与重整》中首次提出了"羞耻感重新整合理论"(简称"耻感理论")(Braithwaite，1989)，最初的羞耻干预往往是采用一些极端的激发羞耻的方法，如将罪犯名单公布在报纸和网站上、让罪犯站在街角并佩戴着记录其所犯罪行的纸板、让罪犯穿着粉色衣服等，这些方法所起的作用就是污名的标签化，即对罪犯形成"他是一个坏人"的形象。由于羞耻是一种指向整个自我的痛苦情绪，因此当个体在做出行为前预知到这种体验将会有效地抑制犯罪行为的发生。后来有学者提出了一种重整羞耻理论来解释羞耻对犯罪的作用，认为羞耻要发挥作用必然要有社区成员的参与。社区成员的参与和监督让羞耻成为一种社会压力，让罪犯从内心认同这种羞耻，激发罪犯的内在良知，促进罪犯的亲社会行为（董冰，2017）。安德鲁斯和邦塔（Andrews & Bonta，2010a）支持羞耻干预，认为这些方法能够迫使罪犯重新反思自己行为的后果，同时也给潜在的罪犯一个警醒：犯罪是不被社会大众接受的。羞耻感在预防犯罪中起着积极作用，当个体有实施不正当的行为的想法或行动时，羞耻感对个体心理上、情绪上的自我批判与否定会使其进行自我调节，主动停止不正当的行为并且改过自新，这种预防犯罪的效果尤其是在偶犯和初犯上体现明显（董冰，2017）。

　　利用羞耻矫治罪犯还应用于"恢复性司法干预"（restorative justice intervention）中，这种方法通过会见受害者及家属，向受害者或者社区等赔罪以督促犯罪者接受对自己所犯罪行的责任。相比之前的羞耻干预，罪犯在与受害者家庭的会见中不会受到来自受害者及其家人的羞辱，相互倾听内心的想法，这种方法更加温和。这种干预能使罪犯意识到自己的错误行为而产生羞耻感，使得罪犯不仅愿意承担自己伤害行为的责任，而且变得更有责任感、更愿意对受害者做出补偿。布雷思韦特解释了羞耻在恢复性司法中的中心作用："罪犯在被逮捕时会产生羞耻感，羞耻感会伤害个体的尊严，这就需要及时修复他们的尊严，当尊严在面对羞耻感被很好地恢复时就会使罪犯承担责任并且真诚地道歉。"（Braithwaite，1989）但是让罪犯同情被害人的过程是非常困难的，正如坦尼（Tangney，1995）所描述的："很明显，让罪犯发挥情绪智力来理解受害者的痛苦并且同情受害者的这条道路是艰难的，因为这一过程很可能会触及罪犯自己想要隐藏或躲避的伤痛。"

3.3.3　对羞耻干预的争议

尽管有研究证明羞耻干预对预防再犯的有效性，但是羞耻干预也遭到了其他研究者的批评。坦尼指出，所谓羞耻干预主要是为了羞辱罪犯，这在道德和临床上都是不可取的，改造罪犯不是简单的惩罚，而是要改变他们错误的认知和行为。采用增强罪犯羞耻感这种极端的方法可能会造成物极必反的效果，尽管羞耻干预可能满足大众对惩罚罪犯的欲望，但也很可能导致罪犯再犯风险的增加，羞耻干预对罪犯具有侮辱性，这可能导致更严重的暴力行为（Tangney et al.，2011）。里威斯（Lewis，1971）指出羞耻感带来的无能感和无价值感等消极的自我评价会破坏个体的自我概念，个体为了保护自我概念就会采用防御机制将自己的行为进行外归因解释，而外归因随之而来的结果是产生愤怒甚至产生攻击行为。沙尔克韦（Schalkwijk，2015）也强调在临床环境中应用羞耻干预需要有谨慎的态度，因为它可能产生自我攻击和触发不利的防御机制，可能会导致攻击行为。其他研究发现，惯犯和累犯具有高频率的外部归因，他们极可能"绕过羞耻"（bypassed shame，个体尝试阻止羞耻进入意识层面）体验且错误地认为是他人造成了自己现在的生活处境和遭遇羞耻，进而对他人产生敌意、愤怒甚至攻击的反应（Christina，2014）。也就是说，羞耻干预对惯犯和累犯这两类人没有积极的效果，反而还可能增加他们再犯的可能性。施蒂维（Stuewig）和坦尼的研究发现，在童年期有羞耻感的个体在成年以后很可能会做出一系列的危险行为（性虐待、药物和酒精滥用、攻击行为、越轨行为、犯罪行为等），而且也没有证据表明当个体成年以后，羞耻体验有助于避免产生这些问题行为。

综上所述，在罪犯矫治中羞耻干预的结果可能具有两面性：一方面，会增加个体的亲社会行为，降低再犯风险；另一方面，也可能导致个体产生愤怒和攻击行为，增加再犯风险。因此，将羞耻运用于罪犯矫治中需要采取谨慎的态度，最终的效果还取决于个体差异，以及对羞耻干预"度"的把握。

第5章
认知与暴力犯罪

案例

张某正在准备律师资格考试，他将自己做的笔记借给某女同事，不料该女同事拿去复印再传给朋友，因此张某心生不满，乃于某日持美工刀、宽面胶带、绳索、毛巾等，侵入该女同事租屋处，胁迫该女同事躺在床上，将其手脚以胶带、绳索捆绑，并将毛巾塞在该女同事口中，再用胶带捆绑，然后袭胸后离去。警察侦办，一共查获6个相同行凶强制猥亵案件，然而该犯仅承认犯此案，始终否认6个案件中的其余5个案件。张某获判有期徒刑20年，因未能通过刑中强制治疗，而被移送刑后强制治疗，历经10次再犯风险评估，仍未通过。

以认知脚本的暴力犯罪观点来分析，该犯自小与家人关系不良，自认为不受父母重视与关爱，若有犯错，为避免被惩罚而否认。基于张某6次犯案情节的高度一致性，且深具暴力性，以及对被害人造成长期的心理创伤，因此在刑后强制治疗的再犯风险评估中，评估委员一致认为其再犯风险未显著降低，需要继续接受强制治疗。

一个人对自己的行为会有些想法，然后依照此想法去行动。针对暴力犯罪的犯罪动因解析，人们常强调加害人因冲动而行凶。然而暴力攻击的认知脚本观点分析，加害人在对被害人进行暴力攻击之前，对暴力攻击的行动如何执行、攻击后如何处理善后皆有一些想法，这就宛如演戏时，每个角色要如何演是有一套脚本的。此脚本反映出加害人自小到大生长过程中父母教养、社交互动、对暴力支持的态度、对暴力案件行凶的程序行为的认识等。简单说，一个行凶者会对如何行凶事先有其程序性知识，形成一套认知脚本，再依此脚本演出。

在导致暴力犯罪的众多原因中，认知是一个重要的变量，许多罪犯得对犯罪持有肯定的态度，或者被称为亲犯罪态度，也可以叫反社会认知。反社会认知包括对犯罪的态度、信念、价值观，以及认知过程中包括的注意偏向、犯罪思维、认知决策等。在司法实践中，我们就会发现，像案例中的罪犯一样，他们崇尚暴力，认为武力可以解决一切问题，攻击与暴力就是他们的生活方式。在对暴力罪犯的循证矫正中也存在一个重要的矫正靶点，即暴力犯对暴力行为的错误认知。

在犯罪学的理论中，也有所谓犯罪的认知理论（cognitive theory of crime），是运用认知心理学的原理来研究犯罪原因的理论（林崇德，杨治良，黄希庭，2003）。根据犯罪的认知理论，所有的犯罪者都有一个共同特征：通往犯罪的道路和与之相关的认知结构都是异常的。例如，他们在认识事物的过程中不能保持客观中立的态度，容易做出极端的结论，很难改变对自己行为的认知等。

1　暴力犯罪的认知理论

以认知的信息加工为基础，认知理论认为个体是通过社会认知过程引发行为的，对于攻击行为来说，个体对面临的社会情境的认知过程是攻击行为产生的基础。

1.1　认知脚本模型

在多数情况下，脚本和图式互相通用，都是指个体认识周围世界的基本模式。个体的认知模式是在其遗传的基础上，整合后天习得的各种知识和经验，而形成的解读与应对现实世界的认知结构。认知结构存储在记忆中，当个体遇到新事物新环境时，就会使用固有的认知图式去辨识和处理新的环境(张春兴，1994)。图式是皮亚杰(J. Piaget)认知发展理论中的核心概念，此概念可用来解释个体是怎样认识并适应外界环境的。而脚本理论(script theory)是由尚克和阿贝尔森(Schank & Abelson，1977)提出的，将脚本界定为人类在处理各种复杂行为时的一种知识结构，脚本为解释和预测人类行为提供了依据。霍基在脚本理论的基础上提出了犯罪脚本(offence script)，用于解释一系列偏差行为和犯罪行为，尤其是重复发生的暴力犯罪行为，他认为犯罪脚本包含了实施犯罪的程序性知识和习惯性行为，部分或全部执行这些程序性模式及习惯性行为都将导致犯罪行为的发生。

暴力犯罪的认知脚本模型(cognitive scripts model)是休斯曼(Huesmann，1997)提出的。他认为，社会行为，包括攻击行为，在很大程度上由认知脚本控制，认知脚本则是个体在日常生活中日积月累而习得和记忆的。"脚本会告诉个体将会发生什么事情，应该怎样应对，以及这样做了会有什么后果。"每个人的脚本都是不同的和独特的，脚本一旦建立起来就很难改变，并且可能一直保持到成年。一个脚本的建立，必须不时地被复述。通过复述和练习，脚本在记忆中才能得到编码和保持，并且当个体在面对问题时也更容易被提取和运用。

认知信息加工的观点还在于"在决定哪些脚本被存储在记忆中，哪些脚本被提取和应用，以及哪些脚本在以后将被提取出来加以应用方面，个体对脚本的恰当性评估起着非常重要的作用"。这个评估过程包括个体在预测脚本的结果方面有多大的信心，判断自己在多大程度上能够执行这个脚本，以及这个脚本在多大程度上适合自我设定的内在准则。与自己的内在准则不一致或相违背的脚本不太可能被存储和使用。如果个体的内在准则不排斥暴力，把打打杀杀当成一种生存之道和生活方式，他们就更有可能将攻击性的脚本存储下来，作为未来行为的应对之策。例如，高攻击性的儿童更易引发他人对其采取攻击性的反应，而他人的攻击性反应又进一步让其坚信——攻击性是人的本性；攻击性的行为和信念之间就以这样一种持续的方式相互作用，并陷入恶性循环（Bartol，1999）。

有研究者用认知脚本模型来解释精神病态者的攻击行为，他们认为精神病态者在社会信息加工过程中形成了对攻击与暴力的自我图式（self-schemas），这使得他们在人际交往中倾向于对他人的行为做出错误归因，精神病态者对他人的敌意信息过于敏感，一旦受到负性敌意信息的启动，他们就会做出一系列攻击性反应。此外，精神病态者通常不太可能在启动自我图式之前对所有的信息进行反思统合，一旦其人际关系受到威胁，他们的冲动性攻击行为便会增加。

1.2 敌意归因偏差

肯尼思·道奇和他的同事（Dodge，1986；Dodge & Coie，1987）提出了敌意归因模型（hostile attribution model）。他们认为，那些具有高度攻击性倾向的儿童通常持有敌意归因偏差（hostile attributional bias）。敌意归因偏差是一种负性的归因方式，指的是个体在中性情境或者模棱两可的环境下，对他人的动机或意图给予过度的敌意判断的倾向。与普通儿童相比，具有暴力倾向的儿童更有可能将含义模糊的事情解释为敌意的和威胁性的（Dodge，1993）。与普通儿童相比，高攻击性的儿童将非攻击性的情境视为存在攻击性和暴力的比率大一倍。研究结果一致表明，那些有暴力倾向的青少年"通常都以一种敌意的方式来看待社会问题，选择敌对的目标，很少寻找更多的事实，也较少考虑替代性的解决方案，对攻击的后果考虑不多，将攻击行为作为最优先的选择"(Eron & Slaby，1994)。

有研究表明，有些儿童因为早年的受虐经验，特别容易对同伴产生敌意预期(Dodge，Bates，& Pettit，1990)。这些儿童很快就会对同伴产生敌意的归因偏差，包括刚认识的朋友。"这些儿童有一套固化了的社会认知图式，这使得他们很快就会对新认识的同伴进行敌意的推论"。而其他儿童虽然也可能有敌意的归因偏差，但是他们在认定敌对对象时更有针对性，是根据对方的行为模式，或者因对方威胁到自己的切身利益而做出敌意归因。童年期受虐的个体倾向于将自己的犯罪行为归因于社会和他人，这种敌意归因偏差可能就是青少年暴力犯难以矫治且容易再犯的关键原因(Gold，Sullivan，& Lewis，2011)。

杰克逊(Jackson，2011)等人在对成人暴力犯的研究中也发现，相比于女性，男性暴力犯更可能将自己犯罪归因于受害者和社会。维塔莱(Vitale，2010)等人还发现，精神病态的暴力犯存在消极的归因方式，这种敌意的归因方式对其暴力犯罪具有正向的预测作用。精神病态的暴力犯和非精神病态的暴力犯一样，都倾向于推脱道德责任，并将自己的犯罪行为进行外归因(Johnsson et al.，2014)。

敌意归因的心理逻辑是什么呢？布莱克本(Blackburn，1998)的研究表明，成人的持续犯罪其实反映了他们试图掌控其心目中感知到的敌意和威胁性的社会环境。布莱克本认为，终身持续的犯罪者建立了一套固化了的敌意所支配的人际互动模式。他们不是缺失良心，也不是自我控制存在不足，而是试图掌控与支配他人与社会环境。在一个被疏离的世界中，为了维持自己的地位，控制周遭的环境，终身持续犯罪人所精心推演的认知脚本，其目的通常是以一种敌意的方式去控制他们认为深具敌意的社会环境。

　　攻击与暴力是解决冲突最简单、直接的方式。与敌意攻击的解决办法相比，亲社会的解决方法既麻烦又漫长，难以应用。事实上，那些"头脑简单"的人更愿意寻找简单而直接的冲突解决方法。而且，由于亲社会的解决方法更为复杂且难以应用，所以需要更多的社会技巧，而培养有效的社会技巧需要长时间的培训与强化，以形成熟练的认知脚本而派上用场；简单、直接的攻击行为则相反，它们通常给攻击者即时强化，这样的行为模式也就更容易被保留下来。休斯曼和埃伦(Huesmann & Eron，1984)在进行了一项长达22年的纵向研究之后得出这样的结论，即智能低下和社交技能不足会在早期阶段就对儿童的行为方式产生影响，使儿童在解决冲突时采取更多的攻击行为。研究表明，严重青少年性犯罪者在社交能力方面存在明显的缺陷，包括社交技巧不足、同伴关系差、被同伴孤立等(Righthand & Welch，2001)。该研究还证实，这种攻击性的行为模式会被个体在跨时间和跨情境中持续使用并保存下来。需要指出的是，这种关系不是单向的而是相互的，即不只是智能缺陷和社交技巧不足会导致攻击行为；反过来，攻击行为也会阻碍个体与教师和同伴的积极交往，影响儿童智力和社交技能的发展，导致长期的恶性循环。

1.3　社会信息加工

　　道奇等人(Dodge et al.，1995)提出了儿童攻击行为的社会信息加工模型(social information process model)，认为个体对挫折、愤怒或者他人挑衅的反应，不仅依赖情境中出现的社会线索，更依赖个体对这些线索的信息加工与解释。道奇将青少年对攻击行为产生的心理加工过程分为六个阶段，依次是线索编码、线索解释、澄清目标、搜寻或建构新反应、评估与决定行为反应并启动行为。在这个过程中，高攻击性的青少年就表现出许多的错误认知和敌意归因的方式。

在线索编码阶段，个体选择性地输入情境中对他重要的特定信息，并存储在短时记忆里。攻击性儿童大多输入很少的情境线索，很少主动搜寻额外信息以澄清不明晰的情境，并且倾向于扭曲情境中较有煽动性但不一定是攻击性的信息，或选择性地输入具有敌意的信息(Slaby & Guerra，1988)。

在线索解释阶段，个体将线索编码后加以解释，经由心理表征存储在长时记忆里。个体对线索的解释和表征是一个主观的、有意义的认知解析过程。具有攻击性倾向的儿童更为明显地倾向于将情境中模糊不清的信息，解读为具有挑衅性意义的信息进行敌意归因(Nasby，Hayden，& DePaulo，1980)。敌意归因和攻击行为有非常显著的关系，儿童常因误解信息而导致攻击反应频率增加。

在澄清目标阶段和搜寻或建构新反应阶段，个体到长时记忆中搜寻过去曾经使用过、学习过的行为或建构新行为。倘若个体记忆库中充满轻易即可取得的攻击与暴力行为技巧或行为组合，个体就可能以攻击与暴力的方式对环境刺激做出反应。攻击性儿童通常比一般儿童较缺乏甚至无法构想出可解决问题的反应(Platt，1976)，他们大多以"具有敌意的内容"做出反应，反应方式也缺乏灵活性。

在评估阶段与决定行为反应阶段，个体发动已决定选用的行为，个体的过去经验、通过观察和练习所获得的语言及动作技能对行为的发动有决定性影响。攻击性儿童和青少年在考虑攻击行为可能导致的结果时，大多倾向于做出正向的评估。他们认为攻击反应可带来物质酬赏、获得同伴认同、减少负面结果、提高自尊和得到正向情绪感受等积极结果。他们赋予攻击行为相当程度的加权比重(Boldizar，Perry，& Perry，1989)。攻击性儿童具有攻击正向效能信念(Crick & Dodge，1994)。

道奇认为，儿童早年社会化经验尤其是受虐经验可能导致儿童错误认知模式的构建，并以潜在的知识结构存储在个体的记忆库里，在儿童成长的过程中，会随时被提取出来。而错误的认知模式（如错误的编码、敌意归因偏好、攻击行为的表现、攻击行为结果的正向评价）又会引导儿童的行为表现。道奇的研究认为，早年的受虐经验可解释将近三分之二的攻击行为的产生。

1.4 道德发展滞后

道德认知发展理论（moral cognitive developmental theory）是科尔伯格（L. Kohlberg）在皮亚杰认知发展理论的基础上修改完善而成的。他提出人类在成长过程中经历不同的道德发展阶段，包括前习俗、习俗和后习俗三个水平，每一个水平包括两个阶段，依序发展。科尔伯格将此理论直接运用到对攻击行为的解释上（Kohlberg，1969）。

科尔伯格采用"道德两难"故事来研究道德认知发展。他设计了一系列道德两难故事，其中最为典型的就是"海因兹偷药"的故事（朱智贤，1990）。

欧洲有个妇人患了特殊的癌症，生命垂危。医生认为只有一种药能救她，就是本城药剂师最近研制的一种新药。配制这种药成本为 200 元，但药剂师索价 2000 元。病人的丈夫海因兹到处借钱，最终才凑得 1000 元。海因兹迫不得已，只好请求药剂师便宜一点卖给他，或者允许他赊账，但药剂师说："我研制这种药，正是为了赚钱。"海因兹走投无路，撬开了药店的门，为妻子偷了药。

针对"海因兹偷药"的行为，科尔伯格向被试提出了一系列问题，如"海因兹该不该偷药？为什么？""假如海因兹不爱他的妻子，他是否应该去偷药？为什么？"等，借此分析被试在回答问题时是如何进行道德推理和判断的。

科尔伯格认为，道德认知发展是从他律到自律的过程，道德发展最终要内化成为个体的心智。个体所处的阶段越低，道德推理越具体，更多地服从他人与权威；阶段越高，道德推理越抽象，更多

地信奉自己的良知与信念。在科尔伯格看来，暴力攻击行为与道德
推理的发展滞后（development delay）有关。许多攻击行为的发生与
个体的道德认知能力停滞在第一水平密切相关。当存在犯罪机会
时，个体没有发展出相应的内部机制来控制自己的行为和抵制
诱惑。

　　青少年犯罪者表现出道德发展滞后的现象，其道德成熟度低于
守法青少年。在很多研究中，许多青少年犯罪者的道德判断水平相
当于前习俗水平的第二阶段（Arbuthnot，Gordon，& Jurkovic，
1987）。道德发展与暴力犯罪的关系，还因犯罪类型的不同而有差
异。有研究发现，预谋性暴力犯，其道德推理处于前习俗水平的第
二阶段，认为犯罪行为是正当的，个人利益在价值上超过了被惩罚
的危险；而冲动性暴力犯，其犯罪行为与道德发展的关联就很小
（Thornton & Reid，1982）。陈建安和谢静琪（2001）采用吉布斯
（J. C. Gibbs）的道德发展测量工具对 45 名一般青少年和 67 名犯罪青
少年的道德认知发展进行了比较，发现犯罪青少年道德认知发展平
均在第二水平，且犯罪青少年比一般青少年更加以自我为中心，具
有追求利益的道德价值观。

2　亲犯罪态度：暴力犯的认知方式

2.1　暴力态度

　　态度是个体对客体在多大程度上持支持或不支持评价的心理倾
向，被认为是行为的重要影响因素，之所谓态度决定一切，也包括
对暴力行为的影响。暴力态度是指对暴力持积极或消极评价的反应
倾向（关慕桢等，2010）。目前已有许多研究表明暴力态度与暴力行
为发生频率高度相关，那些对暴力持有积极态度的个体实施攻击与暴
力的可能性更高，而对暴力持否定态度的则会抑制暴力行为的产生

(Connolly et al. , 2010；Vernberg, Jacobs, & Hershberger, 1999)。

　　威尔逊等人(Wilson, Lindsey, & Schooler, 2000)提出了双重态度模型理论。该理论认为个体对于同一客体可以做出两种不同的评价：一种是自动化的、内隐的态度；另一种是外显的态度。当态度发生改变时，人们由旧的态度 A1 改变到新的态度 A2，但是旧的态度 A1 仍然留存于人们的记忆中潜在地影响着人们的认识和行为，这就导致了"双重态度"。基于这一理论模型，威尔逊和林赛提出了这样的理论观点：外显态度与内隐态度能共存于人的记忆中；内隐态度是被自动激活的，而外显态度则需要较多的心理能量和动机从记忆中去检索；即使外显态度被人们从记忆中检索出来，内隐态度也还会影响人们的无意识行为和自主反应；外显态度相对易于改变，内隐态度的改变则很难；在面临冲突情境时，双重态度的个体通常报告的是更易获取的外显态度。

　　根据双重态度模型，个体对暴力的态度可分为两种：一种是主动搜索的、外显的暴力态度，另一种是自动化的、内隐的暴力态度。外显的暴力态度一般通过自我报告的方式来测量，主要的测量工具包括芬克等人的暴力态度问卷(Funk et al. , 2003)、赫克尔等人的暴力态度量表(Velicer, Huckel, & Hansen, 1989)，以及由此衍生出的不同类型的暴力态度量表，如家庭暴力态度问卷(Slovak, Carlson, & Helm, 2007)、人际暴力态度问卷(Fincham et al. , 2008)等。其中使用较多的是芬克等人编制的暴力态度问卷，该问卷主要由 14 个项目组成，包括两个维度，即暴力文化和反应性暴力(Funk et al. , 1999)。其中暴力文化是指个体认为暴力是可接受和有价值的行为选择，而反应性暴力则是指个体对觉察到的现实威胁的暴力回应。测量内隐暴力态度的方法有内隐联想测验、Go/No-go 联想测验、情感错误归因程序等。其中内隐联想测验(implicit association test，IAT)是目前测量内隐暴力态度最常用的方法。通过 IAT 来考察被试在完成不同反应任务时（相容任务，如非暴力—积极/暴力—消极；不相容任务，如非暴力—消极/暴力—积极）行为表现上的差异，通过反应时的差异来推断个体所持有的内隐暴力态度。

攻击与暴力的发生是许多风险因素共同作用的结果，而暴力态度是其中最重要的中介变量之一。由于外显暴力态度容易受到社会赞许性的影响，因此内隐暴力态度目前被认为是对攻击更有效的预测指标，许多研究结果都支持这一观点。例如，格雷（Gray，2002）等人的研究发现，精神病态杀人犯对暴力词汇和消极词汇的联结强度要弱于非精神病态杀人犯，即精神病态杀人犯在内隐层面上对暴力持更积极的态度。一项研究测量了冲动性暴力犯和预谋性暴力犯的内隐道德情绪，发现只有预谋性暴力犯出现了 IAT 效应，即预谋性暴力犯对暴力的内隐态度更加积极（Cima，Tonnaer，& Lobbestael，2007）。另一项研究对家暴组和社区对照组的内隐暴力态度进行了比较，结果表明家暴组被试对暴力表现出更积极的内隐暴力态度（Christopher et al.，2012）。

在认知神经科学的研究方面，一项针对脑损伤患者的研究结果表明，背外侧前额叶和颞后下皮质是与内隐暴力态度相关的重要脑区，这些区域受损都会使个体对暴力持更积极的内隐态度（Cristofori et al.，2016）。研究还表明，精神病态个体的背外侧前额叶、眶额皮层、杏仁核等脑区也存在异常（Dolan & Park，2002；Rilling et al.，2007），这些脑区的损伤使得个体在痛苦情绪识别上存在缺陷，无法形成厌恶条件反射，因此会将攻击视为不那么令人厌恶的行为，内隐上更认可暴力，具有较高的攻击性（Blair，1995；Patil，2015；Rothemund et al.，2012）。

2.2　注意偏向

注意偏向（attentional bias）是指相对于中性刺激，个体对与之相关的威胁刺激或相关刺激表现出不同的注意分配（Bar-Haim et al.，

2007)。研究个体注意偏向的实验范式主要有情绪 Stroop 范式、视觉搜索范式、点—探测范式、负启动范式、注意脱靶等。国内外学者采取多种范式对暴力攻击个体的注意偏向进行了较为系统的研究，发现暴力攻击个体存在注意偏向，相对于中性刺激，他们偏向于注意那些敌意性的刺激(喻丰，郭永玉，2009)。

社会信息加工理论认为，个体在社会信息加工过程的某些阶段上的偏向和缺陷导致了反社会行为的发生。道奇等人(Dodge et al.，2002)发现，注意偏向主要发生在社会信息加工的编码阶段。攻击性儿童在编码阶段会选择性地注意那些具有自我威胁性的线索，在解释阶段倾向于敌意归因，在问题解决与决策阶段会产生攻击性反应。

史密斯和沃特曼(Smith & Waterman，2003)采用点—探测范式和情绪 Stroop 范式来探讨暴力犯、非暴力犯以及大学生被试对愤怒性语义刺激的注意偏向。结果发现，与非攻击性大学生和非暴力犯相比，攻击性大学生和暴力犯在点—探测范式中均表现出对攻击性词语的注意偏向；在情绪 Stroop 范式中，与正性和中性的情绪词相比，攻击组表现出对具有攻击性、负性情绪的词语显著的注意偏向。后来，史密斯和沃特曼(2004)采用点—探测范式和视觉搜索范式再次验证了该结果。一项研究以家庭暴力中的男性施虐者为研究对象，发现他们对攻击性词语分配更多的注意资源，对环境中的负性情感刺激更加敏感(Chan et al.，2010)。对强奸犯的相关研究也发现，强奸犯在包含色情内容的信息上存在注意偏向(Gress，2007；Conaglen，2004)。

在反应性攻击与工具性攻击上，也存在注意偏向的差异。与工具性攻击相比，反应性攻击与社会线索的注意缺陷存在相关(Dodge & Schwartz，1997)。希佩尔等人(Schippell et al.，2003)采用点—探测范式发现反应性攻击与对攻击性线索的注意偏向有关。一项研究以反应性暴力犯、工具性暴力犯和对照组为被试，探讨不同类型的暴力犯对负性表情（愤怒、恐惧、悲伤）的注意偏向，结果发现，与悲伤、恐惧、高兴和中性情绪相比，反应性暴力犯在愤怒情绪出现后定位目标需要更长的时间，表明反应性暴力犯在威胁性信息上存在注意解除困难（Chen et al.，2008）。毛孜毅（2012）对青少年暴力犯的眼动研究发现，在表情面孔图片自由浏览任务中，反应性暴力犯对悲伤、高兴面孔的注视时间长于工具性暴力犯，而在愤怒面孔上没有差异，与之前的研究有所不同；但在攻击情境图片浏览任务中，反应性暴力犯组对威胁性信息（攻击的躯体动作）的注视时间长于工具性暴力犯组和对照组，表明了反应性暴力犯对威胁性信息的注意偏向。

认知过程还包括记忆的问题。一项针对违法犯罪青少年面孔情绪认知的行为学研究，采用视觉搜索范式和延迟匹配范式了解违法犯罪青少年对不同情绪面孔的注意加工特点和对不同情绪面孔的工作记忆加工特点。结果发现，违法犯罪组对悲伤和愤怒存在加速的注意偏向但反应准确率低，并且对愤怒的工作记忆的正确率和辨别力均较低（谢琴红，2021）。

在违法犯罪青少年面孔情绪认知缺陷的神经电生理研究中，采用 oddball 范式和延迟匹配范式结合事件相关电位技术，考察违法犯罪青少年对不同情绪面孔的注意加工的神经机制和工作记忆的神经机制。结果发现，在注意阶段，违法犯罪组所有面孔诱发的 MMN1 和 MMN2 均小于对照组；且在 MMN1 成分上，对照组对恐惧情绪有显著的注意偏向，而违法组并无此趋势；说明违法犯罪青少年对面孔情绪的注意加工较弱，且缺乏对恐惧情绪的特异性注意加工。在工作记忆的编码阶段，与对照组青少年相比较，违法犯罪组高兴、恐惧诱发更小的 EPN 波幅，悲伤、愤怒诱发更小的 P2 和 LPP 波幅；在工作记忆的保持阶段，违法犯罪组愤怒面孔诱发的波幅显著大于中性、悲伤、高兴和恐惧面孔。研究结果说明，违法犯罪青少年对所有面孔情绪的编码受损，其中恐惧和高兴面孔的编码受损出现在早期，悲伤和愤怒面孔的编码受损出现在中晚期；在工作记忆保持阶段，违法犯罪青少年对愤怒面孔表现出记忆偏向（谢琴红，2021）。

2.3　犯罪思维

犯罪思维与犯罪行为紧密相关。罪犯的思维方式和思维特点是与众不同的，约克尔森和萨梅诺指出所有的犯罪者都具有独特的"犯罪思维模式"，包括不合逻辑、目光短浅、不健康的人生观和价值观等偏差的认知形态（Yochelson & Samenow，1976）。罗斯和法比亚诺总结了52种特点来详细说明犯罪思维，包括凝固的、碎片的、缺乏共情的、没有时间感的、草率决策的，以及认为自己是受害的，等等（Ross & Fabiano，1985）。

沃尔特斯（Walters，1990）在前人研究的基础上，提出了8种犯罪思维，它们分别是：自我安慰（mollification）、切除斩断（cutoff）、特权化（entitlement）、权力倾向（power orientation）、虚情假意（sentimentality）、过分乐观（superoptimism）、认知怠惰（cognitive indolence）、半途而废（discontinuity）。

自我安慰指犯罪者把从事犯罪行为的负面结果归责于他人和外在环境，而将自己应负的责任排除在外；切除斩断指犯罪者迅速地利用各种手段消除那些阻止其从事犯罪活动的各种威慑因素的能力，如利用饮酒来壮胆，或使用海洛因来安抚神经，或利用古柯碱来提高警觉性等，这些手段都能帮助他们免于恐惧、增加胆量；特权化指犯罪者认为自己具有特权，可以免除一般人所遵从的规范与约束，从而去从事违法犯罪活动；权力倾向指犯罪者渴望获得权力，控制他人；虚情假意指犯罪者通过各种各样好的行为来为自己的犯罪行为寻找借口，加以辩护，如利用非法获得的财物购买礼物给家人、朋友，或者积极参加公益活动等，这些都是希望别人认为自己是个好人；过分乐观指犯罪者具有不切实际的信念，认为自己一定能够避免从事犯罪活动所带来的不良后果；认知怠惰指犯罪者在最初从事犯罪活动时，可能会花许多时间与精力去认真评估其从事犯罪活动的成本和收益，但时间一长，他们的思维会变得倦怠与凝固，不再对自己的行为做评估与计划；半途而废指以思维与活动缺乏连续性为特征，罪犯常常忽略长远的目标，而去追求即时满足，无法专注于自己的承诺与计划。

沃尔特斯 1965 年编制的犯罪思维风格量表（psychological inventory of criminal thinking styles，PICTS），包含 80 个项目，采用自我报告的方式来测量犯罪者是如何思考的。PICTS 采用李克特 4 点计分法，包括上述 8 个犯罪思维特点的分量表，即自我安慰、切除斩断、特权化、权力倾向、虚情假意、过分乐观、认知怠惰、半途而废分量表和 2 个效度量表，每个分量表又有 8 个项目。在此基础上，还整合了 2 个高阶的合成量表——主动性犯罪思维（proactive criminal thinking，P）和反应性犯罪思维（reactive criminal thinking，R）以及 1 个总体犯罪思维量表（general criminal thinking，GCT）。PICTS 具有良好的信效度（Walters & Mandell，2007；Walters & Schlauch，2008），而衍生出来的 P、R、GCT 等分测验也具有较好的信效度（Walters，2010）。

犯罪思维与暴力犯罪关系的研究，更多聚焦于对再犯的预测上。沃尔特斯等人（1997，1999）以北美的罪犯为研究对象，使用 PICTS 进行测量，发现犯罪思维对刑满释放人员的再犯行为具有很好的预测作用，PICTS 中的大部分犯罪思维方式都能预测将来的再犯行为（Palmer & Hollin，2004；Walters，1997，2005）。

不同类型的犯罪思维对犯罪者行为的预测力是不同的。比较一致的结论是总体犯罪思维、主动性犯罪思维和冲动性犯罪思维具有较好的预测力。学者吴芝仪（2001）以沃尔特斯的 PICTS 为基础做焦点访谈，对 12 名罪犯进行研究发现，累犯倾向于过分乐观、虚情假意和认知怠惰，而暴力犯则显露出较强烈的权力倾向。该研究对于了解各类型犯罪者的犯罪思维方式，进行个别化的干预具有启发作用。

一项研究采用沃尔特斯的犯罪思维风格量表，对年龄与受教育年限相匹配的 114 名暴力犯和 141 名诈骗犯进行测量，根据计分手册，总分 T ≥ 60 表明被试具有犯罪思维。结果发现，141 名诈骗犯在各思维风格上的人数分布是，虚情假意型(Sn)分量表中 T ≥ 60 的最多，其次是权力倾向(Po)和自我安慰型(Mo)，过分乐观型(So)中 T ≥ 60 的人数最少。采用独立样本 t 检验比较两种不同犯罪类型的犯罪思维风格差异，在 PICTS 各分量表上，诈骗犯与暴力犯得分差异表明，在效度量表的防卫性维度上，诈骗犯显著高于暴力犯；思维风格分量表有两个方面存在显著差异：在切除斩断倾向上，暴力犯显著高于诈骗犯，在虚情假意型倾向上，诈骗犯显著高于暴力犯。

此项研究结果表明，虚情假意型、权力倾向、自我安慰型是诈骗犯典型的三种思维风格，而暴力犯典型的三种思维风格是权力倾向、切除斩断及虚情假意型。同时，诈骗犯的防卫性显著高于暴力犯，暴力犯的切除斩断倾向显著高于诈骗犯，诈骗犯的虚情假意型倾向显著高于暴力犯。

2.4　道德推脱

道德推脱(moral disengagement)指个体为了摆脱内心的谴责，对自身违反道德标准的行为进行合理化建构的过程(Shulman et al.，2011)，它是个体产生的一些特定的认知倾向，包括重新定义自己的行为使其伤害性显得更小、最大限度地减少自己在行为后果中的责任或降低对受害者痛苦的认同(杨继平，王兴超，高玲，2010)。当个体违反其内部道德标准时，可以通过道德推脱使道德的自我调节功能失效，进而摆脱内疚和自责，因此，高道德推脱水平的个体更有可能做出不道德行为，小到非法下载，大到种族灭绝。

2.4.1 对道德推脱的测量

道德推脱问卷（moral disengagement scale，MDS），由班杜拉（A. Bandura）等人（1996）编制，共 32 个条目，包括八个推脱机制：道德辩护、委婉标签、有利比较、责任转移、责任分散、扭曲结果、非人性化和责备归因。该问卷采用李克特五点计分方式，得分越高表示个体的道德推脱水平越高，具有较好的内部一致性系数。国内学者王兴超和杨继平（2010）对该问卷进行了修订。

2.4.2 道德推脱与犯罪的关系

大部分关于道德推脱的研究是以一般青少年为研究对象的，这些研究表明道德推脱是反社会行为发生的一个重要风险因素，高道德推脱水平的青少年更可能参加到反社会行为的活动中。在以儿童与青少年为被试的研究中，道德推脱与攻击行为（Bandura et al.，1996；Pelton et al，2004）、欺负行为（Gini，2006；Hymel，Rocke-Henderson，& Bonanno，2005）、青少年违法行为（Bandura et al.，1996；Bandura，Caprara，& Barbaranelli，2004）之间具有正相关。帕切洛（M. Paciello）等人（2008）进行的一项纵向研究发现，随着青少年步入成人阶段，道德推脱水平的降低会促使反社会行为减少。国内有研究者分别以青少年（杨继平，王兴超，2012）和大学生（张馨，2012）为样本进行施测，也发现道德推脱对攻击行为具有显著的正向预测作用。

近年来，国内外研究者开始关注罪犯的道德推脱与攻击行为的关系研究。与一般人群相似，高道德推脱水平会促使反社会行为的发生。斯塔夫罗斯（Stavros，2008）采用结构访谈法和问卷调查法对152 名男性罪犯进行了道德推脱的研究，研究表明，与普通人相比，罪犯具有更高的道德推脱水平。伍德（Wood）等人（2009）研究男性成人罪犯的道德推脱与暴力行为之间的关系，发现卷入帮派活动的罪犯总刑期更长，有更多暴力行为和高道德推脱水平，道德推脱在帮派行为和暴力行为之间起部分中介作用。高玲等人（2012）以 424 名男性成年罪犯为被试，发现道德推脱对攻击行为有显著的正向预测作用。舒尔曼等人（Shulman et al.，2011）首次对 1169 名男性重罪青少年犯进行纵向研究，发现道德推脱水平的降低能够促进反社会行为的减少，并且在控制了潜在混淆变量 CU 特质之后这种关系依然存在。

3 风险决策与暴力犯罪

暴力犯的决策特点是犯罪心理学研究的一个重要主题。决策在我们日常生活中无处不在，通常指决定的策略或办法，是人们为各种事件出主意、做决定的过程。它是一个复杂的思维操作过程，是信息收集、加工，并做出判断、得出结论的过程。对于暴力犯决策特点的研究有助于对暴力行为成因的深入了解，进而为暴力犯罪的预防和改造提供参考。犯罪行为是犯罪者决策的结果，在犯罪过程中，被害人的反抗、犯罪者所处的环境条件、犯罪所获得收益或面临的刑罚都具有一定的不确定性，因此，犯罪行为决策就是在不确定条件下做出的风险决策。

3.1 抑制控制障碍

抑制控制（inhibitory control）是决策功能的核心成分，也称"自我控制""冲动控制""自我调节""执行性控制"等，指抑制或压抑与当前任务无关但具有支配性的想法或行为的能力（Garavan，Ross，& Stein，1999）。重复性的暴力犯罪者常常是在抑制控制过程中出现了问题（陈巧云，2014）。社会性动物通常在看见对手表现出臣服的动作时，就会抑制自己的攻击行为，而对于人类来说，通常是看见别人表现出悲伤或者害怕的表情时，就会抑制自己的攻击行为。格雷（Gray，1987）将个体行为分为两个系统：一是以奖励为基础的行为激活系统，二是以惩罚为基础的行为抑制系统。冲动行为的产生可能是由行为激活系统过度活化，或者是由抑制系统过于薄弱，无法抑制不当行为所致。在这两个系统中，任一系统的失调都有可能导致暴力行为。陈巧云（2014）使用停止信号范式测量暴力犯的抑制机制，发现暴力犯的行为机能偏向于冲动性暴力行为，他们的停止信号反应时间显著长于非暴力犯，因此认为暴力犯抑制自己的行为能力较差，无法有效地调控负面情绪，这种较低水平的抑制能力会导致其犯下更多的错误。一项事件相关脑电研究发现，反应性暴力犯的优势反应过强，抑制控制早期阶段的冲突监控功能异常，而工具性暴力犯的抑制控制缺陷可能体现在抑制控制晚期阶段的反应抑制功能异常上（刘旭，2010）。

抑制控制可以分为对运动反应的抑制、对认知的抑制和对情绪反应的抑制（Dillon & Pizzagalli，2007），由三个互相联系的过程组成："对某事件原始优势反应的抑制""冲突控制""停止一个正在进行的反应"。神经生理学的研究发现，前额皮层是抑制控制的主要脑区（Dolan et al，2002），而皮层下结构（如杏仁核）对抑制控制也起到了作用（Rieger，Gauggel，& Burmeister，2003）。由前述决策障碍的神经机制可知，抑制控制功能的缺陷可能会使个体产生违法犯罪行为。

勒马昆德（G. Le Marquand）等人（1998）的研究表明攻击性青少年普遍存在抑制控制的缺陷。摩根（A. B. Morgan）和利连菲尔德（Lilienfeld，2000）的元分析发现，执行功能失调与犯罪和青少年违法行为均有强相关，而抑制控制是执行功能的核心部分。昂蒂科特（Enticott，2007）以犯罪者与相匹配的对照组为对象，发现犯罪者抑制控制功能减弱。有研究者使用 Go/No-go 抑制控制任务探查了反应性暴力犯的抑制过程。使用 ERP 电生理指标发现：反应性暴力犯的 N2 波幅显著低于工具性暴力犯和对照组，而在 P3 上没有差异，说明反应性暴力犯在抑制控制早期阶段的冲突监控上发生了异常，而在晚期阶段的反应抑制上趋于正常(Chen et al.，2008)。刘旭(2007)的研究验证了之前研究者的结论，并发现工具性暴力犯的抑制控制缺陷可能体现在反应抑制功能的异常上。另一项使用抑制性的停止信号任务的研究也发现反应性暴力犯确实存在优势反应抑制的问题，但只是表现在特定的(如时间压力)情境中(Chen et al.，2008)。他们认为，更紧迫的实验任务产生了更多负性情绪或挫折，使得反应性暴力犯更难抑制反应，可能是他们的上内侧或前中央额叶皮质调节功能异常所致的。

精神病态与更加严重的反社会模式有关。有文献提出，精神病态患者的抑制控制功能减弱(Cima & Hauser，2010)，他们的冲动性和去抑制行为包括难以规避惩罚与难以抑制优势反应，这些都是反应调节功能异常所致的，代表一种情境特异化的缺陷。当刺激情境为中性时，精神病态患者涉及反应抑制的神经加工过程是正常的(Munro et al.，2007)。劳斯和图潘(Roussy & Toupin，2000)使用威斯康星卡片分类任务、嗅觉分辨任务和行为学的 Go/No-go、停止信号等任务比较了精神病态罪犯和非精神病态罪犯的额叶功能。研究表明，精神病态患者确实在行为学抑制任务上的表现较差，但在涉及额叶背外侧区域功能的测量中未发现与非精神病态罪犯存在差异。因此，皮下功能异常而非前额功能缺陷可能是精神病态罪犯的生理基础。

3.2 情感决策

情感决策(affective decision making)是同时包含情感与逻辑的决策过程，旨在做出对个体将来有利或对他人和社会有利的选择与决定(李红，高山，白俊杰，2005)。情感决策功能缺陷会带来严重的个人或社会后果，如吸毒、违法犯罪等。

　　暴力犯存在情感决策的缺陷，黄志强（2011）对暴力犯决策特点的研究显示，暴力犯表现出明显的框架效应且在面对生命问题时表现出较高的冒险态度。其中，精神病态暴力犯作为一个更加严重的暴力犯群体，在决策任务中也显示存在一定的决策缺陷。爱荷华赌博任务（Iowa gambling task，IGT）是测量情感决策功能的经典实验任务，它的最大特点是模仿现实生活中的决策情境：既有奖励，也有惩罚，且奖惩具有不确定性。米切尔（Mitchell）等人（2002）的一项研究表明，与暴力犯相比，精神病态暴力犯在 IGT 上表现得更差，随着时间的推移，对照组学会了规避"风险"选项，但精神病态组没有这种表现。布莱尔（Blair）等人（2006）采用差别奖赏/惩罚学习任务（differential reward/punishment learning task，DRPLT）来研究精神病态犯罪者的决策特点。研究发现，与对照组相比，精神病态犯罪者在获利和损失情境中均存在决策障碍，而且在损失情境中的决策缺陷要比获利情境中的决策缺陷更加严重。

　　此外，一些国外学者还关注了精神病态个体存在决策缺陷的神经生理学基础。贝沙拉等人（Bechara et al.，2010）进行了大量关于脑损伤患者在 IGT 上表现出决策缺陷的研究。他们发现，当精神病态个体在 IGT 中表现出类似的决策缺陷时，可以推测其相关脑结构可能受到损伤（Blair et al.，2001；Mitchell et al.，2002）。近年来，一些研究者开始采用功能磁共振成像技术对精神病态个体的决策进行研究。格伦等人（Glenn，Raine，& Schug，2009）采用 fMRI 技术研究精神病态个体的道德决策，发现高精神病态个体的杏仁核活动降低；精神病态量表中的人际维度得分高的个体表现出内侧前额叶、后扣带回、角回的功能降低。在后来的补充分析中还发现，精神病态个体的背外侧前额叶皮层的活动增强。黄秀（2014）采用杯子任务对精神病态暴力犯进行研究发现，与对照组相比，精神病态暴力犯在风险决策任务中更加冒险，他们在获益情境中，同样表现出较高的风险寻求，没有发生风险规避，即在获益情境中的风险劣势水平上更加冒险，存在决策缺陷。与此同时，采用 ERP 技术进行研究还发现，在获益情境中，精神病态暴力犯对刺激反馈的加工存在异常，与对照组相比，正性反馈刺激 P200 同样诱发了较大的 FRN 波幅；在损失情境中，精神病态暴力犯对反馈刺激的加工不足，与对照组相比，反馈刺激（正性和负性）诱发的 P300 波幅降低，潜伏期延长。在对 P300 和 FRN 的数据分析中发现，两组被试的差异主要存在于额叶区域，且 FRN 反映内侧前额叶/前扣带回的活动。因此，精神病态暴力犯可能在额叶皮层存在异常，导致其在风险决策过程中无法产生正常的情绪反应，表现出相关的脑电成分异常。

第6章

暴力犯罪的社会变量

案例

据英国媒体 15 日报道，英国诺福克郡迪斯市的麦克菲一家被称作"来自地狱的家庭"，因为这一家 6 口——从父母到儿子、孙女竟全是犯罪分子。这个英国最邪恶的"犯罪家庭"让当地人退避三舍。

麦克菲一家的女家长是现年 70 岁的祖母贝茜，她在家中拥有绝对的权威，尽管贝茜总是对人称她现在已经退休，但事实上她这辈子从来没有工作过。她喜欢向当地年轻人兜售大麻，因此获得了"臭鼬太太"的绰号。贝茜曾多次因为贩卖大麻被逮捕，此外她还曾用碎酒瓶打瞎了一个年轻女人的眼睛，可贝茜却没有受到任何指控，因为这起袭击案的唯一目击证人，正是麦克菲家中的另一名家庭成员。所谓"不是一家人，不进一家门"。贝茜现年 74 岁的丈夫艾尔伯特也是一名声名狼藉的职业罪犯，他犯过的罪行包括入室行窃罪、性袭击罪和诈骗罪等。

54 岁的大儿子西德尼在 10 岁时就因纵火被学校开除，后来他在屠宰场找到一份工作。1986 年，西德尼在工作场所狂性大发，挥舞电锯追赶同事致一名同事死亡，3 名同事受伤。西德尼因为杀人罪被判入狱 15 年，只坐了 8 年牢就提前获释。49 岁的二儿子雷蒙德体重 160 公斤，由于太胖无法工作，一直领取着丰厚的残疾救济金。虽然雷蒙德连走路都困难，但并不妨碍他成为一名惯盗。一次，他在醉酒后撬门进入一家面包店行窃，结果竟在店中大睡，被店主逮了个正着。38 岁的三儿子乔恩也是一名职业罪犯，他犯下过的罪行包括伤人罪、严重伤人罪、谋杀未遂罪和纵火罪。据悉，乔恩和他的两个哥哥都是当地警察局中的"常客"。

麦克菲夫妇的孙女塔拉虽然只有 20 岁，但在家人的影响下犯下了包括交易大麻、伤害和入室行窃等一系列罪行。塔拉从未上过一天学，她的母亲原是酒吧招待，在生下她后就失踪了。塔拉性生活相当混乱，她至少怀孕过 4 次。

更让当地人愤怒的是，麦克菲一家 6 口人没一人有工作，他们住在宽敞的政府廉租房里，靠每年近 20 万英镑的政府救济金生活，而这笔钱全由纳税人买单，因此这个家庭也被称作"寄生虫家庭"。（《东楚晚报》，2009-12-17）

在前面，我们介绍了犯罪的生物学因素，也提到了犯罪行为实际上受基因和环境的交互作用。良好的环境能够减少个体犯罪基因的影响，而混乱的环境则会加剧不良行为的发生。在上述案例中，尚不清楚这一家人是否都有犯罪的生物学条件，但可以肯定的是，家人的不良行为在相互间会影响、传递、强化。在家庭中，家庭结构、教养方式、社会经济水平都影响着个体的不良行为，家庭中的暴力行为也将产生代际传递。个体在家庭中，首先会学习和模仿父母的行为方式，继而习得类似的行为。进入青少年阶段，同伴交往是个体社会化的重要途径，个体的行为会深受同伴的影响。随着互联网技术的发展，网络和传媒也是个体行为习得的重要媒介。暴力行为的发生还会受到情境的影响，如群体中的去个性化会影响群体暴力和网络暴力的发生。

1　父母与家庭：暴力犯罪的第一道防线

1.1　家庭结构与家庭功能

1.1.1　家庭结构的变迁与未成年犯罪

家庭结构与未成年人的发展密切相关。在过去的 20 年里，我国的家庭居住结构发生了很大的变化。我国的离婚率在近年内有持续增长的趋势，从 2010 年的 2.0％攀升到 2017 年的 3.2％。2017 年办理离婚手续的夫妇达到 437.4 万对。此外，由于人口流动增加，外出务工人员增加，未成年人隔代抚养的比例也在持续增加。2010 年，隔代抚养家庭比 2000 年提高了 31.75％，比 1982 年增长了192.63％（权小娟，张钦，2020）。离婚和隔代抚养导致了单亲家庭、再婚家庭、留守儿童，此外，不完整的家庭居住结构还包括父亲或母亲去世的单亲家庭，或者孤儿家庭。不完整的家庭居住结构主要指在家庭中，父母单方或双方缺位。而完整的家庭居住结构是指父母和孩子居住在同一地方，且主要由父母承担照顾、养育孩子的任务。

2016 年，我们在西南某省份的未成年犯管教所访谈过一组案例，一个涉故意伤害、抢劫的犯罪小团伙中有 4 名未成年人在同一所监狱服刑。15 岁的李某是案发时年龄最小的，在他 2 岁的时候，其父母离异，父亲常年在外务工，一两年才回家一次，李某由 70 岁的爷爷看管。16 岁的王某也生活在单亲家庭，他的母亲在生下他后就不知去向，王某的父亲不久后重新组建了家庭，在王某的童年中，他经常被踢皮球一样从父亲家到爷爷奶奶家，王某 13 岁后就彻底辍学离家，游荡在社会。17 岁的赵某是唯一一个生活在完整家庭中的，他在 14 岁前跟随父母在外地生活，14 岁后由于不想上学，也找不到工作，便被父母送回老家。17 岁的闫某也是一名留守儿童，父母外出务工后把他送到姑姑家生活。在对他们的访谈中得知，唯一与父母生活时间长的赵某也觉得跟父母合不来，因为父母只会管着他，打骂也是家常便饭。服刑后，只有母亲来看过他两次，父亲已经对他彻底失望。其他三人与父母的关系更疏远，他们的父母对他们不闻不问，觉得他们是包袱，有的一年回家一两次甚至常年不回家。这些未成年犯的成长背景都存在同样的问题，父母缺位，该承担的教养和关爱缺失，亲子关系疏离。

现有的大部分研究均表明，青少年犯来自不完整家庭的比例远远高于普通人群。据调查，普通大学生 77 个样本中有 70 个，也就是大约91％来自父母都在的家庭。而 73 个青少年犯中只有 35 个也就是大约 48％来自正常家庭(程玉敏，2018)。说明普通大学生和青少年犯在家庭结构上的差异显著，破碎家庭与犯罪的关联明显。一项对 206 名未成年暴力犯的研究表明，家庭完整的未成年暴力犯的暴力风险水平显著低于家庭不完整的未成年暴力犯。来自不完整家庭的未成年暴力犯在暴力再犯风险总分、静态因子、家庭问题维度上出现的问题远多于家庭完整者，且差异显著(肖玉琴，2016)。在完整的家庭中，父母双亲的角色都没有缺失，能够共同对孩子进行教育和管理，程度更高、精力更充沛，并在未成年人的社会化过程中扮演不同的重要角色。父母双方任意一方的缺失在孩子的成长过程中都易造成不良影响，不完整家庭的孩子更容易缺乏关爱，行为管理也容易造成缺失，这种环境下的未成年人较易发展成孤独、自卑、攻击、自私的性格，从而提高未成年人犯罪的可能性。

随着二孩政策的实施，我国很多家庭里都会有一个或者多个子女，这打破了 20 世纪 70 年代末独生子女政策导致的一对父母只生一个孩子的状况。在青少年的问题行为发展中，兄弟姐妹在其中发挥了至关重要的作用。兄弟姐妹长时间生活在一起，他们完全可能在攻击行为和反社会行为的形成与发展中相互影响。有研究者提出，如果兄弟姐妹间的关系亲近，参与违法犯罪活动的兄长的行为会影响年幼的弟弟妹妹。如果兄弟姐妹间的关系不亲近，则可能出现相反的效果，也就是说，一旦兄长出现了不良行为，则年幼的弟弟妹妹会尽可能地朝相反的方向发展，不让自己变成兄长那样（Bartol，2017）。

1.1.2 家庭功能失调与未成年犯罪

近年来，许多研究者认为不是家庭结构本身导致未成年人的犯罪行为，而是不完整家庭引起了家庭功能失调，从而导致了未成年人犯罪行为的发生。家庭功能是"家庭成员之间生理、情感和心理活动的交互作用"，家庭功能的实现为家庭成员生理、心理、社会性等方面的健康发展提供一定的环境条件（冯海英，李凤，王清，2020）。家庭功能失调包括照管不到位、教育失衡、缺乏关爱等一系列影响儿童正常发展的因素。家庭结构、家庭氛围、家庭成员之间的关系都可能影响家庭功能的正常运转。比如，父母离异并不会直接导致未成年犯罪行为的发生，而是离异前后家庭本身存在的冲突或问题对未成年犯罪具有更直接的影响（蒋索，何姗姗，邹泓，2006）。

家庭功能中的情感反应、情感介入、角色与沟通能有效预测儿童和青少年的问题行为（冯海英，李凤，王清，2020）。因此，对于儿童来说，父母的积极养育（养育者对儿童需求敏感并及时回应、提供帮助、互动）对儿童的发展有关键性的保护作用和促进作用。而缺乏积极养育则会增加儿童的焦虑、抑郁等情绪症状。还有研究者提出，父母应该积极重视儿童在 6 岁前的高质量养育，从社会投资视角出发，儿童照顾可被视为一项人力资本投资行为，有利于促进劳动者素质的提升和社会经济的发展。对学龄前儿童（0～6 岁）的人力资本投资将收获最高的投资回报率，此后回报率将呈指数级下降。家长对儿童的照顾能提高低收入家庭的人力资本投资能力，获得高质量照顾的儿童未来更可能成为具备工作技能与健全品格的社会成员，从而促进劳动参与率的提高与良好社会氛围的形成；同时，这种社会投资有利于减少犯罪、失业与福利依赖等问题（Conley，2010；郭瑜，庄忠青，李雨婷，2020）。

1.2　不良教养方式对犯罪的影响

1.2.1　四种类型的教养方式

通常认为，教养方式存在四种类型，由两个独立维度组合而成。维度一是接纳/反应（acceptance/ responsiveness），主要描述父母对孩子表现出来的反应和爱的多少；维度二是命令/控制（demandingness/ control），主要描述父母对孩子限制和要求的情况。根据接纳和控制程度的高低组成了四种类型的教养方式：权威型（高接纳/高控制型）、放任型（高接纳/低控制型）、专制型（低接纳/高控制型）、忽视型（低接纳/低控制型）（Shaffer & Kipp，2009）。

权威型教养方式是灵活、民主、温暖、接纳的，父母能够给予孩子一定的自主，让他决定如何更好地迎接挑战和遵从规范，指导并有所控制。比如，父母与孩子经常就家庭中发生的问题进行意见交换，鼓励孩子参与家庭决策，鼓励孩子发展独立性和个性化。对于孩子的不良行为，父母也会给予控制和管教。权威型教养方式下的孩子在青少年期会表现出较高的自尊水平、非常好的社会技能、较高的道德水平和亲社会行为、较好的学业成就。

采用专制型教养方式的父母对孩子具有绝对的限制性，为孩子设定很多规则，依靠权威而不是讲道理来使孩子顺从。与权威型教养方式相比，专制型教养方式下的孩子会表现出比较一般的认知和社会能力，到青少年时期，其学业成就和社会技能也相对一般，但是比放任型教养方式下的孩子表现得更顺从。

采用放任型教养方式的父母对孩子的行为表现出放纵、不惩罚的态度。父母给孩子提供充分的"资源供给"，尽量满足孩子的需求。比如，父母允许孩子自己设定玩游戏时间、交朋友方式。大部分留守儿童是隔代抚养，祖父母由于精力有限，大部分都采取放任型教养方式。这种教养方式下的孩子将表现出相对较低的认知能力和社会能力，自我控制能力和学业成就也会相对低。

采用忽视型教养方式的父母很少参与孩子的生活，对孩子表现得很淡漠。他们对孩子既不提要求，也不做回应。这种教养方式的极端是任儿童"自生自灭"。比如，在一些偏远山区存在"独立生活"的一部分未成年人，他们既无父母在身边，也无祖父母或亲戚照顾，必须靠自己照顾自己的衣食住行。这种无"监管人"的孩子在成长过程中更容易表现出缺乏自律、社会责任感低、认知能力差的特征，从而产生反社会行为。

1.2.2　不良教养方式促使暴力行为的发生

不良的教养方式与儿童和青少年问题行为的发展有实质性的联系。例如，感知到父母温暖和理解的青少年自我报告出较低的犯罪行为，而感知到父母拒绝的青少年自我报告出较高的犯罪行为。贾菲等人对 565 对同卵双生子的研究发现，母亲消极情绪的表达以及儿童早期的受虐经历能够预测儿童的反社会行为（Jaffee et al.，2004）。适当的原则、明确的监督和情感上的温暖是良好亲子关系的三个重要方面，而放纵、忽视、不稳定和严厉的教养方式易于助长反社会等不良行为的发生（金凤仙，程灶火，2015）。张亚伶等人（2005）通过对北京市男性未成年犯的调查发现，未成年犯与普通高校入学新生在父母教养方式上存在明显的差别。这些教养方式包括来自父亲的惩罚、拒绝、否认、过分干涉、过分保护、偏爱等，来自母亲的惩罚、拒绝、否认、偏爱、情感温暖、理解等，未成年犯从他们的父母那里得到更多的是严厉的惩罚、拒绝、否认或过分的偏爱及保护。蒋奖（2004）在对父母教养方式与青少年行为问题关系的研究中指出：父母对子女的关心、爱护及理解，有助于其行为问题的减少；对子女进行惩罚、过分干涉、偏爱、拒绝、否认和过度保护等则助长其不良行为的出现。

父母对青少年行为的有效监控在很大程度上阻止了青少年犯罪行为的发生。有效监控可以减少孩子的问题行为，如吸烟酗酒、吸食毒品、破坏性行为等。也有观点认为青少年较少的犯罪行为不是因为他们的父母监控了他们的行为，而是因为其父母关心他们所做的事情，青少年越是习惯征求父母对其行为的意见，就越有可能在身处潜在的违法情境时征求并重视父母的建议，从而减少犯罪的发生。这其实也是一种有效的间接监控（Secrist-mertz et al.，1997）。制定行为准则、监控年轻人的活动和惩罚他们的不当行为，这些都是对青少年行为进行家庭监管的措施。家庭监管与青少年违法行为关系紧密。值得注意的是，过严或过轻的家庭监管方式都是不可取的，这两种方式对青少年行为的控制效果反而比适度监管的效果更差。

严厉的监管方式可能导致体罚甚至虐待行为的产生，个体的受虐经历是影响犯罪行为的高风险因子。格朔夫通过元分析发现儿童的体罚经历与其攻击行为呈显著相关（Gershoff，2002）。阿韦拉尔认为父亲对儿童的体罚经历直接促成了子女在成年后的犯罪行为，被虐待经历则更可能导致犯罪行为的发生（Avellar & Supplee，2013）。伦茨和维多姆在控制了性别、种族、家庭经济水平等其他因素的情况下，11岁前有过受虐待经历的儿童在成人后具有反社会人格障碍的可能性是对照组的两倍。受访者一共699人，其中受虐组416人，对照组283人，13.5%的被虐待或被忽视儿童被诊断为反社会人格障碍（男性20.3%，女性5.3%），而对照组只有7.1%（男性10.1%，女性2.6%）（Luntz & Widom，1994），受虐待经历导致儿童早期的心理创伤，从而成为预测个体后期反社会人格障碍和犯罪行为的高风险因子。

我们对男性未成年暴力犯教养方式和依恋的研究表明，父母教养方式和依恋关系的总分与个体的暴力水平显著负相关，父母教养方式中的父亲情感温暖维度和父亲依恋总分能够负向预测个体的暴力风险值。父亲依恋总分、父亲依恋的父亲沟通维度、父亲教养方式的父亲情感温暖维度对暴力风险评估量表中的家庭问题维度预测力最强（肖玉琴，2016）。这说明对于未成年暴力犯来说，他们的暴力行为可能与不良的家庭教养方式和依恋关系有关，尤其对于男性未成年暴力犯来说，父亲的角色尤为重要，父亲的教养方式和依恋关系影响着孩子在后期表现出来的暴力风险水平。这就要求父母要增强与子女的沟通。同时，父母也要提高自身素质，理性教养，形成和谐民主的教养模式，以增强个体的主观幸福感，实现个体心理的积极发展。

感受到父母的爱、认同父母、尊重父母的青少年最不可能犯罪或产生偏差行为；相反，缺乏对父亲或母亲认同的青少年更容易犯罪。帕尔默和奥兰报告青少年主观感知到的父母拒绝与他们的违法行为呈正相关，感知到的父母情感温暖与违法行为呈负相关（Palmer & Hollin，2000）。在青少年对父母的认知中，如果青少年感知到父母比其他群体具有更大的影响力，那么常规行为就会增加，相应的问题行为就会减少（刘江，2016）。严厉和冷漠等教养方式是引起子女行为不端的关键因素。除此之外，过度控制、拒绝、言行不一以及不一致的教养方式等对青少年均存在负面影响。在这种环境下成长的青少年感到被忽视，更易产生吸毒、反社会、攻击性以及违法等不良行为（Koolaee & Soleimani，2014）。对于现代父母来说，父母应重视良好亲子关系对孩子心理发展的重要意义，营造亲密和谐的家庭氛围，促进亲密性亲子关系。建立有组织、有原则的亲子教养共同体，抑制个体冲动的、自动化的反应行为，克服专制型、溺爱型教养带来的消极影响，营造完整的家庭环境和温暖的亲子氛围。

此外，家庭结构、教养方式与犯罪的关系还可通过一些中介变量发生作用。比如，不完整的家庭结构可通过作用于个体的认知、人格等中介变量而影响不良行为的发生。教养方式与青少年犯罪关系的主要中介变量是认知过程，尤其是社会认知。儿童从父母那里学到的经验可能影响日后他们对他人和外界的感知。已有研究证明，儿童时期严厉的教养方式会影响个体长大后对信息的处理和加工（Palmer，2000），早期严厉、没有爱的环境可能导致儿童形成敌对的心理图式和社会脚本，并且形成敌意的内部加工模式，这种模式与信念是稳定的和自我渗透的，个体在特定情境下会选择和建构支持原有图式的信息，从而形成敌意性行为，最后构成犯罪（金凤仙，程灶火，2015）。

1.3 家庭暴力的代际传递

家庭暴力（domestic violence），特别是夫妻间或亲密伴侣关系暴力（intimate partner violence，IPV）主要指现任或前任伴侣对其采取的身体、心理、性和其他具有侵害性的控制行为。在美国，每年有一千多万儿童经历家庭暴力，并有约七百万儿童生活在严重家庭暴力环境中。

家庭暴力对家庭成员特别是受暴者的身体、心理、社会生活等方面均产生不良影响。夫妻间家庭暴力的受暴者一般为女性，她们不仅会受到身体上的创伤，而且还可能长期遭受因家暴带来的心理伤害。长期生活在暴力行为和冷暴力影响下的妇女可能出现抑郁、孤僻等心理健康问题。严重者因此自杀，此外还可能出现"以暴制暴"的极端攻击行为。比如，在 2015 年，云南武定发生了一起女子不堪丈夫家暴愤而杀夫案。丈夫刘某婚后不久便经常对果某实施家暴，从一开始一个月三四次，到 2013 年时，能达到一个月七八次。最严重的一次是 2014 年，果某被打得一个星期没能上班。不仅如此，果某的父母甚至儿子也都是刘某施暴的对象。在案发前，果某曾因不堪忍受丈夫的殴打而多次向当地妇联以及村委会反映过其遭受家暴的事实，甚至向派出所报警。案发当日，丈夫刘某喝酒后再次因家庭琐事与妻子果某发生争吵，之后刘某拿出随身携带的刀，威胁果某及他自己的父母。果某趁刘某不备，捡起一根木棒将其打晕在地，随后又继续用木棒击打数下致刘某当场死亡，最后果某打电话投案自首（云南网，2016-09-24）。在此案中，被害人刘某是家庭暴力的施害者，刘某有过盗窃前科，平时酗酒、吸毒，无业。据调查，大部分家庭暴力的施害者都存在某方面的人格障碍或者精神疾患。据某精神卫生研究所司法鉴定中心报告，在申请精神疾病司法鉴定的施暴者中，大约有 60% 是精神病患者，还有 30% 属于人格障碍、酗酒、吸毒、嗜赌或性变态者（张亚林，2005）。

　　家庭暴力不仅会伤害当事者双方，还必定会殃及家庭中的每一个成员，尤其是儿童。据调查，我国每年至少有 4000 万未成年子女曾在家庭中目睹暴力行为发生（张亚林，曹玉萍，2011）。研究发现，家庭暴力具有代际传递倾向，它是指儿童在目睹其父母的夫妻间暴力行为或遭受来自父母的亲子间暴力行为后，认为暴力在人际交往中是合理的，并在他们成年关系中模仿儿时学到的暴力内容（刘衍玲等，2016）。也就是说，父母虐待儿童后，儿童作为家庭暴力的受暴者会增加日后施暴的可能性；儿童即使没有直接受到暴力伤害，也很容易出现情绪、行为等各方面的问题，对其个人成长与社会融入产生不可预估的危害，并且这种影响会在其成长过程中慢慢地显现出来。还有研究者指出，同时经历夫妻间暴力和亲子间暴力的儿童更容易在成年后的夫妻间暴力中扮演受害方的角色，因此，家庭暴力的代际传递效应不仅表现在攻击方面，也表现在被攻击方面（刘衍玲等，2016）。

　　家庭暴力的代际传递有三种类型：夫妻间暴力的代际传递、亲子间暴力的代际传递、两种混合方式的传递。夫妻间暴力的代际传递是指儿童在原生家庭中目睹父母间的家庭暴力会间接传递到他成年后新生家庭的夫妻间，继而产生夫妻间暴力；亲子间暴力的代际传递是指儿童在原生家庭中受到父母对其实施的暴力行为，继而在自己成年后将暴力行为施展到自己的孩子身上。这两种暴力的代际传递并不是单一的，而是可以互相影响的。也就是说，儿童目睹父母间的家庭暴力或者父母对其施暴都可能让儿童在成年后展开家庭暴力行为(可能是夫妻间的，也可能是亲子间的)，甚至将暴力习得为一种反应方式，表现在家庭以外的社会生活中。

儿童在目睹家庭暴力之后很可能会出现一些应激性的心理障碍，如出现抑郁、焦虑等症状，对其身心各方面都将造成危害。而部分儿童不是通过正常途径排解压力或直接对目睹现象进行反击，而是更倾向于将家庭暴力行为带来的影响与痛苦释放在学校等他们更有控制力的环境中。2014年，洛奇(Lodge，2014)在一次调查报告中表明，相较于没有目睹过父母之间家庭暴力的儿童而言，成长在暴力环境中的孩子更容易在学校、社区等地方模仿或展示他们所习得的攻击性行为，如校园霸凌、顶撞师长，或产生一些逃避行为(逃课、习惯性请假、消极学习等)。一项关于家庭暴力的代际传递的元分析收集了1995—2000年的近200篇关于这一主题的文献，结果显示，家庭暴力的代际传递的相对危险度为12.6(95％CI)，也就是儿童期经历严重躯体虐待，成年后出现虐待儿童行为的可能性增加12.6倍(Stith et al.，2000)。我国社区中的家庭暴力严重躯体施暴行为存在代际传递现象，目睹家庭暴力的儿童在成年后更容易成为严重躯体暴力的施暴者(柳娜等，2015)。

2　暴力犯罪的习得：同伴和传媒的影响

2.1　社会学习理论对暴力犯罪的解读

根据行为主义的观点，个体的一切行为都是习得的，暴力犯罪也不例外。行为习得的方式有三种：经典条件反射、操作性条件反射和社会学习。在巴甫洛夫的经典条件反射实验中，狗听到铃声后就会分泌唾液，因为铃声和食物联系在一起。这种理论应用到人身上的启示就是：通过行为奖赏，人类也会习得行为。但是这种反应是单一的和自动的，不能适应环境，因此无法解释人类在环境中的复杂行为。操作性条件反射可以解释人在具体环境下会做哪些事，不会做哪些事。操作性条件反射基于行为之后的结果，某件事情得到了奖赏，则将增加这类事情再次发生的可能性，若受到惩罚，则会降低此事发生的可能性。社会学习理论比前两者都更复杂，它涉及从观察别人中学习，并对大脑中的社会经验进行组织。社会学习理论是当代心理学中最具代表性的理论，它将个体所处环境中的各个变量综合起来考虑，不仅考虑到社会环境，还加入了认知环境。它认为，个体长期在大众传媒、父母、兄妹、同伴群体及其他重要他人的影响下习得偏差行为；在赏罚控制不当及强化不及时等情况下，其偏差行为可能会增强；社会学习理论强调个体的认知，以及与外界环境的交流和沟通是导致其偏差行为的主要原因。

2.1.1　期望理论

朱利安·罗特(Julian Rotter)是社会学习理论的代表人物之一，他认为动物与人的行为有着本质的区别，用于解释低等动物行为的原理不足以解释复杂的人类行为。他尝试把强化的重要性与认知的重要性结合起来。认知因素有助于人们做出对环境的反应，人们对未来事件的期待是决定人们行为的因素。比如，人们在做事情之前，会想想自己这样做会获得什么，这种预期及个体对预期结果的重视程度决定了其行为是否发生，以及发生的强度。

罗特指出，在一种情境中，个体可以有多种行为选择，每种潜在行为与一种后果相关，这种后果有一种与之相联系的强化价值。同时，人们对做出每种行为之后可能的强化物会有所预期。这表明，个体可以对每一种行为的可能性进行预测，个体行为是与之相联系的强化价值和强化发生概率的函数，即行为的预期—价值模型（expectancy-value model）。强化物（行为的后果）有着或大或小的价值和或高或低的概率（预期），个体在决定是否要做出某种行为时，会先思考这一行为将导致的某一特定强化的可能性（期望）有多大，还会考虑这种强化对我们有多大的价值（强化值）。也就是说，一种行为被选择的可能性，取决于行为者认为它能够带来的回报有多大，以及实施该行为能够带来回报的可能性。这就是行为的期望理论（expectancy theory）。

期望理论可以用来解释许多犯罪行为。比如，诈骗犯和职务犯罪者会相信他们的犯罪活动可以让他们获得期望的利益，如物质利益、地位、权力、情感、安全感或生活条件的改善。又如，遭受家庭暴力的女人把毒杀自己的丈夫看作改变自己生活和命运的途径；虐待孩子的父亲认为通过这种暴力途径可以让孩子学会敬畏和服从他。期望理论认为不能简单地给犯罪者冠以冲动、疯癫和缺乏自我控制的标签，而认为其犯罪行为是个体在感知和解读周围环境后，通过对结果的预期，从而选择做出他们自认为适用于该环境的最有用的行为方式。

2.1.2　模仿

班杜拉认为，个体不需要特定的强化，只需要在环境中观察他人就可以学习到行为方式，这种学习被称为观察学习或榜样作用。暴力行为也可以通过这种观察学习或模仿的方式习得。在班杜拉的一项经典研究中，两组学龄前儿童被分派在两个房间中：一个房间中的儿童观看的是成人攻击充气娃娃的影片，另一个房间中的儿童观看的是接受和服从的影片。影片结束后两组儿童的行为出现了差异，观看攻击影片的儿童表现出的攻击行为显著高于观看接受和服从的影片的儿童。在日常生活中，很多行为都可以通过观察获得。

比如，儿童在早期就会通过模仿家人的行为习得一些日常生活规范：洗脸刷牙、打扫卫生。有的儿童会模仿大人走路的姿势、说话的语调，甚至模仿抽烟的动作。一些动画片中的危险镜头也会被儿童模仿。

班杜拉还认为，个体通过模仿可以习得行为，但这种行为是否实施或者持续取决于当时的情境和对潜在利益的预期。这种潜在利益可能来自外部，如经济收益、别人的赞扬；也可能来自内部，如个人的自我强化或自我实现。个体在观察学习中，行为的实施者(榜样)在个体心中的地位越高，个体的学习效果越强。在个体成长过程中，最初的学习榜样包括父母、亲近的家人、动画人物，还包括伙伴、教师、公众人物。在本章开头的案例中，一家人都是罪犯，这种家庭榜样的影响是毋庸置疑的，这种犯罪家庭对个体不仅仅是行为的耳濡目染，还深入影响个体的认知、情绪等各个方面。对未成年人来说，电影电视、公众人物是重要的榜样来源，因此净化影视作品、监管网络环境、树立积极健康的偶像形象也是预防未成年人不良行为的重要途径。

2.1.3　差异交往强化理论

差异交往强化理论(differential association reinforcement theory，DAR)是由社会心理学家罗纳德·埃克斯(Ronald Akers)提出来的，该理论融合了斯金纳和班杜拉的学习理论，也是对犯罪学家埃德温·萨瑟兰(Edwin Sutherland)的差异交往理论的一种修正。

萨瑟兰的差异交往理论被认为是他对现代犯罪学最重要的贡献之一。差异交往理论认为个体是通过社会环境中的人际互动而习得不良行为的。通过置身于个体的亲密群体中，个体学会了守法与违法的定义，学会了规范的意义或价值。一个人之所以犯罪，是因为在其头脑中，支持犯罪行为的解说远远超出了支持遵纪守法的解说；倾向于越轨行为的信息和价值强度远远大于遵纪守法的价值强度。

犯罪行为和其他社会行为的学习过程是一样的。关键的决定因素是
人们与联结的对象交往多久、多频繁、对个体的意义有多大，以及
交往之中发生的事件等。这种解释犯罪的方法将视线切换到普通人
如何习得犯罪行为的问题上，打破了传统理论从生物和心理异常方
面探讨犯罪行为原因的研究定式格局，不再诉诸生物基础或者精神
失常方面的假设。

　　埃克斯的差异交往强化理论丰富和发展了萨瑟兰的差异交往理
论。他认为大多数的不良行为都是通过斯金纳的操作性条件反射而
习得的，越轨行为的强度取决于个体以前采取这一行为时所得到的
强化大小、频率以及概率的直接函数。社会行为的习得不是通过直
接的环境塑造，而是因该行为受到的奖励而强化，并会因该行为受
到的制裁和失去奖励而弱化。

　　埃克斯认为观察学习是不良行为最初习得过程中不可或缺的因
素，行为的保持是通过操作性条件反射而习得的。一个人是否实施
或持续越轨行为，依该行为所受到的奖赏或惩罚的程度以及其替代
性行为(alternative behavior)的奖赏或者惩罚如何而定。在违法行为
与合法行为之间，如果违法行为受到奖赏，而其替代性的合法行为
却受到惩罚，或者违法行为所受到的奖赏高于合法行为，那么违法
行为将开始并且持续。反之，倘若违法行为受到惩罚，而合法行为
受到奖赏，或者违法行为所受到的惩罚远大于合法行为，那么行为
人将选择合法行为，而避免违法行为。

　　差异交往强化理论主要有三方面的内容。(1)价值观的习得。人
们通过与其生活中的重要人物或群体的互动而习得对自身行为的评
价。这是一个学会使用规范、态度和价值观的过程。(2)不良行为的
选择。对行为的主要影响来自一些群体，这些群体控制着对个人行
为强化与惩罚的主要资源，这些重要的群体是那些人们与之进行差
异交往的群体，诸如同辈群体、朋友群体以及一些组织。假如一个

人明确其行为的后果是奖赏超过惩罚，他就会实施该行为。因此，当某一行为被界定为积极的或中立的，行为后果将得到奖赏时，该行为就很可能发生。(3) 犯罪行为的持续。一旦一个人初次实施犯罪，他的行为就将暴露于不良行为模式中；与不良群体交往，并因缺乏来自父母或者其他同辈群体的约束等而被强化。最初源于观察学习的不良行为，由社会的支持而持续。差异强化促使犯罪生涯确立，并且是解释持续性犯罪的一个关键性因素。

从差异交往强化理论角度出发，不仅能解释有钱人或有权人犯罪的现象，还能为因贫穷而犯罪的现象提供依据。但是差异交往强化理论对犯罪的解读也存在一定缺陷。例如，该理论并没有考虑到人际交往和学习过程中存在的个体差异，事实上，个体在生理、心理等方面的差异可能导致一部分人容易走上犯罪的道路而另一部分人则遵纪守法。

2.2　同伴群体与暴力犯罪

随着个体的发展，家庭的主要作用逐渐被同伴群体所取代，未成年人在进入青春期后逐渐渴望摆脱大人的束缚，倾向于和年龄接近、兴趣相同且居住地接近的朋友结成小群体。未成年人在与同辈群体交流的过程中，逐渐形成自己的价值观、兴趣爱好，形成对自我的评价，但这个阶段的未成年人对事物的看法还不够成熟，心理发展存在滞后性，他们无法正确地感知社会、很难有效地控制环境，这使得他们很容易受到消极情绪的影响。情绪稳定性差、暴躁、敏感是他们重要的情感特征，自尊心强、喜欢模仿、爱慕虚荣、易受感染和诱导等是未成年人产生不良行为的重要原因。同伴群体在未成年人的发展中起着很重要的作用，所谓"近朱者赤，近墨者黑"，良好的同伴群体交往可以促进个体的社会化，是个体获得归属感和安全感的重要源泉，还能使个体体验到更强的幸福感。不良的同伴群体会激发个体的攻击和反社会行为。

2009 年 8 月 23 日中午，在通辽市一所中学的食堂里，高三学生小蒙与高一学生小海因为打饭时的小摩擦发生口角。饭后，两人各自找来好哥们相约到学校操场上见面。双方一见面，小蒙就与小海吵了起来，并且相互殴打。为了帮好哥们出气，小蒙的同学小飞用砖头将小海打成重伤。案发后，小飞主动向公安机关投案。经审理，法院以犯故意伤害罪判处小飞有期徒刑 3 年，缓刑 4 年执行，同时小飞以及参与群殴的几名同学共赔偿了小海 10 万多元。

这是一起典型的未成年人犯罪行为，大多数未成年人的犯罪行为都有同伴的参与，有的是同一学校的同学，有的是校外的伙伴，他们还易受社会帮派"哥们"义气的影响，"有福同享，有难同当"，一人被欺负，群体内部成员为此愤愤不平，纷纷"拔刀"相助。而这种相助的方式更多的是采用暴力和攻击手段，甚至在同伴内部还会互相比较谁更厉害，你这次用棍子，我下次就带刀子，这种恶性比较加剧了暴力行为的不良后果。

未成年人有选择与自己类似的同伴交往的倾向性，也就是说，在他们成为朋友之前，他们在危险行为方面就存在相似性。当群体形成后，他们之间会互相模仿和强化，在不良的同伴群体中，这种模仿和强化表现在过度抽烟、酗酒、药物滥用、青少年犯罪和攻击行为方面，如果他们要维持友谊就必须更加相似，增加或减少自己参与危险行为的程度来使他们之间更合拍。同伴群体的问题行为与未成年人暴力犯罪之间存在显著关联，朋友的问题行为水平越高，青少年暴力犯罪的发生率越高。这些有共同问题的青少年会形成一个特定的同伴群体，这样的群体具有负面的相互促进作用，某一个成员的反社会行为也会对其他成员的行为产生巨大的消极影响，群体成员之间互相强化不恰当的观念和行为，青少年群体通常在吸烟喝酒、打架斗殴、飙车、偷窃等方面存在相似性。他们选择与自己有相似行为的人做朋友，很多青少年犯罪团伙就是这样形成的。有调查发现，儿童及青少年的多数不良行为和犯罪行为都发生在 2～3 人的小群体间，而不是单独发生，这种共同犯罪现象在入室行窃、抢劫和强奸等案件中尤为常见（Werner & Crick，2004）。

此外，同伴拒绝也与未成年人的不良行为存在相关关系。同伴拒绝反映了个体在群体中的社交地位，与同伴拒绝相对应的是同伴接纳，同伴拒绝与同伴接纳反映的是群体对个体的不喜欢与喜欢程度，同伴拒绝与接纳水平共同反映了个体在同伴群体中受欢迎的程度。同伴拒绝会导致校园欺凌的发生，这种排斥和被攻击体验也将直接导致个体产生攻击和反社会行为。

儿童在同伴群体中被同伴拒绝的体验对其行为影响深远，被拒绝的儿童和同伴接纳性高的儿童在同伴群体中表现出显著不同的行为模式：高接纳儿童比其他儿童更可能表现出亲社会行为；低接纳儿童更可能表现出攻击性的、破坏性的和不适当的行为，他们比其他儿童更少表现出亲社会行为。同伴拒绝与成长后期的外部问题（如攻击和破坏行为或青少年犯罪），内部问题（如孤独、压抑、自卑、退缩），学业或学校适应（如成绩不良、辍学）都存在相关（Hussong，2000）。同伴关系不良的青少年对生活的愉快体验减少，会体会到更多的孤独、焦虑等消极情绪，并且可能导致社会适应困难。

2.3　大众传媒与暴力犯罪

大众传媒是指传播者借助大众传播媒介向作为信息接收者的大众播散信息，它的传播形式多种多样，传播范围广、频率高、强度大，对大众的影响深远。由于大众传媒全方位地影响着人的日常生活、价值观念和行为趋向，因此也在很大程度上影响人们对待他人、对待冲突的态度，进而与暴力事件的发生产生关联。未成年人乃至成人都从各种媒介，特别是从电影和电视中学到态度、情绪反应和新的行为风格。由于一些媒体涉及暴力内容，这些内容不可避免地会影响人们的价值取向、行为方式，甚至成为助长暴力倾向、诱发暴力犯罪的因素。中国青少年犯罪研究会的统计资料显示，在青少年犯罪中，有 70％以上是 14～18 岁的未成年人犯罪，其中又有 80％的未成年人犯罪是由于受互联网色情、暴力等内容影响而诱发强奸、盗窃、抢劫等严重犯罪（人民网，2012-05-17）。

未成年人模仿大众传媒而发生犯罪行为的案件时有发生。尤其是一些沉迷于网络的青少年，由于心理发育不成熟、自控能力相对较弱，极易受到一些极具煽动力的暴力、色情、赌博等视频或游戏的负面影响。在猎奇心理的作用下，他们可能就会去模仿，在不知不觉之中触犯法律，走上犯罪道路。

舆论普遍认为电视媒体给儿童和青少年带来早熟、消费主义、暴力、价值观混乱等不良影响，传媒在儿童和青少年身心不健康方面有不可推卸的责任。许多传媒信息中的内容，远远超出儿童和青少年的生活经验。对于社会化程度不高的儿童和青少年而言，他们对大众传媒上的暴力倾向更容易吸收，而对社会的主流价值观念反而不太重视。一些传媒为了提高竞争能力，十分热衷于暴力案件的传播，因为这种暴力案件能给人带来感官上的刺激，能吸引人们的眼球，提高媒体的收视率和订阅量。而未成年人的身心特点决定了他们对这些感性的刺激非常敏感，缺乏对这些刺激的理性思考，容易对媒体传播的暴力模式产生认同感和亲近感，从而提高他们攻击性的唤醒水平。当攻击性唤醒水平占优势时，就会产生暴力与攻击行为。在媒体尤其是电视和网络暴力的影响下，儿童和青少年将会变得对暴力恐怖"免疫"，逐渐接受暴力作为解决问题的方法，并进而模仿他们在电视上看到的暴力。

大众传媒为犯罪者实施犯罪行为提供了便利的条件，所传播的消极有害信息为犯罪者实施某种犯罪提供了方法或技巧上的指导。犯罪手段的传播具有极强的示范性，诱使耳闻目睹者以身试法。通过某些媒介，犯罪者实施犯罪的详细手法，包括购买和制造犯罪工具、踩点、联络、销赃等具体信息暴露于公众的视野。这对于潜在的犯罪者而言，无异于绝妙的行动指南。事实上很多犯罪者就是从媒体中获得了犯罪方法。此外，大众传媒对案件侦破过程的过于详细的报道，对侦查与反侦查反复较量的叙述，在客观上对反侦查、反情报活动的传播起到了推波助澜的作用，提高了犯罪分子的反侦查、反追捕能力。

媒体暴力和攻击行为之间的关联还得到了一些实验支持。社会学家休斯曼等人为了研究电视暴力节目与攻击行为的关系，完成了一项历时 20 年的纵向研究（Huesmann et al.，2003），研究可分为三个阶段。第一个阶段是在 8 岁孩子身上确立过度接触电视暴力节目和暴力倾向的关系。第二个阶段是在 10 年后对这批孩子进行跟踪研究，此时他们已经是成年人了。第三个阶段是 20 年后对这批孩子进行跟踪研究，此时他们已接近 30 岁。研究发现，早期受到电视暴力节目的影响与后来的攻击行为相关，那些经常收看电视暴力节目的孩子往往被学校同学评价为存在暴力倾向。研究同时指出，儿童对于电视暴力节目的偏爱同他们 10 年或 20 年后的暴力行为甚至是犯罪行为存在显著正相关。另外，传播大量媒体暴力的另一个可能的结果是情绪迟钝或脱敏，这意味着会对攻击行为的暴发变得冷酷无情和漠不关心。例如，在德拉布曼和托马斯所做的一系列实验中，刚观看完一部暴力电影的儿童比没有看这部电影的控制组儿童在后来看到其他年轻人打架的时候更加漠不关心，而且去劝架的速度更慢（Drabman & Thomas，1975）。这种对暴力的脱敏在观看过大量电视暴力节目的大学生中也同样存在。在他们观看虚构和现实的攻击行为的时候监控他们的心理反应，观看暴力节目最多的大学生表现出了最低觉醒水平。

除了观看电视媒体可能引发暴力行为，暴力视频游戏也有类似的有害结果。安德森等人（Anderson & Bushman，2001）通过对涉及超过 3000 名被试的 33 个视频游戏研究的元分析，发现青年和儿童暴露于高度暴力的视频游戏与真实世界的攻击行为的增加相关。哥伦比亚大学的研究人员对 39 个有经验的电脑玩家进行了研究。玩暴力游戏时间越长的人，在看到现实中的暴力场面时其大脑中的 P300 活动值就越小，甚至会出现延时。但在看到消极而非暴力的画面时，他们大脑的 P300 活动值则是正常的。P300 是事件相关电位中出现在刺激后 300~800 毫秒范围内的正向波。它反映了大脑对刺激信息的传递、评估、记忆、情绪、思维等认知加工过程，属于高级大脑皮层的活动能力。在该实验中，P300 可以反映人们对所见画面内容的情感满意度。人对某个画面越感到惊讶或不安，P300 的活动值就越大。实验结果证明暴力游戏会使玩家对暴力的情感反应减退，从而变得更好斗，更有暴力倾向。

3 去个性化与群体暴力

3.1 群体中的去个性化

2020 年 5 月，美国一名黑人弗洛伊德被执法过程中的警察强力压在膝盖下导致窒息死亡，事件引起了持续多日的抗议示威活动，在这场事件下，群体性的暴力行为已在多地凸显，纵火焚烧楼房和汽车、抢劫商店、在催泪瓦斯烟雾中警民对峙……这就是当时全美多地的现实场景。在事发地明尼苏达州明尼阿波利斯市，连续多日的示威已呈失控之态。尽管 29 日晚间当地发布宵禁令，但未能阻止焚烧和抢掠现象。明尼苏达州州长蒂姆·沃尔兹 30 日称，他已"充分动员"该州的国民警卫队以平息骚乱。报道称，这是明尼苏达州国民警卫队在 164 年的历史中，规模最大的一次国内部署行动。其他城市在示威活动中，同样出现暴力行为。费城、纽约市，均有警车被示威者焚毁。30 日上午，纽约市警总局局长谢伊报告称，29 日晚间，有超过 3000 人参与示威，而后又分散成数个小组游走抗议，而后演变成在警车上涂抹标语、打砸警车，最后变为烧车示威。约 200 名抗议者因涉嫌持有武器、伤害警员，甚至企图谋杀警员而被捕。哥伦比亚广播公司（Columbia Broadcasting System，CBS）统计称，面对愈演愈烈的抗议活动，包括明尼阿波利斯、费城和洛杉矶在内，全美目前已有至少 25 个城市发布宵禁令。另据美媒统计，全美已有至少 8 个州和华盛顿特区要求出动国民警卫队。这起事件虽然由种族矛盾激发，但背后也揭示了暴力犯罪的一个主要情境因素——去个性化。大规模的人群是怎样转变为失控的暴民的？和平抗议是怎样失去控制转向暴力事件的？当这些守法民众置身于群体中时，他们为什么会做出平时不可能做的那些破坏性的行为？

早在 19 世纪 90 年代，法国社会学家勒庞在研究群体行为的时候就发现，在群体中，个体的情绪会很快传给其他成员，从而使得处在群体中的个人表现出一些独处时不敢表现出来的行为、违反他们在独处时不会违反的社会规范。他通过著作《乌合之众》进行了具体描述。勒庞认为，当个体处于某一群体中时，个体人格的意识消退，群体人格的无意识上升。个体的感受、思考、行为都与他们在独处时不同，并且很有可能引发反常行为。

在勒庞之后，很多研究者对这一现象进行了研究。为了探究这种现象及其背后的原因，费斯廷格等人首次提出了去个性化（deindividuation）这一概念。他们认为群体中的个体有时候会失去对自己行为的责任感，使自我控制系统的作用减弱甚至丧失，从而做出平时不敢做的反社会行为。当进入群体后，个体的内心约束减少，因此人们会更可能做平时不会做的事情，由此产生了反常行为（Festinger，Pepitone，& Newcomb，1952）。

津巴多对去个性化进行研究时做了这样一个实验（Zimbardo，1969）。他召集了一些女大学生，并告知她们：实验要求对隔壁一个女大学生进行电击，因为是科学研究，不需要负任何道义上的责任。通过镜子，这些女大学生可以看到那个被自己电击的女大学生。这些女大学生被分为两组。第一组是在去个性化的环境中，她们都穿上了带头罩的白大褂，每个人只露出两只眼睛，因而彼此间谁也不认识。主持人请她们在实施电击时也不叫她们的名字，整个实验在昏暗中进行。第二组被试是在个性化的环境中，她们穿着平常的衣服，每个人胸前都挂着一张名片。同时，津巴多还设计了一个环境变量——被电击者特质：一类被电击者被描述为内心热情、真诚和诚实的人，另一类被描述为尖酸刻薄、自我中心和挑剔的人。女大学生的攻击性可以通过她们对被电击者实施电击的时间长短来测量。当然，实验并不会真正对他人产生电击，这些受到"电击"的"被害人"都是研究者提前安排好的，她们会在"被电击"的过程中表现出身体和面部表情的痛苦状态。

实验结果证实了津巴多的预言：去个性化小组比个性化小组按电钮的次数多达近两倍，并且每一次按下电钮的持续时间也较长。在去个性化的环境中，被试对内心热情、真诚和诚实的人的电击时间短，对尖酸刻薄、自我中心和挑剔的人的电击时间长；而在去个性化的环境中，被试对被电击者都进行了更长时间的电击。正如津巴多所说：在这种条件下，那些平时温顺可爱的女学生尽情地电击别人，几乎每个机会都不放过。而且，去个性化者的攻击强度并不会受到环境变量的影响，不管被电击者是被描述成友善的好人还是被描述成刻薄的坏人，个体在去个性化的环境中对她们实施的攻击都一样强。这说明对于去个性化者来说，被电击者特质是无关紧要的，因为在去个性化的环境中可将个人的唤醒水平提高，这也可能会干扰个体区分、辨别被害人的能力。津巴多由此推测，去个性化攻击不是由社会环境控制的，去个性化攻击不管是对情境还是对被害人的状态或人格特征都反应不敏感。

不管是对现实生活中现象的分析还是对实验室内的研究结果的分析，都表明群体中的去个性化可引发暴力和攻击行为，对于这种行为背后原因的探析也众多，许多观点都认为去个性化使个人在群体中感到个体性的丧失，降低了个体的特殊性、可识别性和个人责任感，这种"我们都一样"的感觉导致个体减少了内在约束，使个体抑制不规范行为的能力和自我监控能力减弱，从而产生个人单独活动时不会出现的行为，即以非典型的、反规则的方式行动。在这种去个性化的状态下，个体的自我识别能力和自我评价能力弱化了，个体很少意识到自我，更多地关注周围人群和身边的环境。处于去个性化状态时，个体做出不良行为的门槛降低了，个体会比平时更可能表现出一些他以前敢想不敢做的行为。一方面，周围不断增多的刺激和开始争相模仿的冲动人群推动着个体这样做；另一方面，自我评价和责任感的降低使个体行为的约束能力也大大减弱。

3.2　去个性化的影响因素

个体在去个性化的角色下会发生一些心理上的改变，从而导致非常规行为的产生。个体成为群体的一分子，其个人身份变得模糊。在这种情况下，他们不用担心自己会被单独识别，也不用时刻担心自己要为自己的行为负责，于是个体会逐渐丧失自我意识，对他人和社会的关注度降低，注意力也会变得狭窄，道德约束力也会降低。津巴多认为，导致去个性化现象的原因主要有两个：匿名性和责任分散。在这两者的基础上，再加上适当的刺激、活跃程度的增强和沉浸在人群里的感官上的过度冲击，就会形成去个性化的内在状态。

匿名性(anonymity)是引起去个性化现象的关键，群体成员身份越隐匿，他们就越会觉得不需要对自我认同、对行为负责。在匿名状态下，个体的一切活动和行为都不被他人所感知，于是自己对自己行为的责任意识也就减弱了，他人无法辨认自己的地位和角色，个体间辨认性低，从而产生了消除社会约束力的效果，个体遵从社会规范的压力会减小，即使做出违反社会规范的行为也不会被人发现，这样他就可能做出平常不敢做的行为。在社交媒体的使用者中，有很多人属于匿名，这些人在现实生活中可能是比较保守、内向、有道德感的人，在去个性化的社交媒体环境中会更加大胆、冒险，说一些自己在现实生活中有所顾忌的话，并可能会参与"骂战"或制造"谣言"。

责任分散（diffused responsibility）实际上是匿名性的必然结果，在大多数时间里，我们是个人化的，我们的个人身份是能够被他人识别的，我们各自为自己的行为负责，我们会考虑自我行为的性质和带来的后果。一个人在单独活动时，往往会考虑自己的活动是否合乎道义，是否会遭到谴责；然而，当他身处群体中时，有时会感觉到失去了个性。也就是说，个体会感觉到自己迷失在人群中，行为的责任会被分散，并且他只会关注眼前正在发生的情况而失去对后果的考虑。群体一同做了违反常规的事，个体被发现与受罚的概率较小，个体不必承担这一活动所招致的谴责，因此会更加为所欲为。

去个性化效应的社会认同模型（social identity model of deindividuation effects，SIDE）从社会认同角度对去个性化现象进行解释。它的基本观点是：一方面，去个性化不是自我的丧失，而是自我从个人认同转化为社会认同，结果表现为对群体规则的遵守；另一方面，去个性化操作对群体成员策略性的表达认同行为有影响。特别是在面对外群体的反对时，去个性化操作将为群内成员表达认同行为提供"力量"。这两方面分别构成了 SIDE 的认知维度和策略维度（兰玉娟，佐斌，2009）。

此外，还有一些研究者提出自我意识（self-awareness）的减弱是去个性化的关键因素。迪纳（Diener）认为，当有意识的注意力不集中在自己身上时，打破了引起行为的自我决定机制。自我意识的减弱减轻了自我内心的限制，导致反常行为。不管个体在一个群体中是否是匿名的，如果其自我意识减弱，就都有可能会导致去个性化（许翠婷，2020）。

3.3　去个性化对暴力犯罪的影响

去个性化通常用来解释多种集体行为，如群体暴力、团伙暴力、网民在网络世界中愤怒等。人们在身份隐匿时，攻击与暴力行为都会增多。这也许可以解释在人类历史上，战士在参战前都会统一着装、穿上盔甲战袍、戴上面具等行为。

群体暴力包含很多复杂的因素，在前文提到的美国大规模群体事件中，不乏平时表现"温顺"的办公室白领、文弱的女性，这些人在平时都遵纪守法，而参与到群体事件后，可能会变成打砸抢烧暴力事件的一分子。因去个性化而加重暴力行为的案子在我国也时有发生。2019 年 1 月，我国发生过一起 7 人围殴小偷致死的案件，1月 3 日夜，瞿某携带钳子等作案工具摸进闽侯县甘蔗街道某工地盗窃电缆，被工地工作人员当场抓获并被控制。伍某等 7 名工地安全员、电工、施工员闻讯后赶到工地质询瞿某。因瞿某不断说谎、不肯交代偷窃情况，伍某等人怒上心头，冲动之下使用 PVC 长管、塑料软管、木板、夹心木条等工具殴打瞿某，殴打持续一个多小时致瞿某死亡。在一般情况下，民众发现小偷后大多是报警由警方处理，但此案中，伍某等 7 人在这起事件中代表的是"工地工作人员"，个人身份特征减弱，从而其行为责任感也会降低，容易引发敌意、自私、破坏、残忍等反社会行为。

随着信息科学的发展，网络成为人们生活中的一个重要部分，近几年，"人肉搜索""水军""键盘侠"等词汇不断出现在大众视野中，这也一度说明了网络暴力产生的危害不容小觑，每年因为网络暴力而身陷其中的被害人数不胜数，轻者日常生活受影响，重者因此患上抑郁症，甚至导致自杀。据共青团中央维护青少年权益部、中国互联网络信息中心（China Internet Network Information Center，CNNIC）联合发布的《2019 年全国未成年人互联网使用情况研究报告》数据显示，有 42.3％的未成年网民曾遭到过讽刺和谩骂、网络暴力、网络违法和不良信息等问题。韩国警察厅统计显示，2018 年与网络恶评相关的损害名誉、侮辱犯罪达 15 926 起，约比上一年增加20％。这仅仅是报案的数量，实际案发数或许更多（《法制日报》，2019-10-28）。在虚拟的网络世界中，信息的虚拟性和个体的"去个性化"导致了现实生活中的人摒弃思想道德的约束，沦为网络暴力的助长者，容易失去社会责任感和自我控制能力，往往采取骚扰、诽谤、攻击、制造谣言、诬蔑等方式介入网络群体的现实社会，对网络以及现实中与之对应的个人、集体施加压力、造成影响、形成威胁，甚至引发疯狂、偏激的事件。

针对网络暴力的治理，需要从政府层面完善网络政策法规。目前我国关于治理网络留言的法律法规偏于宏观性，主要起指导作用。还需要进一步实施网络实名化、细化相关法律条款，明确追责制度。

第7章

良知泯灭：精神病态暴力犯

案例

邦迪是美国著名的连环强奸杀人犯。自 1974 年起，西雅图接二连三地出现女性被强奸、谋杀的案件。受害者具有相似的特征：留着中分长发，白种人，长相漂亮，家庭条件优越，有些受害者还是大学生。他们在公寓里睡觉时被突然闯入的陌生人敲晕，实施强奸，然后残忍杀害。大部分受害者独自走在偏僻小道上，偶遇开甲壳虫汽车的一名男子，这些女生或出于青睐，或出于同情被骗上车，最终被残暴地杀害。邦迪则是这些系列杀人案件的变态凶手。在 1974—1978 年，他共强奸并分尸 35 名女学生，并带有性虐、奸尸等情节，最小的受害者仅 12 岁。不过真正的受害者数量仍未知，据估计为 26～100 人。在 1978 年 2 月邦迪最后一次被捕之前，他曾两度从监狱中越狱成功。被捕后，他完全否认自己的罪行，直到十多年后，才承认自己犯下了超过 30 起谋杀案。最终，他于 1989 年在佛罗里达州因其最后一次谋杀而在电椅上被执行死刑。

最初在陆续有女生失踪时，没人怀疑这些恶行都是邦迪所为。少年时期的邦迪有着良好的成绩，曾在华盛顿大学读书，是一个标准的"模范生"。他品学兼优，样貌英俊，在运动方面也十分优秀。在朋友眼中，他是个随和、友善、热情的男人，风度翩翩，英俊潇洒，还内心善良，曾经救过一名 3 岁的落水儿童。从表面上看来，邦迪真的不像一个连环杀手，他是那种幽默风趣并很有吸引力的男性，外表能够唤起女性微妙的好感。在大众眼中，他是个自信的新闻人物，曾参与过政府竞选工作。但是，事实上，邦迪的一面热情优雅，另一面则凶狠残暴。他曾多次犯下盗窃罪，他偷盗就是为了用钱换取体面的生活。在法庭上，他没有请任何辩护律师，而是选择了自辩。他非常自信，凭借多年法律工作和心理学研究的本事，在法庭上展开了滔滔不绝的诡辩，坚信自己会被无罪释放，甚至一度打动了陪审团。最终，根据一名女性受害者身上留有深深的齿痕，在对比了邦迪的牙齿后，其谋杀罪名成立。

"模范生"变身"杀人狂魔"，这个案件引起了大众的好奇，人们很难将这位高智商、高颜值的精英与变态连环杀手联系起来。邦迪出生在美国佛蒙特州，拥有一个混乱但美满的原生家庭。直到大学，他才知道自己儿时一直喊作"父亲"的人原来是外祖父，喊作"姐姐"的人则是亲生母亲。奇怪的伦理关系既是为了掩饰母亲未婚先孕的丑闻，也是家人用来保护小邦迪健康成长的屏障。虽然他从来不知道自己的亲生父亲是谁，但他是在充满爱与关怀的幸福氛围中长大的。在大学期间，他爱上了一个女孩布鲁克斯（S. Brooks），但后来布鲁克斯无情地把他甩了，这对他的打击巨大。就是在这个时候他得知了自己的真实身份，双重的打击几乎使他崩溃。后来在邦迪事业顺利的时期，他重新遇到了布鲁克斯，决心重新追回她并报复她。两人的关系发展迅速，就当布鲁克斯向邦迪要求结婚时，邦迪消失了，只丢给她一句冷冰冰的话："我只是想证明自己可以得到你。"他的连续杀戮就是在他与布鲁克斯分手之后开始的。据双方当事人称，两人分手后再未见面。那么，这些残暴行为的起因是邦迪本身矛盾的性格使然。没有爆发，只是时间的问题。在一次访谈中，邦迪谈到色情作品可能是助长其色情暴力的源泉。邦迪的犯罪动机和真实意图已经随他一起埋入地下，对于此案的猜测也就没有了标准答案。

邦迪是精神病态暴力犯的典型代表，具备精神病态的众多特征。而精神病态是与反社会人格障碍高度相关的一种人格特质，具有这类人格特质的罪犯多出现严重的暴力犯罪行为，很多连环杀手都符合精神病态的诊断标准，极大地威胁到他人的人身安全和社会的公共安全，对其进行研究具有重要的意义。通过对精神病态罪犯的研究，可以揭示其人格扭曲的特征，从而为刑事侦查、审讯和审判提供理论支持，同时也可为精神病态罪犯的矫治提供依据。

1　精神病态研究的历史沿革

1.1　精神病态概念的起源与演变

1.1.1　精神病态的概念

精神病态这一概念是在精神病学和心理学的框架内提出来的，早在 19 世纪就已经出现，但在当时所采用的术语是悖德狂，后期在学科发展的过程中，相应的定义和评估标准也发生了一定的改变。

19 世纪初期，法国著名的精神病学家皮奈尔(P. Pinel)发现，并非道德低下的个体才会表现出极端的反社会行为，部分个体虽然在智力上没有障碍，且明知自己行为的后果，但是仍然会表现出异常行为。皮奈尔将这类由非理智因素导致的异常归为一种精神错乱，称之为"不伴随谵妄的精神失常"(manie sans délire)。19 世纪 30 年代中期，英国医生普理查德(J. C. Prichard)在皮奈尔关于精神错乱的理论的基础上，正式提出了悖德狂这一术语，并将其定义为"一种精神错乱的形式，这类个体的智能很少或完全没有受到损害，主要或仅仅表现在情感状态、性情或习惯方面。在这种情况下，其内心的道德或行动准则被异常地加以歪曲或败坏，自我控制能力丧失或者严重受到损害，他们无法对任何主题进行探讨或推理，因此经常以夸夸其谈的方式来应对，但在工作、生活中举止得体，合乎礼仪"（Rafter，2008；张卓，2014）。事实上，早在皮奈尔和普理查德之前，美国精神病学家拉什（B. Rush）就已经指出，世界上存在道德错乱（moral derangement）的人，其中有一部分是智力正常但道德能力完全丧失的，即本章所重点论述的良知泯灭的人。但是囿于18世纪的文化氛围，拉什关于道德错乱的概念源于神学，充满宗教色彩，认为"当个体的道德能力完全丧失时，其良知以及对神的感知也不再存在，进而表现出反复犯罪却毫无懊悔心"。所以，拉什的理论的影响力远远不及后期的皮奈尔和普理查德。需要指出的是，三位学者对于这类人群的描述，尤其是普理查德提出悖德狂这一概念，将研究的关注点聚焦到"涉及暴力、无法自控、无懊悔心、反复再犯的犯罪者"身上，认为这类人群虽然智力正常，看起来也理智，但精神错乱，可从精神异常的视角解释暴力犯罪行为的成因。因此，有精神病学家主张，悖德狂和以往的精神错乱者一样，没有完全的刑事责任能力。但是，在司法实践中，悖德狂犯罪后通常会被判处刑罚，并未有减轻或免除刑罚的先例，因为陪审团很难理解那些能够理性回答问题的个体精神失常。

悖德狂的概念在研究领域内得到了认同，并且在欧洲和北美被广泛采用，但这种"悖德狂无刑事责任能力"的观点引发了巨大的争议。在19世纪末期，反对与批判的声音越来越多，质疑的理由是悖德狂这一术语暗含着该类人群由于先天异常而无法对自己的行为负责的主张。

1888年，德国精神病学家科克（J. L. A. Koch）提出用"精神病态性人格低下（psychopathic inferiority）"这一较为中性的术语来代替悖德狂。自此，精神病态一词开始被广泛应用（Gutmann，2008），但是这一术语一直未得到明确而统一的概念界定，以至于各种人格偏差都被笼统地划归为精神病态，其含义逐渐变得宽泛且模糊。后来还出现了一系列相似的术语。其中，美国心理学家帕特里奇(G. E. Partridge)认为，相较于精神病态，社会病态(sociopath)一词的定义和诊断更加明确且准确，可以用来描述那些社会适应不良的个体。实际上，两个术语常被相互替换使用，但是社会病态在实证研究中使用得较少，也缺乏有效的测量工具(Gacono & Meloy，1994)。

直至 1941 年，有研究者才首次对精神病态这一概念做出了详细且明确的界定。美国精神病学家克莱克利(H. Cleckley)出版了著作《理智的面具》(The Mask of Sanity)，在书中对精神病态进行了描述，列举了精神病态的 16 种特征：(1)外表迷人和高智商；(2)病理性的自我中心；(3)不真诚和伪善；(4)操纵欲强；(5)缺乏悔过或内疚；(6)情感反应贫乏；(7)人际关系淡漠；(8)不可靠；(9)性生活轻浮，不投入感情；(10)无法执行任何生活计划；(11)冲动；(12)反社会行为的动机不良；(13)判断力差，不能从经验中吸取教训；(14)没有妄想和其他异常思维；(15)没有焦虑；(16)饮酒后甚至在未饮酒时出现古怪的行为(Cleckley，1941)。这些特征描述成为精神病态研究的基础。

在专注于精神病态的研究者中，做出卓越贡献的当数不列颠哥伦比亚大学已经退休的荣誉教授、加拿大著名心理学家黑尔(R. Hare)。他在四十多年的执教和科研生涯中，将大部分时间和精力都贡献给了精神病态这个主题。在他看来，精神病态是一种表现在人际关系、情感、生活方式、反社会特质和行为方面的人格障碍，表现为冲动、控制力差、缺乏共情以及反社会行为等，是与攻击与暴力联系最为紧密的人格障碍(Hare，1996；刘邦惠，黄希庭，吕晓薇，2010)。精神病态罪犯的心理结构，使得他们倾向于操纵性和掠夺性的行为，并且能够立刻消除受害者的警戒心，行为极具破坏性，施暴后可以泰然自若地离开受害者。因此，研究者将精神病态个体描述为"致命的掠食者"（Ochberg et al.，2003），具有这类特质的犯罪者表现出更高的再犯率，尤其是暴力犯罪的再犯率。后来的相关研究大多数都是在黑尔关于精神病态的定义和解读的基础上进行的。

1.1.2　精神病态的分类

根据已有的研究，目前对精神病态有三种分类方式。第一种分类是早期研究者，如克莱克利等人的分类，他们将精神病态分为两类：原发型精神病态（primary psychopathy）和继发型精神病态（secondary psychopathy）。第二种分类是精神病态的研究发展者黑尔提出来的，他认为精神病态可以分三类：原发型精神病态、继发型精神病态、社交不良型精神病态（dyssocial psychopathy）。第三种分类是宾夕法尼亚大学的雷恩教授提出来的，他从神经生理学的角度将精神病态分为两类：成功型精神病态（successful psychopathy）和非成功型精神病态（unsuccessful psychopathy）。

根据克莱克利等人的分类，原发型精神病态的个体表面上充满魅力，但实际上缺乏共情能力，毫无责任感，情绪通常较为稳定，对外界应激刺激的反应较小；继发型精神病态的个体人际交往能力较差，焦虑水平较高，冲动性水平也较高，且经常充满敌意（Cleckley，1976）。有研究者以367名暴力犯为研究对象对精神病态的两个亚型进行了考察，结果发现：相比于原发型精神病态，继发型精神病态的特质焦虑水平更高，精神病态特质的表现更少，人际交往的功能更弱（如易怒、退缩、缺乏自信），而且表现出共病现象，带有更多的边缘型人格障碍以及其他精神障碍的特征。尽管类型有别，但研究者还是发现两种类型的精神病态个体出现反社会行为的比率基本一致（Skeem et al.，2007）。佛罗里达州立大学心理学教授帕特里克(Patrick，2005)指出，原发型精神病态可能更多地受到先天因素的影响，存在导致情感缺陷的生物学基础；而继发型精神病态的情绪波动和神经症症状则可能与早期发育的环境因素有关。

黑尔在克莱克利两分法的基础上增加了一类社交不良型精神病态。其中，原发型精神病态是个体先天的内在缺陷，被认为是"真正的"精神病态，满足克莱克利所描述的精神病态的特征，这种类型的精神病态个体在认知、情绪和生物学特性等方面均异于常人。继发型精神病态所出现的暴力或反社会行为主要是由间接性因素，如严重的情绪问题引发的。社交不良型精神病态，通常是从亚文化，如家庭或帮派中习得的暴力或反社会行为模式，是通过社会学习形成的(Cooke，Forth，& Hare，1997)。在原发型精神病态中，犯罪型精神病态(criminal psychopathy)与暴力的联系最为紧密，他们大都会犯下严重的罪行，并且更容易成为累犯。犯罪型精神病态是指那些具有反复的反社会行为和犯罪行为的原发型精神病态，其最具破坏性的特征是无情地漠视他人的权利，以及做出高风险的暴力行为。

值得说明的是，尽管精神病态与犯罪行为显著相关，而且再犯率很高，但精神病态并不等同于暴力或犯罪。雷恩教授将精神病态分为成功型精神病态和非成功型精神病态。虽然监管机构中的精神病态个体的比例远高于一般人群，但也有部分精神病态个体从未在司法系统的记录中出现，他们的社会功能相当不错。在商业领域和政治领域，很多商业精英和政坛领袖也都具备精神病态的特点，但从未实施犯罪，或者其犯罪行为从未被发现或侦破。和精神病态罪犯一样，他们也是彻头彻尾地以自我为中心、麻木无情并善于操纵他人的。但是，他们所拥有的智力、家庭背景、社交技巧和生活环境为其建构了一个貌似正常的假象，继发型精神病态个体通常能够得到自己想要的东西而免于遭受惩罚(Hare，2011)。前面曾经提到的美国加州大学的法隆教授可以作为成功型精神病态的例子。这种类型的精神病态个体表现为情感缺陷和人际关系异常，被称为成功型精神病态。黑尔教授曾表态，他更倾向于将这类人归为"亚犯罪"的精神病态，因为他们的成功通常是以他人的付出为代价的（Hare，2011）。而那些由于犯罪而被定罪的精神病态个体则被称为非成功型精神病态，也叫作犯罪型精神病态。之所以会出现此种分类，可能跟研究者所采用的精神病态的定义和诊断标准有关。克莱克利关于精神病态的特征描述均没有从违法犯罪的视角进行判断，而黑尔对精神病态的解读则加入了违法犯罪的元素，他所开发的评估工具也加入了相应的评估指标。有研究者对这两种类型精神病态个体进行了比较，结果发现，与非成功型精神病态个体相比，成功型精神病态个体的额叶皮层功能更完善，自主神经反应性更高，能够更好地制订计划、执行决策，倾向于通过更隐蔽、非暴力的手段来实现目标(Ishikawa et al.，2001；Gao & Raine，2010)。此前的研究主要集中在非成功型精神病态人群中，主要是被监禁的罪犯。但是近些年来，研究也开始从商业领域寻找研究对象，以期对精神病态有一个更为全面的认识。

1.2　精神病态与反社会人格障碍

早在精神病态这一术语出现之前，与犯罪相关的最为人熟知的概念是反社会人格障碍（antisocial personality disorder，ASPD）。反社会人格障碍是与攻击与暴力联系最为紧密的人格障碍，是一种漠视或侵犯他人权益的普遍行为模式。在一般人群中，反社会人格障碍的检出率为 $0.2\%\sim3.3\%$，而在药物滥用和罪犯群体中的检出率则高达 70%（American Psychiatric Association，2013）。蒋奖和许燕(2007)曾经对 866 名罪犯进行反社会人格障碍的调查，结果发现，该人格障碍在罪犯中的检出率为 32.8%，尤其在累犯中这一比例更高，约为 55.6%。

关于反社会人格障碍的诊断，在 1992 年世界卫生组织修订的

《疾病及有关健康问题的国际统计分类》(The International Statistical Classification of Diseases and Related Health Problems，ICD)第 10 版中，其"成人人格与行为障碍"(disorders of adult personality and behaviour)部分设置了"社交紊乱型人格障碍"(dissocial personality disorder)，用来定义个体不顾社会义务、漠视他人情感的异常行为表现(Felthous & Sass，2012)。ICD 之所以没有用"反社会"一词，是为了减少将患有该人格障碍的个体等同于犯罪者的污名化现象。

　　DSM-5 涉及 22 类精神障碍的诊断标准，人格障碍是其中的一类，并且人格障碍还被进一步划分为 10 种类型，反社会人格障碍涵括其中。DSM-5 明确指出，反社会人格障碍的核心特征是一种从童年或青少年早期持续至成人期的、无视与侵犯他人权利的行为模式，该模式又被称为精神病态、社会病态或社交紊乱型人格障碍。大多数反社会人格障碍的研究都以 DSM-5 为依据，需要满足四个条件。一是一直不顾或冒犯他人的权利，起自 15 岁以前，至少表现出下列 3 项：(1)不遵守有关法律行为的社会准则，表现为多次做出可遭拘捕的行动；(2)欺诈，表现为为了个人利益或乐趣而多次说谎、使用假名或诈骗他人；(3)冲动性，或在事先不做计划；(4)易激惹和具有攻击性，表现为多次殴斗袭击；(5)鲁莽地不顾他人或自己的安全；(6)一向不负责任，表现为多次不履行工作或经济义务；(7)缺乏懊悔心，表现为在伤人、虐待他人或偷窃之后显得无所谓或做合理化的所谓辩解。二是行为人至少 18 岁。三是在 15 岁前起病者有品行障碍的证据。四是反社会行为并非发生在精神分裂症或躁狂发作的病程中。

　　在 ICD-10 和 DSM-5 中，精神病态均没有作为一类单独的人格障碍出现。ICD-10 在社交紊乱型人格障碍的诊断标准下，列出了与精神病态相近的诊断；DSM-5 在首次提出的维度取向诊断标准中，将精神病态作为特征说明列举出来。黑尔教授提出，虽然反社会人格障碍尝试包含精神病态的主要特征，并且二者在概念和个体行为表现等方面存在某些共同之处，但是精神病态并非反社会人格障碍的一种严重类型，二者更不能完全等同（Hare，1996）。在反社会人格障碍的患者中，仅有 20%～50%的个体同时满足精神病态的诊断（Bartol & Bartol，2007）。

反社会人格障碍和精神病态的区别主要在于：根据黑尔等人给出的精神病态的定义，情感和人际关系方面的特征是主要元素，特别是内疚感和共情能力的缺乏；而 DSM-5 中对反社会人格障碍诊断标准的描述，主要关注可观察的外显行为表现，个体的情绪缺陷并非必要条件。所以，反社会人格障碍主要是指一系列犯罪的、反社会的行为，而精神病态的界定则包括一系列的人格特点和违反社会规范的行为（Hare，2011），在精神病态的诊断标准中除了反社会行为之外，也强调情绪情感缺陷和人际关系的问题（Hare，1996）。除此之外，精神病态个体通常不会表现出中等或重度的心理异常，他们大多数都没有严重的焦虑、抑郁、妄想、幻觉等精神病性的症状。即便在遭受压力的情况下，也仍然能够保持沉着和冷静。反社会人格障碍的个体，更有可能出现与抑郁/躁狂等心境障碍或焦虑障碍共病的现象。

以下两个故事分别是反社会人格障碍与精神病态的案例，旨在更加形象地描述两个概念的差别。

里安（Ryan）是一名 35 岁的男性，因故意杀人被判处终身监禁。他一向脾气暴躁，最终在一次酒吧斗殴中导致他人死亡。在平时生活中，里安给人的印象是热心、略不成熟、喜欢开玩笑。监狱中的服刑人员和工作人员都喜欢他，他在狱中没有任何不良记录。从 17 岁开始，里安因从商店偷窃而被判缓刑，此后共有六七项违法记录。根据里安父母的回忆，他从 15 岁开始在家和学校里就麻烦不断。在家里，他难以管教，频繁说谎，破坏财物，甚至离家出走。在学校，他频繁打架，16 岁时辍学，开始以做体力活谋生。尽管偶尔因无法与工友相处而被解雇，但他基本上能够维持工作并获得报酬。然而，里安平日大量喝酒，花钱没有节制，剩余的钱总是不足以支付账单。为了增加收入，他开始贩卖大麻，偶尔还从他工作的建筑工地里偷盗设备。他与女朋友同住，尽管他过量饮酒，贩卖大麻，经常出现财务问题，但与女朋友的关系比较稳定。在多年的恋爱关系中，里安曾有过两次外遇，但均因为他感到内疚、担心女朋友发现而主动结束。他的饮酒问题日益严重，一次，他在当地一家酒吧中打架，被酒吧工作人员制止并劝离。他没有回家，而是又返回酒吧，用酒瓶攻击对方，对方的喉部受伤导致死亡。里安在警方赶来后很快交代了案情，并在法庭上承认有罪。

泰勒（Tyler）是一名 37 岁的男性，因在旅途中为盗窃钱财杀害旅伴，被判处终身监禁。泰勒不仅有严重的药物依赖，而且是一名毒贩。在监狱中，他活跃且喜欢与人攀谈，但他与工作人员的谈话通常因不恰当和充满暗示性而结束。由于做事不可靠，当期望未被满足时还会出现暴力发作，因此泰勒在监狱中麻烦不断。监狱中大部分的服刑人员对他既尊重又害怕，而他很享受这种态度。泰勒的犯罪记录长达数页，其中第一次违法记录是 9 岁时从学校盗窃设备。11 岁时，他在试图溺死一名拒绝交出零用钱的同学时被抓获。在童年、青少年和成年之后，泰勒频繁出入各种矫正机构，其犯罪记录几乎涉及全部的犯罪类型，包括盗窃、抢劫、蓄意伤害和劫持人质等。他从未有一份工作能持续两周以上，平日主要靠朋友接济，或者从事犯罪，如贩卖毒品、街头扒窃、介绍卖淫等谋生。他很少在同一地方居住很久，喜欢四处搬家，居无定所。由于看起来非常友好，因此他通常能够毫不费力地找到愿意收留他的人，但这种相遇经常以严重的争吵甚至暴力相加而结束。泰勒从未结婚，但曾有过数个生活伴侣。在和每一个伴侣相处的过程中，他首先"把她们彻底

迷倒"，然后搬入伴侣家中开始共同生活。其中最长的一段恋情持续
了 6 个月，但每一段恋情都充满暴力和动荡。他提到自己曾无数次
在与一名女子同居期间，与另外一名女子约会，但当问及其关系是
否为一夫一妻制时，他回答说他一直都是一夫一妻制的。如果当面
指出他的答案与所述不符，他就会否认任何矛盾之处："我总是一夫
一妻制的，因为我的身体不可能同时出现在两个不同的地方，明白
吗?"泰勒被判定的罪行具有充足的证据，但在法庭上，他仍坚称自
己无罪，并且对被害人及其家属毫无愧疚。尽管被判处终身监禁的
可能性极大，并被明确告知上诉是徒劳的，但泰勒仍非常乐观，认
为自己会被立即释放。

在以上两个案例中，里安的行为表现满足反社会人格障碍的诊
断标准，泰勒的表现既满足反社会人格障碍的条件，又符合精神病
态的标准。二者的表现有相似之处，都曾经有过多次违法记录；经
常与他人发生冲突；15 岁前就表现出各种越轨行为，泰勒更甚，不
仅犯罪类型多样，而且情节更加恶劣。不同之处在于，里安在情感
方面会因为背叛女友而感到内疚，被捕后会如实交代自己的罪行，
承认自己的过错。而泰勒则更多地表现出情感缺陷和人际方面的问
题，他看起来友好，并且经常利用这一点达到自己的目的，在人际
交往中经常使用操纵和利用的手段；情感浅薄，从未结婚，曾经有
过多个生活伴侣，不止一次背叛伴侣，还不承认自己的荒唐行为；
坚持自己无罪，对自己的犯罪行为毫无愧疚之意，不在意给被害人
及其家属带来的伤害。

2　精神病态个体的诊断评估

如前所述，目前临床上普遍使用的精神疾病诊断标准，如 ICD-
10、DSM-5、CCMD-3 等，都没有专门列出精神病态的诊断标准，

因此，研究者们尝试开发相应的工具，用于准确地鉴别和筛查精神病态个体。其中，影响最为深远的是黑尔教授开发的精神病态检核表（psychopathy checklist，PCL）。除此之外，还有精神病态核查表：筛查版（psychopathy checklist：screening version，PCL：SV）、精神病态特质量表（psychopathic personality inventory，PPI）、莱文森自我报告精神病态量表（Levenson self-report psychopathy scale，LSRP）、精神病态检核表修订版：青少年版（psychopathy checklist：youth version，PCL：YV）、反社会行为筛选工具（antisocial process screening device，APSD）等筛查工具。

2.1 精神病态诊断的"金标准"

对精神病态的诊断与评估，目前应用最为广泛并且受到一致认可的工具是黑尔教授开发的精神病态检核表。PCL 第 1 版于 1980 年公开发表，共有 22 个条目。1991 年，黑尔教授又对 PCL 的条目进行了调整，编制了精神病态检核表修订版（psychopathy checklist-revised，PCL-R），并且在 2003 年再次修订，修订后的 PCL-R 包括 20 个条目。PCL-R 在研究、临床和司法领域都得到了广泛的应用，并且具有较高的信效度，因此被看作精神病态评估与诊断的"金标准"。

精神病态检核表的编制在很大程度上是以克莱克利对精神病态的定义为基础的（黑尔与克莱克利对精神病态行为描述的对照见表 7-1）（Bartol & Bartol，2009），主要目的是筛查出被监禁的罪犯或精神病患者中的精神病态个体。

表 7-1　黑尔与克莱克利对精神病态行为描述的对照

PCL	克莱克利的原发型精神病态标准
外表迷人	外表迷人和高智力
夸大的自尊	病理性自我中心
病理性说谎	不真诚和伪善

PCL	克莱克利的原发型精神病态标准
操纵他人/欺骗	操纵欲强
缺乏负罪感	缺乏负罪感
情感浅薄	情感反应贫乏
冷酷并缺乏同情心	人际关系淡漠
不为自己的行为负责	不可靠
性行为混乱	性生活冷淡
缺乏现实的长期目标	无法执行生活计划
行为控制力差	冲动行为
对刺激的高度需求/容易乏味	动机不良的反社会行为
没有责任感	错误的判断
	没有妄想或神经症状
	极少自杀

PCL-R 并非自陈量表，使用 PCL-R 需要研究者通过半结构化访谈以及个体的档案资料获取相关信息，从而对个体的人际关系、情感、生活方式等内容进行评分，从 0 到 2 三级评分，其中，0 代表完全不适用，1 代表可能适用，2 代表完全适用。PCL-R 共包括 20 个条目，因此，总分范围为最低分 0 分，最高分 40 分。量表总分在 30 分以上（含 30 分）的个体可以被诊断为精神病态，20 分以下的个体被认为不符合精神病态的标准。不过在具体的研究实践中，由于受到文化差异等因素的影响，量表得分临界值为 25～30 分，如有欧洲的研究以 25 分为标准线，即 25 分及以上者被评定为精神病态。其完整施测和评分过程需要 2.5～3 小时，耗时较长，而且使用者需要具备专业背景，并接受足量且同质的培训。

精神病态是一个多维结构，研究者尝试通过因素分析从 PCL-R 的各个条目中提取精神病态的基本维度，但也出现了二维结构、三维结构和四维结构的不同结论。

最初，黑尔教授等人指出，PCL-R 的大部分条目可以划分为两个维度：人际关系/情感(interpersonal/affective)、冲动/反社会生活方式(impulsive/antisocial lifestyle)(Hare et al.，1990)。条目划分及相应维度如表 7-2 所示。其中人际关系/情感维度包括油腔滑调/外表迷人、夸大的自我价值、病理性说谎等 8 个条目；冲动/反社会生活方式维度包括寻求刺激/易感到厌倦、寄生式的生活方式、行为控制力差等 9 个条目；其余 3 个条目未被纳入上述两个维度，但这 3 个条目与 PCL-R 总分密切相关，因此被保留(Hare，1991)。

表 7-2　PCL-R 的两维度结构及条目划分

因子 1：人际关系/情感	因子 2：冲动/反社会生活方式	其他条目
1. 油腔滑调/外表迷人	3. 寻求刺激/易感到厌倦	11. 性乱行为
2. 夸大的自我价值	9. 寄生式的生活方式	17. 多次短暂的婚姻/恋爱关系
4. 病理性说谎	10. 行为控制力差	20. 犯罪类型多样化
5. 操纵他人/狡猾	12. 早期行为问题	
6. 缺乏懊悔心或内疚感	13. 缺乏现实的长期目标	
7. 情感浅薄	14. 冲动性	
8. 冷漠并缺乏同情心	15. 没有责任感	
16. 对自己的行为不负责任	18. 青少年期越轨行为	
	19. 有条件释放被撤销	

后来，有研究者对 PCL-R 的结构重新进行了探索，他们以来自北美监管机构和司法精神病医院的 2 067 名被试为研究对象，采集了其中四分之三的被试的 PCL-R 数据，根据探索性因素分析和验证性因素分析的结果提出精神病态的三因子模型，三个维度分别是傲慢和欺骗性的人际交往方式、有缺陷的情感体验、冲动和不负责任的行为方式。其中傲慢和欺骗性的人际交往方式维度包括 4 个条目：

油腔滑调/外表迷人、夸大的自我价值、病理性说谎、操纵他人/狡猾；有缺陷的情感体验维度包括 4 个条目：缺乏懊悔心或内疚感、情感浅薄、冷漠并缺乏同情心、对自己的行为不负责任；冲动和不负责任的行为方式维度包括 5 个条目：寻求刺激/易感到厌倦、寄生式的生活方式、缺乏现实的长期目标、冲动性、没有责任感。该三因子模型具有较好的拟合度，但是只涵括了 PCL-R 的 13 个条目（Cooke & Michie，2001）。

2003 年，黑尔教授再次对 PCL-R 进行了修订，并根据修订版的结果提出了精神病态的四维模型，将最初的二维模型拆分细化，四个维度包括：人际关系、情感、生活方式和反社会。其中人际关系维度包括 4 个条目：油腔滑调/外表迷人、夸大的自我价值、病理性说谎、操纵他人/狡猾；情感维度包括 4 个条目：缺乏懊悔心或内疚感、情感浅薄、冷漠并缺乏同情心、对自己的行为不负责任；生活方式维度包括 5 个条目：寻求刺激、冲动性、没有责任感、寄生倾向、缺乏现实的长期目标；反社会维度包括 5 个条目：行为控制力差、早期行为问题、青少年期越轨行为、有条件释放被撤销、犯罪类型多样化；另外两个条目（性乱行为和多次短暂的婚姻关系）在任何一个维度上的载荷量都很小，故未划分到上述维度中，但这 2 个条目由于对 PCL-R 总分有贡献而被保留（Hare，2003）。

虽然关于精神病态的结构有不同的发现，但目前大部分研究仍沿用精神病态的两维度模型。

2.2　精神病态的多种评估工具

PCL-R 作为精神病态诊断的"金标准"已经在司法和临床领域得到了广泛的应用，但是该工具的使用耗时长、不易操作，出于简化使用和人群适用性考虑，黑尔教授及其他研究者仍在对其进行优化，并开发出多种其他版本的评估工具，同时将年龄因素纳入考量，分别开发适用于成人和青少年的工具。

2.2.1　适用于成人的评估工具

1995 年，黑尔教授等人在 PCL-R 的基础上编制了一个简表——PCL：SV，既可以用于评估罪犯和司法精神病患者中的精神病态个体，也可以用于一般人群中精神病态个体的筛查，优点是方便、快速且低成本。PCL：SV 仅包括 12 个条目，部分条目是多个 PCL-R 条目的整合，其他条目则关注相似的特征（如反社会行为），但编码赋值的程序不同。评分方式同 PCL-R 一样，每个条目从 0 到 2 三级评分，总分范围为 0～24 分，评定标准分数线为 18 分，即得分在 18 分及以上的个体可被评定为精神病态。跟 PCL-R 一样，PCL：SV 也分为两个维度：人际关系/情感维度、冲动/反社会生活方式维度（Hart，Cox，& Hare，1995）。西蒙弗雷泽大学的盖伊和道格拉斯（Guy & Douglas，2006）对 PCL：SV 和 PCL-R 的相关性进行了考察，以 363 名来自司法和矫正机构的被试为研究对象，通过以上两种工具评估研究对象的精神病态水平，结果发现不论施测手段是查阅档案还是查阅档案与访谈相结合，也不论评估者是同一人还是不同的人，两种工具的评估结果之间都具有非常稳定的强相关。PCL：SV 可以达到与 PCL-R 同等的评估效果，但施测时间仅为 PCL-R 的一半，能够极大地提高评估效率。需要注意的是，PCL：SV 既适用于成人，也适用于青少年。

PCL：SV 同 PCL-R 的施测手段一样，都是借助访谈结合档案信息对个体进行评分，这种评估手段要求使用者接受过专业的培训，用时较长，而且还要求使用者有条件获取研究对象的官方犯罪记录等档案信息，这种方式对处于监禁环境的罪犯是可行的，但不一定适用于社区样本。相比之下，自评工具没有额外的条件限制，可以大大地提高研究的效率。以下要介绍的两种工具均为自评量表。

一种工具是精神病态特质量表（psychopathic personality inventory，PPI），是由埃默里大学的利连菲尔德等人（Lilienfeld & An-

drews，1996)编制而成的，并于 2005 年进行了修订，形成了精神病
态特质量表的修订版（psychopathic personality inventory-revised，
PPI-R)(Lilienfeld & Widows，2005)。同 PCL-R 一样，PPI 也以克
莱克利对精神病态的描述为基础，但不同的是，PPI 主要关注个体
的精神病态特质方面，而非反社会行为，所以最初版本的主要适用
人群是非罪犯群体，后来在矫正机构中也有广泛的应用。PPI 属于
李克特自陈式量表，第 1 版有 187 个条目，修订版有 154 个条目，
每个条目四点计分。PPI 共有八个分量表，各分量表的含义如表 7-3
所示。此外，还包括三个效度量表：异常作答分量表、不可能优点
分量表、作答一致性量表，分别考察个体在作答时的随意性、社会
称许性和作答一致性。各分量表的总分代表个体的精神病态水平。
后来有研究者对 PPI 的因素结构进行了探索，结果支持二维模型：
维度一相当于精神病态情感—人际因子的外部镜像，表现为高支配
性、低焦虑和爱好冒险；维度二相当于精神病态的社会偏差行为因
子，表现为冲动性、不遵守规则、攻击性、疏远他人(Benning et al.，
2003)。PPI 虽然有八个分量表，但仍然同 PCL-R 一样，是一个二维
结构。以往研究显示，PPI 与 PCL-R 以及国外其他精神病态自陈量
表等都有较高的相关性，能够用于测量不同群体的精神病态特质，
具有较高的信效度。

表 7-3　精神病态特质量表的分量表

分量表	含义
极度自我中心	自我中心、自我利益至上
社会效能	充满吸引力、善于影响他人
无情	冷漠无情、缺乏内疚感
毫无顾忌的无计划性	无忧无虑、缺乏计划性

续表

分量表	含义
无畏惧感	对危险情境缺乏预见性的焦虑，会承担风险去参加危险性活动
责备的外部归因	倾向于把自己的错误归咎于他人
不墨守成规	公然无视社会规范
压力免疫	在压力情境中缺乏紧张或应有的反应

　　另一种工具是 LSRP，是加州大学莱文森等人（Levenson，Kiehl，& Fitzpatrick，1995）于 1995 年编制的。LSRP 共有 26 个条目，每个条目四点计分。由于 LSRP 的编制基于 PCL 和 PCL-R，因此该量表也从人际关系/情感和冲动/反社会生活方式两个维度来测量精神病态，但是维度命名根据早期的精神病态分类，即原发型精神病态和继发型精神病态两个维度。正如第一节精神病态分类中所述，原发型精神病态描述的是冷酷无情等天生的倾向性，是情感方面的特征；而继发型精神病态描述的是由后天环境导致的偏差行为。因此，LSRP 的因素结构与 PCL-R 的联系还是非常紧密的。

　　需要指出的是，以往关于精神病态的研究多集中在罪犯和精神病患者等特殊人群，社区人群也有涉及，但是成功型精神病态的存在也使得研究者逐步拓宽了研究对象的范围，开始从商业领域取样，考察工作场所的公司精神病态（corporate psychopathy）。黑尔教授还开发出了相应的工具精神病态商业扫描版（Business-Scan 360，B-SCAN）用于开展研究。原版共 113 个条目，后来经因素分析提取出一个包括 20 个条目、四个维度的版本，四个维度分别是：善于操纵的/不道德的（manipulative/unethical）、冷酷无情的/麻木不仁的（callous/insensitive）、不可靠的/漫无目的的（unreliable/unfocused）、令人害怕的/具有攻击性的（intimidating/aggressive）。B-SCAN 的评估方式不同于以上三种工具，该量表通常采用他评的方式，如黑尔教授等人在一项研究中招募职场人士为被试，请他们根据对自己上司的评价完成 B-SCAN，从而评估职场管理人员的精神病态水平（Mathieu et al.，2013）。总起来说，使用 B-SCAN 进行公司精神病态的相关研究还非常少，未来有待进一步拓展。

2.2.2 适用于青少年的评估工具

目前，研究者对精神病态的发展存在一种颇为流行的观点，精神病态从童年早期的行为模式中就初露端倪，并且在成人以后一直持续这种行为模式的人格障碍。因此，在儿童和青少年群体中，我们也可以看到一些潜在的精神病态个体，那些多动、易冲动、注意力集中困难以及具有品行问题的儿童甚至被称为"精神病态的雏形"（fledgling psychopaths）（Gresham，Lane，& Lambros，2000）。前述评估工具都是适用成人群体的，所以，针对儿童和青少年，研究者根据年龄特点编制了相对应的精神病态评估工具。PCL：YV 和 APSD 是比较有代表性的两个评估工具。

PCL：YV 源自 PCL-R，在条目上只是做了一些细小的改动，如将 PCL-R 中的"多次短暂的婚姻/恋爱关系"替换成了"不稳定的人际关系"，从而使得内容更适合青少年人群。评估方式同 PCL-R 一样，依然是半结构化访谈与查阅档案相结合，根据所获信息为每个条目评分。PCL：YV 共包括 20 个条目，每个条目从 0 到 2 三点计分，总分代表青少年个体的精神病态倾向的程度，主要适用 12～18 周岁的青少年（Forth，Kosson，& Hare，1994）。但是该工具在因素结构方面存在争议，有三因素和四因素之争。三因素结构包括人际、情感、生活方式。四因素结构包括人际、情感、生活方式、反社会行为。这两种划分方式都得到了大量研究的支持，但是具体的结构性还有待检验。由于 PCL：YV 被证明对未成年人的一般再犯行为和暴力行为都有较好的预测效度，因此，目前该工具也经常被用来进行青少年暴力风险评估。

　　APSD 是一个自评量表，是美国新奥尔良大学的弗里克教授和黑尔教授合作编制的。该量表共有 20 个条目，每个条目三点计分。除自评版本外，还有父母和教师的他评版本。同传统的精神病态因素结构一样，APSD 也分为两个维度：冲动/品行问题和冷酷无情特质(Frick et al.，1994；Frick & Hare，2001)。但弗里克教授也曾提出一个三维度模型，在前述两个维度的基础上，增加了自恋维度(Frick，Bodin，& Barry，2000)。在后续研究中他还发现，APSD 中的冷酷无情特质维度可以预测青少年个体的刺激寻求倾向和反社会行为中的无愧疚感(Barry et al.，2000)。2003 年的一项研究以 155 名来自地方拘留所和高戒备监狱的青少年犯为研究对象，通过 PCL：SV、PCL：YV 和 APSD 进行精神病态倾向性的评定，结果支持 APSD 的三维度模型，并且依据研究结果，研究者建议在使用 APSD 筛查具有精神病态倾向的青少年时，评定标准分数线可设为 15 分(Vitacco，Rogers，& Neumann，2003)。

3　精神病态与暴力犯罪

　　有多个纵向研究和前瞻研究的结果表明，大约有 5% 的男性罪犯导致了 70% 以上的暴力犯罪(Farrington & West，1993；Kratzer & Hodgins，2010)，即"少数人犯多数的罪"。反复施暴的"少数人"具有以下特征：从童年早期就表现出攻击行为和反社会倾向，随着年龄增长暴力程度逐渐升级，并且将这种行为模式持续终身，即成为终身持续犯罪人。而精神病态个体有更大的可能性发展成为终身持续犯罪人。在普通人群中，精神病态的检出率大约为 1%，而在成年囚犯中的检出率则为 15%～25%(Hare，1998)。所以，无论是在监禁机构还是在社区环境中，及时发现精神病态个体并做好防控都是有利于社会稳定的重要举措。

从暴力与攻击的类型来看，预谋性暴力和冲动性暴力在该人群的犯罪行为中都有所表现，但通常以预谋性暴力为主。精神病态个体对违反道德无动于衷，对其行为的受害者毫无同情心或内疚感，进而为了达到某个特定的目标会表现出预谋性暴力。与此同时，精神病态个体也表现出较高水平的冲动性暴力。但是，精神病态个体的冲动性暴力可能并非源于威胁或焦虑等情绪唤起，而是因为精神病态个体难以根据自己行为的后果及时调整自己的预期，因此更容易体验到挫败感，进而引发冲动性暴力。

3.1　精神病态与预谋性暴力

为了满足自己的需求，精神病态个体经常表现出预谋性的、无情的、工具性的暴力行为，因此，他们所犯的罪行通常都是严重的暴力犯罪。一项针对加拿大罪犯的调查显示，参与调查的几乎所有的精神病态罪犯所实施的谋杀都属于预谋性犯罪（93.3%），而非精神病态罪犯实施预谋性犯罪的比例为 48.4%，精神病态者实施预谋性犯罪的可能性约是非精神病态者的两倍（Woodworth & Porter，2002）。雷恩教授以 121 名男性服刑人员为被试，通过 PPI 和两类攻击量表考察了精神病态与攻击类型的关系，结果表明精神病态总分与预谋性暴力相关（Cima & Raine，2009）。即便控制了智力和暴力行为史等因素后，这种相关也依然存在（Walsh，Swogger，& Kosson，2009）。在实验室研究中，研究者通过不同范式来考察被试的攻击行为倾向，如反应选择攻击范式（response choice aggression paradigm，RCAP）（Reidy et al.，2007）、减点范式（subtract points paradigm）（Nouvion et al.，2007）、囚徒困境游戏（prisoner's dilemma game）（Rilling et al，2007），结果也证实，个体的精神病态水平越高，个体在以上范式中越倾向于出现工具性暴力行为，尤其是精神病态中的人际关系/情感维度与实验室环境下诱发的工具性暴力相关程度更高。这种关系在青少年中也发现了证据，研究者采用 PCL：

YV 考察精神病态与两类暴力的关系，结果显示 PCL：YV 得分高的个体更可能成为工具性暴力类罪犯（Murrie et al.，2004）。而精神病态的主要成分之一冷酷无情特质被认为是儿童和青少年精神病态潜在发展的标志（Viding et al.，2005），儿童和青少年群体的冷酷无情特质与工具性暴力之间显著的正相关关系也已经得到了反复的验证（Fanti，Frick，& Georgiou，2008；Fite，Stoppelbein，& Greening，2009）。

精神病态与预谋性暴力之间的关联很大程度上可能与精神病态个体在人际关系/情感方面的特征有关。精神病态个体存在共情缺陷，无法通过唤起共情来抑制对他人的伤害行为；缺乏愧疚感，对自身行为给他人造成的痛苦和恶劣后果毫不在意，享受伤害他人所带来的奖赏和愉悦感，所以会出现更多具有目标指向性的工具性暴力行为。另外，对于精神病态的预谋性暴力行为有这样一种解读，从生命史策略的视角来看，这是一种基于进化的适应性行为。攻击、寻求冒险、操纵及滥交等行为都是精神病态个体从他人那里获取好处的工具或手段，从而达到获得社会地位和资源，并传递基因的目的（Glenn & Raine，2009）。

3.2 精神病态与冲动性暴力

预谋性暴力和冲动性暴力之间并非此有彼无的关系，两种暴力类型有可能出现在同一个个体身上。有研究者根据大学生群体报告的以往暴力行为情况划分其暴力类型，结果发现所有被试都报告曾在实施工具性暴力行为的同时，也实施过相同比例的反应性暴力行为。研究者运用其他手段将被试划分到两种暴力类型中后，采用 LSRP 探讨精神病态与两种暴力类型的关系，结果表明，反社会行为维度得分高的个体更容易出现冲动性暴力（Falkenbach，Poythress，& Creevy，2008）。所以，不同的暴力类型可能与精神病态的不同成分有关。在前述的雷恩教授于 2009 年对男性服刑人员的研究中也得到了相似的结论，结果提示精神病态的罪犯主要以预谋性暴力为主，还发现精神病态的一些特征（如无恐惧感）与冲动性暴力有关，精神病态罪犯也有可能在压力或应激状态下做出反应性的攻击。精神病态个体的无恐惧感与其冲动性暴力有关，这一说法似乎难以理解。原因在于，冲动性暴力通常是在受到挑衅的情境下出现的，面对可能受伤的情况，个体或者选择战斗或者选择躲避，而无恐惧感的个体因为无所畏惧更倾向于还手而非逃离攻击源（Cima & Raine，2009）。

在解释精神病态的冲动性暴力时，布莱尔教授提出了一个社会反应反转（social response reversal，SRR）模型。该模型强调社会线索在调整社会行为中的作用，他人的愤怒表情能够使个体减少违反社会秩序或社会期望的行为。他认为存在一个神经环路能够被他人的愤怒情绪激活，或者被与愤怒等负性效价的表情有关的情境激活，即预料到他人愤怒的情境可以激活这个系统。该系统的激活引起个体对行为反应尤其是反应性暴力的调节。反应反转的神经环路包括内侧额叶、前扣带回以及腹内侧前额叶皮层等多个部分，其中杏仁核、下丘脑和中脑导水管周围灰质起到重要的中介作用。布莱尔教授认为精神病态个体调节反应性暴力的神经环路的结构或功能存在缺陷，从而导致反应反转能力出现障碍，无法根据情境调整自己的应对行为，最终导致冲动性暴力或反应性暴力的发生（Blair，2000）。

3.3　精神病态与再犯

与非精神病态罪犯相比，精神病态罪犯更可能再次犯罪、反复施暴。黑尔教授在一篇综述中曾引用以下数据：在释放 1 年后，精神病态罪犯的再犯率是非精神病态罪犯的 3 倍（Hemphill，Hare，& Wong，1998）。与非精神病态罪犯相比，精神病态罪犯出现再次犯罪和违反假释条例的时间间隔更短，在监禁机构中也表现出更多的暴力行为（Porter，Birt，& Boer，2001）。高精神病态得分不仅与释放 1 年后的再犯率显著相关，而且能够预测刑满释放 10 年后的再犯率。在青少年犯中，PCL：YV 评分较高的个体，在 5 年的随访期内更可能逃脱监管、违反假释条例并再次实施暴力犯罪（Gretton et al.，2001）。基于以上相关研究，精神病态被视为预测再犯尤其是暴力犯罪的有效指标。相应地，PCL-R 也经常作为工具被纳入暴力再犯风险评估工作中来。

4 精神病态罪犯的生理心理特征

精神病态个体的生理心理特征是精神病态研究的一个重要成分。早期的研究主要集中在自主神经活动的测量上，随着事件相关电位与功能磁共振成像等认知神经科学技术的不断发展和成熟，研究者逐渐开始将这些技术应用于精神病态罪犯生理心理特征的研究。

4.1 低自主神经反应

在探讨精神病态个体的自主神经活动特征时，通常采用的生理指标包括皮肤电反应和心率，这些指标被认为是反映自主神经系统细微变化的高度敏感指标。

早在 1968 年，黑尔教授在研究中就发现原发型精神病态个体在静息状态下的皮肤电反应弱于非精神病态个体，而且他们的定向反应也比非精神病态个体弱，这一研究表明精神病态个体对环境尤其是新异事件的敏感性和警觉性都比较低（Hare，1968）。一篇关于精神病态自主神经活动的综述指出，精神病态罪犯的特征是"动机失衡"（motivational imbalance），即对奖励有唤起反应（如心跳加快），而对惩罚或负性线索反应会减弱（如皮肤电反应不足）（Arnett，1997；王绍坤，杨波，2011）。雷恩教授的学生高瑜博士的一项纵向研究，考察了恐惧性条件反射中的皮肤电反应与犯罪之间的关联，结果发现后来成长为罪犯的个体在 3 岁时尚未具备形成条件性恐惧反应的能力，具体表现为不能形成条件刺激信号和噪声之间的联结，在噪声出现之前没有明显的皮肤电反应（Gao et al.，2010）。较弱的皮肤电反应反映了恐惧学习的失败，这可能与精神病态个体常出现不畏后果的严重犯罪行为有关。

反社会行为是精神病态个体主要的行为特征之一，而研究表明反社会行为与低静息心率存在相关。黑尔教授曾通过研究发现成人精神病态罪犯在静息状态下的心率低于普通人（Hare，Frazelle，& Cox，1978）。墨菲特教授指出低静息心率是终身持续犯罪人的显著特征（Moffitt & Caspi，2001）。一系列纵向研究也表明低静息心率能有效地预测反社会行为。雷恩教授的一项以 1 795 名儿童为被试的研究发现，3 岁时低静息心率的儿童在 11 岁时攻击倾向更明显（Raine，Venables，& Mednick，1997），15 岁时低静息心率的男孩中有 74.7% 在 24 岁时犯罪（Raine，Venables，& Williams，1990a；Raine，Venables，& Williams，1990b）。另一项以 411 名英国男性为被试的纵向研究发现，18 岁时的低静息心率与 40 岁时的暴力犯罪行为显著相关（Farrington，1997）。低静息心率代表低自主唤醒水平，精神病态或反社会个体有可能为了达到一定的唤醒水平而从事冒险行为。

测量自主神经反应的研究属于"标记性研究"，旨在探索精神病态个体与一般群体生理特点的差异，但对于产生这种区别的原因尚需要其他研究方法的补充，所以未来的研究还应采用脑成像、基因技术等方法进一步揭示不同类型反社会行为的神经生物学基础。

4.2 脑电活动异常

神经活动是一个电化学过程，神经元共同活动时会产生足够大的电位差，能够被放置在头皮的电极"捕捉"到，其中包括自发脑电活动和诱发脑电活动。自发脑电活动的连续性记录叫作脑电图，反映的是大脑的总体电活动，不能精确地探讨在认知过程中的脑电活

动；由刺激事件诱发的脑电反应叫作事件相关电位，是从全体 EEG
信号中提取出诱发的反应，而这些诱发事件通常对应某种认知过程，
如感觉、知觉、运动、思维等，因此 ERP 可以体现认知过程背后的
脑电活动。

　　以往对精神病态个体的 EEG 研究一致发现，精神病态个体的慢
波异常的发生率显著高于常人。在对 700 名精神病态个体的一系列
研究中发现，有 49%～56% 的被试表现出 EEG 异常，其中最常见的
是慢波异常(Knott et al.，1953)。黑尔教授提出"成熟阻滞假说"来
解释精神病态个体的这一特征，他认为高发的慢波可能代表大脑发
育的延迟，精神病态个体表现出与儿童相似的行为模式，如自我中
心、不能延迟满足以及喜欢寻求刺激等(Hare，1970)。随着年龄的
增长，精神病态个体的 EEG 模式会趋于成熟，行为模式也会向符合
社会期望的方向改变，只不过皮层成熟和行为规范形成的时间晚于
普通成人。黑尔教授及其同事发现相比于 25～30 岁的个体，精神病
态个体在 40 岁以后监禁时间和定罪率都有显著下降。但是尽管原发
型精神病态个体的犯罪率随着年龄的增长而下降，但他们 40 岁以后
仍然一贯表现出自我中心、操控欲和冷漠等精神病态特征，而且并
非所有的精神病态个体到中年后都有好转，很多人在 40 岁以后仍有
活跃的犯罪行为出现(Hart，Kropp，& Hare，1988；Bartol & Bar-
tol，2007)。

　　在过去的 10 年里，关于精神病态的两个理论模型得到了相当多
的关注：反应调节假设(response modulation hypothesis)和无恐惧假
设(fearlessness hypothesis)。反应调节假设的主要观点是：精神病
态水平高的个体在对外周刺激分配注意时存在缺陷。基本假定是一
旦个体卷入主导反应中，就会出现注意过分狭窄的问题，从而妨碍
了他对其他刺激的充分加工。无恐惧假设指出，缺乏恐惧是精神病
态的前奏，精神病态个体没有足够的恐惧反应，这也是该人群表现出

狂妄自大、缺乏内疚以及寻求冒险的潜在原因。很多关于精神病态罪犯的研究都为这两个理论模型提供了证据支持，目前相关 ERP 研究主要集中在三个方面：注意和朝向、语义及情绪加工、错误检测。

在注意和朝向的研究中，P100 和 P300 是两个关键的脑电波成分指标。P100 是一种早期成分，是指发生在认知加工早期的脑电波成分，大多数是前意识状态下的加工过程。P100 反映的就是早期的注意加工，如达到或维持警觉状态、准备对刺激做出反应、对重要事件分配注意资源等。在以 P100 为指标的研究中，有 40% 的研究发现精神病态个体在对威胁刺激做出反应的过程中 P100 波幅小于对照组，有 20% 的研究发现精神病态水平高的个体在警觉反应中出现 P100 波幅减小的情况，当然也有 40% 的研究没有发现精神病态个体和对照组之间在 P100 成分指标上存在差异（Clark et al.，2019）。有研究者指出，精神病态水平高的个体在追求主要目标的时候很容易忽略威胁性的分心刺激（Anton et al.，2012；Baskin-Sommers et al.，2012）。而 P300 属于中期成分，反映的是分配给工作记忆表征和选择反应的资源。基尔教授在两项研究中发现，在视觉和听觉 oddball 范式中，精神病态罪犯由目标刺激诱发的 P300 波幅小于控制组（Kiehl et al.，1999；Kiehl et al.，2006）。同早期注意加工的倾向类似，有研究者指出，精神病态罪犯将相当部分的注意资源分配到与切实利益相关的事物上而忽视了其他刺激。而雷恩教授则通过 oddball 范式发现精神病态罪犯由目标刺激诱发的 P300 波幅显著大于控制组，而且 P300 的恢复时间更长，所以与前述观点相反，他认为精神病态罪犯有较好的信息加工能力（Raine & Venables，1988）。总起来说，目前尚未达成一致结论。

精神病态个体的语义及情绪加工能力存在障碍。在词汇判断任务（lexical decision task）中，精神病态罪犯在加工情绪词与加工中性词时的 P150 没有区别，而对于对照组，情绪词会诱发比中性词更大的负电位。这一结果提示，精神病态罪犯在语义加工，特别是情绪词语义加工方面可能存在缺陷（Williamson，Harpur，& Hare，1991）。基尔教授早期的一项研究也发现精神病态罪犯对抽象词和消极词汇的语义加工存在缺陷（Kiehl et al.，1999）。精神病态罪犯的语义及情绪加工存在缺陷，可能导致其识别情绪特别是负性情绪存在困难，从而影响厌恶性或恐惧性条件反应的形成。

另外，在错误检测的功能方面，布拉齐尔等人在对精神病态罪犯的 ERP 研究中发现精神病态个体对错误信息的早期加工没有异常，而错误信息的后期加工阶段存在缺陷（Brazil et al.，2009）。当错误检测需要区分与情绪相关的信息时，精神病态罪犯的反应出现异常（Munro et al.，2007）。研究者认为可能是精神病态个体的信息加工缺陷导致其遵守社会规范的能力下降。

4.3　执行功能与情绪加工的脑区异常

fMRI 研究表明，精神病态罪犯前额叶、颞叶及边缘系统存在结构或功能异常。雷恩教授等人通过研究认为，精神病态罪犯的前海马不对称可能是扰乱海马—前额叶回路从而导致精神病态情绪调节异常的原因（Raine et al.，2004）。雷恩教授还在另一项研究中也表明精神病态罪犯额叶中部、眶额皮层，以及杏仁核的灰质减少与精神病态罪犯行为控制和决策缺陷相关（Yang，Glenn，& Raine，2010）。基尔教授等人认为，精神病态罪犯边缘系统功能异常可能是其情绪加工异常的原因（Kiehl et al.，2001）。

研究者应用 fMRI 技术对精神病态罪犯的情绪加工进行了一系列的研究，发现额叶、边缘系统等脑结构活动不足可能是精神病态罪犯对情绪——尤其是痛苦、恐惧等负性情绪——加工存在缺陷的原因。有研究者使用差别厌恶条件范式对精神病态罪犯进行研究，发现在加工痛苦刺激时精神病态罪犯的额叶—边缘系统活动不足（Anders et al.，2005）。以不同的情绪面孔为刺激材料的研究均发现，精神病态罪犯在加工恐惧面孔时相关脑区的激活程度较低。曾有一项研究比较了精神病态罪犯在加工高兴、中性和恐惧面孔时的神经反应特点，结果发现，精神病态组在加工情绪面孔时，梭状回和纹外视皮层的激活程度都显著低于控制组，尤其是在加工恐惧面孔时，精神病态罪犯梭状回的激活程度会显著下降（Deeley et al.，2006）。在执行内隐面部情感加工任务（implicit face affect processing task）时，对于恐惧面孔，精神病态罪犯的杏仁核激活程度下降，而且精神病态罪犯人际关系/情感维度与激活程度呈负相关；对于悲伤面孔，精神病态罪犯反社会性人格特质维度与眶额叶皮层激活程度呈负相关（Dolan & Fullam，2009；王绍坤，杨波，2011）。

　　额叶负责人类大脑的执行功能，具有抽象、决策、计划、预测、冲动控制及适当的行为控制等高级的认知功能。以前的研究认为，精神病态罪犯可能有额叶病变或机能障碍，认知加工能力存在缺陷（Yang，Glenn，& Raine，2010）。一项元分析结果指出，精神病态个体确实表现出执行功能障碍，这可能会导致他们在某些情况下表现出冲动控制、计划和决策的失误（Nickerson，2014）。然而，有一些研究结果并不支持前额叶功能缺陷假说（Hare，1984）。因此，对于精神病态的前额叶功能缺陷假说的研究还远远不能得出结论。这种研究结果不一致可能源于精神病态样本取样的差异，通过广告征集的精神病态个体的前额叶功能缺陷没有在押精神病态罪犯严重。那些逃避了法律制裁和看到广告应征而来的社区中的精神病态个体的额叶控制功能好于那些被监禁的精神病态个体。并且这一推测在研究中也得到了证实（Ishikawa et al.，2001；Mahmut，Homewood，& Stevenson，2008）。总的来说，额叶功能是用于解释精神病态尤其是犯罪型精神病态个体与非精神病态个体差异的重要原因。

5　控制还是矫正：精神病态面面观

5.1　精神病态罪犯矫正的实证研究

作为严重暴力犯罪的"主力军"，精神病态个体备受关注，其矫治也引起了犯罪学家、心理学家及精神病学家的极大兴趣，他们在这一主题上实施了大量的探索工作。

1992 年，几名加拿大研究者发表了一篇关于精神病态的治疗报告，这一报告为精神病态治疗"无效论"奠定了基调。研究者采用治疗联盟（therapeutic community）作为治疗手段，参与者来自加拿大某心理健康中心。该中心主要负责安置那些依照判决没有刑事责任的、患有严重精神疾病并有严重暴力犯罪史的，以及正在等待审判的个体。治疗项目大约持续了两年时间，属于集中治疗，参与者每周要接受 80 小时的治疗。治疗过程是将一小群人锁在一个小房间里，参与者两两一组，一起进行所有活动，要求他们面对并反思自己的行为、担忧和内心冲突。为了对治疗效果进行评估，研究者做了一个准实验设计。研究对象为 176 名男性，根据 PCL-R 得分是否达到 25 分分为精神病态组和非精神病态组；根据是否参与治疗联盟分为参与组和非参与组。在所有被试回归社区后进行追踪并统计再犯率和再住院率。结果发现，与没有参与治疗的非精神病态个体相比，参与治疗的非精神病态个体因为暴力行为重新被定罪的比率显著下降（35％ vs 20％）；而精神病态组的结果比较出人意料，参与治疗的精神病态个体因为暴力行为重新被定罪的比率显著高于没有参与治疗的精神病态个体（77％ vs 55％）。换言之，对于严重的精神病态罪犯，治疗联盟反倒起了反效果（Rice & Cormier，1992）。对于上述研究来讲，这一反效果可能与矫正方案的设计有关。根据循证矫正的指导性原则——RNR 原则，制定矫正方案的前提是进行风险评估和寻找犯因性需求，而 RNR 原则的有效性通过两项元分析研究得到了证实。加拿大卡尔顿大学的安德鲁斯教授曾经对 80 项矫正项目进行了元分析，他将符合 RNR 原则的干预措施称为合理的干预措施，结果发现，合理的干预措施最高可以使再犯率降低 30%，仅仅施以监禁刑罚会导致再犯率上升 7%，不符合 RNR 原则的不合理干预措施会造成再犯率上升 6%（Andrews et al.，1990）。另一项针对 374 项研究的元分析也证实了这一结果，只有当 RNR 原则都满足的时候，再犯率的降低幅度最大，而且单独的监禁刑罚和不满足 RNR 原则的矫正项目都会导致再犯率的小幅度上升（Andrews & Bonta，2010a）。前述 1992 年的研究由于缺乏风险评估和锁定矫正靶目标的前期工作，治疗联盟这一疗法可能并没有准确地锚定精神病态罪犯的犯因性需求，所以治疗效果不太理想。综上所述，针对精神病态的矫正项目同样要遵循 RNR 原则，根据风险水平和犯因性需求来设计相适应的矫正方案。

相比于非精神病态的对照组，带有精神病态特质的罪犯更有可能退出治疗，并且在出狱后更可能再次实施暴力犯罪（Olver & Wong，2009）。元分析发现，精神病态得分及精神病态诊断都可以作为矫治项目完成度的强有力的预测指标（Olver, Stockdale, & Wormith，2011），尤其是情感维度的得分，得分越高，退出率越高（Olver & Wong，2011）。有研究以 152 名高危暴力犯为矫正对象，其中有 98 名高危暴力犯的 PCL-R 得分在 25 分以上，研究发现，精神病态水平越高的暴力犯，其治疗进展越慢，风险等级越难以下降（Olver，Lewis，& Wong，2013）。精神病态个体所带有的冷酷无情特质也会为治疗过程带来一定的阻力，他们不能与治疗师以及其他参与治疗的个体建立起联盟关系，不能接受责任，不会轻易改变歪曲的认知，也不能意识到对他人造成的伤害。因此，冷酷无情特质对精神病态人群的治疗效果有很大的影响（Wong & Gordon，2013）。

　　很多研究者都认为精神病态的预后效果非常差。以往研究指出精神病态个体对各种干预措施都"免疫"，相对于非精神病态个体来讲，治疗成本高且效果差。这种悲观的看法逐渐削弱了研究者寻找和开发针对精神病态的有效治疗策略的动力。但是也有研究者认为，出现这种情况有三方面的原因：一是对于精神病态的定义还有不同意见，所以筛选出来的被试不同质；二是精神病态的病因学尚未得到很好的理解，并且治疗方案缺乏针对精神病态两个维度层面的干预；三是关于精神病态治疗效果的实证研究尚不够充分，且很少有人对接受治疗后的精神病态做进一步的追踪。2002 年，有研究者第一次对治疗精神病态的研究进行了元分析，共涉及 42 项相关研究，时间跨度为 60 年。结果发现，在所有研究中成功地发挥了干预效果的比例达 62%，即便把个案研究剔除掉，这一比例也仍有 60%。治疗方法涉及精神分析疗法、认知行为疗法、电休克疗法、心理剧疗法、治疗联盟、药物治疗法，研究尝试最多的是精神分析疗法。其中，有 17 项研究发现精神分析疗法可以达到 59% 的成功率，有 5 项研究支持认知行为疗法可以达到 62% 的成功率，而认知行为疗法结合精神分析疗法的治疗方案的成功率最高，可以达到 88%，成功率最低的疗法为治疗联盟，仅为 25%。所以他们更倾向于认为"精神病态是不治之症"的说法是一种"临床传说"（clinical lore）而非事实（Salekin，2002）。

5.2　精神病态罪犯矫正的经验与教训

　　精神病态罪犯真的无药可救了吗？研究精神病态的资深专家黑尔教授曾经断言对于精神病态罪犯没有有效的矫正方法。如前所述，已经有大量研究对各种治疗方案在精神病态个体中的有效性进行了检验，虽然有研究显示诸如精神分析疗法和认知行为疗法等矫正方法可以达到一定的效果，但也因为矫正效果的评估方式受到质疑。总的来说，目前还没有确凿的证据证明某种矫正方案可以适用司法系统中的精神病态罪犯。甚至早期有一项研究还指出，一些类型的群体疗法可能会导致精神病态个体在出狱后犯下新罪行的可能性比根本不治疗更高（Rice & Cormier，1992）。

为何精神病态罪犯如此顽固，难以改变其行为模式呢？一方面，因为精神病态个体，尤其是原发型精神病态个体，更多受到先天因素的影响，后天的干预措施很难改变其生物学基础；另一方面，心理治疗有一个基本前提，患者希望得到治疗师的帮助，自愿接受治疗来解决那些困扰他们的心理问题，而且在治疗过程中还需要患者和治疗师的协同配合，共同找出解决方案。因此，患者首先要认识到自身的问题，且有付出努力、寻求改变的动机。精神病态罪犯难以矫正的关键在于，他们并不认为自己有心理或情绪问题。在矫正过程中，他们更有可能出现一系列干涉治疗的行为，如破坏团体氛围、吸引团队注意、操纵或带偏讨论、欺负团体成员、转移责任等。他们不明白为什么要改变自己的行为来遵守那些他们并不认同的社会规范（Hare，2011），这种不配合的倾向会使得他们越发成为监禁机构的负担，难以产生正向的效果。

为何对于矫正精神病态做了很多的尝试，但还是难以找到有效的解决之道呢？很多精神病态的矫正研究都存在一定的问题，如对精神病态的定义不一致、研究设计不够严谨、研究样本较小、效果评估的方式不合理等。未来应在这些方面进行加强，而且有必要在治疗完成后安排案例追踪。虽然目前关于精神病态是否可以被矫正仍旧存在争议，大多数研究者更倾向于认为矫正难度太大，但是这并不绝对意味着该群体是不可改变的，只是还没有找到对他们奏效的矫正措施或"再社会化"的程序。目前，对于精神病态矫正的探索工作比较欠缺的是开发维度层面的干预措施。在考察矫正效果的时候，仅仅聚焦于再犯率的下降，会导致忽略精神病态个体在认知和情感方面的缺陷，没有根据精神病态的深层病因去解决问题，所以很多尝试都不奏效。事实上，将精神病态的结构加以拆解，对其特定元素（如操纵他人、冷酷无情、无愧疚感、感觉寻求、容易冲动等）进行考察，有助于我们破译这些特征，开发相应的矫治策略（Salekin，Worley，& Grimes，2010）。某一元素的好转也有可能对其他元素的改变产生意想不到的效果。更为重要的是，在设计矫正方案时，要遵循 RNR 原则，寻找最佳方案。

　　精神病态和严重暴力犯罪与再犯之间关联紧密，因此，带有精神病态特质的个体属于高危人群。不论在监管机构内部，还是在公共社区，都有必要对该类人群进行鉴别和筛查，提早介入，加以控制。在监管机构内，精神病态的诊断和评估还可以作为减刑、假释、暂予监外执行等刑罚执行活动的依据。另外，开发对该人群的矫正项目有利于维护狱内安全以及公共社会安全。根据 RNR 原则，高风险水平的罪犯需要接受高强度的矫正，精神病态罪犯即在此列，所以，该人群的矫正工作势必会消耗大量的人力和物力，成本高且效果甚微。因此，考虑到矫正成本和效果收益的权衡问题，结合目前精神病态矫正效果的争议现状，对于精神病态罪犯可实施"控制为主，矫治为辅"的方针。在确保将精神病态罪犯对监管机构和公共安全的危害降到最低的前提下，探索有效矫正的方式。

第 8 章

成人暴力犯矫正：基于循证的策略

案例

贵州省监狱管理局印发《贵州省监狱管理局循证矫正应用体系建设实施方案》，正式开展循证矫正应用体系建设。实施方案从整合资源、化繁为简、立足实用、服务改造的思路出发，就如何科学有效地管控和教育罪犯，提高改造罪犯质量，建设循证矫正应用体系。应用体系建设分别从循证矫正典型案例研究、循证矫正数据库的搭建、应用平台开发三个方向同步实施，努力将循证矫正研究成果转化为智能系统，辅助一线民警科学管控和教育罪犯。循证矫正的理念引入我国后，司法部在全国 9 所监狱内开展了试点工作。我省监狱系统也积极试点开展循证矫正理论研究，并逐步扩大试点范围，由最初确定的 3 个试点单位扩展到 17 个试点单位，就偏执性人格障碍、自控力缺失、反社会型人格倾向、改造信心缺失等不同类别罪犯，进行管控矫正方法试点研究。据悉，为推动教育改造工作科学化发展，自 2011 年以来，我省监狱系统以矫治案例收集、矫正方法汇总、优秀心理矫治案例评选、监管改造标准化建设、制度文件归纳整理等方式，收集整理了罪犯改造基础经验材料，为循证矫正体系的搭建奠定了坚实的基础，目前应用体系建设正在稳步推进之中。(《法制生活报》，2017-08-11)

与全世界其他国家的罪犯矫正工作目标一致，我国罪犯矫正的目的也是预防和减少犯罪。自中华人民共和国成立后，我国一般用"改造"一词来表达改变罪犯的意思。从方法上来说，目前我国监狱对罪犯的改造采取劳动改造、教育改造、监管改造相结合的形式，心理矫正作为教育改造的重要工作内容之一。现阶段采用颇具特色的"5＋1＋1"改造模式，即每周 5 天劳动教育、1 天课堂教育、1 天休息的改造模式。这种模式使劳动改造与教育改造相互促进，正如司法部下发的《教育改造罪犯纲要》中提到的：充分发挥劳动改造在矫正罪犯恶习、培养劳动习惯、培训劳动技能等方面的作用，充分发挥心理咨询、心理矫治在罪犯改造工作中的重要作用，切实提高罪犯教育改造质量，为减少重新违法犯罪、维护社会和谐稳定做出更大的贡献。我国大部分监所均设有心理矫正中心，该中心或归属于教育科，或单独为一个科室，承担着监所内全部服刑人员的心理评估和矫正工作。从含义上来说，"罪犯矫正"比"罪犯改造"更具有针对性，是指运用专业的方法和技术对服刑人员进行改造，其目的是让罪犯在监狱中更好地适应服刑生活、出狱后更好地回归社会，不再从事违法犯罪活动。

正如前文所述，暴力犯罪是一种社会危害性大、成因复杂的行为。暴力犯在监狱中的管理也备受重视，既需要关注其对外的攻击行为（如欺负、殴打他人），也要预防其对内的攻击行为（自杀），因此，对暴力犯的矫正也一直是监狱工作的重点和难点。从监狱的实际情况来看，目前对暴力犯的矫正多采用成熟的方法（如认知行为疗法、箱庭疗法等），虽然每个监狱都在积极开展罪犯矫正工作，但是公开发表的文献不多，造成这种局面的原因可能有两点：其一是从矫正本身来说，矫正过程并没有严格按照专业的方法进行，尤其是缺乏量化的效果评估；其二是对罪犯进行矫正的从业人员可能缺乏专业的数据处理方法和写作技巧，致使已经做完的矫正工作无法公开发表；从现有的公开发表的文献来看，大多为高校与监狱合作开展的暴力犯矫正研究。这些研究主要表现为团体矫正的形式，具体内容涉及自我认知、自我控制、愤怒管理、高级情感培养等，矫正方法以认知行为疗法为主，且大多取得了较好的疗效。

本章将要介绍一种新的矫正理念——循证矫正。循证的理念由来已久，其中应用最广泛也最被人熟知的领域是循证医学。循证医学在 20 世纪 90 年代被逐渐运用于罪犯矫正中，2013 年被引入我国并引起了一股热潮，几年来产生了诸多研究成果。本课题组从 2014 年开始一直在践行着罪犯循证矫正的方法和理念。本章将围绕我们已完成的一些暴力犯矫正工作，具体介绍成人暴力犯的团体辅导和个别咨询方法。

1　将循证理念应用于罪犯矫正中

1.1　如何寻找高等级的证据

循证意为遵循证据，寻找证据，追求以实证为基础，通过实证研究寻找"最佳证据"，并将其纳入矫正数据库，在矫正时根据最佳证据对罪犯实施矫正活动。一般来说，越是通过严谨的科学实证方法得来的结论越是可靠，从证据等级来看，通过系统综述或元分析（systematic review/meta-analysis）得到的证据可靠性最高，其次是随机对照组实验，然后是队列研究、案例对照研究、横断面研究、个案研究等。虽然研究方法略有不同，但对于罪犯的循证矫正证据数据库的建立同样遵循循证医学的证据等级排列，所以在循证矫正的实践探索中，研究方法的选择至关重要，研究方法是否科学直接关系到证据结果的可靠性。下面主要介绍证据等级最高的两种研究方法：系统综述或元分析、随机对照组实验研究。

系统综述是一种科学的、客观的、系统的总结和整合原始研究结果的研究方法，通过系统、全面地搜集与某一研究主题相关的文献，采用严格的评价原则和方法，筛选出符合标准的文献进行定量或定性合并，并得出可靠的结论。系统综述可以是定量的，也可以是定性的。元分析是通过定量的统计学方法客观、有效地综合和评价研究结果，是一种定量合成的统计处理方法。元分析技术是进行系统综述常用的一种统计方法，二者不能等同。系统综述不一定都会用元分析技术，而元分析也不一定是系统综述。但是系统综述和元分析都是建立在前人的研究基础上进行的，前人研究必须在保证质的基础上还要达到一定的量，才能进行系统综述和元分析。

　　由于对罪犯的循证矫正源自西方国家，国内的循证矫正探索刚刚起步，国内能够用来进行系统综述或元分析的文献不多，关于系统综述和元分析的罪犯矫正研究在外文中较常见。比如，奥斯等人通过对成人罪犯矫正项目的系统综述报告了有效的和无效的矫正项目，从而为政策制定者提供决策依据（Aos，Miller，& Drake，2006）。奥斯等人的元分析结果表明，有些矫正项目被证实能够降低再犯率。比如，一般罪犯人群矫正项目中的认知行为疗法、性罪犯矫正项目中的认知行为疗法；而有些矫正项目则对再犯率没有影响。比如，对有共病障碍罪犯的监狱分流计划（jail diversion programs）、针对性罪犯的心理咨询或治疗以及行为疗法等。

　　在没有条件进行系统综述或元分析的情况下，随机对照组实验研究是获取较高级别证据的一种有效方法。在实验研究中，随机对照组实验研究相对于准实验研究、临床观察研究，被认为是获得证据最佳的一种研究方法。另外，如果系统综述或元分析的文献基础是随机对照组实验研究，那么最终会得到更加强有力的证据，所以在循证矫正的实证研究中，应首选随机对照组实验设计。

随机对照组实验研究需要注意以下三点。

随机化

随机化是统计分析的基础。首先，样本的选择应遵循随机化的原则，监狱中的所有暴力犯为研究对象的总体，总体中的每一个暴力犯都有同等的机会被选入研究的样本中来，从而使样本具有较好的代表性；其次，矫正组和对照组的被试分配也应遵循随机化的原则，即被试应有同等的机会进入矫正组或对照组。

对照组设置

设置对照组是对治疗效果进行比较的基础。常用的对照组处理可以采用空白对照、安慰剂对照和标准对照。空白对照是指矫正组接受某种疗法，对对照组不施加任何处理；安慰剂对照是指矫正组接受某种治疗，而对照组接受与治疗活动形式类似，有心理效应但与治疗无关的活动，如让对照组被试加入一个兴趣小组；标准对照是指矫正组接受某种治疗，而对照组接受常规的狱内矫正。

可重复

随机对照组实验设计应该是可以重复验证的研究设计，即在同样的实验条件下可以重复实验过程。重复实验的样本量越大，实验结果的可信度越高。

1.2 风险评估在矫正中的重要性

风险评估是循证矫正中的重要内容，风险评估可以普遍地用于罪犯分类和预测，以便对他们进行分类安置、管理和矫正。在 20 世纪 80 年代早期，服务等级评估量表修订版(level of service inventory revised，LSI-R)被用于加拿大安大略省的罪犯评估(Andrews & Bonta，2010b)。这个罪犯风险/需求评估工具是为了方便缓刑和假释工作委员会对罪犯本人或相关成员(如家庭成员)进行面谈和矫正、便于警察和法庭的记录备案。该工具包括反社会态度、反社会关联、犯罪史、药物滥用、家庭/婚姻、学校/工作、休闲娱乐、财务、住宿等问题，以及包括反社会人格问题及心理健康问题在内的一系列风险/需求条目。这也是第一版的中心八因子(center eight factors)。

新一版的 LSI-R 以及后来发展的服务等级/个案管理评估量表(level of service/case management inventory，LS/CMI)对攻击行为与暴力进行了补充抽样，并对中心八因子进行了提炼，其中包括反社会人格模式这一因子。LS/CMI 及其青少年版不仅具有性别不同的版本，还包括评估非犯因性需求(noncriminogenic need)以便于进行矫正项目的制定。服务等级评估量表的发展为中心八因子的概况提供了基础，也提升了中心八因子的效度和预测作用。

在上述原始分类的基础上，安德鲁斯等人不断对其进行补充验证，经过几代风险评估工具的发展，加拿大卡尔顿大学教授安德鲁斯和加拿大公共安全中心主任邦塔在《犯罪心理学》(第 5 版)中总结了中心八风险/需求因子(Andrews & Bonta，2010b)。中心八因子是指与犯罪行为关联最紧密的四个风险因子和与犯罪中等程度关联的四个风险因子。其中最紧密的四个风险因子即大四因子(big four factors)，大四因子被认为是犯罪行为主要的预测变量，而且在分析个体犯罪行为时也的确是主要的因果变量。大四风险/需求因子指反社会行为史、反社会人格模式、反社会态度、反社会关联。此外，家庭/婚姻环境、休闲/娱乐情况、学校/工作状况、物质滥用与大四因子一起构成了中心八风险/需求因子。

需要指出的是，中心八风险/需求因子是相对于再犯风险提出的。如果对罪犯矫正的目标不是降低再次犯罪的风险，而是其他(如降低狱内自杀危险、降低狱内的攻击性)，则需要寻找其他的评估工具进行有针对性的评估。

1.3 风险—需求—反应性模型

循证矫正是兼具科学性和系统性的矫正方法，何人需要矫正及如何开展矫正都有其坚实的理论基础。其中，对循证矫正解读最全面和应用最广泛的是风险—需求—反应性模型，被称为循证矫正的首要原则。该模型由安德鲁斯和邦塔提出（Andrews et al. , 1990），包括三个主要的原则：风险原则、需求原则和反应性原则。

1.3.1 风险原则

风险原则（the risk principle）阐释了什么人需要接受循证矫正。风险原则认为个体的风险水平与再犯可能性成正比，矫正的力度应该与风险水平相适应。根据个体的生理—心理—社会特征可以将其划分成不同的风险等级，矫正力度应该与风险水平相适应，如风险水平越高说明越需要得到矫正，风险水平低则说明矫正力度应该降低或者不需要予以矫正。这既符合资源最大化利用的原则，也能根据个体的不同需求给予矫正，从而达到预防再犯罪的目的。风险原则在评估和矫正中架起了一座桥梁。

风险因素分为静态因素和动态因素。静态因素是指与犯罪相关的固定因素，如犯罪史、性别等；动态因素是指可能发生变化的个体属性或因素，如个体的冲动性、性取向偏差等。安德鲁斯和邦塔根据风险原则开发了 LSI-R，共 54 个条目，其中包括静态和动态的风险因素，如犯罪史、教育水平、就业情况、家庭和婚姻关系、居住条件、朋友关系、酒精和药物的使用、情绪问题、对犯罪行为的态度等（Dahle，2006）。该量表被广泛用于罪犯风险评估及确定罪犯是否需要矫正和接受矫正的力度大小。

1.3.2 需求原则

需求原则（the need principle）说明了循证矫正的直接目标是降低犯因性需求（criminogenic need）。这里的"需求"即犯因性需求，犯因性需求是指导致个体表现出违背社会规则或犯罪行为的生理—心理—社会因素，如与犯罪行为相关的价值观、态度、行为、心理、环境等因素（Dahle，2006）。亲犯罪态度（procriminal attitudes）已经被多次证明直接与成人的犯罪行为和未成年人的犯罪行为相关联（Simourd & Hoge，2000）。

个体的犯因性需求与风险水平（高、中、低）呈共变关系。犯因性需求是个体风险水平的子集，是动态的风险因子，它的变化能直接导致再次犯罪。有效的矫正项目应当以降低犯因性需求为直接目标。换言之，不能降低再犯行为发生的目标需求是无效和无用的。因此矫正方案的制定和实施都应该以降低犯因性需求为目的。

在个体的多种需求中，那些与犯罪行为没有直接联系的需求被称为非犯因性需求，如低自尊、抑郁和悲伤等。非犯因性需求在循证矫正中并不能完全被忽视，妥善地处理它有利于犯因性需求的改善。比如，高兴或悲伤的情绪状态不会直接影响犯罪行为，但是这些情绪状态可能会对其矫正过程产生影响，如过于悲伤以致无法专注于矫正项目。因此满足非犯因性需求可以提高矫正对象的矫正动机，从而提高矫正效率。比如，提高矫正对象的自尊水平能够使他对自我有积极、正确的认识，增加矫正成功的可能性。

1.3.3　反应性原则

反应性原则（the responsivity principle）指矫正项目应该根据罪犯的能力和学习方式来设计与实施。一般反应性原则（the general responsivity principle）认为，应该把矫正对象看作"具体的人"，有效的矫正方式是认知行为疗法和认知社会学习模式，尊重矫正对象的个性化方式。特别反应性原则（the specific responsivity principle）认为应当注重矫正对象的内在特征，如人际敏感度、焦虑、言语智力、认知成熟度等，这些因素都应该存在与之相适应的矫正方式，因此矫正过程应当发掘矫正对象的人格特质和认知方式，矫正项目才能对症下药。反应性可分为内在反应性和外在反应性。内在反应性是指项目的设计和实施应该考虑到矫正对象的内在属性，如人格特质、认知水平等；外在反应性是指从矫正对象的外在属性，如生活环境、文化背景等方面设计矫正项目。

2 暴力犯的团体矫正：以两种类型暴力犯为例

一个完整的循证实践通常需要遵循下述五个步骤：提出问题（ask）、获取（acquire）证据、评估（appraise）证据、应用（apply）证据及后效评估（assess）。上述五个步骤也被简称为 5A，已在医学、教育等多个领域被多学科的循证研究采用。循证矫正也一样，首先需要提出问题，其次需要寻找问题解决策略并实施（获取证据、评估证据、应用证据），最后需要对问题是否有效解决进行评估（后效评估）。

2.1 矫正谁——矫正对象的选择

2.1.1 谁应该接受矫正

在罪犯矫正中提出问题的关键点在于对谁进行矫正以及矫正的目的是什么。不同的矫正对象可能会有不同的矫正目标。比如，我们选择监狱中的暴力犯为矫正对象，矫正目标可能是降低其暴力再犯风险，也有可能是降低他们的狱内暴力风险。若我们选择职务犯罪者为矫正对象，那么矫正目标可能是降低他们的狱内危险性（如自杀危险、暴力危险、脱逃危险等），也有可能是提高他们再社会化的能力（对于即将出狱的犯人），但降低再犯风险不会成为职务犯罪者的直接矫正目标，因为这一类人群在出狱后也无法从事原来的岗位，也就没有再次发生职务犯罪的可能性。

风险—需求—反应性模型中的风险原则指出，应该对中高风险的人实施矫正，对低风险的人员可以不实施矫正，这主要是出于资源最大化利用的角度考虑的。当前我国监狱系统中的警力配备有限，应当将有限的资源投入最需要矫正的服刑人员中去。因此，矫正对象应该选择中高风险的服刑人员，这一点应该是在罪犯矫正时首要注意的。

西方国家在循证矫正时提到的风险主要指矫正对象的再次犯罪

风险，也就是说矫正的目的是降低他们的再犯罪风险。目前我国对服刑人员的改造和矫正的最终目的也是减少其违法犯罪行为，降低社会危害性。从监狱实施的矫正项目来看，矫正的直接目的主要可以分成两类：一类是降低狱内风险，包括暴力风险、自杀风险、脱逃危险；另一类是降低再犯风险。

在本部分中，我们以两种类型的暴力犯为例，讲述暴力犯的团体矫正过程。在所有类型的犯罪中，暴力犯罪是对社会危害最严重的一类犯罪，对暴力犯罪的研究一直是各界专家学者聚焦的主题。这类罪犯是狱内重点防范的对象，且其再犯率非常高，矫正难度也大。其中对以高风险的暴力犯为目标人群的心理干预和矫正工作尤其困难。因此，使用有效的方式方法对暴力犯进行干预和矫正，不仅可以服务于狱内监押和管理，从长远来说可以降低再犯率，对维护社会稳定具有重要意义。

2.1.2　如何对矫正对象进行评估

根据循证矫正的风险—需求—反应性模型，在矫正之前，需要完成罪犯的风险评估、分类和犯因性需求的确定工作。矫正前风险评估的目的主要有三个：一是评估其风险水平，筛选出中高风险的被试入组进行矫正；二是充分了解被试的特点，包括犯因性需求和非犯因性需求，犯因性需求是那些可能影响再次犯罪的因素，是需要矫正和干预的靶目标，如社会支持系统；非犯因性需求是与再次犯罪无关的因素，但是可能会影响矫正的实施，如身体健康程度、参加团体的意愿性等；三是为效果评估提供矫正前的基础数据。

精神病态暴力犯和冲动性暴力犯是两类非常典型的暴力犯。第 7 章已经详细介绍过精神病态患者，这类人群在罪犯中的再犯率极高。精神病态的高评分是预测暴力罪犯的最佳指标之一，精神病态罪犯的再犯率显著高于一般罪犯，在监禁期从管教所逃脱、违反假释条例、出现暴力行为的可能性也更大（Edens et al.，2001）。而冲动性暴力犯是暴力犯罪中最常见的一类高危群体。这两类罪犯在犯罪成因、矫正需求等方面都存在差异性。因此选择精神病态暴力犯和冲动性暴力犯符合风险原则，将两类暴力犯进行分类也符合需求原则和反应性原则。

评估流程

监狱民警和三名研究生共同筛选 471 名成人暴力犯的服刑人员档案，调查对象的入组标准包括：犯罪类型为故意伤害、故意杀人、抢劫、强奸等；年龄在 18～45 周岁；没有严重的脑损伤或神经生理疾病；没有《精神障碍诊断与统计手册》诊断的疾病。

监狱各监区统一对该监区所选服刑人员进行问卷施测，采用冲动—预谋性攻击量表（impulsive/premeditated aggression scale, IPAS）自评，并请各监区民警填写冷酷无情特质量表对各服刑人员进行他评。

三名研究生采用精神病态量表修订版（psychopathy checklist-revised，PCL-R）和攻击/暴力行为分类程序中的半结构化访谈提纲对服刑人员进行访谈。根据访谈结果，PCL-R 得分在 25 分及以上的服刑人员入精神病态组，共 60 人；PCL-R 得分小于 20 分，且在攻击/暴力行为分类程序中被判定为冲动性暴力的服刑人员入冲动组，共 70 人；从冲动性暴力犯中随机选取 12 名进入冲动性暴力犯矫正组，随机选取 12 名为冲动性暴力犯对照组；从精神病态暴力犯中随机选取 12 名进入精神病态暴力犯矫正组，随机选取 12 名进入精神病态暴力犯对照组。

评估结果

冲动性暴力犯实验组的平均年龄为 28.00±4.73 岁，控制组的平均年龄为 29.83±6.50 岁，两组被试在年龄上不存在统计学上的差异（$t=-0.79$，$p>0.05$），且他们在教育程度上也无显著差异（$t=1.24$，$p>0.05$）。冲动性暴力犯的实验组与控制组在冲动性

$(t=0.89，p>0.05)$ 和两类攻击 $(t=1.06，p>0.05)$ 上没有差异，即在矫正前是匹配的。

精神病态暴力犯实验组的平均年龄为 29.33 ± 5.47 岁，控制组的平均年龄为 31.79 ± 7.09 岁，两组被试在年龄上不存在统计学上的差异 $(t=-1.56，p>0.05)$，且他们在受教育程度上也无显著差异 $(t=-1.25，p>0.05)$。精神病态暴力犯的实验组与控制组在冲动性 $(t=1.52，p>0.05)$、两类攻击 $(t=0.06，p>0.05)$ 和精神病态特质 $(t=0.88，p>0.05)$ 上没有差异，即在矫正前是匹配的。

2.2　如何矫正——团体矫正方案的制定和实施

2.2.1　团体矫正方案的制定

团体矫正方案是循证矫正的重要组成部分，是开展矫正实践的"工作蓝图"，矫正方案的内容主要包括矫正对象、矫正目标、矫正内容、矫正方式、矫正程序、矫正次数、矫正效果评估等。矫正方案需要矫正对象、矫正实施者、矫正管理者多方面的配合才能顺利进行，需要硬件与软件的兼备、智力与体力的结合、制度与实践的协调等。矫正方案是有证据支持的科学方案，是有程序规范的实操方案，矫正方案的适当性将对矫正效果产生直接影响。

团体矫正方案制定的依据

暴力犯在犯因性需求上具有一些相同特点，一般认为暴力犯具有多疑、固执、缺乏同情心和社会责任感、情绪不稳定、挫折耐受性低、乐于寻求刺激、缺乏自信与自尊、问题解决能力和人际交往能力差等不良个性特征。另有研究发现，暴力犯的反社会人格障碍得分要高于精神分裂症患者，反社会人格障碍的主要特征包括无视社会规范、对挫折的耐受性低、缺乏责任感、容易冒犯他人而不思悔过（杨德兰，姚莉华，刘玉，2005）。在探讨环境因素的研究中，周围环境因素也可引起冲动性攻击行为，而不仅是自身的原因。家庭结构不完整、家庭环境不良、家庭关系僵化、父母多用拒绝和否认的教养方式等因素也是男性暴力犯的高风险因素（郭俊伟，2008）。暴力犯在问题解决方面也存在问题，与一般人相比，罪犯在处理社会问题上往往缺乏应对能力，解决问题的手段有限，而更多依赖攻击和暴力的方式（Freedman et al.，1978）。暴力犯在辨识和理解他人意图与情绪等人际信息方面也存在问题，在辨别高兴、生气和恐惧的表情时很敏锐，但在辨别悲伤、吃惊和厌恶的表情时比一般人要差。他们在选择与翻译社会线索方面的能力要差一些。错误理解社会线索可能导致错误归因，进而对敌意做出错误判断。

　　在暴力犯矫正中，我们区分了两类暴力犯。一类是以冲动性为首要特征的冲动性暴力犯，这一类型在暴力犯中比较普遍，共性也比较突出。另一类是精神病态罪犯，他们是暴力犯罪中非常棘手的一类人群，比其他类型的罪犯会表现出更多的暴力与攻击行为，再犯率也更高，矫正难度也更大。与冲动性暴力犯相比，精神病态暴力犯（详见第7章）所具有的精神病态特质属于一种人格障碍，是与暴力、攻击和其他反社会行为联系最为紧密的人格障碍，表现出自我中心、欺骗、缺乏共情、缺乏罪恶感等特点（王绍坤，杨波，2011）。非精神病态的暴力犯罪（如杀人和严重伤害等行为）多发生在家庭纠纷或极度情绪唤起时，即表现为冲动性攻击。相比之下，精神病态罪犯通常把施暴作为报复或惩罚的一种方式，即表现为预谋性攻击，并且出现显著增强的暴力虐待倾向。例如，与非精神病态罪犯相比，精神病态罪犯更可能实施性侵害杀人（在杀人的前/中/后实施性侵害），并表现出过度施暴以及虐待行为（Porter et al.，2003）。

　　由于暴力犯的犯因性需求复杂多样，我们锁定了几个比较重要的、在狱内环境便于进行干预的犯因性需求作为矫正目标，如反社会人格、反社会认知，并促进家庭支持这一保护因素。其中，冲动性暴力犯的干预目标为低自我控制能力、缺乏愤怒管理和问题解决能力，具体表现为冲动、易激惹、敌意归因，无法认识到自身的问题，无法维持良好的人际关系，习惯使用攻击行为解决冲突，无罪恶感，缺乏悔改之意，不受良心与道德的约束。精神病态暴力犯的干预目标为低共情能力、冷酷无情特质、低自我控制能力、缺乏问题解决能力，具体表现为缺乏对他人遭受痛苦的共情，采取报复性的攻击，自我中心，决策和行为冲动，具有欺诈性，善于利用他人，无罪恶感，缺乏道德谴责。

团体矫正方案制定的构想

对于两类暴力犯的矫正，我们选择以认知行为疗法为主要的矫正方法。认知行为疗法是已被证明的对暴力犯罪、攻击行为以及与攻击相关的情绪问题，能产生有效干预的矫正方法。整个矫正计划以认知行为理论为基础，把认知改变和行为改变有机结合起来，通过改变认知来促成行为的改变，并通过行为的改变来巩固认知的改变，通过认知和行为的练习作业来强化改变效果。

为了发展家庭支持的保护因素，两种类型暴力犯的矫正方案都设计了"社会支持和资源"单元，帮助矫正对象增进与家庭的联系，获得更多的家庭支持，寻找有助于改变的内外资源，增强改变的信心和动力。最后的"风险管理"单元涉及高风险情境案例的探讨，帮助矫正对象复习并运用之前学习的内容进行风险决策，强化矫正效果，并借助团体成员的相互支持增强改变的信心。除"团体形成"单元外，其他单元在结束后都安排了相应的认知练习和行为练习作业，帮助矫正对象将学习的技能用于实际生活，并巩固矫正效果。

2.2.2　团体矫正的开展和实施

操作流程

如图 8-1 所示，团体矫正的正确实施需要遵守一定的操作流程，具体说明如下。

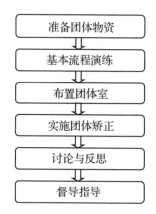

图 8-1   实施团体矫正的操作流程

团体矫正实施开始前

准备团体物资：副带领者协助带领者准备好本次团体矫正所需的物资。

基本流程演练：带领者和副带领者在每次团体矫正开始前要再次熟悉团体方案，进行基本流程的演练。

布置团体室：在实施团体矫正的当天，副带领者协助带领者提前布置团体室，再次确认所需物品是否齐全、是否有所损坏，以便及时添补。

团体矫正实施过程中

实施团体矫正：带领者和副带领者按照团体方案流程与注意事项开展团体矫正，带领者主持团体，副带领者积极予以配合。对于突发事件，若能由副带领者解决则带领者无须中途停止团体进程。

团体矫正实施结束后

讨论与反思：带领者、副带领者与团体观察者一起讨论当次团体矫正过程中出现的问题和可能的解决方案，总结团体顺利实施的原因。

督导指导：带领者向督导反映团体中出现的问题或自身的疑惑，

探讨或征求应对策略。若暂时缺少督导角色，带领者之间可以先进行交流，促进问题的多角度分析，帮助彼此澄清问题，探讨解决方法。

团体名称和团体性质

为了避免标签化，将冲动性暴力犯矫正团体取名为阳光团体，将精神病态暴力犯矫正团体取名为成长团体。帮助学员放松心情，消除紧张感和疑虑，提高团体的趣味性和吸引力，促进学员积极参与。

根据研究目的和实践条件的支持，采取同质性的、结构式的、封闭式的认知行为矫正团体。同质性是指参与团体的矫正对象之间具有相似的特点和问题（包括认知、情感、行为等方面），同质性的矫正对象更可能具有相同的犯因性需求。结构式是指团体实施的程序和内容安排具有固定性，有充分和完备的团体方案与准备。结构式团体有预定的目标，注重针对目标开展团体矫正；结构式团体具有促进团体成员合作、降低焦虑、聚焦问题解决目标等优点；在结构式团体中，领导者身份明确，使用较多的引导技巧。封闭式是指参加团体的成员从开始到结束都保持固定，不再变化，尤其不再允许新成员的加入，以免破坏团体动力的平衡和维持（樊富珉，2005）。

矫正对象和目标

认知行为矫正团体的参与对象为被筛选出的冲动性暴力犯 12 人和精神病态暴力犯 12 人。矫正对象被统称为"学员"，而避免使用"罪犯""犯人""服刑人员"等称谓，以帮助矫正对象对自己在团体中的角色进行定位，以更好地感受团体放松的氛围，帮助矫正对象与带领者建立良好的咨询关系，促进矫正对象更积极地投入团体活动之中。

冲动性暴力犯组的矫正目标是：建立接纳、支持的团体氛围，帮助冲动性暴力犯提升改造动机，引导他们改变错误认知和信念，提升愤怒情绪管理能力和冲动控制能力，学习更有效的人际关系处理方式，提高问题解决能力。通过针对冲动性暴力犯的认知行为练习作业"成长日志"来强化团体矫正效果。

精神病态暴力犯组的矫正目标是：营造接纳、支持的团体氛围，帮助精神病态暴力犯提升改造动机，引导他们发觉错误认知和信念、提升共情能力、学习更有效的人际关系处理方式、提高问题解决能力。通过针对精神病态暴力犯的认知行为练习作业"成长日志"来强化团体矫正效果。

团体带领者和团体观察者

两个矫正团体分别由一名研究生担任带领者，一名监狱民警担任副带领者。冲动性暴力犯矫正团体的带领者为犯罪心理学方向的在读硕士研究生，副带领者为心理学专业（本科）的监狱教育科民警；精神病态暴力犯矫正团体的带领者为心理咨询方向硕士、在读博士研究生，副带领者为监狱教育科民警（具有多年罪犯教育改造经验）。团体中的带领者和副带领者被统称为"老师"。

两个矫正团体的带领者、副带领者互为彼此的观察者，即在一个团体矫正活动开展期间，另一个团体的带领者、副带领者作为观察者坐在团体之外，观察并记录团体活动实施过程中的优点和不足。在场的观察者人数不宜过多，避免临时加入或更换观察者，影响良好团体气氛的营造与维持。

团体时间和地点

每周一次，每次 2～3 小时，共 10 周完成。在每次团体活动结束时带领者向学员说明下一次开展团体活动的时间，以便学员及时向管教民警汇报。若有临时事宜导致团体活动时间发生变动，则需要监狱教育科主管人员与各监区协调一致并及时通知学员。

选用的团体活动室能够比较宽松地容纳 12 名矫正对象、1 名带领者、1 名副带领者和两名观察者。团体活动室周围的环境比较安静，通风条件较好，在实施团体活动过程中关闭房门并用窗帘遮挡窗户，给矫正对象一种心理上的安全感。需要时用空调调节室内温度，避免矫正对象产生闷热或寒冷等不适的生理感受。团体活动室还有配套的多媒体设备，为呈现相关的团体活动内容做准备。

团体内容

(1)冲动性暴力犯的团体矫正方案。冲动性暴力犯的认知行为矫正团体包括团体形成、愤怒管理、信念改变、问题解决训练、人际沟通训练、自我指导训练、社会支持和资源、风险管理八个模块，共十个单元，见表 8-1。并结合冲动性暴力犯认知行为疗法（CBT）矫正团体的"成长日志"来巩固学员的学习效果。

其中，团体形成包含一个单元，主要帮助矫正对象熟悉彼此、了解团体矫正内容、消除戒备心理，帮助带领者与矫正对象建立初步的、良好的咨询关系，形成放松的、舒适的、融洽的团体气氛，增强矫正对象的参与动机。愤怒管理包含一个单元，主要帮助矫正对象了解与冲动有关的情绪，通过放松练习和愤怒外化等方法，降低因愤怒情绪引发的冲动行为。信念改变包含一个单元，主要针对反社会认知，通过学习认知 ABC 理论帮助矫正对象调节不合理信念和不合理归因。问题解决训练包含两个单元，主要帮助矫正对象避免高风险决策，提高问题解决能力，帮助矫正对象学习制订相应的行动计划，促进矫正对象的行为改变并强化积极的行动效果。人际沟通训练包含两个单元，主要帮助矫正对象学会换位思考、提升共情能力、提高人际交往的相关技能。自我指导训练包含一个单元，主要帮助矫正对象通过自我强化、自我监控来增强合理信念的力量，提高自我控制的能力。社会支持和资源包括内外支持资源，为矫正对象提供帮助，满足其需求。风险管理包含一个单元，主要帮助矫正对象统整之前学习的认知和行为技巧，通过风险案例探讨，增强应对实际问题的能力，强化学习效果。

表 8-1　冲动性暴力犯团体矫正方案的内容纲要

单元	主题	名称	主要内容	理论依据与矫正靶目标
一	团体形成	有缘来相会	关系建立、提升改变动机	CBT、动机晤谈
二	愤怒管理	做情绪的主人	愤怒管理、愤怒外化、放松训练	CBT、情绪理论，聚焦反社会人格中的冲动性
三	信念改变	想法能改变情绪	认知 ABC 理论、自动化思考、建立合理信念	CBT、认知 ABC 理论、归因理论，聚焦反社会认知中的不合理信念
四	问题解决训练(1)	柳暗花明	订立改变目标、头脑风暴、决策平衡	CBT，聚焦反社会认知中的认知加工异常
五	问题解决训练(2)	化险为夷	建设性行动、行动评估与调整	CBT、强化理论
六	人际沟通训练(1)	与人为善	共情训练(表情识别、非言语交流、换位思考、倾听技巧)	CBT、共情理论，聚焦反社会人格中的低共情
七	人际沟通训练(2)	沟通达人	沟通技巧、冲突管理	CBT，聚焦人际交往技能
八	自我指导训练	掌自己的船舵	内部语言、自我监控、自我肯定和奖赏	CBT、强化理论，聚焦低控制能力和无责任感
九	社会支持和资源	自助、人助	内外支持资源(亲情视频、SWOT分析)	CBT，聚焦其社会支持系统
十	风险管理	与未来有约	风险案例探讨、理想拍卖会、优点轰炸、珍重再见	CBT，强化矫正效果

(2)精神病态暴力犯的团体矫正方案。精神病态暴力犯的认知行为矫正团体包括团体形成、共情训练、信念改变、问题解决训练、自我指导训练、社会支持和资源、风险管理七个模块，共十个单元，

见表 8-2。矫正团体使用精神病态暴力犯 CBT 矫正团体"成长日志"
作为家庭作业，帮助矫正对象巩固在团体中学习的知识。

其中，团体形成、信念改变、自我指导训练、社会支持和资源、
风险管理可参见冲动性暴力犯的团体矫正方案。共情训练包含三个
单元，主要帮助矫正对象学习与情绪有关的知识，通过角色扮演、
换位思考、面孔识别等练习提升共情能力。问题解决训练包含两个
单元，主要帮助矫正对象通过倾听技巧、换位思考，学习人际问题
的处理方式，提高共情能力。

表 8-2　精神病态暴力犯的团体矫正方案内容纲要

单元	主题	名称	主要内容	理论依据与矫正靶目标
一	团体形成	有缘来相会	关系建立、提升改变动机	CBT、动机晤谈
二	共情训练（1）	情绪知多少	情绪词汇、情绪面孔识别、非言语交流	CBT、共情理论，聚焦反社会人格中的低共情
三	共情训练（2）	情绪的故事	痛觉图片、认知共情和情感共情练习	CBT、共情理论，聚焦反社会人格中的低共情
四	共情训练（3）	情绪你我他	认知共情和情感共情练习、换位思考、角色扮演	CBT、共情理论，聚焦反社会人格中的低共情
五	信念改变	一念之间天壤之别	认知 ABC 理论、建立合理信念	CBT、认知 ABC、归因理论，聚焦反社会认知中的不合理信念
六	问题解决训练（1）	听你的心声	倾听技巧、共情技巧	CBT、共情理论，聚焦共情技巧
七	问题解决训练（2）	化险为夷	换位思考、问题解决策略	CBT、观点采择理论，聚焦反社会认知中的认知加工异常

续表

单元	主题	名称	主要内容	理论依据与矫正靶目标
八	自我指导训练	掌自己的船舵	内部语言、自我监控、自我肯定和奖赏	CBT、强化理论，聚焦无责任感
九	社会支持和资源	自助、人助	内外支持资源（亲情视频、SWOT分析）	CBT，聚焦其社会支持系统
十	风险管理	与未来有约	风险案例探讨、理想拍卖会、优点轰炸、珍重再见	CBT，强化矫正效果

2.3 是否有效——矫正效果的评估

2.3.1 效果评估的方法

量化评估方法

量化评估主要采用问卷测量法，根据冲动性暴力犯和精神病态暴力犯不同的犯因性需求和矫正目标，选择有针对性的量表，在团体矫正实施之前和团体矫正全部结束之后分别对两类矫正对象进行测量与评估，以获得实证研究数据，并采用 t 检验、方差分析和卡方检验等统计方法进行数据分析。在本研究中，我们主要通过对其犯因性需求、再犯风险及行为表现等方面进行评估。

质性评估方法

质性评估方法可以采用专家评估法、个案记录法、矫正对象反馈法等方法进行。专家评估法是指整个团体矫正的进行由专家进行督导并对各个方面进行评估。专家评估的关键点在于专家对整个团体过程的了解和参与程度。个案记录法是指由专门的人员对个案在团体矫正中及团体外的表现或变化记录下来，以此来评估矫正效果。矫正对象反馈法是指在团体矫正实施过程中，由个案自主表达出来对团体的感受和反馈，如监狱民警收集整理矫正对象在监狱局域网上发布的、关于参加矫正团体感受的论坛帖子或邮件，收集并记录其他服刑人员通过论坛帖子、谈话交流或其他方式所表达的对矫正团体的想法和反应。在团体矫正全部结束后（最好是结束当天或次日），监狱民警同参加团体矫正的服刑人员开展一次座谈会，了解矫正对象对整个团体矫正的感受与反馈，以及他们对未来矫正工作的建议和需求。

2.3.2　有效与否的判定

冲动性暴力犯的矫正前后测差异

对冲动性暴力犯的控制组前后测量表得分的差值进行 t 检验，结果显示，冲动性暴力犯的控制组在人际反应指标量表和犯罪倾向量表上，前后测数据均没有显著差异（$p > 0.05$），因为控制组没有实施矫正干预训练，所以他们的前后测数据没有差异是符合理论和逻辑的。上述结果说明，如果实验组前后测结果之间出现差异的话，那么可以排除时间因素的作用。冲动性暴力犯实验组的前后测量表得分的差异检验结果如下。

（1）人际反应指标量表。采用配对样本 t 检验对冲动性暴力犯实验组的前后测人际反应指标量表数据进行统计分析，冲动性暴力犯实验组的共情总分（$t = -3.49$，$p < 0.05$）及子维度想象共情得分（$t = -2.32$，$p < 0.05$）在矫正干预前后存在显著差异，矫正对象在接受干预后的共情能力及想象共情能力显著高于干预前，说明矫正干预训练显著地提升了矫正对象的共情能力，能够产生理想的预期效果。

（2）愤怒自评量表。对冲动性暴力犯实验组前后测的愤怒自评量表数据进行 t 检验，结果显示，状态愤怒和特质愤怒的总分均未达到显著差异；特质表达分量表中只有向外爆发—不对人维度的得分存在显著差异（$t = 2.33$，$p < 0.05$），总分和其他三个维度的得分未

达到显著差异。说明学员接受干预后在向外爆发—不对人方面有了显著的改善，不再倾向于借助外界事物发泄自己的愤怒情绪，矫正干预训练在这一点上具有一定成效。

（3）犯罪倾向量表。对冲动性暴力犯实验组前后测的犯罪倾向量表数据进行 t 检验，结果显示：冲动短视、犯罪谋生和罪责推脱三个维度的得分都有所降低，人际交往及亲人关系两个维度的得分都有所增加，符合预期。其中，与前测相比，冲动短视维度的后测得分显著降低（$p = 0.07$），达到边缘显著，也就是说在参与矫正训练项目后，参与者的冲动性有了较好的改善；而亲人关系维度的后测得分相较于前测有了显著提升，说明矫正干预训练在社会支持方面的改善效果是十分明显的。

（4）团体气氛量表。团体气氛量表条目采用 1～7 计分，1 分代表"完全没有"，7 分代表"非常多"，分数越高代表团体氛围越好。结果显示，团体成员对于团体气氛每个条目的评价都在 5 分以上；而整个量表的总分都在 42 分以上，大多数在 50 分以上，平均数为 51.92，标准差为 4.58，表明冲动性暴力犯对于本次团体气氛的评价比较高，从侧面反映出来本次矫正的效果也较好，符合我们的矫正干预训练的预期。

精神病态暴力犯的矫正前后测差异

对精神病态暴力犯控制组的矫正前后测量表得分的差值进行 t 检验，结果表明，矫正前后精神病态暴力犯的控制组在精神病态特质问卷总分及各维度得分上均没有显著差异（$p > 0.05$），这是因为控制组没有实施矫正干预训练，所以他们的前后测数据不存在显著差异，是符合理论和逻辑的。

上述结果说明，如果实验组前后测结果之间出现差异，就可以排除时间因素的作用。精神病态暴力犯实验组的矫正前后测量表得分差异的检验结果如下。

(1)人际反应指标量表。对精神病态暴力犯实验组的前后测人际反应指标量表数据采用 t 检验进行统计分析，该组矫正对象的前后测差异在观点采择维度上达到了边缘显著($p=0.07$)，后测高于前测，说明精神病态暴力犯实验组接受矫正干预训练后，在站在他人角度考虑问题以及采取他人的心理观点方面有了一定的改善。

(2)犯罪倾向量表。同样采用 t 检验的方法对精神病态暴力犯实验组在犯罪倾向量表上的前后测数据进行统计分析，结果显示，精神病态暴力犯实验组在犯罪谋生维度($t=2.61$，$p<0.05$)和人际关系维度($t=-3.68$，$p<0.001$)的前后测得分上都有显著差异(见图8-2)，即实验组矫正对象在犯罪谋生维度上的得分显著降低，表明服刑人员对犯罪行为逐渐开始有了正确的认识；冲动短视、罪责推脱维度的得分差异不显著，但是平均得分也降低了，即矫正干预在这些方面起到了一定的作用。

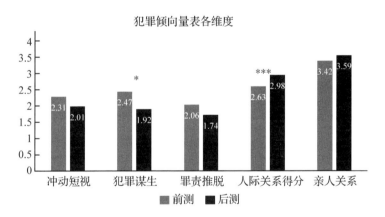

图 8-2　对精神病态暴力犯实验组使用犯罪倾向量表进行前后测的差异检验结果

(3)精神病态特质问卷。通过 t 检验对精神病态暴力犯实验组的前后测数据进行统计分析，结果显示，干预前后精神病态组矫正对象在精神病态特质问卷总分及原发型精神病态得分上没有显著差异，但继发型精神病态得分显著增加，表明矫正效果起到了反作用，即越矫正，效果越差。卡普曼（Karpman）第一次把精神病态分为原发精神病态和继发精神病态。原发精神病态被认为是无情的，喜欢操控别人，很自私，经常撒谎；继发精神病态的特征是在情绪障碍影响下的反社会行为，这部分结果表明矫正干预训练对学员在情绪影响下的反社会行为并没有起到改善的作用。

（4）团体气氛量表。从每个参与者给出的分数上可以看出，矫正对象对于团体气氛每个条目的评价都在 3.33 分以上，大多数在 4.78 分以上；而量表的总分大多数在 44 分以上，平均数为 50.00，标准差为 9.17，表明精神病态组矫正对象对本次团体气氛的评价较好，从侧面反映出本次团体效果也较好，符合我们对团体矫正活动的预期。

质性评估结果

在定性层面上，冲动性暴力犯组和精神病态暴力犯组在几方面都得到了较好的反馈。

矫正对象的改变：根据参与团体矫正的成员反馈可以发现，他们在狱中的违纪次数显著减少，改造心态明显改变，参与团体训练和劳动改造的积极性增强，与狱友、民警、家人的人际关系得到改善，能够学会换位思考，共情能力有很大的提升。他们学会了更好地控制自己的情绪，冲动性降低，待人接物的能力得到提升，道德感增强，悔过意愿更加主动。

团体带领者的改变：在带领罪犯进行团体辅导的过程中，罪犯的每一点进步都是对带领者的肯定，良性反馈增强了带领者的动力和信心，他们在团体矫正方案的设计和实施中更加投入，能力得到进一步的提升。

监狱民警的改变：对矫正项目如何实施有了更系统的学习，学习积极性提高，逐渐积累经验，在实践应用方面也越来越熟练，更加注重对罪犯的教育指导而非一味地要求罪犯劳动改造。

总体来说，虽然从估计结果中可以看出冲动性暴力犯组和精神

病态暴力犯组都有了一些改善，但是冲动性暴力犯组的指标改善程度
要优于精神病态对照组。这也再次提醒我们，即便是在监狱这样的严
格管理中，精神病态暴力犯也是最难改造的服刑人员。由于他们更具
欺骗性、伪装性、顽固性，在整个矫正过程中，他们可能只是表面上
的配合，是一种虚假的改善，因此在最后评估的效果上并没有那么好。
而且很多精神病态暴力犯存在神经心理功能上的缺陷甚至损伤，而这
些缺陷仅仅通过心理治疗难以达到效果，这也提醒我们对于这类人群，
需要从生理—心理—社会多维度去寻求解决方法。

3　暴力犯的个别咨询：以一例顽危犯为例

3.1　访前关系的建立

3.1.1　来访者的特殊性

在监狱中针对暴力犯开展个别咨询工作与社会上的心理咨询有
很大的不同，最主要的区别在于服务的对象是监狱的服刑人员，甚
至是屡教不改的顽危犯，这种特殊性使咨询的目标更具有难度，咨
询关系更为复杂。

对罪犯开展心理咨询的目标同样是降低再犯率，具体而言，则
源于监狱管理人员文化和科学化的现实要求。通过心理咨询可以疏
导服刑人员的不良情绪，改变其不良认知，同时监狱管理人员及时
了解和掌握心理状态异常的服刑人员，这对于监狱的安全管理也是
十分重要的。服刑人员的心理问题与社会人群相比更为高发，他们
的群体特征明显，表现出来的问题也具有很强的相似性。比如，人
际冲突、自杀、焦虑、抑郁等问题较为集中。

监狱咨询中心接待的来访者通常分为三种类型（见图 8-3）：第一
种是主动求助的服刑人员，第二种是日常测试中发现的测试结果异
常的服刑人员，第三种是管教民警通过日常观察发现的心理状态异

常的服刑人员。其中，只有第一种是服刑人员主动求助的，最利于咨询关系的建立。第二种和第三种，服刑人员是被要求来参加咨询的，他们可能会回避自己的问题或者没有意识到问题的严重性，甚至是抗拒的，这就对咨询师提出了更高的要求，需要咨询师花更多的时间和精力来建立高质量的咨询关系。咨询师需要无条件地接纳他们，解除他们的戒备和抗拒，再一步步引导他们主动自觉寻求咨询和帮助。只有充分发挥求助者的主动性，让矫正成为他们的一种内在动力和需求，才能达到矫正的最大效果。

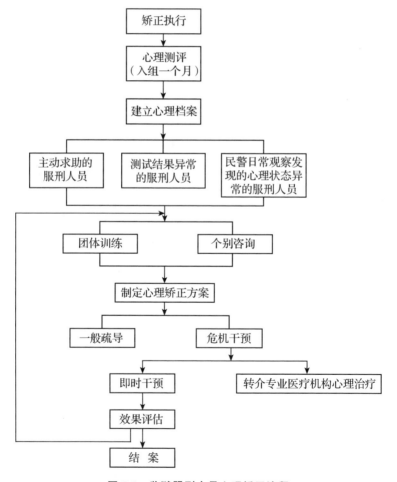

图 8-3　监狱服刑人员心理矫正流程

3.1.2 监狱咨询师的角色冲突

我国监狱咨询师一般由民警担任，虽然承担罪犯心理咨询工作的民警大多是具有心理学背景的二级或三级咨询师，但从角色上来说，他们首先是一名监狱民警，这必然导致民警和咨询师之间的角色冲突。在监狱这种特定封闭的环境内，一名从事严格执法的民警又担任了咨询师助人自助的新角色，在业务对待和处置罪犯的实际问题时，容易出现严格过度或执行不到位的情况。尤其是对待有关保密和保密例外的情况时，尺度更难以把握，咨询师的工作效果也因此受到影响（戴学礼，2009）。对于接受咨询的服刑人员来说，一方面监狱咨询师是民警，是执法者，是管理者，也是教育者；另一方面民警又是咨询师，对咨询师的角色要求是：来访者与咨询师人格平等，咨询师对待来访者要像朋友、像医生，彼此真诚而又体现尊重和热情。对于一名民警咨询师来说，两种角色都无法避免，导致在咨询过程中咨询师的角色无法独立化，作为咨询师，难以对罪犯这种特定对象取得客观性的资料，难以保证咨询效果的有效性及结果的可靠性。

民警咨询师的角色冲突是罪犯心理咨询中的一大难点。面对这一难点，我们可以尝试从以下几个方面进行解决。首先，强化民警咨询师的职能。比如，在监狱中设置独立的心理咨询部门，配备专职的咨询师，尽可能淡化咨询师的狱政管理等管教职能，缩小其与罪犯的心理距离。其次，尝试聘请社会中的专业咨询师或者高校的心理咨询队伍进行罪犯咨询工作，让"专业的人做专业的事"。或者选取专业人员与监狱民警相结合的方式，尽量避免民警身份引发的角色冲突，提高罪犯的心理矫正效果。

3.2 前测及犯因分析

3.2.1 个案基本情况

服刑人员李某，男，1970 年 6 月生，初中文化，未婚，抢劫罪，刑期 15 年，前科 4 次。

李某家庭经济困难，父母系文盲，对其疏于照顾，且存在家庭暴力。李某在上学期间成绩较差，与教师、同学的关系较差，勉强上学至七年级后辍学在家。李某 20 岁时，其父母先后去世，他的哥哥、姐姐看到他无可救药，逐渐与他断绝往来，李某在犯罪道路上越走越远。1987 年 3 月，李某在 17 岁时因故意伤害罪在少管所服刑 1 年；1988 年 9 月，因故意伤害罪被劳动教养 3 年；1991 年 9 月因强奸、抢劫罪被判处 18 年，2006 年 1 月减刑后被释放；2008 年 6 月因盗窃罪被判处二年六个月；2011 年 1 月因抢劫罪被判处 15 年，在山东省 A 监狱服刑，2017 年 12 月被调入山东省 B 监狱服刑。

李某未婚，独居，无固定住所，无固定工作，结交人员多有犯罪经历。李某自入监以来从未有亲情会见，无信件，无邮包，无汇款。

在服刑期间李某监规纪律意识淡薄，主观恶习深，多次与他犯发生行为冲突事件，散播反改造言论，劳动意愿差，劳动任务完成度低。李某入监后的第二天即在监舍内无缘无故用板凳袭击他犯头部。2018 年 2 月，又无故用板凳砸其他正在吃饭的服刑人员，2018 年 3 月，李某与他犯在娱乐时因打牌发生口角、厮打。被制止拉开后，李某心怀不满，又冲过去用随身携带的塑料水杯砸向对方头部。2018 年 4 月，李某在组内因听到被刘某背后议论，感觉受到孤立，对刘某实施殴打，致刘犯面部肿胀。2018 年 5 月，李某因与组内王某言语不和，到卫生间拿水桶对其进行殴打，并将前来制止的民警推倒在地。2018 年 10 月，李某私自脱离联号，被民警发现后制止，李某表示不服，顶撞民警。2018 年 12 月，李某被监狱列为挂牌危重犯，被监狱要求进行心理矫正。

3.2.2　个案前测结果

自李某被列入矫正对象后，2019 年 1 月，咨询中心对其进行了一系列的测试和评估，结果如下。

李某在症状自评量表(self-reporting inventory，SCL-90)上的总分为 212 分。结果表明李某有强迫状态，人际关系敏感，抑郁、焦虑现象明显，经常有躯干不适现象，怀疑性明显，经常认为别人和自己过不去，有敌对性。

李某在艾森克人格测验(Eysenck personality questionnaire，EPQ)上的测试结果显示，精神质(P)、内外向(E)、神经质(N)的得分分别为 70，65 和 75，均超过常模。P 值、N 值均较高，可显示李某的气质类型为胆汁质，外向不稳定，情绪易变，性情暴躁，有较强的自卑感，通常焦虑不安，行为盲动性大，做事往往不计后果。

李某在中国罪犯心理测试个性分测验(Chinese offender psychological asssessment-personality inventory，COPA-PI)上的测试结果显示，李某在外倾性、冲动性、暴力倾向、犯罪思维分量表上的得分高，这说明他做事容易冲动鲁莽，行事前较少思考；焦虑，有明显的暴力倾向；比较恃强霸道，报复欲强，喜欢寻事挑衅，惹是生非，争强好胜，胆大妄为；与人冲突时轻易不会退让。

李某还进行了 LSI-R 的评估，本章前面已经提到该量表是一个得到广泛检验的罪犯危险性评估工具。表 8-3 是李某在该量表上的得分情况，总分 45 分，属于危险性高的罪犯。

表 8-3　李某 LSI-R 评估结果

维度名称	犯罪历史	教育和就业	经济状况	家庭和婚姻	住宿	休息和娱乐	伙伴	酒精或毒品问题	情绪和人格	态度和目标	合计
维度分值	10	10	2	4	3	2	5	9	5	4	54
李某得分	10	8	2	3	3	1	4	6	4	4	45

对李某进行 IPAS 的测试，结果显示，他在冲动性维度上的得分为 8 分，在预谋性维度上的得分为 9 分，在两类攻击水平上均超过了常模分，说明李某是一名冲动性和预谋性双高的暴力犯。

从管教民警和他犯对李某的评价来看，李某与民警的关系不和谐，常有对抗管教行为；组内人际关系恶劣，常有行为冲突事件发生；李某自诉狱内无好友，服刑环境差，抑郁、焦虑，有获得他人关注的需求。劳动任务完成度低，月计分考核平均分为 1 分（远低于分监区平均分 2.1 分），2013 年度分监区月考核排名（统计 10 个月）如表 8-4 所示。

表 8-4　李某于 2013 年 3—10 月每月考核排名

月份	三	四	五	六	七	八	九	十	十一	十二
排名	64	64	64	63	62	64	64	64	64	63

注：总人数 64 个。

3.2.3　个案的犯因分析

从前测结果来看，李某属于冲动性和预谋性皆高的罪犯，易冲动、性格暴躁、行为盲目，做事往往不计后果。他的危险等级处于高位状态，从监管层面也被列为顽危犯。

从心理层面来说，李某的认知水平低，是非观念模糊，法律意识淡薄，处事霸道，性格暴躁、易怒，有暴力、攻击倾向。李某还表现出以自我为中心，自我调节能力差，情绪自控能力较差，人际关系敏感，有抑郁和焦虑等情绪。

从社会环境因素来说，李某在初中辍学混迹社会，受社会不良文化影响，崇尚暴力，养成以令人畏惧为荣的扭曲心理。经常性的家庭暴力，使他逐渐形成攻击性人格。李某的社会支持系统也非常差，其父母双亡，与哥哥姐姐无联系。

长期不良的既往史导致李某攻击行为频发。他累计犯罪 5 次，在监狱服刑多年，脾气暴躁且难以服从管教。狱内的人际关系不和谐，行为冲突事件频发，个人自尊、奖励需求得不到满足，心理失衡，行为失控。

3.3 矫正方案及效果评估

3.3.1 寻求有效的矫正方法

对于李某这样的顽危犯，监狱多管齐下施加影响。一方面，通过搜集大量既往矫正案例，按照传统的危重犯改造经验，对李某进行认罪服法教育，让他认识到自身行为的错误性，通过个别化矫正，了解其心理动态，帮助他缓解焦虑情绪，转变行为模式。

另一方面，从心理矫正的角度出发，寻求有效的矫正方法对李某实施个案咨询。通过在中国知网、万方数据库等平台检索"暴力犯矫正""顽危犯矫正"等关键词，共检索到相关的文献 35 篇，其中有 11 篇提到了暴力犯的认知行为疗法，通过认知行为疗法对暴力犯进行矫正可以有效地改变其不良认知，减少其暴力行为。

通过资料检索、分析、整理，结合成长史（包括犯罪史）、服刑表现、自我认知及测评结果，针对李某表现出来的认知水平低、焦虑症状明显、对抗心理严重、人际关系冷漠等问题，拟采用认知疗法为主，辅以行为疗法的矫正方案。

3.3.2 设置合理的矫正目标

根据案例资料和诊断结果，同李某共同商议确定如下矫正目标。(1)让李某了解自身问题的性质、成因，改变其用暴力等极端消极方式应对挫折的错误观念。(2)消除李某的愤怒情绪、报复心理等消极想法。(3)调整心态，形成合理信念，提升情绪自控力、内在洞察力。(4)逐步适应监狱环境，学会新的人际互动模式，主动与其他服刑人员正常交往，积极参加政治、文化、技术学习和文体活动，增强自信，逐步提升心理素养和承受力，最终为今后的生活、就业、应对挫折和适应社会打下坚实的心理基础。

3.3.3　实施矫正

本案例的咨询对象为李某，一名被监狱重点管控的顽危犯。咨询师为监狱心理中心的民警咨询师，具备国家二级心理咨询师资格。咨询安排 24 次，每次 1.5 小时。

第一阶段：通过共情、宣泄，建立初级信任关系，共 3 次咨询。

在本阶段，民警咨询师通过积极关注、共情、倾听等技术与矫正对象建立良好的信任关系，了解其思想动态，引导其宣泄内心的苦闷，排解负性情绪，探寻矫正对象的心理矛盾及改变意愿。

以下为矫正过程摘抄片段。

民警：解除严管一周了，过得还好吗？（表达积极关注）

李某：还行，和以前差不多，坐牢都一样。

民警：在严管监区受到的约束肯定很多吧？（共情）

李某：是的，真的再也不想进去了。（表情痛苦）

民警：那为什么老是违规呢？（探寻李某对事情的看法）

李某：其实我也不想，但我就是控制不了自己的脾气。

民警：能够理解，不如说说你对现在监区改造环境的看法吧。（引导宣泄，共情）

李某：我觉得警官对我的改造不满意，肯定对我有成见……（引导罪犯宣泄，倾听，注意不打断其抱怨内容）

民警：能和我说说你的成长经历吗？（了解其个人成长经历，寻找突破口，建立信任关系）

……

在本阶段矫正过程中，民警咨询师通过反复倾听、引导宣泄，了解到李某由于个人成长经历，在金钱、尊严及男子汉气概等方面存在错误认知，影响了其个人行为模式。通过几次矫正，引导其宣泄负性情绪；抓住李某的心理特点和个性特征，以平等的身份与李某建立良好的咨询关系，注重尊重李某的人格；运用共情，不随意给李某贴标签，减轻李某的心理负担，缓解其抵触情绪，让李某在交谈过程中敞开心扉，表露其真实的内心世界。以朋友身份向其提出建议，让他内心深处产生归属感，从而弱化反抗、抵触情绪，以有利于进一步心理矫正的开展。

第二阶段：运用动机晤谈法提升李某的改变动机，共 4 次咨询。

该方法强调内在动机是改变的真正动力。民警咨询师在这里扮演的主要是激发者，兼教育者和合作者、辅导者的角色，应用同理心去了解李某的处境，肯定李某自己有能力做出改变。让李某认识到目前自己的不健康心理状态，尤其是其暴力行为对自己、对他人、对监狱的现实危害性，通过家人的期盼、民警的信任、自我的成长来激发其改变的动机，然后共同制订合理有效的心理成长计划，促使其走上改变之路。

第三阶段：沟通、辩驳，识别负性认知模式，共 8 次咨询。

在本阶段中，民警咨询师通过与李某进一步沟通，采取解释、辩驳、角色扮演、布置矫正作业等方法，对其错误认知模式进行分析、辩驳和批判，使其修正不合理的观念，并辅以积极强化措施，转变李某的行为习惯。

以下为矫正过程摘抄片段。

民警：想减刑早点回去吗？

李某：当然想了，可是应该没有机会了吧。（消极态度）

民警：为什么呢？

李某：上次发生那样的事，你们肯定对我有看法了，减刑肯定受影响啊。（探索到负性根源一，害怕民警对自己有看法）

民警：如果你是民警，你会给你的这种表现很高的评价吗？（引导其换位思考）

李某：（沉默 3 秒）应该不会吧。

民警：那你看王××、李××（之前违规的服刑人员）怎么能减

刑呢？（用事实引导其直面问题）

　　李某：（迟疑）因为他们是关系户？（探索负性根源二，认为改造不公平）

　　民警：如果是关系户怎么之前就被判刑了呢？而且你看减刑的都是关系户吗？（用事实来辩驳）

　　李某：有一定道理，那是因为他们后来没违规、好好改造就能减刑吗？（疑问，开始有希望）

　　民警：只要你也好好改造，就肯定有减刑的机会。减刑假释是公开、公平、公正的，鼓励、帮助你们好好服刑是我们的工作，没人会找你麻烦的。（转变认知，消除负性根源）

　　在本阶段矫正过程中，民警咨询师通过不断引导、正面追问，了解了李某抗管行为的负性根源。通过认知疗法，探讨焦虑、敌对等消极情绪产生的众多可能原因，启发李某思考，并帮助他看清自己的思维方式存在的错误，引导他找到一种新的、更加合理有效的思维方式代替原有的错误认知。民警咨询师可以通过布置作业的方式进一步转变李某的错误认知（见表 8-5），使其用新的思维方式看待人际关系冲突和服刑生活。

表 8-5　布置作业内容

作业项目	作业内容
再现事件	回忆并写出发生行为冲突时自己内心的想法与情绪反应，越详细越好。
角色扮演	通过"再现事件"的作业内容，开展一次心理剧治疗，让服刑人员分别扮演做出违规行为时错误的自己、正确应对问题的自己和民警三种角色。
奖惩评估事件	写出狱内生活中最快乐的三个时刻、最渴望得到的三种奖励，以及最害怕的三种惩罚。

续表

作业项目	作业内容
学会防范违规行为	对每天见到的违规行为进行记录，分析每一种违规行为产生的原因，并提出避免此类问题的对策。
自觉培养自我反省习惯	坚持写自查日记、自查周小结、自查月小结，对自查问题进行汇总，并提出预防、改进措施。

第四阶段：巩固和练习新的认知模式，提升人际交往技能，共 6 次咨询。

在前期的一系列心理咨询后，李某的整体状态有了很大的改变。第四阶段需要进行巩固，并让李某习得一些新的与人交往互动的技能。比如，在咨询过程中，民警咨询师鼓励他用非言语的沟通形式，引导他换位思考，与他人建立基本的信任，提升他对愤怒情绪的理解，通过认知降低愤怒情绪的唤起水平。在社会支持方面，李某的兄弟姐妹因其之前的不良行为与其断绝往来，民警咨询师在了解情况后与家属积极沟通，说明了李某目前的改造情况，李某的姐姐同意与李某进行亲情通话，并承诺在李某出狱后给予一定的扶助。与家属的沟通让李某感受到亲友的鼓励和支持，引导其发展自己的内在和外在资源，通过社会支持强化其向善的决心。

第五阶段：风险管理与再见，共 3 次咨询。

本阶段是最后 3 次咨询，目的是巩固前期的咨询效果。咨询师引用周围的案例与李某共同探讨面对风险情况时应怎样处理，使李某对未来可能发生的风险有一定的预知处理能力。联系其家人进行一次会见。会见前要求其家人拍摄一段视频，视频中主要包括李某过去生活成长中的场景和亲人的变化，以及亲人的鼓励。最后让家人鼓励李某在监狱更好地改造，争取早日出去融入社会。

3.3.4　后效评估

咨询结束后，监狱心理中心对李某再次进行了评估，评估结果显示，SCL-90 测试总分为 124 分，下降了 88 分。抑郁、焦虑、敌对因子分别下降至 1.30，1.30，1.10，属于正常范围。李某的 EPQ 测试结果显示，P，E，N 分别为 60，55 和 64，均有所降低。CO-PA-PI 的测试结果显示，李某在外倾性、冲动性、暴力倾向、犯罪思维分量表上的得分均有所降低，改造表现趋于稳定。LSI-R 的再次测试结果显示，李某得分 31 分，处于中低度危险区。同时，李某在 IPAS 中的冲动性攻击和预谋性攻击得分均有所降低，从原来的 8 分和 9 分降到了 6 分和 5 分。这些测试结果均表明，李某在咨询后有了很好的改变。

经过五个阶段（六个月）的心理咨询，并配合监狱的管教措施，李某自述目前的人际关系较和谐，焦虑感下降，睡眠质量提高。之后李某因表现积极被调整劳动岗位，感觉充满希望。李某的管教民警认为他的服刑态度有较大好转，与他犯和睦相处，近期已获减刑奖励。

在行为表现方面，李某没有做出对抗管教、打架斗殴等行为，人际关系明显改善；能够积极参与到正常的监区活动中，月度平均奖励分为 2.2 分，基本达到矫正目标。经监区研究决定，2014 年 8 月报请监狱撤销对李某顽危犯的认定。

第 9 章

未成年暴力犯的发展与干预

案例

2016 年 1 月 18 日，广州市番禺区 11 岁女孩陈某遭到奸杀，凶手是 19 岁的韦某。韦某曾于 2010 年在其家乡广西掐死一名男孩，但因为当年他未满 14 周岁，未能追究刑事责任。2011 年，他在广西又因持刀伤害小女孩被判 6 年。2015 年 11 月，韦某减刑释放后来到广州市番禺区，至案发前无业。案发当天，韦某骑自行车途经韦涌村，见被害女孩独自一人行走，便捂住其口鼻拖到桥底处实施了性侵，后将女孩杀害。韦某虽然之前有过杀人、故意伤害的罪行，但是他当时未满 14 周岁，因而之前的这些恶行并不能作为"累犯"来加重其处罚。

2019 年 10 月 20 日 19 时许，大连市公安机关接到报警，一名 10 岁的女童被害身亡，她的遗体在距离家不远的灌木丛中被发现。当日 23 时左右，警方在走访中发现邻居蔡某有重大作案嫌疑。到案后，蔡某如实供述其杀害女孩的事实。然而，依据当时的《中华人民共和国刑法》，加害人蔡某未满 14 周岁，未达到负刑事责任年龄，依法不予追究刑事责任。

以上这些案件受到社会各界的广泛关注，犯罪嫌疑人未达到我国刑法规定的 14 周岁的刑事责任年龄，再加上我国现行收容教养制度的相关规定较模糊，有的严重暴力犯罪未成年人甚至被"一放了之"，引发了社会的强烈不满和担心忧虑。

2019年10月26日上午，十三届全国人大常委会第十四次会议分组审议未成年人保护法修订草案和预防未成年人犯罪法修订草案，全国人大环境与资源保护委员会委员谭琳建议："未成年人保护法不应该成为未成年犯罪嫌疑人的保护伞，建议修改相关的法律，予以严惩。保护未成年人很重要，预防未成年人犯罪也同样重要。"

谭琳建议对未达到刑事责任年龄不予刑事处罚的未成年人给予矫治及处罚，通过收容、教养等措施加大处罚力度："如果不对这样的未成年人做出处罚规定，将导致社会公平正义和正常秩序受到极大挑战。一方面，不能使受害者得到法律的救济和补偿；另一方面，也会让一些未成年人有恃无恐、为所欲为，不利于预防犯罪以及犯罪之后的教育和改造。"

周敏建议，在修改两部法律时，应统筹考虑一些问题："比如，对于屡教不改又实施极端残忍行为的未成年人，是不是还要与其他未成年人一视同仁地保护？应该怎么做才能使收容、教养取得更好的效果？建议对这些问题进行认真研究、做出相应规定，既能保护未成年人的合法权益，同时又要有一定的惩处功能，更好地维护社会秩序，保护未成年人的利益。"（《中国青年报》，2019-10-28）

未成年犯罪问题一直是全世界面临的重大社会问题：一方面，未成年犯罪严重危害到了社会的和谐稳定；另一方面，由于犯罪人的年龄层低，由此引发的后续问题，如如何防范未成年犯罪、如何降低未成年犯罪的再犯率等问题一直都是整个社会关注的焦点。在我国，未成年犯罪是指已满14周岁不满18周岁的人实施了危害社会、触犯刑律、依法应受刑事惩罚的行为。近年来，未成年人犯罪比重持续降低。我国未成年人犯罪人数占比和青少年犯罪人数占比继续降低(见图 9-1)。

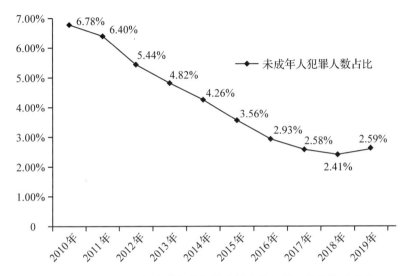

图 9-1　2010—2018 年未成年人犯罪人数占总犯罪人数比值趋势图
(国家统计局，2018)

2022 年，全国未成年人犯罪人数为 2.8 万人，比 2021 年减少了 0.7 万人；占同期犯罪人数的比重为 1.94%，下降了 0.08 个百分点(国家统计局，《中国儿童发展纲要(2021—2030 年)》统计监测报告)。未成年犯罪一直呈下降趋势，未成年人首次犯罪的年龄越来越低。在 2010 年未成年犯样本中，未成年人犯罪年龄分布在 16～17 岁的占 55.78%；在 2013 年未成年犯样本中，未成年人犯罪年龄分布在 14～15 岁的占 54.15%。2009 年与 2010 年，未成年人犯罪年龄在 14 岁的尚不足 15%，到 2013 年时，该比例为 27.75%(路琦等，2013)。

在未成年犯罪中，虽然盗窃、寻衅滋事等案件的比例要远高于杀人、强奸等严重犯罪，但是采用极端暴力手段的犯罪行为往往因为网络媒体的宣传而被大众知晓。比如，大连 13 岁男孩杀害 10 岁女孩的案件；湖南沅江 12 岁少年因不满母亲管教太严、被母亲打后心生怨恨，于 2018 年 12 月持刀将母亲杀死的案件。这些案件引起了高热度的社会讨论。探索和了解未成年犯罪的原因、从根源上防治未成年犯罪、采取多种措施干预和矫正未成年犯罪并减少他们的再犯行为，这些都是在当前现实中具有重要意义的措施。

1 未成年暴力犯罪的发展路径

1.1 从摇篮到坟墓的终身持续犯罪人

引文中提到的韦某已经实施了多次犯罪，13 岁时掐死一名男孩，14 岁时持刀伤害一名女孩，19 岁时奸杀一名女孩。这三起是被公安机关立案侦查的案件，但据与韦某同村的村民叙述，韦某直接伤害孩童的事件还有两死两伤。按照这种犯罪的发展方式，如果韦某最后一次犯案时没有被发现，那么他很有可能在不久的将来还会做出犯罪行为。这种从少年期甚至童年期发端一直持续到成年的犯罪人被称为终身持续犯罪人。1993 年，美国心理学家墨菲特提出了著名的犯罪发展理论，认为青少年反社会行为存在两种发展路径：终身持续犯罪人与青春期犯罪人（adolescent-limited offenders，AL）（Moffitt，1993），这一区分标准被后来的研究者广泛采用。表 9-1概述了终身持续犯罪人和青春期犯罪人在不良行为始发时间、犯罪行为持续时间等方面都存在很大不同。

表 9-1　终身持续犯罪人和青春期犯罪人的差异比较

	不良行为始发时间	犯罪行为持续时间	并发表现	学业技能	人际关系和社交能力
终身持续犯罪人	人生早期（童年期或少年期）	持续终身	通常表现出神经心理障碍，如注意缺陷多动障碍、品行障碍等	通常低于平均水平	通常低于平均水平

续表

	不良行为始发时间	犯罪行为持续时间	并发表现	学业技能	人际关系和社交能力
青春期犯罪人	通常在青春期早期	一般在成年早期停止	正常	正常	正常

　　终身持续犯罪人占罪犯总体的 3%～5%，然而他们涉及了大多数的严重暴力犯罪，即"少数人犯多数罪"原则中的"少数人"。个体不良行为始发时间越早，之后的反社会行为可能会越持久和严重。在童年期具有反社会行为的儿童，约有一半会在童年中期出现非攻击行为（如偷窃或逃课），在青春期会有更严重的违法行为。终身持续犯罪人的特征是在生命早期、远早于刑事责任年龄之前就表现出反社会倾向。例如，在童年期，终身持续犯罪人就表现出典型的身体攻击、不遵守规则、不听从父母管教；在少年时期，这类犯罪人的越轨行为持续增加，如逃学、斗殴，甚至多次被学校开除。与青春期犯罪人不同的是，终身持续犯罪人在青少年期就已表现出严重的暴力行为，如故意伤害、持械抢劫和强奸等。在成人期，终身持续犯罪人继续从事严重的暴力犯罪，通常累积了很长的犯罪记录（肖玉琴，2016）。墨菲特认为，终身持续犯罪人的不良行为是在神经心理缺陷、不良的家庭教养环境共同作用下产生的。神经心理缺陷引发的一系列问题使个体出现暴力犯罪的风险增高。与此同时，如果一个存在神经心理缺陷的儿童由具有虐待倾向或犯罪行为的父母抚养，那么恶劣的教养环境将加剧儿童的反社会倾向。

　　青春期犯罪人在罪犯总体中约占 70%。他们在生命早期和成年后均呈现正常状态，其行为问题始于青春期，可能出现偷盗和破坏公物等违法行为。随着年龄增长，青春期犯罪人在进入成年期后，可能会"悬崖勒马"，走上生活的常态，重新社会化来适应社会的要求。青春期犯罪人并非神经心理缺陷或遗传倾向导致的，而在很大程度上是社会模仿的产物。青少年在青春期时生理逐渐发育成熟，但往往并未达到"社会成熟"，其认知水平、情绪控制能力都没有达到与生理成熟相当的程度。因此产生了墨菲特提到的成熟代沟（maturity gap）。成熟代沟下的青春期个体反社会行为和生活方式很可能是一种适应性的社会行为，是由消除成熟代沟导致的行为失调。青春期犯罪人身心控制能力不足，受周围环境影响开始模仿违法犯罪行为。他们步入成年后，就不再受困于成熟代沟，其反社会和违法行为会逐渐消失。

终身持续犯罪人和青春期犯罪人并不是区分绝对的两类人群，因此对这些早期发生不良行为的人群进行分类、诊断、干预尤为重要。若一个终身持续犯罪人在未成年期出现反社会行为或者犯罪行为时我们便对其有深入的认识，从他表现出来的各项障碍和问题入手，对他进行有针对性的矫正和追踪，从而降低其危害社会的程度。在矫正干预中，终身持续犯罪人和青春期犯罪人由于成因不同，因此需要采取不同的矫正措施。对于青春期犯罪人，他们不存在复杂的神经心理缺陷，幼时一切正常，只是到了青春期才有了越轨和犯罪行为，可以通过正常的干预方式，如道德教化、家庭治疗等，使他们尽快摆脱"越轨"的行为模式。由于这种类型的犯罪人是"自愈型"的，过了青春期自然会转入人生的正轨，在对其处理时尽量采取轻缓化、非犯罪化、非监禁化措施，防止其进入监禁机构后被其他犯罪人感染，变成真正的犯罪人（崔海英，2017）。而对于终身持续犯罪人，其成因更复杂，可以在早期对他们进行甄别和控制，尽量做到早期识别和诊治，从后天环境和家庭教养上给予更多的照顾与保障，以弥补其先天的不足，促使他们在情感发展和社交发展等领域达到正常水平，尽量减少后期不良行为的发生。

1.2 未成年犯罪的可能路径

品行障碍（conduct disorder，CD）是儿童和青少年阶段最为常见的一种精神障碍，与不良行为有着密切的关联。CD 的儿童和青少年表现出较多的越轨行为与违纪问题，尤其是暴力问题严重。CD 儿童会严重干扰家庭和学校的正常生活秩序，会对同伴进行欺凌和攻击，损坏学校财物，甚至对教师和同学造成威胁。

根据 CD 个体的最早发病年龄，可以将其区分为两种亚型：儿童期发生型和青少年期发生型。其中在满足诊断标准的行为中至少有一种发生在 10 岁前被归为儿童期发生型，全部发生在 10 岁以后被归为青少年期发生型。儿童期发生型一般始发于学前阶段或小学阶段，随着年龄的增长问题加重。这种类型伴随着更多的风险因子，如易冲动、言语智力低下、父母监管力度不够等，这些风险因子导致他们社会化缺失和产生不良的社会关系，以致对生活造成影响，这种心理生理社会的影响有可能贯穿一生，使其发展成终身持续犯罪人。青少年发生型始发于 10 岁以后，在儿童期没有迹象。其风险因子相对较少，主要表现出对父母和权威的反抗、违背社会规范。但是这些青少年阶段的反社会行为，如犯罪记录、辍学和物质滥用等，也可能影响到成人阶段。

儿童期的 CD 还能够有效预测青少年期及成人期的问题行为，如心理健康问题（物质滥用）、违法问题（被拘留和收监等）、教育问题（辍学等）、社交问题（不良婚姻关系）等。个体未成年时期的 CD 与对立违抗性障碍（oppositional defiant disorder，ODD）并称为破坏性行为障碍（disruptive behavior disorders，DBD），在程度上比 ODD 更严重。CD 发展到成人阶段被称为反社会人格障碍，严重的可能演变为成人阶段的精神病态，而精神病态是一种与犯罪高相关的稳定的人格特质。目前已有大量研究证明 CD 与犯罪行为高相关。CD 的这些行为问题还伴随严重的心理生理社会损伤，CD 的儿童和青少年在生理激素、自主神经反应、认知、情绪、社会交往等方面存在与越轨行为相关的高风险因子，如低血清素、低静息心率、执行功能存在缺陷、敌意归因偏见、负性情绪加工缺陷、不良的父母教养方式、与不良同伴交往等。

弗里克提出，CD 与青少年期及成人期的反社会行为具有复杂的内在关联，可以将 CD 分成三种亚型，每种亚型具有不同的发展路径，对反社会行为的影响也各有差异（Frick，2004）。弗里克主要依据问题行为发生的时间及是否具有冷酷无情特质，把 CD 分成三种亚型：CU 特质儿童期发生型、非 CU 特质儿童期发生型、青少年期发生型。这三种亚型在神经心理特点、成因机制、反社会行为的严重程度及矫正特点等方面都各有差异。

（1）CU 特质儿童期发生型。CU 特质的发生时间一般比较早，CU 特质具有较强的稳定性。目前已有大量文献支持了这种观点，即儿童期发生型 CD 同时具有 CU 特质（CD＋CU），是一种更严重、更稳定、与犯罪联系更紧密的形式，并且预后不良。

CD＋CU 者在 CU 特质儿童期发生型群体中约占 1/3 的比例，是其中问题最严重的一类人。一般情况下，CD 儿童的反社会行为会随着年龄的增长呈下降趋势，但是 CD＋CU 者的反社会行为在儿童和青少年阶段表现出持续且稳定的特点，这种情况的持续最后很可能导致终身持续的犯罪行为。纵向研究发现，CU 特质能够预测个体以后的反社会和攻击行为。对越轨青少年的追踪调查发现，CU 特质能预测再犯率，尤其是预测暴力犯罪的再犯率，并且与再犯间隔时间的长短成反比。同样，对 1 359 名 4～9 岁普通社区儿童的调查发现，CU 特质也成功预测了其后续一年的问题行为（Delplanque et al.，2005）。CD＋CU 者具有独特的发展路径，他们表现出来的气质特征干扰到了其正常的道德发展，这样加重了他们产生暴力和犯罪行为的风险性（Humayun et al.，2014）。CD＋CU 者的认知功能一般与其他 CD 者无差异，甚至在言语智力方面表现得更佳。他们对不良行为没有应有的罪责感，反而有正性的情绪体验，如感受到较多的高兴和兴奋。这种特点可能作为一种正强化而使得 CD＋CU 者的反社会行为和暴力行为增加。

(2)非 CU 特质儿童期发生型。该亚型指儿童期发生型的 CD 者中排除高 CU 特质的群体(CD－CU)，这类群体 CU 特质水平不高，但是表现出情绪和行为方面的严重问题，与青少年期发生型 CD 相比，具有高水平的冲动性，而且多并发注意缺陷多动障碍。与 CU 特质群体相比，非 CU 特质群体的攻击水平较低，而且大部分表现为反应性攻击。他们的智力水平偏低，尤其是言语智力水平偏低。他们大多受不良家庭教养方式的影响，如过于严厉的管教方式。他们在情绪的自我管理方面存在问题，如高焦虑和易冲动，对他人的悲伤情绪也容易做出反应。

儿童期发生型的 CD－CU 者在气质方面也存在一些缺陷(如冲动性、低言语智力、情绪管理缺陷)，也会受到环境因素的影响(如家庭功能不良)。这些风险因子与他们易冲动和产生反社会行为可能存在多种因果关系，言语功能障碍可能导致他们在执行功能上存在缺陷，使他们不能习得延迟满足以及对事情的结果不能及时预料(Gerstle，Mathias，& Stanford，1998)。家庭功能不良可能使他们缺乏良好的社会化，无法对突发事件做出适当的反应 (Humayun et al.，2014)。CD－CU 者存在强烈的情绪反应性或者情绪管理缺陷，这使他们易怒、易冲动，以及产生无法预料的攻击和反社会行为。虽然他们在行为后会感到痛苦和焦虑，但是未来在面对挑衅时，他们同样会表现出不可控的冲动性。儿童的情绪管理缺陷与父母的严厉教养方式形成恶性循环，当父母对其不良行为采取严厉管教措施时，这类儿童更容易产生愤怒和冲动，更容易导致反社会行为的发生。

(3)青少年期发生型。该亚型群体的攻击与暴力行为相对较少，并且与前面两种亚型相比，较少发展为成人的反社会和犯罪行为。该亚型较少表现出神经心理缺陷(如执行功能缺陷)、认知缺陷(如智力水平偏低）、气质和人格问题（如高冲动性和情绪管理问题），在家庭方面存在的问题也较少。

青少年期发生型 CD 者主要表现出高叛逆性、违背传统规范和社会等级的行为。产生这些行为的主要原因是不良同伴的影响、父母管教方式不当、缺乏亲社会联结、存在某些与反社会行为相关的人格特质等。

三种亚型在情绪与认知、父母教养方式上的差异及其生物学特点。情绪与认知缺陷是导致个体做出攻击和反社会行为的重要影响因素。在三类亚型中，CU 特质儿童期发生型个体已经被证实存在情绪缺陷，对他人的悲伤线索不敏感。但是，目前还不清楚具体是对情绪刺激的反应迟钝还是对他人情绪的理解和识别发生了问题。还有可能这些情绪与认知的特点会随着年龄的增长而改变：CU 特质儿童在情绪反应和情绪理解上都存在问题，但是随着年龄增长，年长的儿童和青少年只表现出情绪反应问题，这是因为 CU 特质儿童学会了识别情绪，但是不会对它做出正常的反应（Leist & Dadds，2009）。

儿童期发生型 CD 比青春期发生型 CD 具有更大的遗传可能性，而其中 CU 特质儿童期发生型比非 CU 特质儿童期发生型的遗传可能性更大。CU 特质者在生物学方面表现出一定的特异性，如"唤醒水平较低、皮质醇水平较低，额—颞叶回路的白质减少而灰质增多，当加工负性情绪面孔时杏仁核激活较弱，在面对惩罚时腹内侧前额叶活动异常"，这些特点说明了 CU 特质具有一定的生物学基础。双生子研究发现，遗传可以承载 30%～80%的作用，对 7 374 名双生子进行研究，分析遗传对 CU 特质的影响，结果发现 CU 特质儿童的遗传可能性是 0.81，比非 CU 特质儿童高出一倍多（遗传可能性为 0.30）。此外，母亲围产期的风险因素、父母教养方式、童年期创伤经验、家庭社会经济地位等方面都可能影响 CU 特质的形成（Viding et al.，2008)。

　　上述 CD 的三种亚型在问题行为的严重性上存在区别，并有着各自的发展路径。其中 CU 特质的出现可能是一个值得注意的危险信号。青少年破坏性行为障碍包括 CD 和 ODD，在这类群体中，CU 特质及精神病态倾向都存在较高的检出率。他们在认知、情感及道德层面都表现出一定的特异性，问题行为的发生频率也高，最终导致犯罪行为的高发。精神病态倾向是一种稳定、持久的人格特征，始于童年期，经过少年期的发展，到成年期表现稳定，最终演变成终身持续犯罪。已有研究表明，儿童期的 ADHD，其症状表现为难以集中注意力、难以控制其行为，以及活动过度等，这些缺陷可能会导致青少年并发 ODD、CD 等破坏性行为障碍。有研究者把 ADHD 与 CD 的并发作为一种精神病态的雏形，发现具有 ADHD 症状以及并发 CD 的儿童会与成年期精神病态特质呈高相关。因此，从儿童期的行为表现异常到终身持续犯罪的形成有一种可能的发展路径："ADHD—ODD—(CD+CU)—精神病态—终身持续犯罪。"

2　未成年暴力犯罪的干预控制

2.1　以家庭为中心的干预

　　家庭作为社会生活的基本单元，是保障青少年健康成长的第一线，也是防控未成年犯罪风险的最基本单元，家庭是未成年犯罪防控体系中的重中之重。对未成年犯罪最成功的干预通常是改善父母教养方式和家庭系统。与未成年人出现严重违法犯罪行为关系最密切的家庭特征是父母对未成年人照顾不到位、监管不力、无原则或者原则混乱、缺乏家庭的亲密感和凝聚力(Bartol，2017)。2018 年，湖南沅江的一名 12 岁少年吴某砍死了自己的母亲，原因是其母亲发现他抽烟便对他进行管教，他不服，拿起菜刀，砍了他的母亲二十多刀。行凶后，他换掉了沾血的衣服，把作案的菜刀扔进了鱼塘，并且用母亲的手机跟班主任发短信给自己请了假。就在这起案件发生后不到一个月，又发生了一起 13 岁少年锤杀父母的案件，起因是 13 岁少年罗某沉迷网络，跟父母要钱上网没要到，就用锤子杀死了自己的父母。这两起悲剧的受害者都是施暴者的父母，对于未成年的孩子来说，父母和家庭是他们的避风港，而什么样的情况才会导致孩子亲手杀死父母，其中的原因确实令人深思。吴某是一个典型的留守儿童，在他半岁的时候父母就外出打工，直到 2016 年母亲因为生下弟弟才留在家中照顾他们；罗某的家庭也非常特殊，他的母亲和姐姐都有智力缺陷，父亲对他极度溺爱，在物质条件上尽量满足他，却对他缺乏该有的沟通和管教。前面我们也提到了家庭对未成年人成长的重要性，不良的家庭教育严重影响了青少年的身心健康成长，致使其走向犯罪的深渊。而以父母和家庭为中心的矫正干预措施也是成年人不良行为防治的重点。

2.1.1 以家庭为中心的矫正干预措施

研究者对未成年犯罪的矫正大都致力于改善家庭教养方式和打造健康的家庭环境。在情感亲密、家庭凝聚力强的家庭中，儿童能够得到足够的情感支持、情感交流和充分的爱，这对于预防反社会行为和未成年犯罪至关重要。

需要提到的是，不管是针对成年罪犯的项目还是针对未成年犯的项目，最有效的矫正策略都是基于风险—需求—反应性模型的治疗。基于个体的心理治疗已经无法表现出良好的矫正效果，对于一个已经严重违法犯罪的未成年人来说，如果仅仅运用单一的心理治疗，而不涉及他的社会环境及家庭等因素，则收效甚微。正如勒图莫和迈纳（Letourneau & Miner，2005）提到的：发展理论认为，把矫正的重点放在改变未成年犯的个人特质（如认知和人格）上，但没有同时考虑到照料者（监护人）、同伴（改善与亲社会同伴的关系）、机构或者学校(改善与监管人员或教师的关系)等相关因素，则矫正很难达到良好的效果。根据这些原则，在对未成年犯进行干预时，应该多管齐下，不仅仅关注其个人本身，同时还应该注意到未成年人所生活的大环境，让其不良行为能够在大环境中逐渐消除，从而塑造积极和正确的行为。在社区矫正中应该如此，在监管场所(未成年犯管教所)也应该注意，积极处理他们在监管场所与他人的关系，从发展的角度去矫正未成年人的犯罪行为。

在西方国家，多系统治疗(multi-system therapy，MST)被认为是针对有严重不良行为的未成年人的有效矫正项目，是被广泛研究并给予良好评价的基于循证的矫正项目。多系统治疗的主要焦点在于家庭，矫正的过程需要全体家庭成员积极参与，治疗时长在 4 个月以上，治疗师在治疗过程中将有至少 60 小时与未成年人及其家人保持密切接触(Asscher et al.，2007)。多系统治疗的干预策略主要包括：帮助青少年、家庭和相关专业人员了解青少年行为问题产生的原因(聚焦青少年家庭及其社会网络的互动模式)；利用个人和家庭的优势，或可习得的新技能来制订和实施行动计划，并试图打破不良的家庭互动模式及行为序列；为家庭执行计划提供支持；帮助家庭在应对新问题时，运用在治疗过程中习得的新技能(郭锦蒙，邢成举，2020)。多系统治疗首先聚焦家庭的优势领域，与父母深度沟通，为父母介绍有效的教养方式，增强家庭的凝聚力。比如，治疗师会与父母一起致力于提升孩子的沟通和解决问题的能力，增强父母在纪律处罚和奖励方面的一致性；同时治疗师也会与未成年人深度接触，帮助他们提升人际交往能力，引导他们掌握多元思维方式和应对技巧。针对多系统治疗的研究有很多，大多都取得了良好的效果，通过多系统治疗可以减少未成年人的犯罪行为、药物滥用行为，同时改善未成年人与家庭成员的关系，提升其学业表现(Hengeler，2011)。

国内学者系统且专业地围绕家庭对未成年人的问题行为开展干预的实证研究并不多。比如，结合社会工作个案服务，采用结构家庭治疗、联合家庭治疗及短期策略家庭治疗为吸毒青少年家庭提供服务，治疗结果表明结构家庭治疗在调整家庭结构、短期策略家庭治疗在聚焦家庭问题，以及二者在重塑家庭互动模式方面有着良好的效果(孔诗逸，2016)。比如，一项应用萨提亚家庭治疗模式对青少年犯进行干预的研究，引导所有家庭成员做出改变，并转化至表里一致的沟通模式，以此扭转该青少年犯的家庭状态。结果表明，萨提亚家庭治疗模式针对有家庭关系和家庭沟通问题的青少年犯进行干预的效果较好，使服务对象个体自我价值感得到提升，让家庭成员改善不良应对模式并践行表里一致的沟通模式，有效减少家庭内部对抗和冲突问题，促使家庭成员间相互帮助、支持，从而减少青少年犯负面思想和行为的再现，降低其二次犯罪的风险(董言，2019)。

2.1.2　预防留守儿童和流动儿童犯罪

2020 年第七次全国人口普查公报显示，我国城乡流动人口规模达 3.76 亿人。如此巨大规模的流动人口大军催生了我国农村留守儿童和流动儿童这两类群体。父母外出务工连续三个月以上，在户籍地被托管给亲戚朋友的儿童，被称为留守儿童；户籍地在外省、市，跟随父母到非户籍地城镇接受教育的儿童，被称为流动儿童或随迁儿童(郭一祺，包涵，2019)。

在一些经济发展滞后的农村地区，留守在家的未成年人犯罪的比例较高，弑母案中的吴某就是典型的留守儿童，吴某的父母于 2005 年结婚，随后就生下了他。在他半岁的时候，父母把他交给爷爷奶奶带，到广州打工，每个月一共能挣 7000 多元，除去日常开销和寄回老家的钱，基本上剩不下什么钱，一年回家一两次是常态，大部分时间和吴某都是通过电话联络感情。在吴某 7 岁的时候，有一天他放学回家，在路上被一辆面包车撞了，血流不止。父母没在家，爷爷抱着他到医院治疗。医院给出的诊断是头部受伤，颅脑外伤脑震荡。爷爷给吴某的父母打电话，但父母听说儿子伤得不严重，也就没有回来看他。2016 年，吴某的母亲生下了弟弟，因为爷爷奶奶年龄偏大，不能再带孩子了，他的母亲就不得不留在家里照顾弟弟，让父亲一个人在广州打工。

与吴某类似的情况在我国目前的农村留守儿童中还有很多，许多儿童在 3 岁前就离开了父母由祖父母或者其他亲戚照看，甚至有一小部分留守儿童独自在家。由于文化程度低、年龄大，祖父母往往更关注孩子的生理需求和物质需求，忽视其情感需求。比如，大部分祖父母认为给孩子穿暖吃饱就可以了，甚至出于补偿心理，只要孩子提要求，就尽量从经济上满足他，包括直接提供零花钱，买最新款的手机、电脑等，这些物质上的满足却无法替代孩子的情感需求，儿童早期的养育环境包括看护人对儿童的照顾、亲子互动等因素，直接影响儿童在性格、认知、情绪和社会化等方面的发展。2016 年我国农村留守儿童数量为 902 万人，贫困地区农村留守儿童的比例高达 20.3%，超过儿童总数的 1/5；低龄留守现象突出，3 周岁以下儿童中，留守儿童占 1/6；其中 90% 以上留守儿童的主要看护人为祖父母辈，平均年龄为 59 岁，小学及以下学历者占 70% 以上。国家卫生健康委发布的《中国流动人口发展报告 2018》显示，与非留守儿童相比，心理行为健康问题是当前留守儿童面临的突出健康问题，并且随着年龄增长问题更加凸显。在 3 周岁以下和 3～6 周岁阶段，留守儿童与非留守儿童的心理行为几乎没有差异。在小学四年级和七年级阶段，相对于非留守儿童，留守儿童在情绪控制、注意力、社会适应能力、自伤行为风险等方面表现出更多问题。此外，留守儿童还会发生更多的伤害情况，对于低龄儿童来说，伤害主要以非故意为主，原因可能在于看管不力，而在高龄儿童中，故意伤害的比例要远远高于低龄儿童（叶鹏鹏等，2019）。这些结论都提示我们要加强对留守儿童的照看，强调家庭在儿童发展中的重要性，应加强对儿童的心理关爱、教育引导、行为规范和社会支持，保障未成年人的健康发展。

2010 年，上海市外来的 25 周岁以下和未满 18 周岁青少年违法犯罪人员占上海违法犯罪人员总数的比例分别达到 77.65% 和 19.79%，比 2006 年分别上升 5.37 和 2.13 个百分点，在全市青少年违法犯罪群体中所占的比例更是长期处于 93% 以上的高位（邵世志等，2013）。目前我国关于流动儿童或随迁儿童的研究很多，流动儿童虽然与父母生活在一起，但很多父母出于各种原因，为了家庭生计而奔波在外地，生活质量、居住环境也无法得到有效保障，他们容易忽视家庭沟通，导致一部分流动儿童尽管跟随父母进城，却无法获得家庭在情感上给予的支持或在适应社会方面给予的引导。还有一部分孩子的父母工作繁忙、早出晚归，导致这些孩子在进城后也处于独居状态，造成了事实上的"留守"。还有一个重要的方面就是流动儿童在迁移过程中可能无法融入当地的学校和社会，甚至还有一部分处于"失学状态"。造成这种情况的原因可能有两个。其一，大多数流动儿童在短期内的流动性高，作为外来人员，他们的同伴大多数也属于流动人员，这就使这些群体难以建立固定的朋友圈，且有可能刚刚适应某地的生活就又要迁移到另外的地方。全国妇联课题组在 2012 年的调查显示，大多数流动儿童长期处于流动的状态。在 7～14 岁年龄组中，有 1/3 的儿童流动时间在 6 年以上。长期流动的经历对流动儿童融入城市生活造成的阻碍不容小觑，因为他们不仅难以融入城市社会文化，还要不停地面对适应陌生环境的挑战。其二，一些城市在对外来人口的入学、社会福利等方面都有严格限制，这些条件导致了流动儿童这一特殊群体的不良处境。

　　在国家政策层面，目前已经出台了多项措施保障流动人口的基本生活需求。比如，自 2010 年起，我国在广东、上海、浙江、重庆等地探索建立了居住证制度。流动人口通过办理城市居住证，可以在就业、租房、教育等多个方面享受与城市户口居民相近或相同的待遇。父母作为儿童成长的第一责任人，始终承担着保障儿童生活、教育、健康的重大责任。父母应该认识到养育孩子不仅仅是让他们长大成人，还应该帮助孩子形成健全的认知和健康的心理。这就需要父母对孩子高质量的陪伴及亲子间建立有效的沟通。

2.2　学校教育及预防校园暴力

2.2.1　全面的学校教育

　　学校是青少年群体社会化的重要场所，学校给未成年人提供全方位、系统性的知识学习，为未成年人社会化提供所需要的营养成分。而学校如果呈现出重智轻德、心理健康教育和法治教育不足等问题时，则未成年群体的身心协调发展将会受到消极影响，青少年的越轨行为甚至犯罪行为随之产生（常进锋，2020）。

　　学校应当为每一名学龄阶段的孩子提供基本的教育保障，目前我国实行九年义务教育，但即便是国家提供免费学习的机会，也仍有不少未成年人没有完成初中教育便过早地游荡在社会，这些辍学的未成年人很容易受个别不良同伴的影响，从而增加犯罪的风险。初中毕业后的未成年人大都在 15 岁左右，这个阶段的未成年人身心发展皆不成熟，难以抵制外界的不良诱惑，也会增加犯罪的风险。通过对 206 名未成年犯在案发时是否为在校生进行标记，结果发现，在校生的人数为 26 人（12.62%），非在校生的人数为 180 人（87.38%），这说明大多数未成年犯处于辍学状态，学历较低（肖玉琴，2016）。截至 2012 年全国妇联课题组的调查，我国仍有 200 多万留守儿童未能按照法律规定完成义务教育，并且这部分儿童集中于中西部地区。这部分未成年人应该是社会关注的重点，在他们失学后应保障其基本生活，提供给他们学习谋生技能的机会，引导他们走上生活的正轨。

2.2.2　预防校园暴力

校园暴力也是阻碍未成年人身心健康发展的一大问题。2016 年 12 月，某小学一名学生长期遭到同班两名同学的欺凌，结果该生出现失眠、恐惧上学等症状，后被诊断为急性应激反应。2018 年 11 月，某学院学生董某、卢某、叶某、王某、韩某经过商量策划，伙同校外人员陈某，以同学小江（化名）人品不好、怀疑其勾引同学男朋友为由，在该校宿舍内对小江进行凌辱，并对小江进行欺凌、殴打持续数小时。直到第二天早上，趁看管的董某睡着，小江才得以逃脱，并向宿管阿姨求救。这两起校园暴力事件给当事人造成了严重的身心伤害，引起了社会舆论的极大关注。相关调研表明，校园暴力行为的发生具有普遍性，特别是在经济落后地区的中小学校园。施暴者受恶趣味或者不良家庭教育的影响，加之情趣低下、道德意志薄弱，往往难以形成良好的生活习惯。校方存在不关注、不作为、不负责的态度，这是校园暴力产生的重要原因（于阳，史晓前，2019）。学校面对校园欺凌行为不应采取"和稀泥"的态度，要运用多种教育形式向学生明确地表达：伤害他人的行为不可取，校园暴力是不可为之事。此外，学校还应积极寻求反校园欺凌之道，如设立心理咨询援助机构、对教师进行相关方面的专业培训、让学生了解校园欺凌带来的伤害和痛苦，以及对学生校内和校外生活的全方位关注等。

青少年群体是国家发展和民族复兴的希望，学校在给学生传授知识的同时，还需要坚决制止校园暴力，巩固学生的道德素质防线，帮助他们树立正确的法治观、道德观和是非观，提高学生的综合素质，特别是抵御不良恶习的能力和免受越轨者影响的能力，强化青少年明辨是非的观察力和克服冲动的控制力，使学生形成对违法犯罪行为的强烈抵触感、排斥感和不认同感，促进其人格健康发展。

2.3　社区矫正与司法社会工作

2.3.1　未成年犯罪的社区矫正

在本章开始的案例中，韦某的第一起故意杀人案因不满 14 岁而未被处罚，蔡某的奸杀案也因其未满 14 岁而不被起诉，虽然被警方收容教养，但我国现行收容教养制度的相关规定较模糊，这些未成年犯还会流落在社会，如果不加以看管和矫治，就可能会发生第二次甚至第三次犯罪。在未成年人案件中应坚持"教育为主、处罚为辅"的原则。在上述案件中，当不适用监禁刑时，社区矫正对于未成年人意义重大。对于存在不良行为的未成年人来说，社区也可以采取相应的措施进行干预和预防。仅仅让未成年人回归学校是不够的，应该严格遵守社区矫正的相关措施，辅之以后期的社会工作服务，帮助他们矫正不良行为，使其走上正轨（胡宏雁，2019）。

2003 年，我国颁布了《关于开展社区矫正试点工作的通知》，标志着社区矫正试点工作的正式开始，2009 年又颁布了《关于扩大社区矫正试点范围的通知》，其中明确提出：社区矫正工作是将罪犯放在社区内，遵循社会管理规律，运用社会工作方法，整合社会资源和力量对罪犯进行教育改造，使其尽快融入社会，从而降低重新犯罪率，促进社会长期稳定与和谐发展的一种非监禁刑罚执行活动。2018 年我国共接收社区矫正对象 54.7 万人，解除矫正 54.9 万人，目前在册 70 万人，在矫期间再犯罪率保持在 0.2% 左右的较低水平（司法部，2019）。社区矫正在发展过程中也存在一些困境，最大的问题是缺乏专业化的矫正队伍和有针对性的矫正项目。社区矫正工作是一项专业性很强的刑事执行工作，尤其是针对未成年犯，更需要有专业的工作人员参与。社区矫正的执行主体是司法行政机关，矫正工作人员则主要由基层司法行政机关工作人员兼任。一般的基层司法所工作人员日常承担着民间调解、基层法律服务、法治宣传、社会治安综合治理等多项职责。对社区服刑人员的管理、教育和帮助只是司法所工作人员众多工作中的一项。司法所工作人员繁重的日常工作导致其往往不能专心投入社区矫正工作，而且社区矫正工作的专业性要求工作人员具备较高的专业素质（孙文军，2017）。因此，建立专业的矫正队伍，如大力引入司法社会工作者可以解决社区矫正工作人员缺乏的这一难题。专业的人员可以开展有针对性的矫正项目，有效提高未成年人社区矫正的效率。

2.3.2　司法社会工作介入

目前我国已经有大量的社会工作人员参与着社区矫正一线工作，他们参与的方式主要有两种：一种是地区的司法行政机构直接通过招考形式，招聘专业的社会工作者加入社区矫正的司法行政队伍中，从体制内开展社区矫正工作；另一种是通过政府购买服务的方式，如购买矫正项目服务、购买社区矫正社会工作岗位服务等（罗玲，范燕宁，2015），这种岗位服务与合作方式是最常见的社区矫正工作服务模式，也将成为以后的主要方式。

社会工作人员介入未成年人矫正工作的目标主要有三类。一是针对有严重不良行为问题的未成年人的再犯预防。对于已经监禁的未成年人，可以安排专业的司法社工进入未成年犯管教所、看守所、拘留所。对于未被监禁的未成年人，可以由司法社工联合社区、家庭进行干预和矫正。司法社会工作者运用社会工作理念和方法，及时有效地开展危险性评估、心理矫正、职业技能培训、外部援助衔接等教育帮助和再犯预防，有利于他们在监所内的改造和顺利回归社会。二是针对有不良行为未成年人的临界预防，可以通过开展社工联（驻）校项目进行。比如，某几位司法社工定点联系几所学校，及时发现有问题的学生，主动介入，及时转化有特殊问题的学生。三是针对流动青少年群体的超前预防，可以开展社企联动项目。比如，上海市闵行区成立了九星市场专业社会工作综合服务站和九星市场专业社会服务阳光基地，针对市场内的流动青少年群体开展法律服务、纠纷调处、成长辅导、禁毒和社区矫正等专业社会工作，降低流动青少年违法犯罪现象的发生率(邵世志等，2013)。

在针对未成年人的司法社会工作中，主要通过运用个案工作、小组工作两种方法开展工作。个案工作是专业社会工作者遵循基本的价值理念，运用科学的专业知识和技巧，并以个别化的方式为特殊家庭提供支持与服务，帮助个人或家庭减少压力、解决问题和挖掘生命潜能。小组工作是在专业社会工作者的带领下，通过组员间的相互支持，充分互动和分享，激发组员的能力和潜能，改善组员的态度、行为，提升他们的社会功能性，解决个人、群体、社区和社会问题，促进个人、小组和社区的成长与发展(席小华，2018)。席小华认为，社会工作者主要从提升不良行为青少年的个人能力、提高不良行为青少年与周围环境的互动水平、促进社会支持系统的建立这三个角度开展工作。提升不良行为青少年的个人能力具体指提升青少年抵抗困境的能力，如提升他们的乐观感、归属感和效能感；提高不良行为青少年与周围环境的互动水平包括提高其人际沟通能力和人际交往能力；促进社会支持系统的建立主要考虑从家庭、班集体、学校等角度提供社会支持。

目前我国的少年司法社会工作在各个地区的发展不均衡，上海、北京等地发展较早，服务机制相对完善，服务内容也相对完整。而其他大部分地区发展缓慢，上海在发展初期更关注社区青少年服务，随后逐渐拓展到关注涉法涉诉青少年服务。北京在少年司法社会工作中最早关注的对象是犯罪青少年，近年来开始将服务往前延伸到具有违法行为或不良行为的青少年，即由深层预防转向浅层预防。虽然这两个发展得较好的地区的路径不一致，但总体来说，预防类和矫正类服务都需要被纳入少年司法社会工作服务体系之中(席小华，2018)。总体来说，我国未成年司法社会工作的发展还处于起步阶段，无论从制度上还是从人员上都需要政府部门和专业人员的共同推进。从长远来说，未成年司法社会工作将对整个社会的犯罪预防和控制起到十分重要的作用，加大未成年司法社会工作力度和质量也将成为未来的发展趋势。

3 对一组未成年暴力犯的心智化团体治疗

3.1 依恋与心智化疗法

3.1.1 依恋与未成年犯罪

建立良好的依恋关系也是预防犯罪的有效方式。依恋是社会控制理论的重要内容，即个人对父母、学校和同伴群体情感上的依恋越强烈，就越不可能走向犯罪。英国精神分析学家约翰·鲍尔比（John Bowlby）在劳伦茨关于印刻的研究的影响下提出了依恋理论，认为婴儿与照料者的情感联系是一种有助于生存的进化反应。人类和其他灵长类动物一样，亲子之间的依恋是种群中弱小的成员生存的基础。随后，鲍尔比的同事，美国心理学家艾斯沃斯（Ainsworth）通过观察母亲和婴儿之间的关系总结了三种依恋类型：安全型依恋、焦虑型依恋和回避型依恋。安全型依恋个体的养育者始终温暖呵护；安全型依恋个体信赖他人并为人坦诚。焦虑型依恋个体在与他人的关系中紧张不安，经常需要有自己被爱的证明，害怕被遗弃。回避型依恋个体冷淡疏远，害怕被伤害，所以他们在情感上把自己封闭了起来。

尽管大部分早期关于依恋的研究和理论都聚焦到幼儿期，但是鲍尔比和艾斯沃斯都相信，婴幼儿期形成的依恋关系决定了青春期和成人早期与他人联结的内部工作模式，这表明婴幼儿期的依恋关系质量决定了个体在青春期和成人早期与朋友、家人、师长、同事及恋人的关系质量。艾斯沃斯和同事们在 2000 年的研究报告中指出他们研究样本中 72％的孩子在 1 岁时和 21 岁时提供了相同的依恋分类。幼儿期和儿童期与父母长时间的分离，预示着孩子在青春期和父母不会有理想的安全依恋，这也说明了早期和父母分离会导致情感发展上的长期障碍(Locke et al.，2010)。

早期的依恋关系对个体的影响深远，青少年与父母的关系越密切，越有可能对父母产生依恋并认同父母，从而减少不良行为的发生。当个人对他人或群体产生依恋时，就会在做出某种决定或进行某种活动时考虑他人或群体的意见或感情。这种感情联系越强烈，个人在打算实施偏差行为时，就越有可能考虑偏差行为会对这种联系造成的损害，因此，依恋对抑制青少年偏差行为起着非常重要的作用。反之，不良的依恋关系与个体异常的发展轨迹息息相关。

依恋风格可以预测个体的越轨行为。早在 1969 年，赫希等人(Hirschi & Stark，1969)通过对 400 名犯罪人进行研究发现，对青少年犯罪行为最强的预测变量是缺少对父母的尊重和对父母的依恋。安全型依恋能使青少年拥有良好的人际关系、学业成就和职业成就，情绪管理能力较好，也能使他们较少有心理问题及远离毒品。与父母形成安全依恋的青少年觉得自己是有能力的，并且是合群的，他们在学校表现良好，有着高自尊，并较少有问题行为出现(Papini & Roggman，1992)。良好的亲子依恋使得青少年在潜在的犯罪情境中能做出正确的道德抉择。不良的依恋风格则会使个体出现较多的行为问题。鲍尔比曾经对 44 名少年小偷的生活史进行了调查，结果发现，有 17 名小偷在 5 岁前经历过与其养育者完全分离或者有 6 个月以上时间的分离。鲍尔比(Bowlby，1982)认为不良的依恋关系可能导致违法和犯罪问题。比伊斯特等人(Buist，Dekovi, & Meeus，2004)对不同依恋类型青少年在问题行为上的差异进行考察时发现，安全型依恋青少年的行为适应最好，而焦虑型依恋青少年的问题行为和危险行为最多。与安全依恋的个体相比，不安全依恋的个体表现出更多的攻击性。反社会人格倾向青少年的早期依恋水平显著低于控制组，且反社会人格倾向与青少年早期父母依恋的质量呈显著负相关（程碧倩，杨波，2018）。希尔等人强调青少年与父母、家庭联系的重要性，且认为亲子依恋使得青少年能在潜在的犯罪情境中做出正确的道德选择，在可能从事犯罪活动时，会先联想到行为会导致父母的失望和不安，从而避免犯罪行为的发生（Shears，Robinson，& Emde，2002）。

尽管从亲子依恋角度对青少年犯罪的成因进行探讨的研究还不是很多，但已有研究都证明了依恋在个体发展中的重要作用。研究者对依恋与犯罪的关系进行了考察，得到的结果都非常一致，即良好的依恋质量与青少年犯罪行为呈显著负相关，而不良的依恋质量与青少年犯罪行为呈显著正相关。如果可以修复和重建依恋关系，则对于预防和矫正未成年犯罪的意义重大。

3.1.2　由依恋发展而来的心智化治疗

心智化（mentalization 或 mentalizing）是由彼得·福纳吉（Peter Fónagy）等人基于精神分析客体关系理论、依恋理论和认知心理学理论提出的一个整合的概念，指"构想自己和他人有意识与无意识心理状态的能力"。福纳吉后来加入了现象学的解释，将定义概括为"人类如何通过将心理状态（如信念、动机、情绪、欲望和需要）形象化来理解和感知世界的一种能力"。具体而言，心智化是一种想象的心理活动，是指"个体基于有意的心理状态（如需要、愿望、感觉、信念、情绪、目标、意图和动机），内隐或外显地解释自己和他人的行为意义的心理过程"。简言之，就是个体理解自己和他人心理的基本能力。心智化是一种能力，通过调控个体的心智化能力，可以达到调节情绪和改变行为的目的。

个体心智化能力的产生最早出现于婴幼儿与看护者的依恋关系，约 1 岁半时就已出现，到 4 岁以后就形成有意识的心智化。心智化能力随个体年龄的增长而不断发展。在个体婴幼儿时期，看护者与婴幼儿的"镜映"互动为心智化产生提供了基础。例如，主要看护者将婴幼儿的姿态、表情反馈回去，婴幼儿逐渐学会理解他自己的感受，这时形成了自我心智化，随着自我心智化的发展而慢慢形成对他人的心智化能力。看护者的心智化能力影响着婴幼儿的依恋关系，进而也影响了婴幼儿心智化能力的发展，若婴幼儿与主要看护者形成了安全型依恋关系则有利于个体整体心智化能力的形成和发展。

　　心智化能力可通过四个维度进行描述，每个维度包括两端，良好的心智化能力应当是在四个维度各取平衡点。维度一是根据两种客体来区分：自我心智化（mentalization with regard to self）和他人心智化（mentalization with regard to other），分别指个体对自己和他人的心智化能力，二者互相影响。维度二是心智化的两个角度：情感心智化（affective mentalization）和认知心智化（cognitive mentaliza-tion）。情感心智化是指对情绪、情感的觉察和理解能力。认知心智化是指理解自我和他人的心理状态时认知推断的能力。第三个维度是心智化的两种功能模式：内隐心智化（automatic-implicit mental-ization）和外显心智化（controlled-implicit mentalization）。内隐心智化是自动加工的过程，反应较快，在加工过程中无自我调控，渗透于我们的日常生活。外显心智化是有意识的加工过程，反应较慢，需要自己去反思。在矫正过程中，外显心智化较容易控制，是治疗的首选目标。第四个维度是心智化的两种线索：内聚心智化（inter-nally focused mentalization）和外聚心智化（externally focused men-talization）。内聚心智化是指通过了解内部心理过程（如情感、思维等）来推理其心理状态或行为结果。外聚心智化是指通过个体或他人外部可观察的线索（如姿态、神情等）来推断其所处的心理状态或行为结果。

　　心智化能力的评估可通过各种相应的测量工具进行，但由于心智化概念系整合而来，且维度广内容多，因此很多工具都只能测量其中某一部分内容，或是只针对某一群体（如父母心智化能力）而设计。大部分心智化测量工具均涉及早年依恋关系的测查，如"小时候，你与父母关系如何""你觉得过去发生的事情对你长大之后有影响吗"。目前较常用的测量工具是反应功能量表（the reflective function scale，RF），由福纳吉和贝特曼（Bateman）于 1997 年根据心智化概念编制而来。RF 属于半结构式访谈，主要针对依恋关系进行访谈，进而推断个体的心智化能力。吴明霞带领研究生周雪朋（2014）通过对 3 800 余名大学生和社会人群进行调研，开发了一套通过视频测量心智化的工具——成人动态心智化量表，该量表共 48 个项目，包括情感识别、情感归因、认知归因和认知识别 4 个维度，以及无心智化、少心智化、准确心智化和过度心智化 4 种类型，该量表可以适用于中国人群的心智化水平测量，经检验具有较好的信效度。

心智化疗法（mentalization based treatment，MBT）是建立在心智化理论基础上的一种基础心理治疗方法，创始人为福纳吉和贝特曼。这种治疗方法假设通过提高个体的心智化水平，调节个体的情绪，让个体对自己和他人的行为的解释更精准。目前心智化理论已经成为当代精神分析治疗理论的前沿思想，也是最为新颖和流行的一种心理动力学取向心理治疗模式（Bateman & Fonagy，2013）。

心智化能力的缺失会导致个体产生诸多心理功能障碍，如边缘型人格障碍、反社会人格障碍、抑郁和自杀倾向、攻击问题等。因此，心智化疗法在这些领域已经得到了相当普遍的运用，并取得了良好的效果。目前，在美国和欧洲，心智化疗法已经扩展到十分广阔的临床领域，如边缘型人格障碍治疗、反社会人格障碍治疗、进食障碍治疗、毒品成瘾康复、改善亲子关系、减少暴力等（Bateman & Fonagy，2013）。心智化理论认为人格障碍问题不仅包括心智化程度低，还包括心智化的灵活性差、心智化成分失去平衡等问题。诸多的暴力与攻击行为产生的原因都是"从内在看他人"的心智化能力出现困难，他们不能认识别人潜在的意图，不能根据别人的表现理解他人，最主要的表现是不能识别恐惧表情。儿童早期形成的不安全依恋是导致心智化问题及反社会人格障碍的共同诱因。

3.2　将心智化疗法应用于未成年暴力犯

3.2.1　被试的选取和评估

被试

某未管所随机选取两个管区的男性未成年暴力犯 206 名。年龄范围为 14～17 岁，其中 14 岁的 3 名，占总体的 1.5%；15 岁的 25 名，占总体的 12.1%；16 岁的 93 名，占总体的 45.1%；17 岁的 85 名，占总体的 41.3%；平均年龄为 16.26 岁。被试的刑期为 1～15 年，平均刑期为 4.5 年，平均剩余刑期为 2.99 年。被试文化程度情况为：小学及以下文化的 63 名；初中文化的 131 名；高中文化的 12 名；被试罪名的分布情况为：故意杀人的 14 名；故意伤害的 30 人，强奸的 10 人，抢劫的 145 人，聚众斗殴的 4 人，寻衅滋事的 2 人，非法制造枪支的 1 人。

评估工具

研究采用青少年暴力风险评估量表（violence risk scale-youth version，VRS：YV)作为风险评估工具。该量表为结构化评估工具，是由斯托克代尔等人为刑事司法系统及社区矫正机构评估青少年暴力风险而开发的具有针对性的工具(Stockdale，Olver，& Wong，2013)。VRS：YV 包括评估手册、评分表及半结构式访谈提纲，由 4 个静态项目和 19 个动态项目组成。4 个静态项目可测量一些过往行为或者与暴力再犯风险相关的历史状况(如早发的严重反社会行为、家庭抚育的不稳定性)。19 个动态项目可测量生活模式、多种亲社会和反社会的态度、行为特点、人格特征及社会支持系统。每个项目采取 0～3 分的计分方法，每一个项目在 0～3 分皆有明确的定义与情况说明。静态项目反映的是既往暴力事件，是稳定的、不可改变的事件，得分越高表示个体暴力危险性越高。动态项目则是可以改变的，得分为 2 分或 3 分的项目在经过有针对性干预后，得分可能下降，表明个体暴力危险性降低。

评估结果

对 206 名未成年暴力犯的风险评估由受过专业培训的评估者对未成年暴力犯进行一对一的 VRS：YV 访谈。206 名未成年暴力犯的 VRS：YV 总平均分为 30.64，标准差为 8.20。根据 VRS：YV 风险程度的划分原则（Stockdale，Olver，& Wong，2013），通过计算，高风险的得分范围为总分在 35 分及以上，低风险的得分范围为总分在 26 分及以下，中风险的得分范围为总分在 27～34 分。206 名未成年暴力犯的风险水平具体分布为高风险 66 人，占总体的 32.04%；中风险 86 人，占总体的 41.75%；低风险 54 人，占总体的 26.21%。根据 RNR 模型的风险原则，中高风险的 152 人是需要重点矫正的对象。

3.2.2　心智化团体矫正方案

心智化团体矫正方法是建立在依恋理论基础上的心理动力学治疗方法。这种矫正方法通过恢复和提高矫正成员的心智化能力，增强成员理解自己和他人内心状态的能力，探索和战胜心智化的缺陷，以达到解决其情感控制、降低冲动性和提高人际功能的目的。这种方法的核心假设是：强烈的情感状态会使人失去心智化能力，扭曲的表述也会导致心智化失败。为了进行准确的表述，必须修复心智化能力。因此，矫正的任务应该是在团体干预中带领者帮助矫正对象返回到心智化中断的那一刻，对心智化中断的特定方式进行理解，以及理解心智化中断对个体人际关系的影响，探索与领悟心智化失败产生那一刻的情绪和人际背景。在这个过程中，团体带领者需要保持良好的心智化状态，为矫正成员建构人际训练场以重组良好的心理状态、建立安全的依恋关系。恢复良好的心智化能力的根源在于引导成员在安全的依恋关系中探索内在世界。在心智化治疗方法中，其焦点不是外在的行为和症状，也不是聚焦于个体的认知或洞察力，而是锁定在个体就近的人际经历，以及被这些经历唤起的心理状态和个体的情感状态上。

将心智化疗法应用于未成年暴力犯的矫正时，首先要对矫正对象的心智化水平进行系统的评估。评估之后的具体操作包括：开始阶段的引导性会谈(介绍项目、评估结果和治疗对策、心智化的简介及其暴力等反社会行为的关系)，一周一次的团体治疗(每次时间为 1～1.5 小时)，最后是危机管理与心理状况复查阶段。在治疗期间，建立合适的咨询关系尤为重要。具体需要注意以下治疗原则。首先，带领者和矫正对象都应认识到心智化疗法是聚焦于促进心智化发展的技术。其次，心智化疗法是力图去了解矫正对象的心理发生了什么，而不是去控制他们按照社会接受的方式生活，更不是传达规则秩序；心智化疗法主要关注矫正对象的内心感受、自我经验以及对他人的自我描述和感知。再次，在治疗小组中制定一个共同的行为规范是非常必要的，如不允许出现攻击行为、每次按时参加等。最后，带领者需要表现可信的、真诚的、率直的、尊重的、礼貌的积极态度。在心智化治疗过程中，带领者的总目标是建立一个安全的人际环境以支持矫正对象的情感管理，提高矫正对象的心智化水平。带领者与矫正对象之间的依恋关系至关重要，带领者应该比较敏锐地注意到矫正对象的情绪变化以及他们的需要。根据这些内容，本次心智化团体矫正分为四个阶段，具体内容如表 9-2 所示。

表 9-2　心智化矫正的四个阶段

阶段	主题	持续时间	内容
第一阶段	评估和了解	正式团体活动前	观察、访谈、标准化测量，以了解矫正对象的心智化水平及其他问题。
第二阶段	心智化教育	4 次	学习心智化的概念、来源，心智化的重要性，心智化对心理病理的影响，对个人状态的影响。
第三阶段	补救和恢复心智化	10 次	意识到自己和他人的心理状态；精确地表达自己及他人的情感，尤其是在强烈情绪下（被抛弃、羞辱和冲突等）；将非心智化状态转向心智化状态，产生更多相互理解、信任、清晰的交流；帮助其解决冲动控制问题；对有害的冲动行为做特殊管理（自伤自杀、威胁、暴力和成瘾等行为）。
第四阶段	结束	2 次	依恋与分离管理，激发其独立性、责任感、掌控感。

　　在心智化团体矫正过程中，带领者以支持性和共情性的态度参与其中，与矫正对象形成良好的情感联结和治疗联盟。为了帮助矫正对象返回到心智化中断的那一刻，带领者通过提问的方式重构事件，邀请成员做细节描述，帮助矫正对象反省其感受，仔细探索心智化，并揭示深层情感（例如，让矫正对象体会生气后是哪种情绪：伤心/内疚/失败感/羞辱感）。在团体矫正开展过程中，当出现心智化失败时，带领者使用倒带和探索技术重新返到上一阶段，如带领者可以询问："不好意思，刚才走神了，可以回到刚才谈的内容上吗？让我们回想一下刚才发生的事情，你是怎么想的呢？"带领者还要在团体中树立心智化的典范，经常自我提问和自我反省，对自己的错误要敏感，承担起自己的责任。

　　矫正对象具有较低的心智化水平，因而在治疗过程中需要避免抽象地描述事物和概念，应多采用比喻、具象等象征形式呈现内容。

绝大多数矫正对象有边缘型人格障碍，可能会在治疗中发生"所想即真实"或"掩耳盗铃"（否认真实状态）的非心智化状态；其防御机制原始，且具有强的攻击性，易发生理想化和贬抑、攻击带领者的情况，因而团体带领者在治疗中需警惕矫正对象失去心智化的时刻，并与副带领者和督导紧密配合，及时恢复矫正对象的心智化。

3.2.3　随机对照团体矫正的实施

采用随机对照实验研究设计，将成员随机分配到矫正组和对照组，在矫正前、后分别对他们进行两次评估并比较评估结果。根据风险原则，矫正项目的开展应针对中高风险者进行，因此本次矫正对象在中高风险组的 152 人中随机抽选实验组（9 名）和对照组（9 名）。排除在未来 8 个月将释放的暴力犯，并参考管教民警的评价，排除存在明显抵制情绪、语言理解和沟通障碍、具有酒精或药物依赖、脑器质性病变、精神疾病等不适合进行团体矫正的人员。

矫正前对未成年暴力犯进行风险评估并分组。筛选符合条件并自愿参加团体活动的人员，签署知情同意书。矫正组参加每周一次的矫正活动，对照组除了不参与团体矫正之外，其他日常活动与矫正组一致。矫正结束后，对矫正组和对照组进行后测，收集后测数据并进行结果分析，比较矫正组和对照组的差异。

根据研究目的和团体疗法的特点，心智化团体治疗选取同质性的、半结构化、封闭式的团体。心智化团体的带领者为未管所心理中心干警，国家二级心理咨询师，具有丰富的团体带领经验。团体还要配备一名助手，两名观察员，皆为未管所心理中心咨询师。

团体矫正时间为每周一次，连续 16 周，每次 1.5 小时，中间休息 10 分钟。在每次团体结束时带领者向学员强调开展下一次团体矫正的时间，以便学员及时向管教民警汇报。若有临时事宜导致团体矫正时间发生变动，则需要教育科主管人员与各监区协调一致并及时通知学员。团体活动的地点为该未管所某团体活动室。

3.2.4　心智化团体矫正的效果评估

对未成年暴力犯心智化团体矫正的效果评估主要为量化研究，在矫正前，矫正组的平均年龄为 16.22(±0.82)，对照组的平均年龄为 16.33(±0.86)，两组被试在年龄上不存在统计学上的差异($t=-0.27$，$p=0.78$)。这两组被试在原判刑期上无显著差异(矫正组的平均刑期为 5.55±1.74，对照组的平均刑期为 6.77±3.76；$t=-0.88$，$p=0.39$)；在教育程度上也无显著差异($t=0.80$，$p=0.43$)。矫正组的前测风险水平为 33.88(±4.85)，对照组的前测风险水平为 34.44(±4.06)，两组在前测风险水平上无显著差异($t=1.68$，$p=0.11$)。

两组被试在矫正前和矫正后测量的工具如表 9-3 所示。对心智化矫正组在矫正前和矫正后的动态心智化量表得分进行配对样本 t 检验，结果显示，经过矫正后，矫正组的丰富心智化得分提升了，达到了边缘显著。无心智化、少心智化和过度心智化得分都得到了降低，但差异不显著。情感识别和情感归因维度差异显著，矫正后的得分显著高于矫正前，认知识别和认知归因维度在矫正前后测上差异不显著，但是经过矫正后，从分值上看，这两个维度的后测值也大于前测值。

表 9-3　效果评估用到的量表

名称	内容	测量组别
青少年暴力风险评估量表	青少年暴力风险评估量表不仅可以评估个体的暴力风险水平，而且可以评估一段时间后风险因子的改变程度。后测评估建立在前测数据基础上，对每个动态因子进行访谈，确定其改变的阶段，通过公式计算出每个发生改变的因子的得分，每个因子后测分之和即为后测总分。	矫正组和对照组

续表

名称	内容	测量组别
心智化—视频社会认知量表	主要用于测量个体的心智化水平。量表由 13 段视频材料组成，每段视频的长度在 10 秒到 2 分钟，视频内容涉及复杂的情绪、认知、不同的场景、不同的唤醒度、各种关系、言语及非言语的信息分布。该量表包括情感识别、情感归因、认知识别和认知归因 4 个维度，以及无心智化、外聚心智化、准确心智化和内聚心智化 4 种类型。准确心智化即为心智化得分，准确心智化得分越高，表明个体的心智化水平越高。	矫正组
冷酷无情特质量表	采用四点计分方式，其中一半为反向计分，从 0 分(完全不属实)到 3 分(完全属实)。冷酷无情特质量表包含三个维度：麻木、淡漠和无情。	矫正组和对照组
愤怒自评量表	共有 48 个题目，包括状态愤怒量表(state anger scale，SAS)、特质愤怒量表(trait anger scale，TAS)和愤怒表达量表(anger expression，AE)。适用于中国文化背景。	矫正组和对照组

　　将矫正组后测与前测差值的平均数表示为 M_1，将对照组后测与前测差值的平均数表示为 M_2。将 M_1 与 M_2 进行差异性检验，发现矫正组在 VRS：YV 总分上的降低显著大于对照组($t = -2.64$，$p <$ 0.05)，说明通过认知行为团体矫正，矫正组在再犯风险指标上得到了显著改善。在 VRS：YV 的三个维度上，矫正组与对照组相比，均得到了显著降低(F_1 人际暴力 $t = -2.71$，$p < 0.05$；F_2 不良行为 $t = -2.75$，$p < 0.01$；F_3 家庭问题 $t = -2.81$，$p < 0.05$)。

　　在冷酷无情特质量表上，矫正组后测分值比前测分值降低了，对照组后测分值比前测分值升高了，但是二者的差异并不显著($t = -0.39$，$p > 0.05$)。从状态愤怒、特质愤怒和愤怒表达三个问卷中的前后测差值来看，矫正组均降低了，对照组或无变化或在一定程度上升高了，但是 t 检验显示这种差异并不显著。

从上述数据结果来看，经过 16 周的矫正，个体的丰富心智化水平得到了提升。丰富心智化是指反映性的、丰富的、准确的心智化。首先，在本研究中，丰富心智化的提高具体体现在情感识别和情感归因维度上，认识识别和认知归因维度虽然在前后测差异不显著，但是从平均值上看都有所提升。其次，在本研究中通过矫正，个体的无心智化水平、少心智化水平、过度心智化水平在平均数上都得到了提高，但是差异不显著。无心智化是指非反映性的、不准确的、具象的心智化，用身体状态或者外部客观环境而不是内在心理状态来解释现象。少心智化是指反映性的、不全面的，仅从个体的外在特征表现来推断的、较肤浅的心智化。过度心智化是指先入为主的、带有主观投射和幻想色彩的、假设的心智化。这三种都属于低心智化程度，通过矫正，这三种低心智化水平得到了一定的改善。总体来说，这说明本次心智化团体矫正活动能够提升个体的心智化水平，该方法得到了正确使用。

从心智化矫正对降低暴力再犯风险的作用来看，效果也是良好的。通过心智化矫正，矫正组的再犯风险总值的降低显著大于对照组。在三个子维度上，与对照组相比，矫正组在 F_1 人际暴力和 F_2 不良行为和 F_3 家庭问题上均有显著改善。从其他量表的得分上来看，虽然矫正组与对照组相比差异不显著，但是平均值均得到了一定的提高，如共情总分得到了提高，ICU 得分降低了，状态愤怒、特质愤怒和愤怒表达水平也降低了。

通过对未成年暴力犯的心智化团体矫正，可以得出以下结论：MBT 团体矫正方法显著降低了未成年暴力犯的暴力再犯风险，降低了他们在人际暴力、不良行为和家庭问题维度的风险水平。

第 10 章

暴力犯罪的防治：
预测、预防与治理

案例一：贝尔富特死刑案

1978 年 11 月，贝尔富特（T. Barefoot）被控在得克萨斯州谋杀了一名警察。在量刑听证会上，陪审团需要决定被告是否可能继续实施暴力犯罪并威胁社会，如果陪审团认为存在上述可能，贝尔富特将被判处死刑。陪审团听取了两名精神科医生霍尔布鲁克（J. Holbrook）与格里森（J. Grigson）的证词，两人均预测贝尔富特很可能继续实施暴力行为，最终陪审团认为贝尔富特应被判处死刑。值得一提的是，格里森医生在提交证词之前，从未见过贝尔富特，也未曾对他做任何评估。随后，贝尔富特向最高法院提出上诉，认为精神科医生无法有效预测犯罪人未来是否会实施犯罪行为，同时，美国精神病学学会提交的一份简报中，承认对于未来长期危险性的精神病学预测中，至少三分之二是错误的。然而，格里森医生认为他的预测是"100%和绝对的"，最终贝尔富特被判处死刑。主审法官认为，被告未来犯罪的可能性能够作为执行死刑的标准。（Estelle，1983）

案例二：网吧纵火事件

2002 年 6 月 16 日凌晨，三名中学生因与某网吧经营者的私人恩怨，用汽油在该网吧门口纵火，造成 25 人死亡，多人受伤。三名中学生所在的寄读学校校长在谈及此事时说，三名肇事学生在出事前在学校里的问题已经比较严重，经常旷课、泡网吧。当时寄读学校的校外教育教师跟其中的两个孩子和家长都有接触，街道综治办也曾找他们谈过，希望能把孩子送到工读学校。但是家长拒绝了相关方面的建议。其实，工读学校恰恰弥补普校的不足。首先，在文化教育方面，能降低难度，增加乐趣。其次，在心理行为引导方面，工读学校的针对性更强。（鞠青，2007）

如同其他的心理学学科一样，犯罪心理学研究也有四个重要的目标：描述、解释、预测与防控。在前面章节，我们系统阐释了暴力犯罪的生理心理社会根源，并以成年暴力犯和未成年暴力犯为例，介绍了我们在监管场所开展的循证矫正实践以及取得的效果。在本书的最后一章，我们将聚焦暴力犯罪研究的两个重要目标：预测和防控。本书赞同把暴力犯罪看成一个危害公共安全的社会问题，有必要通过揭示其生理心理社会特征，呈现暴力犯罪可能的风险因子和保护因子，对具有潜在暴力风险的个体做出早期的预防与干预，对暴力犯可能的再次犯罪做出预测与防控，实现对暴力犯罪全链条、多元化的综合治理。

就暴力犯罪的预测与预防，上述两个案例值得讨论。第一个案例是对杀人犯有没有可能再次犯罪做预测，结果是陪审团采信了两个精神科医生对其可能再犯的预测，最终法官判处贝尔富特死刑。此案例可能存在的问题是：预测的依据是什么？预测的准确性如何？个体的心理与行为是否有跨时间的一致性？第二个案例中的主犯最终被判刑，关押在某少管所，我们在该所做调研的时候曾经接触、访谈过这名少年犯，他对所犯下的罪行表现得非常冷淡，毫无悔过之心。因此，如果像案例中所建议的那样，对问题儿童早诊断早控制，家长与学校也应高度重视，并将他们送到专门的矫正机构予以治疗，这样的悲剧也许是可以避免的。尽管专门的矫正机构是矫治未成年人的适宜场所，但缺乏统一的办学标准、师资队伍专业素养水平偏低等原因，使得矫正效果也不是很理想。

1 暴力犯罪预测

暴力犯罪预测是根据个人的生活经历、心理特征与行为表现等推测其未来实施暴力犯罪的可能性，其目的主要是开展有针对性的暴力犯罪预防，以及提供司法处置的建议。暴力犯罪预测包括初犯预测、再犯预测和狱内危险性预测。初犯预测关注非犯罪人群中个体未来实施暴力犯罪的可能性，再犯预测聚焦犯罪人群中个体再次犯罪的可能性，狱内危险性预测则针对在押人群发生暴力攻击、自杀或脱逃的可能性。

个体的心理与行为既有稳定性和一致性，又有可变性和差异性，致使犯罪的预测既有规律可循，呈现出终身持续犯罪人的人生轨迹图（Moffitt，2007）；又有不可预知性，表达出随情景诱发而情绪失控的冲动性暴力。由此，暴力犯罪预测成为犯罪心理学研究的难点和重点，近 30 年来，暴力犯罪预测工具的研发和应用取得了长足进展，但预测效果仍有待提升。

1.1 初犯预测：早筛查、早诊断

近年来，低龄未成年人实施重大恶性犯罪引起社会高度关注。例如，大连 13 岁男孩杀害 10 岁女孩的案件、湖南沅江 12 岁少年因不满管教杀死母亲的案件等，因他们的年龄低于 14 周岁，按我国现行刑法规定，不予追究刑事责任，这引发了社会大众的强烈不满和极度忧虑。我们从心理学的角度探析未成年犯罪的生理心理原因，从根源上预防未成年犯罪，对未成年暴力犯罪的潜在风险早筛查、早诊断，做到端口前移，防患于未然，这是从事预防青少年犯罪研究的现实选择，也可以为"是否应该降低未成年犯罪的刑事责任年龄"之学术争辩提供实证依据。

1.1.1 早期违法行为预测

格卢克夫妇在其出版的《少年违法行为的解释》中第一次介绍了对早期违法行为的预测（Glueck & Glueck，1950）。他们根据儿童 6 岁以前的生活经验，来预测其在 11～17 岁是否有违法行为的可能性。为了验证这一假设，研究者从麻省感化院中，选出 500 名 11～17 岁的犯罪少年作为实验组，从波士顿公立学校选出 500 名在年龄、智力、生育环境、人种及宗教背景上与上述 500 名少年相符的学生作为对照组，从犯罪少年生活史中选出与犯罪心理形成可能相关的社会、心理、身体、精神等因子共 403 项，聘请专业人员历经数年进行详细调查。对调查所得的资料进行统计分析，验证各因子在识别犯罪少年与非犯罪少年之间是否具有显著差异。研究结果表明，在家庭教养方式上，父亲管教严苛或口径不一致、母亲对少年的监督不力、父母对少年的性意识不关心、家庭关系不和谐等，以及在人格上具有反抗性强、破坏性大、情绪易变、喜欢冒险等特点，是犯罪少年区别于非犯罪少年的显著特征。根据格卢克夫妇的观点，早在 6 岁时就可以对儿童的违法倾向做出准确推断。

格卢克夫妇的研究开启了早期犯罪预测的先河，受到了心理学家、社会学家的普遍认可，为相关研究提供了很好的研究路径。但统计推断中预测的信效度及指标因子等问题成为后续研究的讨论焦点。此外，具有潜在犯罪风险的儿童并不一定最终发展成为犯罪人并实施犯罪，因而对个体的犯罪倾向进行科学预测并防患于未然就显得更为重要。

1.1.2 个体犯罪性的预测

犯罪性（criminality）是指个人从事犯罪行为的心理倾向。它本身并不是一种行为，这种心理倾向有一定的生理或生物基础，它们中的一些成分是个人的生理或生物本能的表现（吴宗宪，2000）。一些研究人员通过长期的跟踪调查，试图从发展心理学的角度探明影响个体犯罪性发展变化的因素。

对儿童青少年犯罪性发展变化的预测，两项有影响的研究是美国波士顿问题儿童跟踪研究(Sampson & Laub，1992)及英国剑桥犯罪发展项目(Farrington，2007)。

桑普森和劳布(Sampson & Laub，1992)对上述格卢克夫妇的跟踪数据进行了再分析，发现了一些重要的社会变量，如青少年时期的家庭、学校、同辈，以及成年时期的就业与婚姻等，这些因素对青少年与成年犯罪均有显著的影响。他们还提出了一个重要的概念，即转折点(turning point)，并提出了解读犯罪现象的生命历程理论(life course theory)。所谓转折点，是指导致个人脱离原有犯罪生活方式而开启守法行为模式的重要生活事件，通常包括就业、婚姻及服兵役等。转折点有助于理解生命历程中犯罪行为的稳定性与可变性。犯罪行为的稳定性是指终身持续犯罪的现象；而犯罪行为的可变性是指转折点的出现，致使个体的犯罪性发生变化而逐渐脱离犯罪生涯的现象。基于生命历程理论的观点，布隆伯格(Blomberg，2002)教授主持的"未成年人司法教育促进项目"(Juvenile Justice Educational Enhancement Program，JJEEP)对矫正机构中的未成年人进行长程的纵向研究，探索改变个体生命轨迹的"转折点"事件，其中就发现了个体是否接受了良好教育这一重要变量。这表明，如果问题青少年接受了良好的教育，他们将会有更多机会与社会发生积极的连接，如稳定的工作和美好的婚姻，这些生活事件被证明是其生命历程中积极的转折点。

法林顿教授主持的剑桥犯罪发展项目(Farrington，1991，1998，2007)是一项长期的纵向研究，始于1961年，对400名8～9岁的男孩进行了长达40年的跟踪，直到他们48岁，其间做了9轮调查。他们的研究方法包括查阅档案、问卷测试及个别访谈，访谈涉及本人、其父母、同伴及教师等，在学校的测试包括智商、人格及冲动性等因素，访谈的信息包括居住环境、工作经历、与女性的关系等基本信息，以及过度饮酒、药物使用、打架斗殴、违法犯罪等偏差行为。这项研究的重要发现是：从儿童攻击到青少年暴力、从青少年暴力到成人暴力犯罪，都呈现出跨时间的连贯性（continuity）。剑桥犯罪发展项目的跟踪数据显示：根据官方犯罪记录，青少年期被判暴力犯罪的男孩，在成人期有 34％ 因再次实施暴力犯罪而被定罪，而青少年期没有暴力犯罪记录的男孩，成人期仅有 8％ 被判暴力犯罪。根据自我报告数据，29％ 的青少年暴力犯罪者在成人阶段再次暴力犯罪，而自我报告青少年期没有暴力犯罪的孩子，在成人期仅有 12％ 犯有暴力罪。儿童时期的攻击也能预测青少年期以及成人期的暴力。瑞典的一项纵向研究（Stattin & Magnusson，1989）发现，到了 26 岁被官方记录犯有暴力罪的成人，有三分之二在其 10～13 岁期间被教师评定为高攻击者；而芝加哥的一项针对非裔美国儿童的纵向研究（McCord & Ensminger，1997）也发现，6 岁时被教师评定为具有攻击性的儿童，能够显著预测其 32 岁前的暴力犯罪。

总的来说，在众多犯罪类型中，官方记录和自我报告都显示，暴力犯罪的发端会比较早，而早期发生的暴力行为能够很大程度地预测个体今后的暴力犯罪，也就是墨菲特（Moffitt，1993）所提及的终身持续犯罪人，其暴力的发端在 10 岁左右，然后会持续到青少年、成年、中年，乃至老年。而墨菲特提出的另外一种犯罪人——青春期犯罪人，其暴力行为发端于 14 岁左右，而且其犯罪生涯也就持续 5～6 年。

通过长程的纵向研究，法林顿（Farrington，2007）归纳总结出六类对暴力犯罪有效的预测因子。（1）早年的吵闹行为、不诚实行为、攻击行为或反社会行为；（2）有害的子女教养方式，如残忍的、消极的态度或放任不管，过于严厉的惩戒，或疏于监督；（3）犯罪的父母或兄弟姐妹；（4）破裂的家庭和由父母的冲突引起的分离；（5）社会剥夺；（6）学校教育失败，表现为智力低、成绩差或逃学。

1.1.3　儿童健康筛查计划

上述的纵向研究显示，儿童时期的暴力风险潜质是导致青少年及成人犯罪的重要因素，因此，端口前移，对个体暴力倾向性特质的早筛查、早诊断就很有必要。一项针对儿童是否具有潜在的暴力犯罪风险的筛查计划是神经犯罪学的代表人物雷恩教授提出来的，尽管只是一个未来构想，但也值得我们参考和借鉴。这项计划被称为"全国儿童健康筛查计划"（National Child Screening Program，NCSP），其对象主要是 10 岁左右的小学生，他们将接受药物、心理、社交及行为等多方面的评估。同时，家长和学校教师对孩子的评价也会被纳入考虑。筛查计划的主要目的是检测儿童是否患有孤独症、多动症、学习困难等，对于那些发育过早，提前进入青春期的儿童，该计划就要给予特别关注。如果有儿童出现"情绪控制"和"暴力倾向"等心理与行为问题，评估与矫治专家必须高度留意（雷恩，2016）。

筛查计划的测试结果可能会让一些家长和教师失望。可想而知，父母在听到消极结果之后的反应。不过，父母也不必过分担心，筛查计划有足够的矫治手段，让孩子专门接受生物社会方面的干预和治疗，以保证他在回到父母身边的时候，已经蜕变成一个完完全全的好孩子。

结合金克尔（K. Kinkel）的例子，我们再来看看筛查计划的必要性。1998 年 6 月，时任美国总统克林顿来到瑟斯顿高中进行慰问活动。他参观了金克尔行凶的走廊和食堂，也会见了幸存者和他们的家人。总统还敦促总检察长尽快启动"早预警、早干预"的学校守则，防止金克尔这样的孩子走上邪路。而心理学家和医生也行动起来，经过研究总结，美国精神病医师学会归纳了"问题儿童的 22 大特征"，对此，美国国家犯罪信息中心也表示认可，并将这 22 大特征编辑成册，大力推广。对照金克尔，22 大特征中的易怒、抑郁、孤僻、不善交际、爱枪如命、成绩差、虐待动物、注意力不集中、冲动等就是他的个人人格写照。

1.2　再犯预测：提高预测效度

相比于其他犯罪类型，暴力犯罪更具有跨时间的连贯性，尤其是墨菲特所指的终身持续犯罪人。因此，被关押在监狱的暴力犯，在出监以后再次犯罪的可能性也相对较大，而且危害性很大。但对于是否释放某个暴力犯，监狱的评估人员需要考虑多方面的因素，其中最为重要的因素是该犯罪人可能再犯的风险系数。

再犯风险预测的难度很大，预测是否准确也是令学者及监管场所的矫治人员头疼的问题。加拿大的安德鲁斯和邦塔（Andrews & Bonta，2003）就此指出了再犯预测的四种可能结果：（1）正确的肯定，即预测可能再犯是正确的；（2）错误的肯定，即预测可能再犯是错误的；（3）错误的否定，即预测没有再犯风险，而事实证明是错误的；（4）正确的否定，即预测没有再犯风险，并且事实证明是正确的。其中（1）和（2）表明风险预测是正确的。

在实际预测中，评估者也要根据现实考量来做一些评估方法和评估准确性的调整。比如，为了增大预测再犯的比率，评估者可能会容忍稍微多一些的错误肯定；而在另外的情况下，评估者觉得减少错误肯定更重要。从再犯预测出错的风险来看，完美的预测是不可能的，然而，通过科学预测形成的结论，仍然会超过随机水平的盲目推断，总体来说对有效的罪犯管控及预防再犯是有价值的。

1.2.1　迈向第五代：风险评估的精进

风险评估在西方的发展经历了四个阶段（Andrews，Bonta，& Wormith，2006）。

第一代风险评估由受过良好训练的专业人员（如精神科临床医

生)实施，他们对再犯风险的评估主要依据自己的专业知识和经验等主观判断，结果往往并不准确（Thornberry & Jacoby，1979），缺乏量化指标和实证研究的支持，评估的信效度受到质疑。

第二代风险评估主要依据静态因子对再犯风险进行预测。静态因子是指与罪犯个人犯罪史和人口统计学特点紧密相关的因素，如过往犯罪史、犯罪类型、刑期、年龄、性别等。第二代风险评估工具有加拿大的再犯统计信息（statistical information on recidivism，SIR）、美国的重要因素量表（salient factor score，SFS）和英国的犯罪人群再犯罪量表（offender group recidivism scale，OGRS）等。虽然第二代风险评估的信效度在实证研究的支持下有很大的提高，但是所聚焦的静态因子不可以改变，不能为如何降低风险提供有意义的实践指导。

第三代风险评估的特点是在静态风险因子的基础上加入了对动态风险因子的评估。动态风险因子是与再犯有高相关的那些动态的、可以改变的因素，如亲犯罪态度、反社会人格、罪犯的朋友关联、酒精与毒品滥用、就业情况等，这些因子的改变可以导致犯罪行为的改变。罪犯矫正实践就是要通过测量以锁定可以改变的动态风险因子，并确定为矫正治疗的靶目标而实施干预，最终降低再犯率（Adrews & Bonta，2010b）。第三代风险评估工具包括服务等级评估量表修订版（the level of service inventory-revised，LSI-R），历史—临床—风险管理 20（historical，clinical，and risk management，HCR-20），自我评估问卷（self-appraisal questionnaire，SAQ）等。其中最具代表性的 LSI-R 在加拿大和美国等多个国家得到广泛应用。第三代风险评估在静态因子的基础上加入了动态风险因子，并注重风险因子的可改变性，提高了评估的全面性和准确性。但是，第三代评估没有指明该如何对动态风险因子进行实践干预，没有形成评估与矫正的联结。

第四代风险评估的特点在于加入了个案管理成分，将个案管理与风险—需求评估相结合，要求矫正工作者要根据风险—需求评估结果来制订干预计划并实施矫正。最具代表性的第四代风险评估工具是在 LSI-R 的基础上修订而来的，被称为服务等级/个案管理量表（level of service/case management inventory，LS/CMI），该量表还增加了对罪犯保护性因子的评估，包括了循证矫正的风险—需求—反应性模型的三个元素，即以风险—需求评估为基础，采用行之有效的矫正项目（如认知行为治疗），并结合罪犯的个人特点（如年龄、性别、智商、学习风格、情绪状态等）制定有针对性的干预和矫正方案（杨波，张卓，2012）。

在风险评估从第一代到第四代发展的过程中，理论研究与实践探索都取得了长足的进步，评估工具的信效度也得以大大提高。

随着脑科学及认知神经科学的发展，加拿大心理学家努斯鲍姆指出，再犯风险评估应该迈向第五代。第五代风险评估工具需要纳入认知神经科学方面的评估依据，考虑加入罪犯个人的神经生物学信息，如前额叶功能和生理参数记录等，从而更加准确地预测再犯风险，并对矫正效果进行检测和反馈（Bass & Nussbaum，2010）。

1.2.2 暴力风险评估工具

对再犯风险的预测，关键是提高预测的准确性，因而，选择具有良好信效度的评估工具就很重要。以下介绍的这几个工具，是我们这些年在暴力犯的循证矫正实践中经常使用的，效果不错。

第一个最具针对性并有良好信效度的工具是 VRS，它有成人版和青少年版，分别由我们团队的赵辉和肖玉琴翻译修订。

VRS 包含 6 个静态条目和 20 个动态条目。静态条目可以有效预测再犯但不能通过干预加以改变，动态条目则主要是为服刑人员设计干预方案时需要考虑的靶目标。VRS 通过半结构化访谈和罪犯档案查阅进行，分为 0～3 四级评分。该量表及中文版的信效度良好，一般来讲，静态条目得分越高说明个体的犯罪记录或早期经历越糟糕；得分较高（2 分或 3 分）的动态条目是需要干预的靶目标；总分越高，其表现出暴力行为的风险也越高（赵辉等，2018）。

第二个工具是加拿大犯罪学家道格拉斯编制的 HCR-20。

HCR 主要用于精神病院和刑事犯罪人群的暴力风险评估。经过 2 次修订，HCR-20（第 3 版）于 2013 年完成，包含 3 个分量表，分别为历史分量表、临床分量表和风险管理分量表，共计 20 个条目。HCR 注重对个案的风险评估，使用时分为：收集案例信息、风险因子的"存在"评级、风险因子的"相关"评级、风险形成、风险情境、管理计划和总结意见 7 个步骤。HCR-20 在西方国家得到了广泛使用，其中文版也有良好的信效度（赵梦雪等，2017）。

第三个工具是黑尔编制的 PCL-R。精神病态是一种人际与情感缺失，反社会行为居多的人格障碍，与暴力犯罪高相关。所以，该量表是筛查精神病态暴力犯的良好工具，也常常作为暴力犯罪评估的最佳效标。

PCL-R 被誉为诊断精神病态的黄金标准。PCL-R 包含人际情感和冲动反社会两个因素，共 20 个项目，采取半结构式访谈和个案信息评定的方式进行综合打分，每个项目用三点计分方式，得分在 0～40，得分越高说明符合精神病态的程度越高（Acheson，2005）。黑尔曾建议把临界点设置为 30 分，但学者在实际操作中所采用的分数从 25 分到 32 分不等。PCL-R 比较适合用于监狱的服刑人员，着重考察被试的反社会行为史。其中文版由刘邦惠修订，保留了 19 个项目，具有良好的信效度（刘邦惠，黄希庭，吕晓薇，2010）。

第四个量表是斯坦福等人（Stanford et al.，2003）编制的 IPAS，是两类攻击分类研究中最具代表性的自陈式量表。该量表既能测量被试整体的攻击性，也可以用于攻击类型的区分。用作分类的题目共 20 个，分成冲动性攻击和预谋性攻击两个维度。IPAS 具有良好的信度，两个维度之间具有中等程度的相关。

第五个工具是美国犯罪心理学家弗里克编制的 ICU，冷酷无情特质是指对他人冷漠、缺乏罪责感、低共情的一种人格倾向，是与暴力犯罪最为相关的一个人格特质，在 DSM-5 中，它已经是考量反社会人格障碍的重要指标。ICU 中文版由我们团队的陈展（2012）修订，可用于测量个体的冷酷无情水平。该量表包含 24 个条目，采用四点计分方式，其中一半为反向计分，从 0 分（完全不属实）到 3 分（完全属实），包含麻木（callousness）、淡漠（uncaring）和无情（unemotional）三个维度。ICU 有青少年自我报告版本、家长评估版本和教师评估版本。该量表的信效度良好，对攻击性、反社会行为和暴力犯罪具有较好的预测效度（肖玉琴等，2014）。

第六个量表是由加拿大循证矫正的著名学者安德鲁斯和邦塔开发的 LSI-R，该量表适用于各种犯罪类型的再犯预测，在世界范围内得以广泛使用。LSI-R 中文版的信效度良好。LSI-R 共 54 个条目，含 10 个维度，涉及犯罪历史、教育和就业、经济状况、家庭和婚姻、住宿、休息和娱乐、伙伴、酒精或毒品问题、情绪和人格、态度和目标。评估程序包括档案审阅和半结构化访谈。总分越高，表明其再犯风险越高（曹允猛，刘邦惠，2013）。

1.3　狱内危险性预测：自杀、暴力与脱逃

在对罪犯进行再犯预测的实践中，我们发现一个现象，就是监管场所的领导并不是很关心罪犯出监后的再犯预测，而是更为关心监管场所的自身安全问题，也即对狱内危险性的预测、预警与监控。而在严苛的监狱内，最为突出的危险当数三种行为，即自杀、暴力和脱逃。

我们依据暴力犯罪的生理—心理—社会模型，对罪犯的自杀危险性、暴力危险性、脱逃危险性进行了 1000 多例访谈和 3000 多份问卷调查。通过一系列的访谈、罪犯自评和主管民警他评的问卷调

查、行为学测试，结合犯罪心理学、社会学、犯罪学等学科的基本原理和知识，从静态因子和动态因子两方面，全面获取了与罪犯危险性有关的第一手资料，提炼出狱内危险性评估的 4 个要素（杨波等，2018）：

静态既往史：通过档案信息查询、问卷他评和结构化访谈，采集罪犯在自杀、暴力、脱逃三方面的个人既往史及家庭史，评估的重点包括自杀自残抑郁症史、家族自杀史、暴力和攻击相关的犯罪史及狱内攻击行为、与脱逃相关的既往经历、狱内既往脱逃动向、现有的刑期状态和个人职业技能特点等。既往史与家族史在风险因子中属于静态因子，是无法改变的，但对于了解罪犯和预测狱内危险性很重要。

个人心理特征：通过问卷和量表自评，采集罪犯与自杀、暴力、脱逃三方面相关的人格、认知和情绪特征，考察的重点包括抑郁倾向、绝望感、生存信念、愤怒、敌意、冲动性、服刑态度、服刑适应性等。

异常行为表现：通过问卷他评和结构化访谈，建立自杀、暴力、脱逃相关的异常行为特征库，如饮食作息情况、身体精神状况、改造表现、与狱内他人相处状况、违纪行为（如私藏违禁品及脱离联号单独行动）等。

社会情境因素：通过问卷他评和结构化访谈，共考察两部分内容。（1）一般性社会因素，主要包括监狱内的人际关系（主管民警和服刑人员的相处情况）、社会支持情况；（2）突发性情境因素，包括减刑假释政策变化、身体与精神状态改变、自身家庭重大变故、监管环境与人员变化等。

在上述理论模型的基础上，课题组编制了罪犯狱内危险性评估工具，并在司法部直属监狱，北京市、内蒙古自治区、山东省、辽宁省等地的监狱组织 10 000 多名罪犯参与测试。经过三轮测试，删掉了题意模糊、内部一致性差、效度差的题目。最后经过数据处理分析，建立了系统常模。罪犯狱内危险性评估系统主要有三种测试方式：罪犯自评、主管民警他评、专业人员访谈。三种测试方式的内容既有一致性，也有差异性，兼顾每种方式的优点，加大评估的筛查密度，减少"漏网之鱼"。评估采用三点计分方式，并引入了信息化技术，研发软件系统，操作便捷，自动生成评估数据。每名罪犯的评估报告包括危险性质、危险程度、危险因素、危险提示等内容。

在评估系统形成后，为了检验评估工具的信效度，课题组在北京某监狱、内蒙古某监狱、辽宁某监狱、山东某监狱采集了 1 400 名男性成人罪犯样本。有效数据 1 265 个，其中他评有效数据 1 143 个，自评有效数据 1 145 个，访谈有效数据 137 个。

经信度检验，自杀他评的内部一致性系数为 0.864，自杀自评内部一致性系数为 0.878，自杀访谈的内部一致性系数为 0.832；暴力他评的内部一致性系数为 0.870，暴力自评的内部一致性系数为 0.936，暴力访谈的内部一致性系数为 0.799；脱逃他评的内部一致性系数为 0.709，脱逃自评的内部一致性系数为 0.895，脱逃访谈的内部一致性系数为 0.793，这些内部一致性系数均在 0.700 以上，达到了良好的信度标准。此外，各个维度的内部一致性系数也均在 0.400 以上，达到了量表编制的要求。

为了检验罪犯危险性评估工具的有效性，通过评估辽宁某监狱、内蒙古某监狱、山东某监狱共 537 名罪犯，将评估结果与这几所监狱排查出的自杀、暴力两类危险犯进行对比。例如，监狱排查给定的自杀危险犯 41 人，该人群中有 32 人也被罪犯评估系统评为自杀高风险罪犯，占总人数的 78.05%，有较高的效标关联效度。

为响应司法部推行的智慧监狱的建设，我们将心理评估与情感计算、智能推荐、机器学习等人工智能技术相结合，研发了"罪犯智慧评估与智能矫正系统"，在评估端采用问卷测量、行为学实验、生理及电生理信号等多模态数据采集，以提高评估的精度；在矫正端将传统的矫正方法（如认知行为疗法、动机强化法等）和新型矫正技术（VR 技术、经颅磁刺激等）相结合，以提高矫正的效果。其中的智能防自杀系统已经在多个监狱试行，系统构建了一个在评估流程上具有观影初筛、测评精筛、深度访谈、综合诊断四道把关屏障的"漏斗式"筛查方法。整个评估过程最具创新的亮点是在第一步初筛中采用了情感计算技术"群体观影"的方法，该方法的原理是：批量的被试在集体观看相关电影片段过程中，佩戴手环以检测他们情绪生理指标的群体一致性和个体差异性，以此初步排查出具有异常负性情绪并具潜在自杀风险的人群。该方法的优点是快捷、高效、客观。在初筛样本的基础上，对他们做进一步的测评精筛、深度访谈和综合诊断，最终确诊自杀风险个体。

2　暴力犯罪的预防：宜早不宜迟

正如德国犯罪学家安德顿（Anderton）所说："我们都很清楚，对犯罪的惩罚并不是唯一的、特别的降低犯罪的方式，一个已经死亡的受害者，从对罪犯的惩罚中并不能获得安慰"（Dick，1950），因此，要想从根本上更加有效地解决暴力犯罪问题，只靠严厉打击的手段是不够的，还得要端口前移，采用预防为主、防治结合的手段。

暴力犯罪的预防要趁早。青少年犯罪研究的专家皮艺军教授在一次访谈中针对暴力犯罪预防问题说：到了青春期，即十二三岁，再对青少年犯罪进行防范其实已经晚了。犯罪预防需要一个非常长的过程，一个人的人格形成和行为规范是从小养成的，如果从幼儿时期就过多地沾染暴力文化，形成对暴力的麻木；或者家长对其过度地溺爱或打骂，形成骄纵或暴力人格，到青春期时一旦有实施暴力的能力和诱因，就很可能导致犯罪。所以他建议防范青少年犯罪必须尽早，预防得越早，减少犯罪的成本就越低。

　　暴力犯罪预防，是指在探明导致暴力犯罪的风险因子的基础上，由家庭、学校、社区等采取各种措施与方法，致力于消除暴力行为或犯罪的风险因子，对于潜在的暴力犯罪个体以及可能再犯的暴力犯予以预先防范的一系列活动。

　　暴力犯罪预防的要旨是一种基于风险因子和保护因子的发展性干预，其基本思路是探明与暴力犯罪相关的"关键性风险因子"，进而采用有针对性的干预方法来消除这些风险因子（Farrington，2000）。暴力犯罪的风险因子包括：个人因素，如低智商、低共情、高冲动性等；家庭因素，如父母监管不力、过于严苛和滥用惩罚、父母犯罪或吸毒等；同伴因素，如与不良同伴交往；学校因素，如就读于学生越轨行为较多的学校；社区因素，如居住在高犯罪率的社区等（Farrington，Loeber & Ttofi，2012）。另外，也可以探寻与减少犯罪有关的"关键性保护因子"，并对这些因子进行强化与提升（Catalano et al.，2002）。

　　基于治疗的预防策略包括一级预防、二级预防和三级预防。一级预防即初级预防，是指在暴力行为或模式还未发生之前进行预防，防患于未然，这类活动主要在学校开展。例如，学校可设置专门的冲突解决课程来预防校内外的暴力或攻击行为的发生。研究证实，参加过冲突解决课程的儿童，其攻击行为和暴力倾向减少（Bartol，1999）。二级预防主要针对那些有暴力行为迹象的儿童与青少年，如个体在学校或社区有打骂其他孩子的欺凌行为，这就要在早期发现问题并进行早期干预，争取良好的干预效果。一项所谓"团伙监控"（gang monitoring）计划就属于富有成效的二级预防项目，该项目由司法人员和社区工作者共同实施，他们在学业上、经济上和社会交往上帮助行为不良的青少年（Bartol，1999）。三级预防是针对已经违法犯罪的暴力犯所开展的矫治康复工作，三级预防主要在监管机构开展，包括监管改造的威慑作用、权利剥夺，以及有针对性的矫正项目和康复策略。

　　犯罪所带来的损失和代价是巨大的，包括犯罪所导致的失业、离婚、药物成瘾等社会问题，也包括犯罪所付出的经济代价。而行之有效的犯罪预防项目在减少犯罪方面是卓有成效的，带来的收益也是多种多样的。其他方面的收益是指犯罪预防能有效降低犯罪所致的各方面损失。

2.1　家庭预防：筑好第一道防线

　　家庭预防是暴力犯罪预防的第一道关口，需要父母高度重视。家庭预防通常关注生命早期的外部环境和父母的抚养方式两方面，也可以说是"软硬兼施"的两种预防策略。

2.1.1　生命早期：生物与环境预防

　　以往的观点并不重视生命早期的事前预防，认为等到孩子出现各种攻击与暴力行为的端倪后再进行应对和干预也不算晚，但相关事例大多以失败告终。例如，大连少年杀人事件，这个冷酷凶残的未成年犯其实早就表现出欺负同学、虐待动物的问题行为，但是都没有引起家长和老师的重视，等酿成大错就悔之晚也。这样的教训提示我们，犯罪预防应当未雨绸缪，在早期就对暴力倾向个体进行诊断评估与有效干预，将潜在犯罪的苗头消灭在萌芽状态。

　　生物预防就是通过风险物质规避、环境刺激、营养补充、教育普及、药物治疗等方法保证大脑的结构与功能得到正常发育，减少大脑受损的可能性，以此对暴力行为进行预防。

　　首先，在个体的生命初期，母亲要远离毒素以避免对孩子的伤害，这些毒素包括尼古丁、酒精、重金属等。研究表明，妊娠期仍旧吸烟的准妈妈生下的子女在成年后成为暴力罪犯的可能性要比不吸烟母亲的子女高出 3 倍；妊娠期间暴露在尼古丁、酒精环境下的母亲，其子女在 15 岁时的犯罪率显著高于远离尼古丁、酒精的母亲的子女（Haghighi et al.，2013）。妊娠期的烟酒暴露还会增加个体透明隔腔的产生概率（Swayze et al.，1997）。透明隔腔的存在是边缘系统发育异常的结果和重要标志，存在透明隔腔的个体具有更强的攻击性、更强的反社会人格和精神病态倾向，以及更多的犯罪行为（Raine，Lee，& Colletti，2010），透明隔腔的大小与反社会行为呈正相关（White et al.，2013）。另外，如果在产前期及婴幼儿阶段暴露于重金属环境下，同样会导致大脑结构受损，认知能力减弱，进而导致儿童与青少年产生品行不端问题，成年后暴力倾向增强（Raine，2018）。一项纵向研究表明，接受了专业护士的建议、咨询和辅导，在孕期戒烟戒酒、提高营养水平，了解和满足婴儿在社交、情感和生理上需求的准妈妈，在 15 年间的跟踪观察中，她们的孩子相比于对照组，被逮捕的概率下降了 52.8%，被起诉的概率下降了 63%，沉溺于酒精的概率下降了 56.2%，吸烟概率下降了 40%（Olds et al.，1998）。

其次，发育过程中的营养不良会导致生理和心理的异常，部分营养物质，如铁、锌、蛋白质、欧米茄-3（Omega-3）等的缺失，可能会直接导致个体产生更多的暴力行为。最为典型的是 Omega-3，有研究表明，饮食习惯可能与暴力犯罪存在关联，鱼类消费较多的国家有着更少的杀人案件（Hibbeln & Joseph，2001）。这可能是由于鱼中富含的 Omega-3 是促进脑部结构和功能发育的重要营养物质，具有部分修复大脑异常、预防暴力倾向的功效，对引发攻击与暴力行为的脑部结构功能障碍具有缓解作用（Yehuda，Rabinovitz，& Most-ofsky，2005）。基于随机对照组实验的追踪研究发现，服用 Omega-3 后的 2～5 个月，个体的攻击行为显著减少，这样的结果在不同国家、不同人群、不同年龄和性别的个体中均得到了验证（Choy et al.，2018）。元分析的结果也证实了 Omega-3 可以减少攻击行为（Gajos & Beaver，2016）。

同时，生命早期和童年期的环境预防也很重要。认知刺激也能够有效减少暴力犯罪行为的产生。认知刺激指的是玩具、画作、手工、戏剧和音乐等，这对于生理注意力和唤醒力的增强大有裨益，给了我们一个改造大脑作用机制的线索；而运动和锻炼也可以改善大脑结构和功能，如对海马体的神经细胞生成大有益处，同时还有排解不良情绪、降低成年后犯罪可能性的效果（Raine，2018）。

2.1.2　聚焦家长的预防项目

对于攻击与暴力的反社会儿童，其父母的抚养方式存在缺陷，他们更多使用斥责、威胁等惩罚手段，而不是告诉孩子应该怎么做，有明确的奖惩准则，并监督孩子行为的适当性。

针对家长开展教育培训项目，是暴力犯罪预防的一个很好的路径。基于家长的预防项目将目标定位于暴力犯罪的家庭风险因子上，如不良教养方式、缺少父母的监管、过于严苛的纪律等。英美这类项目通常采用家长管理培训、家访、家庭功能疗法、多重系统疗法等。

家长培训项目试图帮助家长形成良好的抚养方式，包括关注孩子的所作所为，长期监督孩子的行为，并说明家庭规则、奖励和惩罚保持一致且依据行为而定，在产生分歧时进行协商以防止冲突和危机升级。

最著名的家长培训项目是由卡罗琳（1998）开发的，她将美国西雅图的 426 名 4 岁儿童的母亲分成两组，这些母亲大多是单身且需要接受救济的，实验组接受培训，控制组不接受培训，最后评估培训项目的效果。在两个半月的实验中，实验组的母亲每周都要参加小组会面，观看育儿培训视频，进行焦点小组讨论，讨论的主题包括怎样与孩子一起玩耍、如何辅导孩子学习、如何表扬与奖励、如何激发孩子的潜能、如何给孩子设定限制、如何处理孩子的问题行为、如何解决问题、如何给予或获得支持等。该项目经后续的家庭观察及家长访谈等效果评估发现，相对于对照组，实验组的儿童行为表现更为良好，问题行为显著减少。卡罗琳的家长培训项目分别在英国伦敦和牛津郡、澳大利亚的布里斯班等地进行了验证，样本均为具有品行障碍的儿童，家长培训的结果表明，实验组儿童的反社会行为显著减少，证实了该项目的有效性。

最具代表性的家访项目是大卫和他的同事（1986）在纽约州的埃尔迈拉市实施的，该项目选取 400 名母亲，随机分为三组。第一组在妊娠期及产后两年接受家访，第二组在妊娠期接受家访，第三组不接受家访。实验组的母亲平均每周接受一次大约 75 分钟的家访，访问者会提出一些育儿的建议，如产前产后如何照料孩子、婴幼儿的发展心理等。该项目的结果表明，接受家访的母亲只有 4％的人会忽视和虐待孩子，而未接受家访的母亲的这一比例达到 19％，而童年期遭受身体虐待和忽视的孩子，长大后很容易实施暴力行为（Widom，1989）。一项针对未婚父母及子女、长达 15 年的追踪调查发现，与未接受家访母亲的孩子相比，接受产前及产后家访母亲的孩子的被捕率只是前者的一半（Olds et al.，1998）。当孩子长大到 19 岁时，接受家访的家庭中，孩子的被捕率为 19％，而未接受家访的孩子的被捕率为 37％。

其他的教养方式干预还有功能性家庭疗法（functional family therapy，FFT）、家庭寄养治疗（treatment foster care，TFC）以及多重系统性疗法（multi systemic therapy，MST），这些项目主要针对有严重暴力行为的未成年人，也都采用随机对照组实验设计，目的是通过教养方式的干预来强化家庭功能。

法林顿和威尔士（Farrington & Welsh，2003）对 40 项基于家庭的预防做了元分析，其中在 19 项以反社会及犯罪行为为测量指标的评估中，有 10 项的干预效果明显，平均效应量为 0.32，显示了实质性的应用前景。

2.2　学校预防：花费 1 美元节省 7 美元

基于学校的犯罪预防包括 Perry 项目、学校项目、反欺凌项目等，这些项目都被证明行之有效，且带来长期的收益。

2.2.1　基于学前阶段的 Perry 项目

Perry 项目是著名的学前智能培养项目，在美国密歇根州设计开发。该项目是针对处于弱势地位的非裔美国儿童的启蒙培养计划。123 名儿童被分为实验组和对照组，实验组儿童每天接受启智培养训练，开发其智力，增强其思维推理能力，提高他们之后的学业成就。项目每周进行家访总结，为期两年。

对该项目的追踪调查显示，相比于对照组，实验组儿童长到 19 岁时更多人考上大学，或者顺利就业，且不太可能犯法（约翰，1984）；27 岁时，实验组的收入明显更高，违法犯罪的人数只是对照组的一半，实验组中的女性很少未婚，大都结婚生子（Schweinhart et al.，1993）；40 岁时，两组成员的差异更是加剧，相对于控制组，实验组因暴力、财产、毒品而犯罪的人数明显更少，很少有人被逮捕 5 次以上，而接受教育水平和经济收入则更高（Schweinhart et al.，2005）。

经济分析显示，Perry 项目带来的经济收益大大超过成本，成本效益分析获得了著名的 1 比 7 的高收益（Barnett，1993）。

2.2.2　学校项目

最著名的学校项目是大卫在西雅图实施的，包括家长培训、教育培训和儿童技能培训等多个项目。来自 8 所学校的 500 名 6 岁儿童参与了实验。以班级为单位，把他们随机分成实验组和控制组。实验组的儿童参与学校的特殊训练项目，训练内容包括强化他们与父母及学校的依恋关系、强化儿童的社会赞许行为、发现自己的优点等；实验组的教师接受课堂管理技巧的训练，如给儿童提供清晰的指导和期望，适当奖励儿童的亲社会行为，提升儿童问题解决的能力。

该项目带来了长期的效益。相比于对照组，到了 12 岁时，实验组的男孩从事违法犯罪活动以及女孩滥用药物的可能性都更小；到了 18 岁时，实验组存在更少的暴力和酗酒行为，以及更少的性伴侣（Hawkins et al. , 2008）。

还有些项目是针对有心理与行为问题的儿童开展的，项目有纪律管理、班级重组、家长咨询、团体辅导、认知行为矫正等类型，追踪评估都表明干预对减少儿童的心理与行为障碍行之有效。

2.2.3　反欺凌项目

校园欺凌是暴力攻击的一个重要的风险因子。反欺凌项目的基本原则是：创设温暖的人文环境；采用权威型的教育方式，既要严格指导和监督，又要有温暖的关怀；界定不可接受的欺凌行为；对违规行为采取非体罚式的制裁；密切监控儿童青少年的行为，尤其是在操场上的行为；减少实施欺凌的机会以及因欺凌获得的正性反馈。

一项著名的反欺凌项目是奥维斯(1994)在挪威开展的。该项目旨在提高和强化教师、家长、学生对校园欺凌的意识和知识，并提供了一些建议。该项目给挪威的所有学校分发一本 30 页的反欺凌手册，给学校提供一份 25 分钟的相关视频，给所有家长分发一份 4 页的反欺凌文件，所有儿童还需填写一份关于欺凌的自陈问卷。学校首先要通过问卷获得反馈信息，了解欺凌和受害的基本情况；其次制定明确的反欺凌规则，明确教师和学生的角色和责任，包括不允许欺凌他人，被欺凌时要及时报告，不要对欺凌忍气吞声，帮助被欺凌的人，尝试接纳被孤立的同学等；最后利用视频和角色扮演在班级中讨论欺凌问题，并加强对学生言行举止的监管。

奥维斯项目在挪威西南部卑尔根市的 42 所学校得到了评估，后测与前测的对比发现，开展反欺凌项目之后，欺凌现象减少了一半，显示了很好的效果。

2.3　社区预防：干预与赋能

社区预防是暴力犯罪预防的重要场域，是犯罪治理的基础单元。社区预防主要有社区干预项目、中途之家等预防策略，包括初级预防、二级预防及司法预防的内容。

2.3.1　社区干预项目

戴维·霍金斯和理查德·卡塔拉罗（1992）开发的社区干预项目是一个基于社区的青少年暴力犯罪的预防项目，该项目聚焦社区中可能导致暴力犯罪的风险因子和避免产生暴力犯罪的保护因子，在此基础上形成被证明在降低风险因子或加强保护因子上行之有效的预防策略，将预防教育、技能培训、社区服务、价值观塑造和素质能力培养等目标有机地结合在一起，以减少青少年药物滥用及暴力犯罪的发生。该项目最初在美国开发实施，相继获得地方和国家的支持，被纳入美国少年司法和犯罪预防办公室（Office of Juvenile Justice and Delinquency Prevention，OJJDP）对青少年暴力犯进行综合干预的核心内容（Wilson & Howell，1993），取得了良好的实施效果，该项目在英国及其他许多国家被广泛应用。

社区干预项目的实施从社区的宣传动员开始，先要发动社区中重要的成员及相关机构代表，如居民代表、学校老师、社区服务机构人员、监管场所民警、企业领导、媒体工作者等，大家对犯罪预防项目达成共识后，就要组建社区犯罪预防委员会，负责项目的计划与实施。

社区犯罪预防委员会首先对社区风险因子和保护因子做梳理与评估，确定社区需要解决的关键性风险因子和需要加强的关键性保护因子；在此基础上，社区犯罪预防委员会评估权衡社区具备的资源，制定可行的干预策略，并在专业的理论指导和技术支持下予以实施。

社区干预项目包括许多子项目和具体的策略，由戴维·霍金斯和理查德·卡塔拉罗汇编成手册，子项目有产前产后家访项目、学前智能开发项目、家长培训项目、校本课程开发项目等；干预策略有儿童技能培训、学校反欺凌项目、情境预防等。不同社区干预项目的选择要根据该社区确定的关键风险指标来确定，同时也要考量社区的现实需求和实际情况。这种证据导向的干预汇集了多种有效的预防项目，为减少暴力犯罪、建立和谐社区做出了贡献。

随机对照组实验在美国的 24 个社区中开展，其有效性通过对4 000 名 5 年级到 8 年级学生的年度调查报告来评估。结果表明，社区干预项目减少了儿童青少年的暴力犯罪和其他犯罪，以及吸烟与饮酒行为（卡塔拉诺，2009）。成本效益分析也显示出很好的成效（Kuklinski et al.，2012）。

2.3.2　中途之家

中途之家（halfway house），又称"重返社会训练所"，是帮助社区矫正人员和刑满释放人员克服心理与行为问题、提高环境适应能力的一种过渡住宿式社区矫正机构。中途之家为社区矫正和刑满释放人员提供住宿，营造一种温暖的家庭环境和氛围，还为住宿人员提供相应的心理矫治、职业培训与就业指导，安排相应的社会服务活动，提升住宿人员的社会适应能力和工作能力，帮助他们很好地回归社会。

中途之家被看作以社区为基础的矫正项目，是用社区资源来帮助刚刚服完刑的人或轻犯者与社区建立良好的关系，使其成为社区富有建设性的成员；中途之家被证明是一种能有效减少重新犯罪的社区矫正方式。中途之家有多种模式，就住宿人员而言，既适用于青少年犯，也适用于成年犯；既有初犯罪犯，又有再犯罪犯；就矫正重点来说，既可作为罪犯由监禁到自由的再社会化的中间过渡站，也可作为社区服刑的一种方式；就工作人员来说，有享受工资待遇的专业人员，有志愿者以及常规的矫正人员；就接纳程序来说，有自愿申请，也有强制性处置。

中途之家对预防再犯的干预效果很好。研究表明，初出狱两个月内的罪犯有较高的再犯率，故中途之家的创建与刑满释放人员需要缓冲地带来适应社会有关（邓煌发，1999）。在中途之家内，初次犯罪的人可以获得毒品或酒精问题的治疗。此外，中途之家的成员有多种可选择的服务或治疗项目，这些项目更有可能确保他们的治疗需求得到解决。一项关于中途之家项目的矫正效果的研究以 1994 年入住群体为跟踪调查的对象，试图考察 3 年之后那些入住者的重新犯罪率。研究结果表明，那些在中途之家中顺利完成矫正项目的人员，其再监禁率比那些没有成功完成矫正项目的人员要低三分之二（Nancy，2002）。

有研究者（Lowenkamp & Letessa，2002）考察了俄亥俄州中途之家以及其他社区矫正设施。研究结果表明，中途之家以及社区矫正机构项目对中等及高风险的犯罪人更为有效。很多项目没有显示出支持对低风险的犯罪人的矫正效果的证据。研究数据表明，此类处置会给低风险的犯罪人带来更为恶劣的后果，会增加他们再犯罪的风险。所调查的中途之家平均有 19 年运行历史，平均可容纳 54 名住宿人员。较少的中途之家同时接纳男女两性，几乎所有的中途之家都提供药物滥用及就业培训项目。三分之二的机构提供教育以及经济管理课程，大约半数有认知矫正小组。中途之家有 64% 的成功结束率（Lowenkamp & Letessa，2002）。

2008 年 7 月 8 日，朝阳区建立了中国首家社区服刑、刑释解教人员过渡性安置基地——朝阳区阳光中途之家。经过两年的实践探索，中途之家在维护地区稳定、建设和谐社会，完成 2008 年奥运会、国庆 60 周年安保任务中，发挥了重要的作用。中途之家的作用和意义得到了中央有关部门的肯定。

2.4　司法预防：威慑与惩罚

对犯罪人进行惩治是暴力犯罪预防的必要手段之一。司法预防是一种以惩罚犯罪人预防其再犯和威慑一般公众恪守规范的重要方法(孔一，2006)，其中"威慑一般公众恪守规范"体现了一般预防的要求，"惩罚犯罪人预防其再犯"属于通常所说的特殊预防。

司法预防要求执法机关高效执法以体现刑罚的威慑力和惩罚性，前者取决于刑罚执行的及时性和严厉性，要让犯罪人建立起犯罪与惩罚之间的因果关系，从而不敢轻易触法；后者是合理刑罚，刑罚的执行方式包括死刑、自由刑、罚金、没收财产等多种方式，这些方式并非都能有效地减少犯罪，应该根据具体情况采用合理的执行方式。

将罪犯判刑通常是基于 4 项基本的考虑：(1)使他人免受伤害，通常这被称为剥夺资格(incapacitation)；(2)惩罚(retribution)；(3)威慑(deterrence)；(4)康复（rehabilitation）。需要注意的是，通过社区制裁和监禁都可以达到这些目标。事实上，有人认为只有严重的暴力犯和那些反复犯罪的非暴力犯才应该被送入监狱。

剥夺资格是最为直接正当的惩罚理由，通常所采取的手段是监禁。然而，通过某些手段，如电子监控或家庭软禁，将人们各自限制在家中生活，同样可以达到防止犯罪的目的。如果根据所犯的罪行认定这个罪犯是对社会有危险性的，那么无疑需要预防其未来再次危害社会。可是如果我们过度依赖防止犯罪的手段来将罪犯从街头上清除出去，那么囚犯的数量将会急剧增加，远远超过目前矫正机构的容量。大量研究表明，少数的罪犯(6％到 10％)制造了多数的罪行(超过 50％)(Walker，2001；Wolfgang，1972)。例如，彼得森等人(Peterson，Braiker，& Polich，1981)指出，平均来说犯罪人每年会出现 3 起违法犯罪行为，而那些犯罪频率最高的罪犯(占在押犯总数的 8％)每年则高达 60 起。若能针对这些对象实施囚禁——被称为选择性剥夺资格（selective incapacitation），将能更有效率地减少犯罪。20 世纪 80 年代颁布的"三振出局"法律条例在美国许多州得以实施，至今仍然有效，其所依据的原则正是有选择地防止犯罪。遗憾的是，由于这些法律未能界定哪些人是最危险的惯犯，因此也常被刑事司法学者评论为糟糕的政策（Walker，2001）。

惩罚，作为制裁的一个目标意味着这样的信念：个人应当为他对社会和他人造成的危害付出成比例的代价。如果我们违反法律，受惩罚是理所当然的、公平对等的。但是，惩罚的哲学并不等同于报复，后者要让罪犯付出加倍的代价。惩罚是公平的惩罚，而不是过大的或不成比例的惩罚。

威慑反映了一个被社会普遍接受的假设，即某些形式的惩罚——某人行为导致的痛苦后果——是控制行为的一种有效手段。相关文献讨论了两种形式的威慑，即一般威慑和具体威慑（Andenaes，1968）。一般威慑（general deterrence）的作用是普遍性的。当某人被宣判受罚时（如长期服刑），社会其他成员得到这样的信息："如果你违背这条法律，就会有这样的后果。"害怕受到类似的惩罚成为一个有力的威慑。具体（有时称特殊）威慑（specific deterrence）则针对被宣判的罪犯。总之，给予的惩罚会阻止其一错再错。

上述分类是基于对威慑的惩罚效果的理论探讨。事实上，关于威慑和犯罪行为之间的关系长期以来争论不休，且尚未得到令人满意的答案。通常认为，直接给予令人痛苦的刺激比观看或者了解惩罚的后果更有效。比如，许多商店扒手并不会因为警示语和深知或目睹他人的犯罪惩罚（一般威慑）而悬崖勒马。相反，若是因偷盗被地方报纸曝光而感到无地自容，并且经历被罚款被监禁的痛苦，以后再犯的可能性就会小很多。

尽管如此，但我们仍有理由推测，一般威慑或者对受惩罚的恐惧依然无法阻止不少人的违法犯罪行为。只是，如同本书中多次讨

论的那样，许多犯罪行为是发生在人们脱离正常思维和正常自制能
力的时候。此外，犯罪行为常常会带来所谓"回报"——如财富、地
位、生理满足和脱离困境等，这些"回报"的激励往往胜过了对潜在
惩罚的恐惧。

另外，司法系统的一般威慑与通过社会化及道德发展建立起来
的惩罚威胁相比，前者可能不如后者有力。毋庸置疑，即使在没有
警员管制时，很多人也不会实施严重的罪行。对大多数人来说，担
心受到社会和父母的惩罚以及自我谴责足以构成对犯罪的威慑。这
里再次显示出了人类行为的复杂性，可能正是由于上述多项内在和
外在制约因素的组合，大部分人不会从事犯罪活动。

3   暴力犯罪的综合治理

尽管上述研究表明，针对个体心理和社会问题展开的传统心理
疗法能够有效减少暴力行为，但一些研究得出了相反的结果，尤其
是对于具有反社会人格障碍的个体，传统的矫正方案对他们的作用
十分有限。一项元分析表明，包括认知行为疗法、辩证行为疗法在
内的大多数传统心理学干预手段，都难以显著降低反社会人格障碍
者的再犯率、攻击性及社会功能障碍（Gibbon et al.，2010）。另一项
元分析也显示，接受传统治疗方法的反社会人格障碍者，其再犯率
与对照组无显著差异（Wilson，2014）。这可能是由于，反社会人格
障碍者往往伴随着较为严重的生理问题，不仅会直接导致其行为失
控，还会限制传统矫正方案的效果。例如，低共情是产生暴力与攻
击行为的重要因素（Marsh & Blair，2008），由于杏仁核等脑区的异
常，反社会人格障碍者常常无法识别他人的负面情绪，即不具备共
情产生的生理基础，故而以提升共情能力为基础的心理治疗难以从
根本上解决问题。同时，孕期及早期接触有毒物质、营养不良都会

对反社会人格障碍的形成和暴力行为的产生造成影响。这提醒我们对犯罪问题的治理，不仅包括心理和社会层面，还包括生理层面的治理和干预。

3.1 生物干预

3.1.1 药物与化学阉割

有些药物对于降低攻击性和减少暴力行为方面卓有成效。药物作为一种干预儿童攻击性倾向的手段，得到了强有力的临床实践支持。很多药品都有缓解攻击性倾向、抑制暴力行为的效果，其中新一代抗精神病药的疗效最为显著。此外，苯哌啶醋酸甲酯（利他林）一类的兴奋剂也有很好的抑制暴力的疗效，而情绪镇静剂的效果算中等。实验证明药物可以帮助治疗和缓解多项精神病态，包括儿童和青少年中的注意缺陷多动障碍、孤独症、躁郁症、智力迟钝和精神分裂症等。而相关的药物疗法对于成年人的作用，还缺乏应有的研究和实验。但有实验表明，抗痉挛药物可以通过对大脑边缘系统产生镇静作用，有效减少成年人的暴力攻击行为。药物疗法比现在最佳的社会心理干预疗法认知行为疗法的效果量高出几倍（雷恩，2018）。化学阉割作为一种特殊的药物疗法对于消除性欲和抑制性暴力的作用已经得到了证实，接受了化学阉割后的性侵罪犯反复犯下性侵罪的比例大大减小，并且可以使性侵罪犯免于长久地在监狱中与穷凶极恶的狱友为伍，但这一方法可能存在伦理方面的争议（Horstkotter et al.，2014）。

3.1.2 暴力的神经调控

前额叶皮层活动不足及其引发的冲动和抑制控制障碍会导致暴力行为的产生。近年来的研究表明，利用非侵入式脑刺激，即经颅直流电刺激（transcranial direct current stimulation，TDCS）和经颅磁刺激（transcranial magnetic stimulation，TMS）对前额叶皮层进行阳性刺激可以帮助个体减少冲动及暴力攻击行为。周晶和宣宾

(2018)指出，利用 TDCS 对前额叶皮层进行刺激，可以有效减少注意缺陷多动障碍、抑郁症、抽动秒语综合征、孤独症等精神障碍者的抑制控制能力，减少冲动性行为。乔伊等人(Choy, Focquaert，& Raine，2018)则将 TDCS/TMS 在减少攻击、暴力等反社会行为中的运用进行了梳理，但这些研究的被试均为正常人群。对背外侧前额叶进行阳性刺激，提高背外侧前额叶的激活水平，有助于降低个体的冲动性，提高道德判断能力，并减少攻击行为；对腹外侧前额叶的阳性刺激则可以减少个体在面对社会排斥时的攻击行为。同时有研究表明，对左右次级额叶皮层的刺激无法显著减少攻击行为，对左侧前额叶的阳性刺激甚至可能增强个体的攻击性。较新的一项 RCT 研究则进一步证实，连续 5 天，每天 2 次对两侧腹内侧前额叶进行 20 分钟 TDCS 刺激治疗能够有效降低罪犯人群的暴力行为(Sergiou et al.，2020)。已有的研究呈现出混合结果，这表明非侵入式脑刺激对于减弱冲动性，减少攻击暴力行为具有一定的作用。但已有的大多数研究被试为普通人群，其效果可能受到"天花板效应"的限制。在高暴力攻击的罪犯群体中还需要进一步的检验以提升结果的可靠性。总之，TDCS/TMS 具备非侵入性、危险性低、不会对被试造成不可逆的损伤等优点，同时有实证研究的支撑，为暴力及反社会行为的干预提供了新的思路(Choy et al.，2018)。

3.2 社会心理干预：动机强化、正念冥想到家庭治疗

暴力犯的社会心理干预，应该引介成瘾治疗中改变轮的心理逻辑。改变轮的理念是指矫正有一个闭环的流程，包括懵懂期、准备期、行动期、保持期和复发期几个阶段。所以在暴力犯的干预过程中，要从强化他们的矫正意愿入手，让他们从徘徊不定到愿意参与矫正项目，提高其矫正的意愿。动机强化法还要贯穿整个干预的过程，让他们持续保持矫正的动机和效能。动机强化法可以通过个别咨询的方式予以提升，也可以通过团体辅导整体强化。

　　针对冲动性暴力和预谋性暴力不同的心理特点，社会心理干预会链接与之相契合的矫正方法和技术，具有循证基础的心理与行为矫正包括认知行为疗法、辩证行为疗法、心智化疗法等。认知行为疗法在暴力犯的矫正中行之有效，这在第 1 章、第 8 章、第 9 章都有相关介绍。辩证行为疗法是认知行为疗法的升级版，会加入一些冥想、静观的环节，在暴力犯的矫正实践中，被证明更为适用。

　　冥想、静观能够改变我们的大脑，降低暴力犯罪的风险。威斯康星大学的神经科学家里奇·戴维森（Richie Davidson，2003）组织了一项规模很大的、随机对照的"冥想疗法"（meditation）实验，结果显示，8 周的专注训练大大改善了实验组被试左侧额叶的脑电活动，心理机能得到提升。

　　用正念冥想训练来矫治暴力犯罪的历史颇为长久，最早源于 20 世纪 60 年代的印度超觉冥想派（transcendental meditation），其创始人是盛名一时的智者马哈里什·马赫什·瑜伽仕（Maharishi Mahesh Yogi）。到了 20 世纪 70 年代，美国加利福尼亚州、得克萨斯州、马萨诸塞州的众多监狱都追随瑜伽仕，进行冥想研修。针对暴力犯的禅修冥想表明，精神疗法确实可以稳定暴力犯的心神，释放他们的怒气和敌意，甚至降低再次暴力犯罪的概率。一项正念静观专注训练招募了 1 350 名被试，经过 8 周的团体治疗，受训者的敌意、攻击性及其他负面情绪都得到大幅度的降低。有趣的发现是，正念对于女性的治疗效果明显好于男性；在男性参与者中，刑期长的暴力犯疗效最为明显（Raine，2014）。

　　我们对未成年犯的一项正念取得了很好的疗效。这项研究是对罪错未成年人攻击性的正念干预。研究从贵州省某所专门学校招募60 名罪错未成年人参与，并将其随机分配至正念组和对照组；具体为正念组 30 人，对照组 30 人。对正念组罪错未成年人开展正念情

绪管理团体矫正，对照组仅参加学校的日常教学，不进行其他任何
干预。

正念情绪管理团体方案是综合参考布罗德里克等人编制的《学会
呼吸》(*Learning to Breathe*；Broderick，2021)以及《正念小孩》
(*Mindful Kids*；Stewart & Braun，2020)、《孩子的简单正念》(葛
凌兰，2018)三本实操性强的教学手册来进一步设计正念情绪管理课
程内容，共有八个单元，涵盖主题 B(body)、主题 R(reflections)、
主题 E(emotions)、主题 A(attention)、主题 T(tenderness)和主题
H(habits)等，每周开展两次，两次团体课程间隔时间至少为 3 天，
连续开展 4 周，每次团体课程的学习时间为两节课(约 80 分钟)，教
学实施者为具有丰富正念教学经验的国家二级心理咨询师。正念情
绪管理团体矫正实施前后采用问卷(如儿童青少年正念量表、情绪智
力量表、自我控制量表、攻击问卷、冷酷无情特质量表等)对正念组
和对照组人员进行测评。结果表明，正念干预可以显著改善罪错未
成年人攻击性的身体攻击水平、情绪智力的自我情绪管理水平、冷
酷无情特质和认知灵活性的可选择性水平；在一定程度上改善了自
我控制的冲动控制水平和负性情绪；正念情绪管理团体训练对罪错
未成年人攻击性的身体攻击水平的积极效应是通过冷酷无情特质的
改善起作用的；此外，正念干预还可以显著改善罪错未成年人对负
性情绪刺激的解释偏向，提升对所有情绪面孔的注意定向速度(李
雪，寇慧，雷玛丽娅，2024)。

另外，社会心理干预还得重视社会支持系统的建构，具体到矫
治的方法，家庭治疗也被证明对暴力犯的矫正效果明显。家庭治疗
需要暴力犯家属的参与，但请犯人的家属到监狱来参与团体辅导还
是存在较大安全风险的，因此，需要设计实施远程的、线上的家庭
治疗方案，还可以考虑使用虚拟现实的技术，让线上的家庭治疗更
有卷入感和沉浸感。

3.3　多元矫正：智慧评估、智能推荐与智能矫正

暴力犯的矫正以生物—心理—社会模型为框架，对暴力风险个体加以全生命周期管理，提供全流程的闭环式干预。针对暴力犯罪呈现总体下降，但未成年犯罪存在低龄化、凶残性等新形势、新变化和新挑战，暴力防治要会同各地各部门一起，严厉打击暴力犯罪，持续开展暴力预防宣传教育，全面推进暴力犯罪防治工作，统筹各方面资源，动员全社会力量，实施综合治理，推动暴力防治工作取得新成效。

在评估端，社会赞许性的影响，以及监管系统的罪犯大都具有隐秘性、掩饰性的特征，而且暴力犯的文化水平总体偏低等多方面，致使犯人自己填问卷的自我报告方式效果不佳。我们的研究经验表明，在监管系统开展罪犯心理评估，最有效、最方便的评估方式是结构式访谈。例如，像我们常用的暴力风险评估量表，就是由 20 个问题组成的访谈提纲，犯人回答的结果以四点计分方式赋分，访谈员需要专业的培训，访谈时间在半小时到一小时之间。当前，文字、声音、表情、步态、电生理信号等多模态的评估方式盛行，把望、闻、问、切的多种数据加以融合，势必能提高评估的精度。但各种模态权重的确定、评估的成本和难度，以及对数据结果的专业解读等问题亟待解决。

通过专业的评估，找准矫正的靶点，还需建立矫正的知识库和案例库，链接具有循证基础的矫正资源，开展基于证据的暴力犯循证矫正。首先是针对两类攻击和暴力的分类矫正，即冲动性暴力犯和预谋性暴力犯的团体心理辅导；其次是个案矫正，利用智能推荐算法，提供"一人一策"个性化智能推荐的矫正方案。

在矫正端，要把传统的矫正方法和新近的矫正技术相结合，即把具有循证基础的动机强化法、认知行为疗法、辩证行为疗法、家庭治疗等传统方法与行之有效的神经调控技术（如经颅磁刺激、电刺

激等)与虚拟现实技术(virtual reality，VR)等相结合，实施全要素智能矫治。在暴力犯的全流程矫治过程中，一方面要秉承循证矫正的首要原则，即风险—需求—反应性原则，开展基于矫治靶点的循证矫正；另一方面要基于"美好生活"的积极心理学理念，给罪犯赋能，培训其职业技能，辅导其生涯规划，提高他们从监狱回归社会的再社会化水平，从而顺利回归社会，做一个守法的合格公民。

参考文献

北京市监狱天堂河监区课题组.(2020).对暴力型罪犯开展愤怒控制训练的应用研究.犯罪与改造研究,(6),75-80.

布莱克本(Blackburn,R.).(2000).犯罪行为心理学——理论、研究和实践.吴宗宪,刘邦惠,等,译.北京:中国轻工业出版社.

曹允猛,刘邦惠.(2013).犯罪危险性评估问卷 LSI-R 的修订及信效度检验.中国心理学会人格心理学分会 2013 年学术年会论文集.重庆:中国心理学会人格心理学分会 2013 年学术年会.

常进锋.(2020).时空社会学:青少年犯罪成因的新视角.中国青年社会科学,39(1),134-140.

程碧茜,杨波.(2018).未成年犯早期依恋、反社会人格与两类攻击的关系.江西社会科学,38(8),196-204.

程玉敏.(2018).家庭成长环境与青少年犯罪关系实证研究.犯罪与改造研究,(8),46-51.

崔海英.(2017).生命历程理论对未成年人犯罪危险防控的启示.预防青少年犯罪研究,(1),5-12.

戴维·迈尔斯.(2016).社会心理学:第 11 版.侯玉波,乐国安,张智勇,等,译.北京:人民邮电出版社.

戴学礼.(2009).监狱管教民警和心理咨询师角色冲突与调适.犯罪与改造

研究，(12)，62-66.

邓煌发.(1999).社区处遇之探讨.警学丛刊，30(3)，133-156.

董冰.(2017).未成年人犯罪的道德调控研究.哈尔滨：东北林业大学.

董言.(2019).萨提亚家庭治疗模式介入犯罪青少年研究——基于 CGM 的个案实务.南昌：江西师范大学.

恩里科·菲利.(2004a).犯罪社会学.郭建安，译.北京：中国人民公安大学出版社.

恩里科·菲利.(2004b).实证派犯罪学.郭建安，译.北京：中国人民公安大学出版社.

樊富珉.(2005).团体心理咨询.北京：高等教育出版社.

冯海英，李凤，王清.(2020).家庭功能对 4～6 岁幼儿行为问题的影响.中华行为医学与脑科学杂志，29(2)：168-171.

高玲，王兴超，杨继平.(2012).罪犯社会地位感知与攻击行为：道德推脱的中介作用.西北师大学报(社会科学版)，49(5)，114-118.

葛凌兰.孩子的简单正念.(2018).廖建容，译.台北：天下文化出版公司.

关慕桢，刘旭峰，苗丹民，等.(2010).激情犯和累惯犯暴力态度的比较.心理学报，42(5)，599-606.

郭锦蒙，邢成举.(2020).超越单一家庭与结构范式：青少年家庭治疗综述.当代青年研究，(1)，20-29.

郭一禛，包涵.(2019).家庭功能失衡背景下的青少年犯罪问题——以留守儿童、流动儿童为视角.广西警察学院学报，32(6)，64-68.

郭瑜，庄忠青，李雨婷.(2020).国家责任与家庭功能：德国儿童照顾制度及其对中国的启示.经济社会体制比较，(2)，49-56.

郝伟.(2008).精神病学.6 版.北京：人民卫生出版社.

胡宏雁.(2019).少年司法社会工作模式困境与应对策略——以海南省三亚市为例.社会与公益，(12)，20-24.

惠特尼·斯图尔特.正念小孩：收获平静、专注与内在力量的 50 个正念练习.(2020).韩冰，祝卓宏，译，北京：中国青年出版社.

蒋奖.(2004).父母教养方式与青少年行为问题关系的研究.健康心理学杂

志，12（1），72-74.

蒋索，何姗姗，邹泓．(2006)．家庭因素与青少年犯罪的关系研究述评．心理科学进展，14(3)，394-400.

金凤仙，程灶火．(2015)．家庭教养方式与青少年犯罪研究进展．中国健康心理学杂志，23(3)，468-472.

金高品，周雨臣．(2013)．中国监狱"5＋1＋1"教育改造模式研究．中国治理评论，(1)，296-318.

靳高风，张雍锭，郭兆轩．(2022).2021—2022年中国犯罪形势分析与预测．中国人民公安大学学报(社会科学版)，(2)，1-12.

靳高风，朱双洋，林晞楠．(2018)．中国犯罪形势分析与预测(2017—2018)．中国人民公安大学学报(社会科学版)，(2)，29-38.

康树华，张小虎．(2004)．犯罪学．北京：北京大学出版社．

孔诗逸．(2016)．吸毒青少年的家庭治疗探究．苏州：苏州大学．

孔一．(2006)．犯罪预防实证研究．北京：群众出版社．

兰玉娟，佐斌．(2009)．去个性化效应的社会认同模型．心理科学进展，17(2)，467-472.

雷恩．(2016)．暴力解剖：犯罪的生物学根源．钟鹰翔，译．重庆：重庆出版社．

李红，高山，白俊杰．(2005)．从儿童赌博任务看热执行功能的发展．心理发展与教育，21，21-25.

李昕琳．(2011)．系列杀人犯邱兴华生活史的质性研究．增强心理学服务社会的意识和功能——中国心理学会成立90周年纪念大会暨第十四届全国心理学学术会议论文摘要集：574.

李雪，寇慧，雷玛丽娅．(2024)．青少年越轨行为的情绪影响因素及其矫正研究综述．心理月刊，19（16），232-235.

李雪，谢琴红，寇慧，等．(2022)．违法青少年童年期虐待对攻击性的影响：链式中介效应分析．中国临床心理学杂志，30(3)，688-692.

理查德·J.伯恩斯坦．(2019)．暴力：思无所限．李元来，译．南京：译林出版社．

理查德·格里格，菲利普·津巴多.(2016).心理学与生活：第 19 版.王垒，等，译.北京：人民邮电出版社.

林崇德，杨治良，黄希庭.(2003).心理学大辞典.上海：上海教育出版社.

林准.(1996).精神疾病患者刑事责任能力和医疗监护措施.北京：人民法院出版社.

刘邦惠，黄希庭，吕晓薇.(2010).罪犯精神病态的初步探索.心理科学，33(1)，223-225，222.

刘江.(2016).父母依恋、同辈联系与青少年偏差行为.青年探索，(4)，52-58.

刘立敏，田相娟，张文新，等.(2017).*MAOA* 基因与环境对反社会行为的交互作用及其可能的脑机制.心理科学进展，25(6)，970-979.

刘宁.(2008).愤怒自评量表的编制.武汉：华中师范大学.

刘庆昌.(2015).遗传学.3 版.北京：科学出版社.

刘衍玲，廖方新，郑凯，等.(2016).家庭暴力代际传递：类型、理论和影响因素.重庆大学学报(社会科学版)，22(6)，201-209.

刘宇平，赵辉，李姗珊，等.(2019).反社会人格障碍的神经生物学基础及其司法启示.心理科学进展，27(10)，1726-1742.

柳娜，陈琛，曹玉萍，等.(2015).家庭暴力严重躯体施暴行为的代际传递——目睹家庭暴力.中国临床心理学杂志，23(1)，84-87.

罗玲，范燕宁.(2015).试论社区矫正社会工作的本土发展.社会工作，(5)，99-108.

米歇尔·福柯.(1999).规训与惩罚：监狱的诞生.刘北成，杨远婴，译.北京：生活·读书·新知三联书店.

蒲莉蓉，王敏，李志雄，等.(2019).边缘型人格障碍与精神疾病共病的研究进展.中国神经精神疾病杂志，45(4)，250-253.

钱铭怡，戚健俐.(2002).大学生羞耻和内疚差异的对比研究.心理学报，34(6)，626-633.

切萨雷·贝卡里亚.(2023).论犯罪与刑罚.郭烁，译.北京：中国法制出版社.

权小娟，张钦．(2020)．家庭结构与健康风险：基于青少年近视的实证分析，(5)，53-60.

任俊，高肖肖．(2011)．道德情绪：道德行为的中介调节．心理科学进展，19(8)，1224-1232.

邵世志，黄小力，王瑞鸿，等．(2013)．不良行为或严重不良行为青少年群体服务管理和预防犯罪工作模式研究——以上海市闵行区为例．中国青年研究，(6)，52-56.

施承孙，钱铭怡．(1999)．羞耻和内疚的差异．心理学动态，(1)，35-38.

斯蒂芬·平克．(2015)．人性中的善良天使：暴力为什么会减少．安雯，译．北京：中信出版社．

孙大明．(2012)．刑事责任能力评定研究——以精神障碍犯罪嫌疑人及其疑似者为对象．上海：华东政法大学．

孙文军，(2017)．我国未成年人社区矫正的现状和完善．合肥：安徽大学．

王平，安文霞．(2013)．西方国家循证矫正的历史发展及其启示．中国政法大学学报，(3)，5-16.

王兴超，杨继平．(2010)．中文版道德推脱问卷的信效度研究．中国临床心理学杂志，18(2)，177-179.

王志燕，崔彩莲．(2017)．个体冲动性对物质滥用与成瘾的影响及脑机制．心理科学进展，25(12)，2063-2074.

闻素霞，乔亲才．(2010)．羞耻感对道德自我发展的影响．徐州师范大学学报(哲学社会科学版)，36(2)，143-146.

吴宗宪．(1994)．法律心理学大辞典．北京：警官教育出版社．

吴宗宪．(2000)．论犯罪性．福建公安高等专科学校学报——社会公共安全研究，14(1)，47-50.

武伯欣，张泽民．(2008)．"测谎"结论能否作为鉴定证据——关于中国心理测试技术研究应用及其现状的思考．证据科学，16(5)，622-628.

席小华，金超然．(2019)．社会工作在不良行为青少年群体中的应用．预防青少年犯罪研究，(1)，52-66.

席小华．(2018)．中国少年司法社会工作的行与思．华东理工大学学报(社会科学版），(6)，18-27.

肖玉琴，杨波．(2014)．循证矫正的理论基础——RNR 模型解读．犯罪与改造研究，(3)，14-18.

肖玉琴，张卓，宋平，等．(2014)．冷酷无情特质：一种易于暴力犯罪的人格倾向．心理科学进展，22(9)，1456-1466.

肖玉琴，赵辉，文凤，等．(2019)．认知行为团体矫正对未成年犯暴力风险水平的影响．中国临床心理学杂志，27(1)，201-205.

谢琴红．(2021)．违法犯罪未成年人的情绪面孔识别缺陷．北京：中国政法大学．

严万森，张冉冉，刘苏姣．(2016)．冲动性对不同成瘾行为发展的调控及其神经机制．心理科学进展，24(2)，159-172.

晏培玉．(2009)．职场冷暴力论．湖北第二师范学院学报，26(10)，85-87.

杨波，黄秀．(2013)．冷酷无情特质对青少年暴力犯罪的影响．西南大学学报(社会科学版)，39(4)，80-84，174.

杨波，肖玉琴，赖琳，等．(2018)．未成年暴力犯的循证矫正．预防青少年犯罪研究，(1)，32-42.

杨波，张卓．(2012)．犯罪心理学．北京：开明出版社．

杨波．(2015)．犯罪心理学．北京：高等教育出版社．

杨德兰，姚莉华，刘玉．(2005)．暴力人群的人格特征对照研究．重庆医科大学学报，30(2)，266-268.

杨光辉．(2010)．国外攻击机制的理论模型研究．濮阳职业技术学院学报，23(1)，125-127.

杨国枢．(2006)．中国人的心理．南京：江苏教育出版社．

杨继平，王兴超，高玲．(2010)．道德推脱的概念、测量及相关变量．心理科学进展，18(4)，671-678.

杨继平，王兴超．(2012)．道德推脱对青少年攻击行为的影响：有调节的中介效应．心理学报，44(8)，1075-1085.

杨士隆．(2002)．犯罪心理学．北京：教育科学出版社．

叶鹏鹏，汪媛，耳玉亮，等．(2019).2016 年中国 12 省份 27 个贫困农村地区留守儿童伤害发生情况．中华流行病学杂志，40(11)，1369-1375．

于阳，史晓前．(2019)．校园霸凌的行为特征与社会预防对策研究——基于50起校园霸凌典型事例分析．青少年犯罪问题，(5)，5-15．

喻丰，郭永玉．(2009)．攻击者的注意偏向与归因偏向及其关系．心理科学进展，17（4），821-828．

翟中东．(2013)．矫正的变迁．北京：中国人民公安大学出版社．

张春兴．(1994)．现代心理学——现代人研究自身问题的科学．上海：上海人民出版社．

张乐雅，肖玉琴，杨波，等．(2017)．辩证行为疗法在罪犯矫正领域的应用．中国临床心理学杂志，25（1），192-196．

张明楷．(2011)．刑法学．4版．北京：法律出版社．

张苏军．(2016)．循证矫正在中国的实践探索——以山东省任城监狱的暴力犯矫正为例．北京：法律出版社．

张新立，吴晶．(2013)．发展犯罪学对青少年犯罪成因的探讨．江苏师范大学学报(哲学社会科学版)，39（4），149-154．

张馨．(2012)．大学生攻击行为与其家庭功能、道德推脱水平的关系研究．哈尔滨：哈尔滨师范大学．

张亚林，曹玉萍，杨世昌，等．(2004)．湖南省家庭暴力的流行病学调查：研究方法与初步结果．中国心理卫生杂志，18(5)，326-328．

张亚林，曹玉萍．(2011)．家庭暴力现状及干预．北京：人民卫生出版社．

张亚林．(2005)．论家庭暴力．中国行为医学科学，(5)，385-387．

张亚伶，杨红英，刘学惠．(2005)．未成年人犯罪与父母教养方式的相关研究．首都师范大学学报(社会科学版)，(4)，119-122．

张卓．(2014)．攻击与暴力犯罪的神经心理学研究．北京：中国政法大学出版社．

赵宏洁，刘洪广．(2019)．谎言识别技术在刑事侦查中的应用与发展．辽宁警察学院学报，(2)，62-67．

赵辉，Stephen Wong，张振，等．(2018)．暴力风险量表成人版在暴力犯中的信效度检验．中国临床心理学杂志，26(4)，652-656，679．

赵梦雪，杨波，陈奕帆，等 .(2017). 暴力风险评估工具 HCR-20 量表的发展与应用 . 犯罪与改造研究，(12)，55-61.

赵晓耕，马晓莉 .(2005). 从"耻辱刑"到"羞耻心"——漫谈在监狱矫正中唤起服刑人的羞耻之心 . 政法论丛，(5)，75-79.

周华斌 .(2018). 成年男性监狱服刑人员冲动性的影响因素研究 . 南京，南京师范大学 .

周雪朋 .(2014). 成人动态心智化量表的编制 . 重庆：西南大学 .

周勇 .(2010). 矫正项目：教育改造的一种新思路 . 中国司法，(4)，25-29.

朱智贤 .(1990). 中国儿童青少年心理发展与教育. 北京：中国卓越出版公司 .

Acheson，S. (2005). Review of the Hare psychopathy checklist revised. *The Sixteenth Mental Measurements Yearbook*，2，429-430.

Aghajani，M.，Klapwijk，E. T.，van der Wee，N. J.，et al. (2017). Disorganized amygdala networks in conduct-disordered juvenile offenders with callous-unemotional traits. *Biological Psychiatry*，82(4)，283-293.

American Psychiatric Association. (2013). *Diagnostic and Statistical Manual of Mental Disorders* (5th ed.). Washington，DC：American Psychiatric Association.

Anders，S.，Lotze，M.，Wildgruber，D.，et al. (2005). Processing of a simple aversive conditioned stimulus in a divided visual field paradigm：An fMRI study. *Experimental Brain Research*，162(2)，213-219.

Anderson，C. A.，& Bushman，B. J. (2001). Effects of violent video games on aggressive behavior，aggressive cognition，aggressive affect，physiological arousal，and prosocial behavior：A meta-analytic review of the scientific literature. *Psychological Science*，12(5)，353-359.

Andrews，D. A.，& Bonta，J. (2010a). Rehabilitating criminal justice policy and practice. *Psychology，Public Policy，and Law*，16(1)，39-55.

Andrews，D. A.，& Bonta，J. (2010b). *The psychology of criminal conduct* (fifth edition). Matthew Bender & Company.

Andrews，D. A.，Bonta，J.，& Wormith，J. S. (2006). The recent past and near future of risk and/or need assessment. *Crime & Delinquency*, 52(1), 7-27.

Andrews, D. A. , Zinger, I. , Hoge, R. D. , et al. (1990). Does correctional treatment work? A clinically relevant and psychologically informed meta-analysis. *Criminology*, 28, 369-404.

Anton, M. E. , Baskin-Sommers, A. R. , Vitale, J. E. , et al. (2012). Differential effects of psychopathy and antisocial personality disorder symptoms on cognitive and fear processing in female offenders. *Cognitive Affective*, & *Behavioral Neuroscience*, 12, 761-776.

Arbuthnot, J. , Gordon, D. A. , & Jurkovic, G. J. (1987). Personality. In H. C. Quay (Ed.), *Handbook of juvenile delinquency* (pp. 139-183). John Wiley & Sons.

Arnett, P. A. (1997). Autonomic responsivity in psychopaths: A critical review and theoretical proposal. *Clinical Psychology Review*, 17(8), 903-936.

Asscher, J. J. , Maja Deković, van der Laan, P. H. , et al. (2007). Implementing randomized experiments in criminal justice settings: An evaluation of multi-systemic therapy in the Netherlands. *Journal of Experimental Criminology*, 3(2), 113-129.

Avellar, S. A. & Supplee, L. H. (2013). Effectiveness of home visiting in improving child health and reducing child Maltreatment. *Pediatrics*, 132 (2), S90-99.

Baeuchl, C. , Meyer, P. , Hoppstädter, M. , et al. (2015). Contextual fear conditioning in humans using feature-identical contexts. *Neurobiology of Learning and Memory*, 121, 1-11.

Baker, L. A. , Jacobson, K. C. , Raine, A. , et al. (2007). Genetic and environmental bases of childhood antisocial behavior: A multi-informant twin study. *Journal of Abnormal Psychology*, 116(2), 219-235.

Baker, L. A. , Raine, A. , Liu, J. , et al. (2008). Differential genetic and environmental influences on reactive and proactive aggression in children. *Journal of Abnormal Child Psychology*, 36(8), 1265-1278.

Bandura, A. , Barbaranelli, C. , Caprara, G. V. , et al. (1996). Mechanisms of moral disengagement in the exercise of moral agency. *Journal of Personality and Social Psychology*, 71(2), 364-374.

Barker, E. , Oliver, B. R. , Viding, E. , et al. (2011). The impact of prenatal maternal risk, fearless temperament and early parenting on adolescent callous-unemotional traits: A 14-year longitudinal investigation. *Journal of Child Psychology and Psychiatry*, 52(8), 878-888.

Barratt, E. S. (1991). Measuring and predicting aggression within the context of a personality theory. *Journal of Neuropsychiatry and Clinical Neurosciences*, 3(2), S35-39.

Barry, C. T. , Frick, P. J. , DeShazo, T. M. , et al. (2000). The importance of callous-unemotional traits for extending the concept of psychopathy to children. *Journal of Abnormal Psychology*, 109(2), 335-340.

Bartol, C. R. (1999). *Criminal behavior: A psychosocial approach*. New York: Prentice Hall.

Bartol, C. , & Bartol, A. M. (2016). *Criminal Behavior: A Psychological Approach*. Pearson.

Bar-Haim, Y. , Lamy, D. , Pergamin, L. , et al. (2007). Threat-related attentional bias in anxious and nonanxious individuals: A meta-analytic study. *Psychological Bulletin*, 133(1), 1-24.

Baskin-Sommers, A. , Curtin, J. J. , Li, W. , et al. (2012). Psychopathy-related differences in selective attention are captured by an early event-related potential. *Personality Disorders*, 3(4), 370-378.

Bass, S. L. , & Nussbaum, D. (2010). Decision making and aggression in forensic psychiatric inpatients. *Criminal Justice and Behavior*, 37(4), 365-383.

Bateman, A. W. , & Fonagy, P. (2013). Mentalization-based treatment. *Psychoanalytic Inquiry*, 33(6), 595-613.

Bateman, A. W. , & Fonagy, P. (2004). Mentalization-based treatment of BPD. *Journal of Personality Disorders*, 18(1), 36-51.

Beauchaine, T. P. , Klein, D. N. , & Crowell, S. E. (2009). Multifinality in the development of personality disorders: A biology × sex × environment interaction model of antisocial and borderline traits. *Developmental psychopathology*, 21(3), 735-770.

Beaver, K. M. , Sak, A. , Vaske, J. , et al. (2010). Genetic risk, parent-child relations, and antisocial phenotypes in a sample of African-American males. *Psychiatry Research*, 175(1-2), 160-164.

Bechara, A. , Damasio, A. R. , Damasio, H. , et al. (1994). Insensitivity to future consequences following damage to human prefrontal cortex. *Cognition*, 50 (1), 7-15.

Benning, S. D. , Patrick, C. J. , Hicks, B. M. , et al. (2003). Factor structure of the psychopathic personality inventory: Validity and implications for clinical assessment. *Psychological Assessment*, 15(3), 340-350.

Berntson, G. G. , & Cacioppo, J. T. (2009). *Handbook of neuroscience for the behavioral science*s. John Wiley & Sons, Inc. , 747-750.

Birbaumer, N. , Veit, R. , Lotze, M. , et al. (2005). Deficient fear conditioning in psychopathy: A functional magnetic resonance imaging study. *Archives of General Psychiatry*, 62(7), 799-805.

Blackburn, R. (1998). *The Psychology of Criminal Conduct: Theory, Research and Practice*. Wiley.

Blair R. J. R. (2013). The neurobiology of psychopathic traits in youths. *Nature Reviews Neuroscience*, 14(11), 786-799.

Blair, R. J. R. (1995). A cognitive developmental approach to mortality: Investigating the psychopath. *Cognition*, 57(1), 1-29.

Blair, R. J. R. (2000). Impaired social response reversal. A case of "acquired sociopathy". *Brain*, 123(6), 1122-1141.

Blair, R. J. R. (2003). Facial expressions, their communicatory functions and neuro-cognitive substrates. *Philosophical Transactions of the Royal Society of London B: Biological Sciences*, 358(1431), 561-572.

Blair，R. J. R.（2008）. The amygdala and ventromedial prefrontal cortex: Functional contributions and dysfunction in psychopathy. *Philosophical Transactions of the Royal Society of London*, 363(1503), 2557-2565.

Blair，R. J. R.（2013）. The neurobiology of psychopathic traits in youths. *Nature Reviews Neuroscience*, 14(11), 786-799.

Blair，R. J. R. ，Leibenluft，E. ，& Pine，D. S.（2014）. Conduct disorder and callous-unemotional traits in youth. *New England Journal of Medicine*, 371 (23), 2207-2216.

Blair，R. J. R.（2012）. Cortical thinning and functional connectivity in psychopathy. *American Journal of Psychiatry*, 169(7), 684-687.

Blair，R. J. R.（2015）. Reward processing, functional connectivity, psychopathy, and research domain criteria. *Biological Psychiatry*, 78(9), 592-593.

Blair，R. J. R. ，Colledge，E. ，& Mitchell，D. G.（2001）. Somatic markers and response reversal: Is there orbitofrontal cortex dysfunction in boys with psychopathic tendencies? *Journal of Abnormal Child Psychology*, 29(6), 499-511.

Blanchard，R. J. ，Blanchard，D. C. ，Takahashi，T. ，et al.（1977）. Attack and defensive behaviour in the albino rat. *Animal Behaviour*, 25(3), 622-634.

Block，J.（1995）. A contrarian view of the five-factor approach to personality description. *Psychological Bulletin*, 117(2), 187-215.

Bohman，M. ，Cloninger，R. ，Sigvardsson，S. ，et al.（1982）. Predisposition to petty criminality in Swedish adoptees: Ⅰ. Genetic and environmental Heterogeneity. *Archives of General Psychiatry*, 39(11), 1233-1241.

Boldizar，J. P. ，Perry，D. G. ，& Perry，L. C.（1989）. Outcome values and aggression. *Child Development*, 60(3), 571-579.

Bowlby，J.（1982）. Attachment and loss: retrospect and prospect. *American Journal of Orthopsychiatry*, 52(4), 664-678.

Braithwaite，J.（1989）. *Crime，Shame and Reintegration*. Cambridge University Press.

Brazil，I. A. ，de Bruijn，E. R. A. ，Bulten，B. H. ，et al.（2009）. Early and late components of error monitoring in violent offenders with psychopathy. *Biological Psychiatry*, 65, 137-143.

Brennan, P. A. , Hall, J. , Bor, W. , et al. (2003). Integrating biological and social processes in relation to early-onset persistent aggression in boys and girls. *Developmental Psychology*, 39(2), 309-323.

Broderick, P. C. (2021). *Learning to breathe: A mindfulness curriculum for adolescents to cultivate emotion regulation, attention, and performance.* New Harbinger Publications.

Brown, W. M. C. , Price, W. H. , & Jacobs, P. A. (1968). The XYY male. *British Medical Journal*, 4(5629), 513.

Brunner, H. G. , Nelen, M. , Breakefield, X. , et al. (1993). Abnormal behavior associated with a point mutation in the structural gene for monoamine oxidase A. *Science*, 262(5133), 578-580.

Brunner, H. G. , Nelen, M. , van Zandvoort, P. , et al. (1993). X-linked borderline mental retardation with prominent behavioral disturbance: Phenotype, genetic localization, and evidence for disturbed monoamine metabolism. *American Journal of Human Genetics*, 52(6), 1032-1039.

Buckholtz, J. W. & Meyer-Lindenberg, A. (2008). MAOA and the neurogenetic architecture of human aggression. *Trends in Neurosciences*, 31(3), 120-129.

Buckholtz, J. W. , Callicott, J. H. , Kolachana, B. , et al. (2007). Genetic variation in MAOA modulates ventromedial prefrontal circuitry mediating individual differences in human personality. *Molecular Psychiatry*, 13(3), 313-324.

Buckholtz, J. W. , Treadway, M. T. , Cowan, R. L. , et al. (2010). Mesolimbic dopamine reward system hypersensitivity in individuals with psychopathic traits. *Nature Neuroscience*, 13(4), 419-421.

Buist, K. L. , Dekovi, M. , Meeus, W. , et al. (2004). The reciprocal relationship between early adolescent attachment and internalizing and externalizing problem behaviour. *Journal of Adolescence*, 27(3), 251-266.

Burt, S. A. (2009). Are there meaningful etiological differences within antisocial behavior? Results of a meta-analysis. *Clinical Psychology Review*, 29(2), 163-178.

Bush, J. (2006). Teaching self-risk management to violent offenders. In J. McGuire (Ed.), *What works: Reducing reoffending-guidelines from research and practice* (pp. 139-154). Chichester, UK: Wiley.

Buss, A. H. (1971). Aggression pays. in J. L. Singer(ed.). *The control of aggression and violence*. New York: Academic Press, 8.

Byrd, A. L. & Manuck, S. B. (2014). MAOA, childhood maltreatment, and antisocial behavior: Meta-analysis of a gene-environment interaction. *Biological psychiatry*, 75(1), 9-17.

Caldwell, M. F., Skeem, J., Salekin, R., et al. (2006). Treatment response of adolescent offenders with psychopathy features: A 2-Year follow-up. *Criminal Justice and Behavior*, 33(5), 571-596.

Caldwell, M. F., McCormick, D. J., Umstead, D., et al. (2007). Evidence of treatment progress and therapeutic outcomes among adolescents with psychopathic features. *Criminal Justice and Behavior*, 34(5), 573-587.

Cases, O., Seif, I., Grimsby, J., et al. (1995). Aggressive behavior and altered amounts of brain serotonin and norepinephrine in mice lacking MAOA. *Science*, 268, 1763-1766.

Caspi, A., & Moffitt, T. E. (2006). Gene-environment interactions in psychiatry: Joining forces with neuroscience. *Nature Reviews Neuroscience*, 7(7), 583-590.

Caspi, A., Hariri, A. R., Holmes, A., et al. (2010). Genetic sensitivity to the environment: The case of the serotonin transporter gene and its implications for studying complex diseases and traits. *American Journal of Psychiatry*, 167(5), 509-527.

Caspi, A., McClay, J., Moffitt, T. E., et al. (2012). Role of genotype in the cycle of violence in maltreated children-fears of the future in children and young people. *Zeitschrift für Soziologie der Erziehung und Sozialisation*, 25

(2)，133-145.

Cauffman，E.，Steinberg，L.，&. Piquero，A.（2005）.Psychological，neuropsychological and physiological correlates of serious antisocial behavior in adolescence：The role of self-control. *Criminology*，43(1)，133-176.

Chamberlain，S. R.，Derbyshire，K. L.，Leppink，E. W.，et al.（2016）. Neurocognitive deficits associated with antisocial personality disorder in non-treatment seeking young adults. *Journal of the American Academy of Psychiatry and the Law*，44(2)，218-225.

Chen，C. Y.，Muggleton，N. G.，Juan，C. H.，et al.，（2008）.Time pressure leads to inhibitory control deficits in impulsive violent offenders. *Behavioural Brain Research*，187(2)，483-488.

Christiansen，K. O.（1977）.A preliminary study of criminality among twins. In S. A. Mednick &. K. O. Christiansen（eds.），*Biosocial bases of criminal behavior*. New York：Gardner.

Cima，M.，Tonnaer，F.，&. Hauser，M. D.（2010）.Psychopaths know right from wrong but don't care. *Social Cognitive and Affective Neuroscience*，5(1)，59-67.

Cima，M. &. Raine，A.（2009）. Distinct characteristics of psychopathy relate to different subtypes of aggression. *Personality and Individual Differences*，47(8)，835-840.

Cima，M.，Tonnaer，F. J.，&. Hauser，M. D.（2010）.Psychopaths know right from wrong but don't care. *Social Cognitive and Affective Neuroscience*，5(1)，59-67.

Cima，M.，Tonnaer，F. J.，&. Lobbestael，J.（2007）.Moral emotions in predatory and impulsive offenders using implicit measures. *Netherlands Journal of Psychology*，(63)，133-142.

Clark，A. P.，Bontemps，A. P.，Batky，B. D.，et al.（2019）.Psychopathy and neurodynamic brain functioning：A review of EEG research. *Neuroence &. Biobehavioral Reviews*，103，352-373.

Cleckley，H. (1941). *The Mask of Sanity*. Saint Louis，MO：Mosby.

Cleckley，H. (1976). *The Mask of Sanity*. Saint Louis：The CV Mobey Company.

Coccaro，E. F. ，Lee，R. ，McCloskey，M. ，et al. (2015). Morphometric analysis of amygdla and hippocampus shape in impulsively aggressive and healthy control subjects. *Journal of Psychiatric Research*，69，80-86.

Conley，A. (2010). Childcare：Welfare or investment? *the International Journal of Social Welfare*，19(2)，173-181.

Connolly，J. ，Friedlander，L. ，Pepler，D. ，et al. (2010). The ecology of adolescent dating aggression：Attitudes，relationships，media use，and socio-demographic risk. *Journal of Aggression，Maltreatment & Trauma*，19（5），469-491.

Cooke，D. J. ，& Michie，C. (2001). Refining the construct of psychopathy：Towards a hierarchical model. *Psychological Assessment*，13(2)，171-188.

Cooke，D. J. ，Forth，A. E. ，& Hare，R. D. (1997). *Psychopathy：Theory，research and implications for society*. Springer Netherlands.

Cornell，D. G. ，Warren，J. ，Hawk，G. (1996). Psychopathy in instrumental and reactive violent offenders. *Journal of Consulting and Clinical Psychology*，64(4)，783-790.

Crick，N. R. ，& Dodge，K. A. (1994). A review and reformulation of social information-processing mechanisms in children's social adjustment. *Psychological Bulletin*，115(1)，74-101.

Cristofori I. ，Bulbulia J. ，Shaver J. H. ，et al. (2016). Neural correlates of mystical experience. *Neuropsychologia*，80，212-220.

Dadds，M. R. ，Hawes，D. J. ，Frost，A. D. J. ，et al. (2009). Learning to 'talk the talk'：The relationship of psychopathic traits to deficits in empathy across childhood. *Journal of Child Psychology and Psychiatry*，50（5），599-606.

Dahle，K. P. (2006). Strengths and limitations of actuarial prediction of criminal reoffence in a German prison sample: A comparative study of LSI-R, HCR-20 and PCL-R. *International Journal of Law and Psychiatry*, 29(5): 431-442.

Damasio, H., Grabowski, T., Frank, R., et al. (1994). The return of phineas gage: Clues about the brain from the skull of a famous patient. *Science*, 264(5162), 1102-1105.

Daniel, D. G., & Pizzagalli, D. A. (2007). Inhibition of action, thought, and emotion: A selective neurobiological review. *Applied and Preventive Psychology*, 12(3), 99-114.

Davidson, R. J., Putnam, K. M., & Larson, C. L. (2000). Dysfunction in the neural circuitry of emotion regulation: A possible prelude to violence. *Science*, 289(5479), 591-594.

Deeley, Q., Daly, E., Surguladze, S., et al. (2006). Facial emotion processing in criminal psychopathy: Preliminary functional magnetic resonance imaging study. *British Journal of Psychiatry*, 189(6), 533-539.

Delplanque, S., Silvert, L., Hot, P., et al. (2005). Event-related P3a and P3b in response to unpredictable emotional stimuli. *Biological Psychology*, 68(2), 107-120.

Dick, P. K. (1950). *Minority Report: Stories*. München: Heyne.

Dillon, D. G., & Pizzagalli, D. A. (2007). Inhibition of action, thought, and emotion: A selective neurobiological review. Applied & Preventive Psychology: *Journal of the American Association of Applied and Preventive Psychology*, 12(3), 99-114.

Dodge, K. A. (1986). A Socialinformation processing model of social competence in children. In M. Perlmutter (Ed.), *Minnesota Symposia on Child Psychology* (pp. 77-125). Wiley Online Books.

Dodge, K. A. (1993). Social-cognitive mechanisms in the development of conduct disorder and depression. *Annual Review of Psychology*, 44, 559-584.

Dodge, K. A., & Coie, J. D. (1987). Social-information-processing factors in reactive and proactive aggression in children's peer groups. *Journal of Personality and Social Psychology*, 53(6), 1146-1158.

Dodge, K. A. , & Schwartz, D. (1997). Social information processing mechanisms in aggressive behavior. In Stoff, D. M. , Breiling, J. , Maser, J. D. (Eds). *Handbook of antisocial behavior*. New York: Wiley.

Dodge, K. A. , Bates, J. E. , & Pettit, G. S. (1990). Mechanisms in the Cycle of Violence. *Science*, 250, 1678-1683.

Dodge, K. A. , Laird, R. , Lochman, J. E. , et al. (2002). Multidimensional latent-construct analysis of children's social information processing patterns: Correlations with aggressive behavior problems. *Psychological Assessment*, 14(1), 60-73.

Dodge, K. A. , Pettit, G. S. , Bates, J. E. , et al. (1995). Social information-processing patterns partially mediate the effect of early physical abuse on later conduct problems. *Journal of Abnormal Psychology*, 104, 632- 643.

Dolan, M. C. , & Park, I. (2002). The neuropsychology of antisocial personality disorder. *Psychological Medicine*, 32 (3), 417-427.

Dolan, M. C. , & Fullam, R. S. (2009). Psychopathy and functional magnetic resonance imaging blood oxygenation level-dependent responses to emotional faces in violent patients with schizophrenia. *Biological Psychiatry*, 66(6), 570-577.

Dolan, R. J. (2002). Emotion, cognition, and behavior. *Science*, 298(5596), 1191-1194.

Dotterer, H. L. , Hyde, L. W. , Swartz, J. R. , et al. (2017). Amygdala reactivity predicts adolescent antisocial behavior but not callous-unemotional traits. *Developmental Cognitive Neuroscience*, 24, 84-92.

Drabman, R. S. , & Thomas, M. H. (1975). Does TV violence breed indifference? *Journal of Communication*, 25(4), 86-89.

Duffy, J. D. , & Campbell, J. J. (1994). The regional prefrontal syndromes: A theoretical and clinical overview. *Journal of Neuropsychiatry & Clinical Neurosciences*, 6(4), 379-387.

Dunn, J. , & Hughes, C. (2001). "I got some swords and you're dead!":

Violent fantasy, antisocial behavior, friendship, and moral sensibility in young children. *Child Development*, 72(2), 491-505.

Edens, J. F. , Skeem, J. L. , Cruise, K. R. , et al. (2001). Assessment of "juvenile psychopathy" and its association with violence: A critical review. *Behavioral Sciences & the Law*, 19(1), 53-80.

Ermer, E. , Cope, L. M. , Nyalakanti, P. K. , et al. (2012). Aberrant paralimbic gray matter in criminal psychopathy. *Journal of Abnormal Psychology*, 121(3), 649-658.

Essau, C. A. , Sasagawa, S. , & Frick, P. J. (2006). Psychometricproperties of the alabama parenting questionnaire. *Journal of Child and Family Studies*, 15, 595-614.

Falkenbach, D. , Poythress, N. , & Creevy, C. (2008). The exploration of subclinical psychopathic subtypes and the relationship with types of aggression. *Personality & Individual Differences*, 44(4), 821-832.

Fanti, K. A. , Frick, P. J. , & Georgiou, S. (2008). Linking callous-unemotional traits to instrumental and non-instrumental forms of aggression. *Journal of Psychopathology and Behavioral Assessment*, 31(4), 285-298.

Farrington, D. P. (1997). The relationship between low resting heart rate and violence. In A. Raine, P. Brennan, D. Farrington, & S. Mednick (Eds.), *Biosocial bases of violence* (p. 89). New York: Plenum Press.

Farrington, D. P. , & West, D. J. (1993). Criminal, penal and life histories of chronic offenders: Risk and protective factors and early identification. *Criminal Behaviour & Mental Health*, 3(4), 492-523.

Feilhauer, J. , Cima, M. , Benjamins, C. , et al. (2013). Knowing right from wrong, but just not always feeling it: Relations among callous-unemotional traits, psychopathological symptoms, and cognitive and affective morality judgments in 8-to 12-year-old boys. *Child Psychiatry and Human Development*, 44(6), 709-716.

Felthous, A. , & Sass, H. (2012). *International handbook on psychopathic disorders and the law*. John Wiley & Sons, 473-475.

Ferenczi, E. A. , Zalocusky, K. A. , Liston, C. , et al. (2016). Prefrontal cortical regulation of brainwide circuit dynamics and reward-related behavior. *Science*, 351(6268), aac9698, 1-12.

Festinger, L. , Pepitone, A. , & Newcomb, T. (1952). Some consequences of deindividuation in a group. *Journal of Abnormal Psychology*, 47(2 Suppl.), 382-389.

Fincham, F. D. , Cui, M. , Braithwaite, S. , et al. (2008). Attitudes toward intimate partner violence in dating relationships. *Psychological Assessment*, 20(3), 260-269.

Fite, P. J. , Stoppelbein, L. , & Greening, L. (2009). Proactive and reactive aggression in a child psychiatric inpatient population. *Criminal Justice and Behavior*, 36(5), 481-493.

Flannery, D. J. , Vazsonyi, A. T. , & Waldman, I. D. (2007). *The Cambridge handbook of violent behavior and aggression*. Cambridge University Press, 85-87.

Foley, D. L. , Eaves, L. J. , Wormley, B. , et al. (2004). Childhood adversity, monoamine oxidase a genotype, and risk for conduct disorder. *Archives of General Psychiatry*, 61(7), 738-744.

Fontaine, N. M. , Rijsdijk, F. V. , McCrory, E. J. P. et al. (2010). Etiology of different developmental trajectories of callous-unemotional traits. *Journal of the American Academy of Child & Adolescent Psychiatry*, 49(7), 656-664.

Forth, A. E. , Kosson, D. S. , & Hare, R. D. (1994). *The psychopathy checklist: Youth version* (PCL: YV). Toronto, Ontario, Canada: Multi-Health Systems.

Fowler, J. S. , Alia-Klein, N. , Kriplani, A. , et al. (2007). Evidence that brain MAOA activity does not correspond to MAOA genotype in healthy male subjects. *Biological Psychiatry*, 62(4), 355-358.

Frazzetto, G. , Di Lorenzo, G. , Carola, V. , et al. (2007). Early trauma and increased risk for physical aggression during adulthood: The moderating role of MAOA genotype. *Plos One*, 2(5), e486.

Freedman, B. J., Rosenthal, L., Donahoe Jr, C. P., et al. (1978). A Social-behavioral analysis of skill deficits in delinquent and nondelinquent adolescent boys, *Journal of Consulting and Clinical Psychology*, 46(6), 1448-1462.

Freiman, J. A., Chalmers, T. C., Smith Jr, H., et al. (1978). The importance of beta, the type II error and sample size in the design and interpretation of the randomized control trial: survey of 71 negative trials. *New England Journal of Medicine*, 299(13), 690-694.

Frick, P. J. (2004). Developmental pathways to conduct disorder: Implications for serving youth who show severe aggressive and antisocial behavior. *Psychology in the Schools*, 41(8), 823-834.

Frick, P. J., & Hare, R. (2001). *Antisocial process screening device*. Toronto, Ontario, Canada: Multi-Health Systems.

Frick, P. J., Bodin, S. D., & Barry, C. T. (2000). Psychopathic traits and conduct problems in community and clinic-referred samples of children: Further development of the Psychopathy Screening Device. *Psychological Assessment*, 12, 382-393.

Frick, P. J., O'Brien, B. S., Wootton, J., et al. (1994). Psychopathy and conduct problems in children. *Journal of Abnormal Psychology*, 103, 700-707.

Frick, P. J., & White, S. F. (2008). Research review: The importance of callous-unemotional traits for developmental models of aggressive and antisocial behavior. *Journal of Child Psychology and Psychiatry*, 49(4), 359-375.

Frick, P. J., Cornell, A. H., Bodin, S. D., et al. (2003). Callous-unemotional traits and developmental pathways to severe conduct problems. *Developmental Psychology*, 39(2), 246-260.

Frick, P. J., Kimonis, E. R., Dandreaux, D. M., et al. (2003). The 4 year stability of psychopathic traits in non-referred youth. *Behavioral Sciences and The Law*, 21(6), 713-736.

Frick, P. J. , Stickle, T. R. , Dandreaux, D. M. , et al. (2005). Callous-unemotional traits in predicting the severity and stability of conduct problems and delinquency. *Journal of Abnormal Child Psychology*, 33, 471-487.

Frisell, T. , Pawitan, Y. , Niklas Långström, et al. (2012). Heritability, assortative mating and gender differences in violent crime: Results from a total population sample using twin, adoption, and sibling models. *Behavior Genetics*, 42(1), 3-18.

Funk, J. B. , Elliott, R. , Urman, M. L. , et al. (1999). The attitudes towards violence scale: A measure for adolescents. *Journal of Interpersonal Violence*, 14(11), 1123-1136.

Funk, J. B. , Elliott, R. , Bechtoldt, H. , et al. (2003). The attitudes toward violence scale. *Journal of Interpersonal Violence*, 18, 186-196.

Fylan, F. & Clarke, J. (2006). *Violence reduction strategy*. York: Her Majesty's Prison Full Sutton.

Gacono, C. , & Meloy, J. (1994). *The Rorschach assessment of aggressive and psychopathic personalities*. New York: Routledge, 142-145.

Gao, Y. , & Raine, A. (2010). Successful and unsuccessful psychopaths: A neurobiological model. *Behavioral Sciences & the Law*, 28(2), 194-210.

Gao, Y. , Raine, A. , Venables, P. H. , et al. (2010). Association of poor childhood fear conditioning and adult crime. *American Journal of Psychiatry*, 167(1), 56-61.

Garavan, H. , Ross, T. J. , & Stein, E. A. (1999). Right hemispheric dominance of inhibitory control: An event-related functional MRI study. *Proceedings of the National Academy of Sciences of the United States of America*, 96(14), 8301-8306.

Gershoff, E. T. (2002). Corporal punishment by parents and associated child behaviors and experiences: A meta-analytic and theoretical review. *Psychological Bulletin*, 128(4), 539-579.

Gerstle, J. E. , Mathias, C. W. , & Stanford, M. S. (1998). Auditory P300 and self-reported impulsive aggression. *Progress in Neuro-psychopharmacology and Biological Psychiatry*, 22(4), 575-583.

Gillespie, S. M. , Brzozowski, A. , & Mitchell, I. J. (2017). Self-regulation and aggressive antisocial behaviour: Insights from amygdala-prefrontal and heart-brain interactions. *Psychology Crime & Law*, 24(3), 243-257.

Gillham, N. W. (2011). Genes, chromosomes, and disease: From simple traits, to complex traits, to personalized medicine. *FT Press*, 132-134.

Gini, G. (2006). Socialcognition and moral cognition in bullying: What's wrong? *Aggressive Behavior*, 32(6), 528-539.

Giovanni, G. D. , Matteo, V. D. , Pierucci, M. , et al. (2008). Serotonin-dopamine interaction: Electrophysiological evidence. *Progress in Brain Research*, 172, 45-71.

Glenn, A. L, Raine, A. , Schug, R. A. (2009) . The neural correlates of moral decision-making in psychopathy. *Molecular Psychiatry*, 14(1), 5-6.

Glenn, A. L. (2011). The other allele: exploring the long allele of the serotonin transporter gene as a potential risk factor for psychopathy: A review of the parallels in findings. *Neuroscience & Biobehavioral Reviews*, 35(3), 612-620.

Glenn, A. L. , & Raine, A. (2009). Psychopathy and instrumental aggression: Evolutionary, neurobiological, and legal perspectives. *International Journal of Law and Psychiatry*, 32(4), 253-258.

Glenn, A. L. , Raine, A. , & Schug, R. A. (2009). The neural correlates of moral decision-making in psychopathy. *Molecular Psychiatry*, 14(1), 5-6.

Glenn, A. L. , & Raine, A. (2014) . Neurocriminology: Implications for the punishment, prediction and prevention of criminal behaviour. *Nature Reviews Neuroscience*, 15(1), 54-63.

Glueck, S. , & Glueck, E. (1950) . *Unravelling Juvenile Delinquency*. Cambridge, MA: Harvard University Press.

Gold, J. , Sullivan, M. W. , & Lewis, M. (2011). The relation between abuse and violent delinquency: The conversion of shame to blame in juvenile offenders. *Child Abuse & Neglect*, 35(7), 459-467.

Gray, J. A. , Owen, S. , Davis, N. , et al. (1983). Psychological and physiological relations between anxiety and impulsivity. In M. Zuckerman, *The biological bases of sensation seeking, impulsivity, and anxiety* (pp. 181-227). Hillsdale, NJ: Erlbaum.

Gregg, T. R. , & Siegel, A. (2001). Brain structures and neurotansmitters regulating aggression in cats: Implications for human aggression. *Progress in Neuro Psychopharmacology & Biological Psychiatry*, 25(1), 91-140.

Gresham, F. M. , Lane, K. L. , & Lambros, K. M. (2000). Comorbidity of conduct problems, ADHD: Identification of "fledgling psychopaths." *Journal of Emotional and Behavioral Disorders*, 8, 15-33.

Gretton, H. M. , Mcbride, M. , Hare, R. D. , et al. (2001). Psychopathy and recidivism in adolescent sex offenders. *Criminal Justice and Behavior*, 28(4), 427-449.

Grove, W. M. , Eckert, E. D. , Heston, L. , et al. (1990). Heritability of substance abuse and antisocial behavior: A study of monozygotic twins reared apart. *Biological Psychiatry*, 27(12), 1293-1304.

Guo, G. , Cai, T. , Guo, R. , et al. (2010). The dopamine transporter gene, a spectrum of most common risky behaviors, and the legal status of the behaviors. *Plos One*, 5(2), e9352.

Guo, G. , Roettger, M. E. , & Shih, J. C. (2006). Contributions of the DAT1 and DRD2 genes to serious and violent delinquency among adolescents and young adults. *Human Genetics*, 121(1), 125-136.

Gutmann, P. (2008). Julius Ludwig August Koch (1841-1908): Christian, philosopher and psychiatrist. *History of Psychiatry*, 19(2), 202-214.

Guy, L. S. , & Douglas, K. S. (2006). Examining the utility of the PCL: SV as a screening measure using competing factor models of psychopathy. *Psychological Assessment*, 18(2), 225.

Haber, S. N. , & Brian, K. (2010). The reward circuit: Linking primate anatomy and human imaging. *Neuropsychopharmacology*, 35(1), 4-26.

Hamer, D. (2002). Genetics. Rethinking behavior genetics. Science, 298 (5591), 71-72.

Hamzelou, J. (2011). Brain scans reduce murder sentence in Italian court. *New Scientist*, 2.

Hare, R. D. (1968). Psychopathy, autonomic functioning, and the orienting response. *Journal of Abnormal Psychology*, 73(3), Suppl 23: 1.

Hare, R. D. (1970). *Psychopathy: Theory and research*. New York: Wiley.

Hare, R. D. (1980). A research scale for the assessment of psychopathy in criminal populations. *Personality & Individual Differences*, 1(2), 111-119.

Hare, R. D. (1984). Performance of psychopaths on cognitive tasks related to frontal lobe function. *Journal of Abnormal Psychology*, 93(2), 133-140.

Hare, R. D. (1991). *Manual for the revised psychopathy checklist*. Toronto, Ontario, Canada: Multi-Health Systems.

Hare, R. D. (1996). Psychopathy and antisocial personality disorder: A case of diagnostic confusion. *Psychiatric Times*, 13(2), 39-40.

Hare, R. D. (1996). Psychopathy: A clinical construct whose time has come. *Criminal Justice and Behavior*, 23(1), 25.

Hare, R. D. (1998). Psychopaths and their nature: Implications for the mental health and criminal justice systems. In T. Millon, E. Simonsen, & M. Birket-Smith (Eds.), *Psychopathy: Antisocial, Criminal, and Violent Behavior*. Guilford Press, 188-212.

Hare, R. D. (2003). *The Hare psychopathy checklist-revised* (2nd ed). Toronto, Ontario, Canada: Multi-Health Systems.

Hare, R. D., Frazelle, J., & Cox, D. N. (1978). Psychopathy and physiological responses to threat of an aversive stimulus. *Psychophysiology*, 15(2), 165-172.

Hare, R. D., Harpur, T. J., Hakstian, A. R., et al. (1990). The revised psychopathy checklist: Reliability and factor structure. *Psychological Assessment*, 2(3), 338-341.

Harenski, C. L., Harenski, K. A., Shane, M. S., et al. (2010). Aberrant neural processing of moral violations in criminal psychopaths. *Journal of Abnormal Psychology*, 119(4), 863-874.

Harper, F. W. K., Austin, A. G., Cercone, J. J., et al. (2005). The role of shame, anger, and affect regulation in men's perpetration of psychological abuse in dating relationships. *Journal of Interpersonal Violence*, 20 (12), 1648-1462.

Hart, S. D., Cox, D. N., & Hare, R. D. (1995). *The Hare psychopathy checklist: Screening version* (PCL: SV). Toronto, Ontario, Canada: Multi-Health Systems.

Hart, S. D., Kropp, P. R., & Hare, R. D. (1988). Performance of male psychopaths following conditional release from prison. *Journal of Consulting and Clinical Psychology*, 56(2), 227-232.

Hawes, D. J., & Dadds, M. R. (2005). The treatment of conduct problems in children with callous-unemotional traits. *Journal of Consulting and Clinical Psychology*, 73(4), 737-741.

Hemphill, J. F., Hare, R. D., & Wong, S. (1998). Psychopathy and recidivism: A review. *Legal and criminological Psychology*, 3(1), 139-170.

Hilsenroth, M. J., Hibbard, S. R., Nash, M. R., et al. (1993). A Rorschach study of narcissism, defense, and aggression in borderline, narcissistic, and cluster C personality disorders. *Journal of Personality Assessment*, 60(2), 346-361.

Hirschi, T., & Stark, R.. (1969). Hellfire and delinquency. *Social Problems*, 17(2), 202-213.

Hosking, J. G., Kastman, E. K., Dorfman, H. M., et al. (2017). Disrupted prefrontal regulation of striatal subjective value signals in psychopathy. *Neuron*, 95 (1), 221-231.

Huesmann, L. R. , & Guerra, N. G. (1997). Children's normative beliefs about aggression and aggressive behavior. *Journal of Personality and Social Psychology*, 72(2), 408-419.

Huesmann, L. R. , Moise-Titus, J. , Podolski, C. -L. , et al. (2003). Longitudinal relations between children's exposure to TV violence and their aggressive and violent behavior in young adulthood: 1977—1992. *Developmental Psychology*, 39(2), 201-221.

Huesmann, L. R. , & Eron, L. D. (1984). Cognitive processes and the persistence of aggressive behavior. *Aggressive Behavior*, 10, 243-251.

Humayun, S. , Kahn, R. E. , Frick, P. J. , et al. (2014). Callous-unemotional traits and anxiety in a community sample of 7-year-olds. *Journal of Clinical Child & Adolescent Psychology*, 43(1), 36-42.

Hundt, N. E. , Kimbrel, N. A. , Mitchell, J. T. , et al. (2008). High BAS, but not low BIS, predicts externalizing symptoms in adults. *Personality and Individual Differences*, 44(3), 565-575.

Hussong, A. (2000). The Settings of adolescent alcohol and drug use. *Journal of Youth and Adolescence*, 29, 107-119.

Hyde, L. W. , Byrd, A. L. , Votruba-Drzal, E. , et al. (2014). Amygdala reactivity and negative emotionality: Divergent correlates of antisocial personality and psychopathy traits in a community sample. *Journal of Abnormal Psychology*, 123(1), 214-224.

Hymel, S. , Rocke-Henderson, N. , & Bonanno, R. A. (2005). Moral disengagement: A framework for understanding bullying among adolescents. *Journal of the Social Sciences*, 8(1), 1-11.

Insel, T. , Cuthbert, B. , Garvey, M. , et al. (2010). Research domain criteria (RDoC): Toward a new classification framework for research on mental disorders. *American Journal of Psychiatry*, 167(7), 748-751.

Ishikawa, S. S. , Raine, A. , Lencz, T. , et al. (2001). Autonomic stress reactivity and executive functions in successful and unsuccessful criminal psychopaths from the community. *Journal of Abnormal Psychology*, 110(3), 423-432.

Jacobs, P. A. , Brunton, M. , Melville, M. M. , et al. (1965). Aggressive behaviour, mental sub-normality and the XYY male. *Nature*, 208, 1351-1352.

Jaffee, S. R. , Caspi, A. , Moffitt, T. E. , et al. (2004). Physical maltreatment victim to antisocial child: Evidence of an environmentally mediated process. *Journal of Abnormal Psychology*, 113(1), 44-55.

Jiang, W. X. , Li, G. , Liu, H. S. , et al. (2016). Reduced cortical thickness and increased surface area in antisocial personality disorder. *Neuroscience*, 337, 143-152.

Johnsson, M. , Andersson, B. , Wallinius, M. , et al. (2014). Blame attribution and guilt feelings in violent offenders. *Journal of Forensic Psychiatry & Psychology*, 25(2), 212-223.

Jones, A. P. , Laurens, K. R. , Herba, C. M. , et al. (2009). Amygdala hypoactivity to fearful faces in boys with conduct problems and callous-unemotional traits. *American Journal of Psychiatry*, 166(1), 95-102.

Karpman, B. (1941). On the need of separating psychopathy into two distinct clinical types: The symptomatic and the idiopathic. *Journal of Criminology and Psychopathology*, 3, 112-137.

Kiehl, K. A. , Bates, A. T. , Laurens, K. R. , et al. (2006). Brain potentials implicate temporal lobe abnormalities in criminal psychopaths. *Journal of Abnormal Psychology*, 115(3), 443-453.

Kiehl, K. A. , Hare, R. D. , Liddle, P. F. , et al. (1999). Reduced p300 responses in criminal psychopaths during a visual oddball task. *Biological Psychiatry*, 45(11), 1498-1507.

Kiehl, K. A. , Hare, R. D. , McDonald, J. J. , et al. (1999). Semantic and affective processing in psychopaths: An event-related potential (ERP) study. *Psychophysiology*, 36, 765-774.

Kiehl, K. A. , Smith, A. M. , Hare, R. D. , et al. (2001). Limbic abnormalities in affective processing by criminal psychopaths as revealed by functional magnetic resonance imaging. *Biological Psychiatry*, 50(9), 677-684.

Kimonis, E. R., Frick, P. J., Fazekas, H., et al. (2006). Psychopathy, aggression, and the processing of emotional stimuli in non-referred girls and boys. *Behavioral Sciences and the Law*, 24(1), 21-37.

Kim-Cohen, J., Caspi, A., Taylor, A., et al. (2006). MAOA, maltreatment, and gene-environment interaction predicting children's mental health: New evidence and a meta-analysis. *Molecular Psychiatry*, 11(10), 903-913.

Kiriakidis, S. P. (2008). Application of the theory of planned behavior to recidivism: The role of personal norm in predicting behavioral intentions of re-offending. *Journal of Applied Social Psychology*, 38(9), 2210-2222.

Knott, J. R., Platt, E. B., Ashby, M. C., et al. (1953). A familial evaluation of the electroencephalogram of patients with primary behavior disorder and psychopathic personality. *Electroencephalography & Clinical Neurophysiology*, 5(3), 363-370.

Kohlberg, L. (1969). Stage and sequence: The cognitive-developmental approach to socialization. In D. A. Goslin (Ed). *Handbook of socialization theory*. Chicago, IL: Rand McNally.

Koolaee, A. K., Lor, H. S., Soleimani, A. A., et al. (2014). Comparison between family power structure and the quality of parent-child interaction among the delinquent and non-delinquent adolescents. *International Journal of High Risk Behaviors and Addiction*, 3(2), e13188.

Kratzer, L., & Hodgins, S. (2010). A typology of offenders: A test of Moffitt's theory among males and females from childhood to age 30. *Criminal Behaviour and Mental Health*, 9(1), 57-73.

Krug, E. G., Mercy, J. A., Dahlberg, L. L., et al. (2002). The world report on violence and health. *Lancet*, 360(9339), 1083-1088.

Kruh, I. P., Frick, P. J., & Clements, C. B. (2005). Historical and personality correlates to the violence patterns of juveniles tried as adults. *Criminal Justice and Behavior*, 32, 69-96.

Kumari, V. , Uddin, S. , Premkumar, P. , et al. (2014). Lower anterior cingulate volume in seriously violent men with antisocial personality disorder or schizophrenia and a history of childhood abuse. *Australian and New Zealand Journal of Psychiatry*, 48(2), 153-161.

Laakso, M. P. , Gunning-Dixon, F. , Vaurio, O. , et al. (2002). Prefrontal volume in habitually violent subjects with antisocial personality disorder and type 2 alcoholism. *Psychiatry Research*, 114(2), 95-102.

Lange, J. , Haldane, F. , & Charlotte, H. T. (1931). *Crime as destiny: A study of criminal twins*. London: George Allen & Unwin Ltd.

Lawing, K. , Frick, P. J. , & Cruise, K. R. (2010). Differences in offending patterns between adolescent sex offenders high or low in callous-unemotional traits. *Psychological Assessment*, 22(2), 298-305.

Lebel, C. , Walker, L. , Leemans, A. , et al. (2008). Microstructural maturation of the human brain from childhood to adulthood. *Neuroimage*, 40(3), 1044-1055.

Ledoux, J. (2007). The amygdala. *Current Biology*, 17(20), 868-874.

Leist, T. , & Dadds, M. R. (2009). Adolescents' ability to read different emotional faces relates to their history of maltreatment and type of psychopathology. *Clinical Child Psychology and Psychiatry*, 14(2), 237-250.

Lesch, K. P. , & Merschdorf, U. (2010). Impulsivity, aggression, and serotonin: A molecular psychobiological perspective. *Behavioral Sciences and the Law*, 18(5), 581-604.

Letourneau, E. J. , & Miner, M. H. . (2005). Juvenile sex offenders: A case against the legal and clinical status quo. *Sexual Abuse A Journal of Research & Treatment*, 17(3), 293-312.

Levenson, M. R. , Kiehl, K. A. , & Fitzpatrick, C. M. (1995). Assessing psychopathic attributes in a noninstitutionalized population. *Journal of Personality and Social Psychology*, 68, 151-158.

Lewis, H. B. (1971). Shame and guilt in neurosis. *Psychoanalytic Review*,

58(3), 419-438.

Lilienfeld, S. O. , & Andrews, B. P. (1996). Development and preliminary validation of a self-report measure of psychopathic personality traits in noncriminal populations. *Journal of Personality Assessment*, 66, 488-524.

Lilienfeld, S. O. , & Widows, M. R. (2005). *Psychopathic personality inventory-Revised (PPI-R) professional manual*. Odessa, FL: Psychological Assessment Resources.

Lin, D. , Boyle, M. , Dollar, P. , et al. (2011). Functional identification of an aggression locus in the mouse hypothalamus. *Nature*, 470, 221-226.

Linehan, M. M. (1993). *Cognitive-Behavioral Treatment of Borderline Personality Disorder*. New York: Guilford.

Lochman, J. E. , & Wells, K. C. (2004). The coping power program for preadolescent aggressive boys and their parents: Outcome effects at the 1-year follow-up. *Journal of Consulting and Clinical Psychology*, 72(4), 571-578.

Loeber, R. , & Stouthamer-Loeber, M. (1998). Development of juvenile aggression and violence. Some common misconceptions and controversies. *American Psychologi*st, 53(2), 242-259.

Loeffler, C. H. , Prelog, A. J. , Prabha Unnithan, N. , et al. (2009). Evaluating shame transformation in group treatment of domestic violence offenders. *International Journal of Offender Therapy & Comparative Criminology*, 54(4), 517-536.

Loney, B. R. , Butler, M. A. , Lima, E. N. , et al. (2006). The relation between salivary cortisol, callous-unemotional traits, and conduct problems in an adolescent non-referred sample. *Journal of Child Psychology Psychiatry*, 47 (1), 30-36.

Lowenkamp, C. T. , & Letessa, E. J. (2002). Evaluation of Ohio's community based correctional facilities and Halfway House Programs: Final Report. University of Cincinnati, Division of Criminal Justice, Center for Criminal Justice Research.

Lu, R. B. , Lin, W. -W. , Lee, J. -F. , et al. (2003). Neither antisocial personality disorder nor antisocial alcoholism is associated with the MAO-A gene in Han Chinese males. Alcoholism: *Clinical and Experimental Research*, 27(6), 889-893.

Luntz, B. K. , & Widom, C. S. (1994). Antisocial personality disorder in abused and neglected children grown up. *The American Journal of Psychiatry*, 151(5), 670-674.

Lykken, D. T. (1957). A study of anxiety in the sociopathic personality. *The Journal of Abnormal and Social Psychology*, 55(1), 6-11.

Macdonald, A. W. , Cohen, J. D. , Stenger, V. A. , et al. (2000). Dissociating the role of the dorsolateral prefrontal and anterior cingulate cortex in cognitive control. *Science*, 288(5472), 1835-1838.

MacKenzie, D. L. (2000). Evidence-based corrections: Identifying what works. *Crime & Delinquency*, 46(4), 457-471.

Mahmut, M. K. , Homewood, J. , & Stevenson, R. J. (2008). The characteristics of non-criminals with high psychopathy traits: Are they similar to criminal psychopaths? *Journal of Research in Personality*, 42(3), 679-692.

Manuck, S. B. , Flory, J. D. , Ferrell, R. E. , et al. (2000). A regulatory polymorphism of the Monoamine Oxidase-A gene may be associated with variability in aggression, impulsivity, and central nervous system serotonergic responsivity. *Psychiatry Research*, 95(1), 9-23.

Marion, N. A. (2002). Community corrections in Ohio: Cost savings and program effectiveness. Commissioned by The Justice Policy Institute, Washington, D. C. , Released Locally by Policy Matters Ohio, Cleveland, Ohio.

Mason, D. A. , & Frick, P. J. (1994). The heritability of antisocial behavior: A meta-analysis of twin and adoption studies. *Journal of Psychopathology and Behavioral Assessment*, 16(4), 301-323.

Mathieu, C. , Hare, R. D. , Jones, D. N. , et al. (2013). Factor structure of the b-scan 360: A measure of corporate psychopathy. *Psychological Assessment*,

25(1), 288-293.

Mednick, S. A. , Gabrielli, W. F. , & Hutchings, B. (1984). Genetic influences in criminal convictions: evidence from an adoption cohort. *Science*, 224 (4651), 891-894.

Meyer-Lindenberg, A. , Buckholtz, J. W. , Kolachana, B. R. , et al. (2006). Neural mechanisms of genetic risk for impulsivity and violence in humans. *Proceedings of the National Academy of Sciences of the United States of America*, 103(16), 6269-6274.

Miczek, K. A. , Fish, E. W. , de Bold, J. F. , et al. (2002). Social and neural determinants of aggressive behavior: Pharmacotherapeutic targets at serotonin, dopamine and γ-aminobutyric acid systems. *Psychopharmacology*, 163 (3-4), 434-458.

Mitchell, D. G. V. , Fine, C. , Richell, R. A. , et al. (2002). Instrumental learning and relearning in individuals with psychopathy and in patients with lesions involving the amygdala or orbitofrontal cortex. *Neuropsychology*, 20 (3), 280-289.

Moffitt, T. E. & Beckley, A. (2015). Abandon twin research? Embrace epigenetic research? Premature advice for criminologists. *Criminology*, 53(1), 121-126.

Moffitt, T. E. (1993). Adolescence-limited and life-course-persistent antisocial behavior: A developmental taxonomy. *Psychological review*, 100 (4), 674-701.

Moffitt, T. E. , & Caspi, A. (2001). Childhood predictors differentiate life-course persistent and adolescence-limited antisocial pathways among males and females. *Development and Psychopathology*, 13(2), 355-375.

Moffitt, T. E. , Brammer, G. L. , Caspi, A. , et al. (1998). Whole blood serotonin relates to violence in an epidemiological study. *Biological Psychiatry*, 43 (6), 446-457.

Moher, D. , Dulberg, C. S. , & Wells, G. A. (1994). Statistical power, sample size, and their reporting in randomized controlled trials. *Jama*, 272 (2), 122-124.

　　Morgan, A. B., & Lilienfeld, S. (2000). A meta-analytic review of the relation between antisocial behavior and neuropsychological measures of executive function. *Clinical Psychology Review*, 20(1), 113-136.

　　Moul, C., Killcross, S., & Dadds, M. R. (2012). A model of differential amygdala activation in psychopathy. *Psychological Review*, 119(4), 789-806.

　　Munro, G. E. S., Dywan, J., Harris, G. T., et al. (2007). ERN varies with degree of psychopathy in an emotion discrimination task. *Biological Psychiatry*, 76, 31-42.

　　Murrie, D. C., Cornell, D. G., Kaplan, S., et al. (2004). Psychopathy scores and violence among juvenile offenders: A multi-measure study. *Behavioral Sciences & the Law*, 22(1), 49-67.

　　Muñoz, L. C., Frick, P. J., Kimonis, E. R., et al. (2008). Types of aggression, responsiveness to provocation, and callous-unemotional traits in detained adolescents. *The Journal of Abnormal Child Psychology*, 36(1), 15-28.

　　Nasby, W., Hayden, B., & DePaulo, B. M. (1980). Attributional bias among aggressive boys to interpret unambiguous social stimuli as displays of hostility. *Journal of Abnormal Psychology*, 89(3), 459-468.

　　Newman, G. R. (1998). Popular culture and violence: Decoding the violence of popular movies, Popular culture, crime, and justice. 1, 40-56.

　　Newman, J. P., Schmitt, W. A., & Voss, W. D. (1997). The impact of motivationally neutral cues on psychopathic individuals: Assessing the generality of the response modulation hypothesis. *Journal of Abnormal and Social Psychology*, 106(4), 563-575.

　　Nickerson, S. D. (2014). Brain abnormalities in psychopaths: A meta-analysis. *North American Journal of Psychology*, 16, 63-78.

　　Nouvion, S. O., Cherek, D. R., Lane, S. D., et al. (2007). Human proactive aggression: Association with personality disorders and psychopathy. *Ag-*

gressive Behavior, 33(6), 552-562.

Ochberg, F., Brantley, A., Hare, R., et al. (2003). Lethal predators: psychopathic, sadistic, and sane. *International Journal of Emergency Mental Health*, 5(3), 121-136.

Ogloff, J., Wong, S., & Greenwood, A. (1990). Treating criminal psychopaths in a therapeutic community program. *Behavioral Sciences & The Law*, 8, 181-190.

Olver, M. E., & Wong, S. C. P. (2009). Therapeutic responses of psychopathic sexual offenders: Treatment attrition, therapeutic change, and long-term recidivism. *Journal of Consulting and Clinical Psychology*, 77(2), 328-336.

Olver, M. E., & Wong, S. C. P. (2011). Predictors of sex offender treatment dropout: Psychopathy, sex offender risk, and responsivity implications. *Psychology, Crime, and Law*, 17(5), 457-471.

Olver, M. E., Lewis, K., & Wong, S. C. P. (2013). Risk reduction treatment of high-risk psychopathic offenders: The relationship of psychopathy and treatment change to violent recidivism. *Personality Disorder*, 4(2), 160-167.

Olver, M. E., Stockdale, K. C., & Wormith, J. S. (2011). A meta-analysis of predictors of offender treatment attrition and its relationship to recidivism. *Journal of Consulting and Clinical Psychology*, 79(1), 6-21.

Palmer, C. R., & Hollin, E. J. (2000). The interrelations of socio-moral reasoning, perceptions of own parenting and attributions of intent with self-reported delinquency. *Legal and Criminological Psychology*, (5), 201-218.

Papini, D. R., & Roggman, L. A. (1992). Adolescent perceived attachment to parents in relation to competence, depression, and anxiety: a longitudinal study. *Journal of Early Adolescence*, 12(4), 420-440.

Pardini, D. A., Raine, A., Erickson, K., et al. (2014). Lower amygdala volume in men is associated with childhood aggression, early psychopathic traits, and future violence. *Biological Psychiatry*, 75(1), 73-80.

Pardini, D. A., Lochman, J. E., & Frick, P. J. (2003). Callous/unemotional traits and social-cognitive processes in adjudicated youths. *Journal of the American Academy of Child & Adolescent Psychiatry*, 42(3), 364-371.

Passamonti, L. , Fera, F. , Magariello, A. , et al. (2006). Monoamine oxidase-a genetic variations influence brain activity associated with inhibitory control: New insight into the neural correlates of impulsivity. *Biological Psychiatry*, 59 (4), 334-340.

Patrick, C. J. (2005). *Handbook of psychopathy*. Guilford Press, 172-182.

Patton, J. H. , Stanford, M. S. , & Barratt, E. S. (1995). Factor structure of the Barratt impulsiveness scale. *Journal of Clinical Psychology*, 51 (6), 768-774.

Paul, R. J. , & Townsend, J. B. (1998). Violence in the workplace—A review with recommendations. *Employee Responsibilities and Rights Journal*, (11), 1-14.

Pelton, J. , Gound, M. , Forehand, R. , et al. (2004). The moral disengagement scale: Extension with an American minority sample. *Journal of Psychopathology and Behavioral Assessment*, 26(1), 31-39.

Petrides, M. , & Pandya, D. N. (1988). Association fiber pathways to the frontal cortex from the superior temporal region in the rhesus monkey. *The Journal of Comparative Neurology*, 273(1), 52-66.

Petrides, M. , & Pandya, D. N. (2002). Comparative cytoarchitectonic analysis of the human and the macaque ventrolateral prefrontal cortex and corticocortical connection patterns in the monkey. *The European Journal of Neuroscience*, 16, 291-310.

Phelps, E. A. , & Ledoux, J. E. (2005). Contributions of the amygdala to emotion processing: From animal models to human behavior. *Neuron*, 48(2), 175-187.

Platt, J. J. (1976). *The problem-solving approach to adjustment: A guide to research and intervention*. San Francisco: Jossey-Bass.

Polaschek, D. L. , Wilson, N. J. , Townsend, M. R. , et al. (2005). Cogni-

tive-behavioral rehabilitation for high-risk violent offenders: An outcome evalua-
tion of the violence prevention unit. *Journal of Interpersonal Violence*, 20(12),
1611-1627.

Porter, S. , Birt, A. R. , & Boer, D. P. (2001). Investigation of the criminal
and conditional release profiles of Canadian federal offenders as a function of psy-
chopathy and age. *Law & Human Behavior*, 25(6), 647-661.

Porter, S. , Woodworth, M. , Earle, J. , et al. (2003). Characteristics of
sexual homicides committed by psychopathic and nonpsychopathic offenders. *Law
and human behavior*, 27(5), 459-470.

Pujara, M. , Motzkin, J. C. , Newman, J. P. , et al. (2014). Neural corre-
lates of reward and loss sensitivity in psychopathy. *Social Cognitive and Affective
Neuroscience*, 9(6), 794-801.

Rafter, N. (2008). The criminal brain: Understanding biological theories of
crime. New York University Press, 27.

Raine, A. (2002). The biological basis of crime. In Wilson, J. Q. and Peter-
silia, J. *Crime: Public Policies for Crime Control*, Ics Pr, pp. 43-74.

Raine, A. , & Venables, P. H. (1988). Enhanced p3 evoked potentials and
longer p3 recovery times in psychopaths. *Psychophysiology*, 25(1), 30-38.

Raine, A. , Brennan, P. , & Mednick, S. A. (1997). Interaction between
birth complications and early maternal rejection in predisposing individuals to adult
violence: Specificity to serious, early-onset violence. *American Journal of Psy-
chiatry*, 154(9), 1265-1271.

Raine, A. , Buchsbaum, M. , & Lacasse, L. (1997). Brain abnormalities in
murderers indicated by positron emission tomography. *Biological Psychiatry*, 42
(6), 495-508.

Raine, A. , Ishikawa, S. S. , Arce, E. , et al. (2004). Hippocampal structur-
al asymmetry in unsuccessful psychopaths. *Biological Psychiatry*, 55 (2),
185-191.

Raine, A. , Lencz, T. , Bihrle, S. , et al. (2000). Reduced prefrontal gray matter volume and reduced autonomic activity in antisocial personality disorder. *Archives of General Psychiatry*, 57(2), 119-127.

Raine, A., Meloy, J. R., Bihrle, S., et al. (1998). Reduced prefrontal and increased subcortical brain functioning assessed using positron emission tomography in predatory and affective murderers. *Behavioral Sciences and the Law*, 16 (3), 319-332.

Raine, A., Venables, P. H., & Mednick, S. A. (1997). Low resting heart rate at age 3 years predisposes to aggression at age 11 years: Evidence from the Mauritius Child Health Project. *Journal of the American Academy of Child & Adolescent Psychiatry*, 36(10), 1457-1464.

Raine, A., Venables, P. H., & Williams, M. (1990a). Autonomic orienting responses in 15-year-old male subjects and criminal behavior at age 24. *American Journal of Psychiatry*, 147(7), 933-937.

Raine, A., Venables, P. H., & Williams, M. (1990b). Relationships between central and autonomic measures of arousal at age 15 years and criminality at age 24 years. *Archives of General Psychiatry*, 47(11), 1003-1007.

Raine, A., Yang, Y., Narr, K. L., et al. (2011). Sex differences in orbitofrontal gray as a partial explanation for sex differences in antisocial personality. *Molecular Psychiatry*, 16(2), 227-236.

Reidy, D. E., Zeichner, A., Miller, J. D., et al. (2007). Psychopathy and aggression: Examining the role of psychopathy factors in predicting laboratory aggression under hostile and instrumental conditions. *Journal of Research in Personality*, 41(6), 1244-1251.

Rhee, S. H., & Waldman, I. D. (2002). Genetic and environmental influences on antisocial behavior: A meta-analysis of twin and adoption studies. *Psychological Bulletin*, 128(3), 490-529.

Rice, M. E., & Cormier, H. C. A. (1992). An evaluation of a maximum security therapeutic community for psychopaths and other mentally disordered offenders. *Law and Human Behavior*, 16(4), 399-412.

Rieger, M. , Gauggel, S. , & Burmeister, K. (2003). Inhibition of ongoing responses following frontal, nonfrontal, and basal ganglia lesions. Neuropsychology, 17(2), 272-282.

Righthand, S. , & Welch, C. (2001). *Youths who have sexually offended. A review of the professional literature.* Washington, DC: Office of Juvenile Justice and Delinquency Prevention.

Rilling, J. K. , Glenn, A. L. , Jairam, M. R. , et al. (2007). Neural correlates of social cooperation and non-cooperation as a function of psychopathy. *Biological Psychiatry*, 61, 1260-1271.

Rinne, T. , van den Brink, W. , Wouters, L. , et al. (2002). SSRI treatment of borderline personality disorder: A randomized, placebo-controlled clinical trial for female patients with borderline personality disorder. *American Journal of Psychiatry*, 159(12), 2048-2054.

Robinson, D. (1995). *The impact of cognitive skills training on postrelease recidivism among Canadian federal offenders* (R-41). Ottawa: Correctional Service of Canada, Correctional Research and Development.

Ross, R. R. , & Fabiano, E. A. (1985). *Time to think : A cognitive model of delinquency prevention and offender rehabilitation.* Johnson City, Tenn: Institute of Social Sciences and Arts.

Rothemund, Y. , Ziegler, S. , Hermann, C. , et al. (2012). Fear conditioning in psychopaths: Event-related potentials and peripheral measures. *Biological Psychology*, 90, 50-59.

Roussy, S. , & Toupin, J. (2000). Behavioral inhibition deficits in juvenile psychopaths. *Aggressive Behavior*, 26(6), 413-424.

Sajous-Turner, A. , Anderson, N. E. , Widdows, M. , et al. (2020). Aberrant brain gray matter in murderers. *Brain Imaging and Behavior*, 14(5), 2050-2061.

Salekin, R. T. (2002). Psychopathy and therapeutic pessimism. clinical lore or clinical reality? *Clinical Psychology Review*, 22(1), 79-112.

Salekin, R. T. , Worley, C. , & Grimes, R. D. (2010). Treatment of psychopathy: A review and brief introduction to the mental model approach for psychopathy. *Behavioral Sciences & the Law*, 28(2), 235-266.

Schalkwijk, F. (2015). *The conscience and self-conscious emotions in adolescence. An integrative approach*. Hove/New York: Routledge.

Schank, R. C. , & Abelson, R. P. (1977). *Scripts, Plans, Goals, and Understanding: An Inquiry Into Human Knowledge Structures* (1st ed.). Psychology Press.

Scheepers, F. E. , Buitelaar, J. K. , & Matthys, W. (2011). Conduct disorder and the specifier callous and unemotional traits in the DSM-5. *European Child & Adolescent Psychiatry*, 20(2), 89-93.

Secrist-mertz, C. , Brotherson, M. J. , Oakland, M. J. , et al. (1997). Helping families meet the nutritional needs of children with disabilities: An integrated model. *Children's Health Care*, 26, 151-168.

Seo, D. , Patrick, C. J. , & Kennealy, P. J. (2008). Role of serotonin and dopamine system interactions in the neurobiology of impulsive aggression and its comorbidity with other clinical disorders. *Aggression and Violent Behavior*, 13(5), 383-395.

Shaffer, D, & Kipp, K. (2009). *Development Psychology: Childhood and Adolescence*. Wadsworth Publishing Co Inc.

Shanahan, E. A. , Jones, M. D. , & McBeth, M. (2011). Policy Narratives and Policy Processes. *Policy Studies Journal*, 39(3), 535-561.

Shears, J. , Robinson, J. A. , & Emde, R. N.. (2002). Fathering relationships and their associations with juvenile delinquency. *Infant Mental Health Journal*, 23(1-2), 79-87.

Sheilagh, H. , Viding, E. , & Plodowski, A. (2009). *The neurobiological basis of violence: Science and rehabilitation*. Oxford University Press, 167-199.

Shelton, D. , Sampl, S. , Kesten, K. L. , et al. (2009). Treatment of impulsive aggression in correctional settings. *Behavioral Sciences & the Law*, 27

(5), 787-800.

Shields, I. W. , & Whitehall, G. C. (1994). Neutralization and delinquency among teenagers. *Criminal Justice and Behavior*, 21(2), 223-235.

Shulman, E. P. , Cauffman, E. , Piquero, A. R. , et al. (2011). Moral disengagement among serious juvenile offenders: A longitudinal study of the relations between morally disengaged attitudes and offending. *Developmental Psychology*, 47(6), 1619-1632.

Siever, L. J. (2008). Neurobiology of aggression and violence. *American Journal of Psychiatry*, 165(4), 429-443.

Simourd, D. J. , & Hoge, R. D. (2000). Criminal Psychopathy A Risk-and-Need Perspective. *Criminal Justice and Behavior*, 27(2), 256-272.

Simourd, D. J. , & Van De Ven, J. (1999). Assessment of criminal attitudes criterion-related validity of the criminal sentiments scale-modified and pride in delinquency scale. *Criminal Justice and Behavior*, 26(1), 90-106.

Skeem, J. , Johansson, P. , Andershed, H. , et al. (2007). Two subtypes of psychopathic violent offenders that parallel primary and secondary variants. *Journal of Abnormal Psychology*, 116(2), 395-409.

Slaby, R. G. , & Guerra, N. G. (1988). Cognitive mediators of aggression in adolescent offenders: I. Assessment. *Developmental Psychology*, 24 (4), 580-588.

Slovak, K. , Carlson, K. , & Helm, L. (2007). The influence of family violence on youth attitudes. *Child and Adolescent Social Work Journal*, 24, 77-99.

Smith, P. , & Waterman, M. (2003). Processing bias for aggression words in forensic and nonforensic samples. *Cognition and Emotion*, 17(5), 681-701.

Smith, P. , & Waterman, M. (2004). Processing bias for sexual material: The emotional stroop and sexual offenders. *Sexual Abuse: Journal of Research and Treatment*, 16(2), 163-171.

Spence, S. A. , Hunter, M. D. , Farrow, T. F. D. , et al. (2004). A cognitive neurobiological account of deception: Evidence from functional neuroimaging. *Philosophical Transactions of the Royal Society of London Series B*, *Biological Sciences*, 359(1451), 1755-1762.

Stanford, M. S., Houston, R. J., Mathias, C. W., et al. (2003). Characterizing aggressive behavior. *Assessment*, 10(2), 183-190.

Stanford, M. S., Mathias, C. W., Dougherty, D. M., et al. (2009). Fifty years of the Barratt Impulsiveness Scale: An update and review. *Personality and Individual Differences*, 47(5), 385-395.

Stewart, W., & Braun, M. (2017). *Mindful Kids*. Box Crds.

Stith, S. M., Rosen, K. H., Middleton, K. A., et al. (2000). The intergenerational transmission of spouse abuse: A meta-analysis. *Journal of Marriage and Family*, 62, 640-654.

Stockdale, K. C., Olver, M. E., & Wong, S. C. (2013). The validity and reliability of the violence risk scale-youth version in a diverse sample of violent young offenders. *Criminal Justice and Behavior*, 575-608.

Stuewig, J., Tangney, J. P., Heigel, C., et al. (2010). Shaming, blaming, and maiming: Functional links among the moral emotions, externalization of blame, and aggression. *Journal of Research in Personality*, 44(1), 91-102.

Swartz, J. R., Carranza, A. F., & Knodt, A. R. (2019). Amygdala activity to angry and fearful faces relates to bullying and victimization in adolescents. *Social Cognitive & Affective Neuroscience*, 10, 1027-1035.

Tangney, J. P., Wagner, P. E., Hill-Barlow, D., et al. (1996). Relation of shame and guilt to constructive versus destructive responses to anger across the lifespan. *Journal of Personality and Social Psychology*, 70(4), 797-809.

Tangney, J. P. (1995). Shame and guilt in interpersonal relationships. In J. P. Tangney & K. W. Fischer (Eds.), *Self-conscious emotions: The psychology of shame, guilt, embarrassment, and pride* (pp. 114-139). Guilford Press.

Tangney, P., Wagner, P. E., Fletcher, C., et al. (1992). Shamed into anger? The relation of shame and guilt to anger and self-reported aggression. *Journal of Personality and Social Psychology*, 62(4), 669-675.

Tangney, J. P., Stuewig, J., Martinez A. G., et al. (2011). Two faces of shame: understanding shame and guilt in the prediction of jail inmates' recidivism. *Psychological Science*, 25(3), 799-805.

Thornberry, T. P. & Jacoby, J. E. (1979). *The criminally insane: A community follow-up of mentally Ill offenders*. University of Chicago Press.

Thornton, D., & Reid, R. L. (1982). Moral reasoning and type of criminal offence. *British Journal of Social Psychology*, 21(3), 231-238.

Trupin, E. W., Stewart, D. G., Beach, B., et al. (2002). Effectiveness of a dialectical behaviour therapy program for incarcerated female juvenile offenders. *Child and Adolescent Mental Health*, 7(3), 121-127.

Tudor-Locke, C., Neff, L. J., Ainsworth, B. E., et al. (2010). Omission of active commuting to school and the prevalence of children's health-related physical activity levels: the russian longitudinal monitoring study. *Child Care Health & Development*, 28(6), 507-512.

Tuvblad, C., Bezdjian, S., Raine, A., et al. (2014). The heritability of psychopathic personality in 14- to 15-year-old twins: A multirater, multimeasure approach. *Psychological Assessment*, 26(3), 704-716.

Valeo, T. (2012). Legal-ease: Is neuroimaging a valid biomarker in legal cases? *Neurology Today*, 12(8), 38-40.

Van den Oord, E. J. C. G., Boomsma, D. I., & Verhulst, F. C. (1994). A study of problem behaviors in 10- to 15-year-old biologically related and unrelated international adoptees. *Behavior Genetics*, 24(3), 193-205.

Vassos, E., Collier, D. A., & Fazel, S. (2013). Systematic meta-analyses and field synopsis of genetic association studies of violence and aggression. *Molecular Psychiatry*, 19(4), 471-477.

Velicer, W. F., Huckel, L. H., & Hansen, C. E. (1989). A measurement model for measuring attitudes toward violence. *Personality and Social Psychology Bulletin*, 15(3), 349-364.

Vermeij, A. , Kempes, M. M. , Cima, M. J. , et al. (2018). Affective traits of psychopathy are linked to white-matter abnormalities in impulsive male offenders. *Neuropsychology*, 32(6), 735-745.

Vernberg, E. M. , Jacobs, A. K. , & Hershberger, S. L. (1999). Peer victimization and attitudes about violence during early adolescence. *Journal of Clinical Child Psychology*, 28, 386-395.

Verona, E. , Sprague, J. , & Sadeh, N. (2012). Inhibitory control and negative emotional processing in psychopathy and antisocial personality disorder. *Journal of Abnormal Psychology*, 121(2), 498-510.

Viding, E. , Blair, R. J. R. , Moffitt, T. E. , et al. (2005). Evidence for substantial genetic risk for psychopathy in 7-year-olds. *Journal of Child Psychology and Psychiatry*, 46, 592-597.

Viding, E. , Jones, A. P. , Paul, J. F. , et al. (2008). Heritability of antisocial behaviour at 9: Do callous-unemotional traits matter? *Developmental science*, 11(1), 17-22.

Viding, E. , Sebastian, C. L. , Dadds, M. R. , et al. (2012). Amygdala response to preattentive masked fear in children with conduct problems: The role of callous-unemotional traits. *American Journal of Psychiatry*, 169(10), 1109-1116.

Vitacco, M. J. , Rogers, R. , & Neumann, C. S. (2003). The antisocial process screening device. *Assessment*, 10(2), 143-150.

Volk, A. A. , Veenstra, R. , & Espelage, D. L. (2017). So you want to study bullying? Recommendations to enhance the validity, transparency, and compatibility of bullying research. *Aggression and violent behavior*, (36), 34-43.

Voorhees, J. J. , Wilkins, J. W. , Hayes, E. , et al. (1972). Nodulocystic acne as a phenotypic feature of the XYY genotype. *Archives of Dermatology*, 105 (6), 913-919.

Walsh, Z. , Swogger, M. T. , & Kosson, D. S. (2009). Psychopathy and instrumental violence: Facet level relationships. *Journal of Personality Disorders*,

23(4)，416-424.

Walter, B. C. & George, W. C. (1953). Scientific books: bodily changes in pain, hunger, fear and rage; An account of recent researches into the function of emotional excitement; the origin and nature of the emotions, miscellaneous papers. *Science*, 42(1089), 696-700.

Walters, G. D. , & Schlauch, C. (2008). The psychological inventory of criminal thinking styles and level of service inventory-revised: Screening version as predictors of official and self-reported disciplinary infractions. *Law and Human Behavior*, 32(5), 454-462.

Walters, G. D. (1990). The Criminal Lifestyle: Patterns of Serious Criminal Conduct. Newbury Park, CA: Sage.

Walters, G. D. , & Mandell, W. (2007). Incremental validity of the psychological inventory of criminal thinking styles and psychopathy checklist: Screening version in predicting disciplinary outcome. *Law and Human Behavior*, 31(2), 141-157.

Walters, G. D. (1995). The psychological inventory of criminal thingking styles: Part I. Reliability and preliminary validity. *Criminal Justice and Behavior*, 22, 307-325.

Walters, G. D. (2002). The Psychological Inventory of Criminal Thinking Styles (PICTS): A review and meta-analysis. *Assessment*, 9(3), 278-291.

Waschbusch, D. A. , Carrey, N. , Willoughby, M. T. , et al. (2007). Effects of methylphenidate and behavior modification on the social and academic behavior of children with disruptive behavior disorders: The moderating role of callous/unemotional traits. *Journal of Clinical Child and Adolescent Psychology*, 36(4), 629-644.

Websdale, N. (2010). *Familicidal hearts: The emotional styles of 211 killers*. Oxford University Press.

Werner, N. E. , & Crick, N. R. (2004). Maladaptive Peer Relationships and the Development of Relational and Physical Aggression During Middle Childhood. *Social Development*, 13（4）, 495-514.

Westergaard, G. C. , Suomi, S. J. , Chavanne, T. J. , et al. (2003). Physiological correlates of aggression and impulsivity in free-ranging female primates. *Neuropsychopharmacology*, 28(6), 1045-1055.

White, J. L. , Moffitt, T. E. , Caspi, A. , et al. (1994). Measuring impulsivity and examining its relationship to delinquency. *Journal of Abnormal Psychology*, 103(2), 192-205.

Williams, R. B. , Marchuk, D. A. , Gadde, K. M. , et al. (2003). Serotonin-related gene polymorphisms and central nervous system serotonin function. *Neuropsychopharmacology*, 28(3), 533-541.

Williamson, S. , Harpur, T. J. , & Hare, R. D. (1991). Abnormal processing of affective words by psychopaths. Psychophysiology, 28, 260-273.

Wilson, T. D. , Lindsey, S. , & Schooler, T. Y. (2000). A model of dual attitudes. *Psychological Review*, 107(1), 101-126.

Witkin, H. A. , Mednick, S. A. , Schulsinger, F. , et al. (1976). Criminality in XYY and XXY men. *Science*, 193(4253), 547-555.

Wong, S. , Gordon, A. , & Gu, D. (2007). Assessment and treatment of violence-prone forensic clients: An integrated approach. The British Journal of Psychiatry. *Supplement*, 49, s66-74.

Wong, S. C. P. , & Gordon, A. (1999—2003). *Violence risk scale*. Department of Psychology, University of Saskatchewan.

Wong, S. C. P. , & Gordon, A. (2013). The violence reduction programme: A treatment programme for violence-prone forensic clients. *Psychology Crime & Law*, 19(5-6), 461-475.

Woodworth, M. , & Porter, S. (2002). In cold blood: Characteristics of criminal homicides as a function of psychopathy. *Journal of Abnormal Psychology*, 111(3), 436-445.

Wootton, J. M. , Frick, P. J. , Shelton, K. K. , et al. (1997). Ineffective parenting and childhood conduct problems: the moderating role of callous-unemotional traits. *Journal of consulting and clinical psychology*, 65(2), 301.

Yang, Y. , Glenn, A. L. , & Raine, A. (2010). Brain abnormalities in anti-social individuals: Implications for the law. *Behavioral Sciences & the Law*, 26(1), 65-83.

Yang, Y. L. , & Raine, A. (2009). Prefrontal structural and functional brain imaging findings in antisocial, violent, and psychopathic individuals: A meta-analysis. *Psychiatry Research: Neuroimaging*, 174(2), 81-88.

Yang, Y. L. , Raine, A. , Lencz, T. , et al. (2005). Volume reduction in prefrontal gray matter in unsuccessful criminal psychopaths. *Biological Psychiatry*, 57(10), 1103-1108.

Yang, Y. L. , Raine, A. , Narr, K. L. , et al. (2009). Localization of deformations within the amygdala in individuals with psychopathy. *Archives of General Psychiatry*, 66(9), 986-994.

Yochelson, S. , & Samenow, S. E. (1976). *The criminal personality: A profile for change*. New York: Jason Aronsen.

Zimbardo, P. G. (1969). The human choice: Individuation, reason, and order versus deindividuation, impulse, and chaos. *Nebraska Symposium on Motivation*, 17, 237-307.